Das Schiedsverfahren nach deutschem Recht.

Ein Lehr- und Handbuch für Laien und Juristen.

Von

H. Teßmer
Syndikus.

Leipzig
Verlag von Veit & Comp.
1915.

Druck von Julius Abel in Greifswald.

Herrn Dr. jur. Curt Kühnemann

in Freundschaft gewidmet.

Vorwort.

Unter dem Titel „Der Schiedsvertrag als Voraussetzung und Grundlage des schiedsrichterlichen Verfahrens nach deutschem Recht" habe ich in Carl Heymanns Verlag Berlin 1912 ein Buch veröffentlicht, welches sich als „Wegweiser für Parteien und Schiedsrichter" bezeichnet und den Zweck verfolgt, eine Einführung in das Wesen des Schiedsvertrags und des Schiedsverfahrens und eine Anleitung für den Abschluß von Schiedsverträgen zu geben. Dieses Buch war als erster Teil eines Handbuchs für das Schiedsverfahren gedacht, erschien jedoch selbständig, da die Herausgabe des ganzen Handbuchs sich verzögerte. Nunmehr liegt ein weiterer Teil des Werkes vor, welches sich als Lehr- und Handbuch für Laien und Juristen bezeichnet, da es sowohl zur Belehrung, als auch zum praktischen Gebrauch zu dienen bestimmt ist. Um den Laien ausreichend zu unterrichten, enthält das Buch auch die Erläuterung von Rechtssätzen, deren ausführliche Darlegung dem Juristen zum Teil entbehrlich erscheinen kann; ihre Zusammenfassung unter dem Hinweis auf ihre Anwendung für das Schiedsverfahren aber wird auch dem Juristen eine zweckmäßige und für manche zweifelhaften oder wenig behandelten Fragen erwünschte Klarstellung bieten.

Entsprechend der von dem Verfasser vertretenen Ansicht von der rechtlichen Natur des Verfahrens wird dieses, soweit es sich nicht um die wörtliche Wiedergabe des Inhalts von Entscheidungen oder von Ausführungen aus der Begründung des Entwurfs zur ZPO. handelt, nicht als schiedsrichterliches Verfahren, sondern als Schiedsverfahren bezeichnet. Im Gesetz (§§ 1037 und 1046 ZPO.) ist das Verfahren als „schiedsrichterliches" bezeichnet. Das Reichsgericht spricht von „schiedsrichterlichem" und „schiedsgerichtlichem" Verfahren und braucht beide Bezeichnung nebeneinander, oft in derselben Entscheidung. Der Ausdruck „Schiedsverfahren" hat jedenfalls den Vorzug der Kürze und ist unbedenklich, da er zu Mißverständnissen ebensowenig Anlaß bietet, wie die Bezeichnung des das Verfahren zum Abschluß bringenden Spruchs der Schiedsrichter als „Schiedsspruch".

Die vorliegende erste Abteilung des Werkes enthält eine Erläuterung der für das Verfahren maßgebenden Rechtsgrundsätze im allgemeinen und der für die Mitwirkung von Privatpersonen und Behörden zu beachtenden Vorschriften im besonderen, eine Erörterung der Voraussetzungen, welche für die Vorbereitung und Durchführung des Schiedsverfahrens in Betracht kommen, und eine Darstellung der rechtlichen Beziehungen zwischen den Parteien und dem Schiedsrichter mit den sich hieraus ergebenden Fragen im einzelnen. Dabei war ein Zurückgreifen auf den Schiedsvertrag als Voraussetzung und Grundlage des Schiedsverfahrens nicht zu umgehen; doch ist, um Wiederholungen möglichst zu vermeiden, soweit dies ohne Schaden für das Verständnis der Darstellung angängig erschien, auf die bezüglichen Ausführungen in dem eingangs bezeichneten Buch „Der Schiedsvertrag usw." verwiesen worden. Im Gegensatz zu diesem Buch, dessen Bearbeitung lediglich die gesetzlichen Bestimmungen und die aus der Rechtsprechung des Reichsgerichts sich ergebenden Rechtssätze zugrunde gelegt sind, ist in dem vorliegenden Werke auch die Auffassung dargestellt, welche der Verfasser von der rechtlichen Natur des Schiedsvertrags und des Schiedsrichtervertrags in Abweichung von der Rechtsprechung des Reichsgerichts gewonnen hat. Dies erschien nötig, um zur klaren Erkenntnis des Wesens des Schiedsverfahrens zu gelangen und um eine zutreffende Grundlage für die Entscheidung der das Verfahren betreffenden Einzelfragen zu erhalten. Nach der Ansicht des Verfassers gehört, wie der Schiedsvertrag, so auch das Schiedsverfahren dem Privatrecht an. Dementsprechend enthält das vorliegende Werk in der Hauptsache nicht eine Darstellung von Vorschriften des Prozeßrechts, sondern von Lehren und Rechtssätzen des Privatrechts in ihrer Anwendung auf das Schiedsverfahren.

Während die erste Abteilung des Werkes im wesentlichen eine Darstellung der für den Aufbau des Verfahrens in Betracht kommenden Rechtssätze und Rechtseinrichtungen gibt, sollen in der zweiten Abteilung, welche von dem Schiedsverfahren im eigentlichen oder engeren Sinne handeln wird, die sich aus diesem Aufbau ergebenden Schlußfolgerungen für die praktische Handhabung des Verfahrens gezogen werden.

Die Rechtsprechung des Reichsgerichts, welche fast ausschließlich die Rechtsquelle für die Gewinnung und Fortbildung von Rechtsregeln für das Schiedsverfahren bildet, ist bis zum Schluß des Jahres 1914 berücksichtigt worden; es sind sämtliche über den Schiedsvertrag und das Schiedsverfahren ergangenen Entscheidungen durchgesehen, die bis dahin in der sogenannten amtlichen Sammlung, in der Juristischen Wochenschrift, in Warneyers Jahrbuch der Entscheidungen (Ergänzungsband enthaltend die Rechtsprechung des Reichsgerichts auf dem Gebiete des Zivilrechts) und in der Deutschen Juristen-Zeitung veröffentlicht sind, auch viele anderswo veröffentlichten Entscheidungen und eine Anzahl von solchen, die nach Kenntnis des Verfassers nicht veröffentlicht sind. Außerdem ist in weitem Umfange der Kommentar von Reichsgerichtsräten zum Bürgerlichen Gesetzbuch (2. Auflage) benutzt worden, der wohl zurzeit die beste Übersicht über den Stand der Rechtsprechung des Reichsgerichts auf dem Gebiete des Bürgerlichen Gesetzbuchs und über die hieraus zu entnehmenden Rechtsregeln bietet.

Abgesehen von dem Zweck, die Kenntnis des Schiedsverfahrens zu verbreiten und seine praktische Handhabung zu fördern, soll das Werk auch die Anregung zu einer Nachprüfung der Rechtsnatur des Schiedsvertrags und des Schiedsverfahrens geben, um daraus die Möglichkeit und die Begründung für eine seinem Wesen entsprechende zweckmäßige Regelung und Ausgestaltung des Verfahrens — sei es auf dem Wege privater Vereinbarungen oder mit Hilfe der Gesetzgebung — zu gewinnen. Wohl auf keinem anderen Rechtsgebiet herrscht eine solche Unklarheit, wie auf demjenigen des Schiedsverfahrens in bezug auf sein Wesen, die dafür maßgebenden Grundfragen und die sich daraus ergebenden Einzelfragen. Dies gilt nicht nur für die Rechtsprechung, sondern auch und insbesondere für die Literatur, durch welche diese Fragen, die allerdings, soweit sie von grundlegender Art sind, meist auf dem schwierigen Grenzgebiet zwischen Privatrecht und Prozeßrecht liegen, bisher meines Erachtens nicht in zureichendem Maße und nicht mit der erforderlichen Gründlichkeit klargestellt sind. Gerade in Hinsicht auf die machtvolle Bewegung, welche von dem Verbande deutscher Architekten- und Ingenieurvereine (E. V.) in Verbindung mit dem Verein deutscher Ingenieure (E. V.) eingeleitet und von einer großen Anzahl technischer und wirtschaftlicher Vereine und Verbände aufgenommen, im Jahre 1913 eingesetzt hat, um eine möglichst gleichmäßige und zweckmäßige Regelung des Schiedsgerichtswesens in Deutschland herbeizuführen, erschien es angebracht, gründlich zu untersuchen, worin das Wesen des Schiedsverfahrens bestehe, um entsprechend dem Ergebnis dieser Untersuchung den richtigen Weg für die Bewegung zu finden, ihre Ziele praktisch zu gestalten und Überspannungen zu verhüten. Aus der Durchdringung des Verfahrens mit den Grundsätzen des Privatrechts und aus der Bestimmung des dem Schiedsrichtervertrag zukommenden Platzes in dem Recht der Schuldverhältnisse des Bürgerlichen Gesetzbuchs ergibt sich m. E. die maßgebende Grundlage für eine zutreffende Bewertung und Regelung des Schiedsgerichtswesens, ohne daß es erforderlich ist, in eine Kritik, in eine Prüfung des Wertes oder Unwertes des Schiedsrichtertums einzutreten. Weiterhin folgt daraus, daß die Bestimmungen über den Schiedsvertrag und das Schiedsverfahren, abgesehen von einigen Vorschriften formeller Art, soweit solche für ein Verfahren vor den ordentlichen Gerichten in Betracht kommen, nicht in die ZPO. gehören, worauf bei der zukünftigen Umgestaltung dieses Gesetzes Rücksicht zu nehmen sein würde. Darauf und auf die damit zusammenhängenden Fragen näher einzugehen, ist hier nicht der Ort. Nur soviel muß noch bemerkt werden, daß, wenn die Ansicht des Verfassers von dem Wesen und Inhalt des Schiedsvertrags und des Schiedsverfahrens für zutreffend erachtet wird, damit denjenigen Personen und Kreisen, welche jetzt bemüht sind, planmäßig die Rechtsprechung der ordentlichen Gerichte auszuschalten und sie durch die Tätigkeit von Schiedsgerichten zu ersetzen, die rechtliche Grundlage dafür entzogen wird; denn nach dieser Ansicht sind die Schiedsrichter nicht Richter und können es nicht sein, sie sollen **nicht richten,** sondern **schlichten,** von der Ausübung einer Gerichtsbarkeit durch sie kann gar nicht die Rede sein.

Daß ein weitgehendes Bedürfnis nach der außergerichtlichen Erledigung von Streitigkeiten, insbesondere solcher mit vorwiegend technischen Fragen, begründet ist, darf nicht verkannt werden; ein solches Bedürfnis hat stets und unter der Herrschaft aller Prozeßsysteme bestanden und wird auch in Zukunft bestehen (vgl. „Der Schiedsvertrag" Vorwort S. VII). Es kann sich daher nur darum handeln, für seine Befriedigung einen Weg zu gewinnen, auf dem eine Gefährdung und Schädigung der Interessen sowohl für die einzelnen Streitteile, als auch für die Allgemeinheit nach Möglichkeit vermieden wird. Einen solchen Weg bietet die Ausgestaltung des Schiedsgerichtswesens zu Einigungsinstanzen und Schlichtungskommissionen, wie solche in den Einigungsämtern für Mieter und Vermieter, Hypothekenschuldner und Hypothekengläubiger geschaffen sind (vgl. Verordnung des Bundesrats vom 15. Dez. 1914, RGBl. 511), nicht aber die systematische Ersetzung der ordentlichen Gerichte durch Schiedsgerichte, die Einrichtung ständiger Schiedsgerichte und ihre Fortbildung zu Sondergerichten, wie jetzt vielfach angestrebt. Solche Bestrebungen, die in der von den Architekten und Ingenieuren geführten Bewegung dank ihrer umsichtigen Leitung bisher nicht zur Herrschaft gelangt sind, ist meines Erachtens mit aller Entschiedenheit entgegenzutreten, solange es noch Zeit ist. Einerseits klagt man über die Weltfremdheit der Richter und ihren Mangel an Verständnis für die Interessen und Lebensbedingungen der einzelnen Volkskreise, andererseits ist man eifrigst bemüht, der ordentlichen Rechtsprechung ein Gebiet nach dem andern zu entziehen und ihr damit die aus der Kenntnis des Rechts- und Wirtschaftslebens des ganzen Volks fließenden Quellen abzugraben, von denen die Rechtsprechung gespeist und befruchtet werden muß, wenn sie sich den Bedürfnissen des Verkehrs anpassen und die Rechtsentwicklung zweckentsprechend beeinflussen soll. Diejenigen Personen und Kreise, welche planmäßig die Ausschaltung der ordentlichen Gerichte betreiben, mögen bedenken, welche schwere Verantwortung sie auf sich nehmen und wie große Schäden sie der Allgemeinheit zufügen, wenn sie gerade auf dem für die moderne Rechtsentwicklung so bedeutsamen Gebiete des Handels und der Industrie dem ordentlichen Richter mit der Möglichkeit, die einzelnen Vorgänge auf den verschiedenen Wirtschaftsgebieten kennen zu lernen und daraus das Verständnis für ihre Zusammenhänge zu gewinnen, den Überblick über das gesamte Wirtschafts- und Verkehrsleben und damit auch die Fähigkeit nehmen, richtig zu urteilen. Geradezu ein Verbrechen gegen die Rechtsentwickelung und gegen die Rechtssicherheit des Volkes begeht, wer dem Richter die Rechtsprechung über die Gebiete, auf denen der für die Rechtsentwicklung fruchtbare und unentbehrliche Strom des Lebens und Verkehrs am kräftigsten pulsiert, aus der Hand zu winden sucht. Justitia fundamentum regnorum! Die Wahrheit dieses Grundsatzes wird wohl niemand bestreiten. Daß aber seine Durchführung mittels der Schiedsgerichte und Sondergerichte mehr gesichert ist als durch die ordentlichen Gerichte, wird wohl niemand behaupten können, wenigstens nicht für das Rechtsgebiet des Deutschen Reichs in der Gegenwart.

Abkürzungen.

BGB. = Bürgerliches Gesetzbuch.
DJZ. = Deutsche Juristen-Zeitung.
EGBGB. = Einführungsgesetz zum BGB.
EGZPO. = Einführungsgesetz zur ZPO.
GKG. = Gerichtskostengesetz.
GO. = Gewerbeordnung.
Gruch. = Beiträge zur Erläuterung des Deutschen Rechts, begründet von Gruchot.
GVG. = Gerichtsverfassungsgesetz.
Hahn = Die gesamten Materialien zur Zivilprozeßordnung, herausgegeben von C. Hahn, II. Auflage herausgegeben von Eduard Stegemann Berlin 1881.
HGB. = Handelsgesetzbuch.
Jaeger = Kommentar zur Konkursordnung von Dr. Ernst Jaeger, III. und IV. Auflage.
JW. = Juristische Wochenschrift.
Komm. = Das Bürgerliche Gesetzbuch, erläutert von Reichsgerichtsräten, II. Auflage.
OLG. = Die Rechtsprechung der Oberlandesgerichte, herausgegeben von Mugdan und Falkmann.
Petersen = Die Zivilprozeßordnung, erläutert von Dr. Petersen, V. Auflage bearbeitet von Remelé und Dr. Anger.
Recht = Das Recht. Rundschau für den deutschen Juristenstand.
RG. = Reichsgericht.
Schiedsvertrag = Der Schiedsvertrag als Voraussetzung und Grundlage des schiedsrichterlichen Verfahrens nach deutschem Recht von Teßmer, Berlin, Carl Heymanns Verlag.
Staudinger = J. v. Staudinger's Kommentar zum Bürgerlichen Gesetzbuch, VII. und VIII. Auflage.
Stein: Die Zivilprozeßordnung, erläutert von Friedrich Stein, XI. Auflage.
Warn. J. A. = Warneyer's Jahrbuch der Entscheidungen, A. Zivil-, Handels- und Prozeßrecht.
Warn.Rspr. = Die Rechtsprechung des Reichsgerichts auf dem Gebiete des Zivilrechts, herausgegeben von Warneyer, Ergänzungsband zu Warneyers Jahrbuch der Entscheidungen.
ZPO. = Zivilprozeßordnung.
Paragraphenzahlen ohne weitere Bezeichnung beziehen sich auf die ZPO. Die in der sog. amtlichen Sammlung (Verlag von Veit & Comp.) veröffentlichten Entscheidungen des Reichsgerichts in Zivilsachen sind nach der fortlaufenden Anzahl der Bände und nach den Zahlen der Seiten, auf denen die angezogenen Stellen der Entscheidungen zum Abdruck gelangt sind, ohne weitere Bezeichnung angeführt.

Erste Abteilung.

Inhaltsverzeichnis.

B.

Was gilt für die Ernennung und die Bestellung des Schiedsrichters?

§ 10.

§ 11.

§ 12.

I. Teil.

Allgemeines.

A.

Was ist das Wesen und der Zweck des Schiedsverfahrens?

§ 1.

I. Welches Verfahren ist Gegenstand dieses Buchs und wo sind die Vorschriften darüber gegeben?

Gegenstand dieses Buchs ist dasjenige Schiedsverfahren, welches durch die Zivilprozeßordnung für das Deutsche Reich geregelt ist und welches, wie in der Begründung des Entwurfs zur ZPO. bemerkt, durch die Vereinbarung herbeigeführt wird, daß die Entscheidung einer Rechtsstreitigkeit durch einen oder mehrere Schiedsrichter erfolgen soll [1]). Die Vorschriften für dieses Verfahren sind in dem 10. Buche der ZPO., welches die §§ 1025—1048 umfaßt, unter der Überschrift: „Schiedsrichterliches Verfahren" enthalten, das Verfahren ist hierdurch erschöpfend und ausschließend geregelt [2]), wie späterhin des näheren auseinandergesetzt werden soll (§ 3 d. B.).

II. Für welche Schiedsgerichte kommt es nicht zur Anwendung?

Für die Anwendung dieses Verfahrens kommen nicht in Betracht diejenigen Schiedsgerichte, welche durch Reichs- oder Landesgesetze oder durch Staatsverträge eingerichtet oder angeordnet sind, so die Innungsschiedsgerichte, die Schiedsgerichte

1) Hahn I S. 490.
2) VII 28. 2. 11 JW. 11 S. 459 Z. 37.

für Arbeiterversicherung, die Schiedsgerichte auf Grund des Versicherungsgesetzes für Angestellte vom 20. Dezember 1911, die durch das Haager Übereinkommen zur friedlichen Beilegung internationaler Streitfälle vom 29. Juli 1899 vorgesehenen Schiedsgerichte usw. Die ZPO. regelt das Verfahren nur für diejenigen Schiedsgerichte, welche durch dem Privatrecht angehörende Vereinbarungen (§ 1025) oder andere Verfügungen (§ 1048) begründet sind, nicht für die staatlichen Sondergerichte, welche sich als Schiedsgerichte bezeichnen, oder für die auf Verträgen zwischen Staaten beruhenden sog. internationalen Schiedsgerichte. Ebenso nicht für Schiedsgerichte, die durch Satzungen von Vereinigungen eingesetzt sind, welche öffentlichrechtlicher Natur sind, wie die durch landesherrliche Verordnung gebildeten Wassergenossenschaften, die gleichfalls Zwangsgenossenschaften des öffentlichen Rechts darstellenden Knappschaftsvereine usw. Denn, da die Satzungen solcher Vereinigungen die Eigenschaft von Rechtsnormen, also von Gesetzen im Sinne des § 12 EG. ZPO. haben, liegt in dem Ausschluß des Rechtswegs und in der Einsetzung eines Schiedsgerichts durch solche Satzungen nicht der Abschluß eines Schiedsvertrags, auch nicht in Verbindung mit dem Beitritt der Mitglieder durch Anerkennung dieser Satzungen. Es kann daraus nicht die Einrede des Schiedsvertrags gemäß § 274 Z. 3, sondern nur die Einrede der Unzulässigkeit des Rechtsweges gemäß § 274 Z. 2 erhoben werden [1]).

Auch auf das Verfahren der Schiedsmänner, deren Bestellung für Preußen durch die Schiedsmannsordnung vom 29. März 1879 angeordnet ist, sind die Vorschriften der ZPO. nicht anzuwenden; dieses Verfahren richtet sich lediglich nach den Bestimmungen, die das angezogene Gesetz dafür gegeben hat.

Durch § 1048 wird die entsprechende Anwendung der Bestimmungen des 10. Buchs der ZPO. auf Schiedsgerichte für zulässig erklärt, welche nicht durch einen Schiedsvertrag, sondern in gesetzlich statthafter Weise durch letztwillige oder andere nicht auf Vereinbarung beruhende Verfügungen angeordnet sind. Von einer Erörterung der Besonderheiten des Verfahrens, welche sich in den Fällen des § 1048 ergeben, wird, zumal diese für den Rechtsverkehr nicht die Bedeutung haben, wie das Verfahren auf Grund eines Schiedsvertrags, abgesehen. Gegenstand der vor-

---

1) V 9. 11. 98 **Bd. 42 S. 307.** — V **21. 12. 08 JW. 09 S. 117 Z. 15.**

liegenden Darstellung bildet, wie nochmals hervorgehoben wird, dasjenige Verfahren, welches Schiedsgerichte betrifft, die auf Grund eines Schiedsvertrags berufen sind und zwar auf Grund eines dem Privatrecht angehörenden Schiedsvertrags.

III. Was ist und bedeutet dieses Verfahren? Ist es ein Prozeß? Sind die in diesem Verfahren tätigen Schiedsgerichte Behörden?

Das Schiedsverfahren ist, obwohl es durch die ZPO. geregelt ist, nicht ein Prozeßverfahren. Die Aufnahme der Vorschriften darüber in die ZPO. ist erfolgt, weil nur im Zusammenhang mit deren Bestimmungen die Voraussetzungen normiert werden konnten, unter denen zur Durchführung des Schiedsverfahrens seitens der ordentlichen Gerichte Rechtshilfe und den Schiedssprüchen die Vollstreckbarkeit zu gewähren ist [1]). Allerdings hat das RG. früher ausgesprochen, daß auch das Schiedsverfahren zu den durch die ZPO. geregelten Prozessen gehöre [2]) und daß durch die besondere Regelung, welche dem Verfahren im 10. Buche dieses Gesetzes zuteil geworden sei, auch das Schiedsgericht im weiteren Sinne zu einem Gericht im Sinne der ZPO., zu einem Bestandteil des Prozeßorganismus geworden sei [3]). Und auch in einer späteren Entscheidung [4]) scheint das RG. diesen Standpunkt noch nicht aufgegeben zu haben; denn bei Erörterung der rechtlichen Natur der auf Grund der Vorschriften über die Ernennung von Schiedsrichtern in den §§ 1028 und 1029 vorzunehmenden Handlungen hat es ausgeführt, daß diese Akte nicht als Prozeßhandlungen, insbesondere nicht als Teile des Schiedsverfahrens anzusehen seien, woraus geschlossen werden könnte, daß das RG. dieses Verfahren einem Prozeßverfahren gleichstelle. Allein diese Auffassung ist nicht richtig und auch von dem RG. verlassen worden. Unter einem Prozeß ist ein durch das Gesetz geordnetes Verfahren zur Feststellung und

---

1) Hahn I S. 489, Schiedsvertrag S. 9/10 § 1. Warum stehen die Vorschriften über den Schiedsvertrag und das schiedsrichterliche Verfahren in der ZPO.?

2) I 21. 10. 85 Bd. 15 S. 359.

3) VI 27. 2. 93 Bd. 31 S. 374.

4) I 29. 11. 99 Bd. 45 S. 384.

Durchführung von Rechtsansprüchen mit Hilfe der vom Staat bestellten Gerichte und anderen Organe zu verstehen. Der staatliche Rechtsschutz, zu dessen Verwirklichung der Prozeß dient, die Ausübung der Rechtspflege gehört zu den Hoheitsrechten des Staats, und das Urteil eines staatlich eingesetzten Gerichts ist ein Akt der Staatsgewalt. Hinter dem Gerichtsurteil, durch welches ein Anspruch festgestellt wird, steht die staatliche Zwangsgewalt, welche, sofern dem im Urteil ausgesprochenen Befehl zur Befriedigung des Anspruchs nicht Folge geleistet wird, die Durchführung unter Anwendung von Zwangsmitteln ermöglicht. Die Regelung des Schiedsverfahrens dagegen ist bis auf wenige Bestimmungen nicht durch das Gesetz gegeben, sondern der Vereinbarung der Parteien und in Ermangelung einer solchen dem freien Ermessen der Schiedsrichter überlassen, wie § 1034 Abs. 2 besagt. Nicht dem Gesetz, sondern der Willkür der Parteien entspringt das Verfahren, es greift nur Platz, wenn und soweit die Parteien vereinbart haben, daß Rechtsstreitigkeiten zwischen ihnen durch Schiedsrichter entschieden werden sollen. Sich dem staatlichen Gericht unterzuordnen, werden die Parteien durch das Gesetz und durch die Macht des Staats gezwungen. Die Zuständigkeit des Schiedsgerichts dagegen wird durch freiwillige Unterwerfung unter seine Entscheidung begründet; für und gegen die Parteien sind Zwang und Zwangsmittel im Schiedsverfahren nur gegeben, wenn und soweit sie selbst solche durch den Schiedsvertrag geschaffen haben. Hiermit steht nicht im Widerspruch, daß, wenn die Parteien einen Schiedsvertrag abschließen, sie gewisse Vorschriften der ZPO. zwingenden Charakters zum Gegenstand ihres Willens machen müssen; denn, ob sie überhaupt einen Schiedsvertrag abschließen, hängt ja lediglich von ihrem Willen ab. Der Schiedsvertrag ist das Gesetz, welches das Schiedsverfahren beherrscht, und der Wille der Parteien ist der Gesetzgeber.

Das Schiedsverfahren ist allerdings ein Streitverfahren insofern, als ihm ein Streit der Parteien zugrunde liegt, wie einem Prozesse, und es besteht, wie dieser, aus einer Reihenfolge von Handlungen, deren Zweck die Beseitigung der Rechtsstreitigkeit ist. Aber die Handlungen der Parteien und Schiedsrichter in dem Schiedsverfahren sind Willenshandlungen, welche sie als Privatpersonen einander gegenüber vornehmen, nicht Prozeßhandlungen, welche sich zwischen den Parteien und den staatlichen

Prozeßorganen vollziehen, und das Verfahren findet nicht in den Formen eines Prozesses und nicht unter staatlichem Rechtsschutz statt. „Das schiedsrichterliche Verfahren bezielt zwar," wie das RG. ausgesprochen hat [1]), „nach § 1025 auch die Entscheidung einer Rechtsstreitigkeit, aber nicht durch die Organe der staatlichen Rechtsordnung, sondern durch ein auf gütliche Beseitigung einer Rechtsstreitigkeit gerichtetes Geschäft." Dieses Geschäft ist der Schiedsspruch in Verbindung mit dem Schiedsvertrag, und der Ausführung des Schiedsvertrags zwecks Herbeiführung des Schiedsspruchs dient das Schiedsverfahren; sein Ziel und Ergebnis, der Schiedsspruch, stellt die Verwirklichung des in dem Schiedsvertrag zum Ausdruck gebrachten Vertragswillens dar [2]). Was das RG. [3]) über die auf Grund der §§ 1028 und 1029 vorzunehmenden Handlungen gesagt hat, die es zu den das Verfahren vorbereitenden Akten rechnet, gilt auch von den Akten des Schiedsverfahrens selbst. Sie sind nicht Prozeßhandlungen, sie stellen sich vielmehr als in Erfüllung der zivilrechtlichen Verpflichtungen aus dem Schiedsvertrag vorgenommene Handlungen dar. Der die Erfüllung des Schiedsvertrags, die Beseitigung der Rechtsstreitigkeit enthaltende Schiedsspruch ist nicht eine Äußerung, ein autoritativer Akt der Staatsgewalt, wie das gerichtliche Urteil, getätigt durch das von dem Staat zur endgültigen Schlichtung von Rechtsstreitigkeiten eingesetzte Organ, er hat vielmehr die Natur einer rechtsgeschäftlichen Erklärung, seine verbindliche Kraft ist eine Wirkung des Privatwillens und beruht auf dem Schiedsvertrag oder einer anderen dem Privatrecht angehörenden Verfügung (§ 1048) [4]). Im Prozeß ordnen sich die Rechtshandlungen der Parteien aneinander, damit der Rechtsstreit durch die dazu eingesetzte staatliche Behörde entschieden werde, aber es wird nicht ein seinem Inhalt nach von dem Willen der Parteien bestimmter Erfolg durch Parteierklärungen ins Leben gerufen [5]), wie dies auf

1) II 15. 5. 03 Bd. 55 S. 16.

2) I 28. 9. 95 JW. 95 S. 505 Z. 8.

3) I 29. 11. 99 Bd. 45 S. 384.

4) Hahn I S. 496. — I 5. 11. 81 Bd. 5 S. 399. — I 29. 12. 88 JW. 89 S. 169 Z. 12. — I 10. 12. 92 Bd. 30 S. 370/2. — II 25. 1. 98 Bd. 40 S. 420. — VII 14. 10. 02 Bd. 52 S. 285. — II 15. 5. 03 Bd. 55 S. 16. — Schiedsvertrag S. 12 u. 13 § 3. Welche Bedeutung hat der Schiedsvertrag für das schiedsrichterliche Verfahren?

5) Förster-Eccius, Preuß. Privatrecht 6. Aufl. 1892 Bd. I S. 259[1].

Grund des Schiedsvertrags in dem Schiedsverfahren durch den Schiedsspruch geschieht. Prozeß und Urteil sind nicht rechtsgeschäftlicher Natur, wohl aber das Schiedsverfahren und der Schiedsspruch.

Die Schiedsrichter sind auch nicht Organe des Staats, sondern „von den Parteien erwählte Privatrichter", „Privatpersonen" [1]). **Die Schiedsgerichte sind** nicht Organe der staatlichen Rechtspflege, **nicht Behörden** [2]), auch wenn ihre Ernennung durch das Gericht oder eine andere Behörde erfolgt und wenn die Schiedsrichter einer Behörde angehören. Das Schiedsgericht als solches hat überhaupt keine rechtliche Persönlichkeit [3]). Das Wesen des Schiedsgerichts besteht, wie das RG. ausgeführt hat, darin, daß dasselbe durch Vereinbarung der Parteien gebildet und zur Entscheidung des Rechtsstreits berufen ist, während die ordentlichen Gerichte und auch die als Schiedsgerichte bezeichneten Sondergerichte durch die staatliche Gesetzgebung bestellte ständige Organe der Rechtspflege sind, deren Zuständigkeit sich unmittelbar aus dem Gesetz ergibt. Allerdings erlangt in gewissen Fällen das ordentliche Gericht erst durch freiwillige Unterwerfung der Parteien die Zuständigkeit, doch wird es auch für diese Fälle des Charakters eines Staatsgerichts nicht entkleidet. Dieser Gegensatz zwischen dem Schiedsgericht und einem durch die Staatsgesetzgebung bestellten Organ der Rechtspflege liegt den Bestimmungen im 10. Buche der ZPO. zugrunde [4]). Die Tätigkeit der Schiedsgerichte ist deshalb nicht die Ausübung einer Gerichtsbarkeit, sondern ein auf dem Willen der Parteien beruhender privatrechtlicher Vorgang: ihr Spruch, der Schiedsspruch, ist auch dann nicht ein Akt der Rechtspflege, wenn auf den Spruch einer Behörde, insbesondere eines staatlichen Gerichts kompromittiert ist; denn auch in solchem Falle gehört die Übernahme des Schiedsrichteramts nicht zu den dem Gericht oder der Behörde durch die staatliche Gesetzgebung übertragenen Funktionen [4]). Auch hinter dem Schiedsspruch eines staatlichen Gerichts steht nicht die Zwangsgewalt des Staates, vielmehr bedarf es in allen

1) VII 14. 10 02 Bd. 52 S. 285. — VII 16. 6. 08 JW. 08 S. 490 Z. 27 = Warn.Rspr. 08 Nr 691.

2) I 10. 4. 95 JW. 95 S. 296 Z. 17. — II 25. 10. 92 Bd. 30 S. 220 und 224.

3) III 4. 11. 10 Bd. 74 S. 322.

4) I 10. 4. 95 JW. 95 S. 296 Z. 17.

Fällen, um die Durchführung eines Schiedsspruchs im Zwangswege zu ermöglichen, noch eines besonderen hierauf gerichteten Verfahrens vor dem ordentlichen Gericht. Aus einem Schiedsspruch findet die Zwangsvollstreckung nur statt, wenn die Zulässigkeit auf besondere deswegen erhobene Klage durch ein Vollstreckungsurteil des ordentlichen Gerichts ausgesprochen worden ist (§ 1042). **Das Schiedsverfahren ist** sonach **nicht ein Prozeß** [1]**, sondern** ein dem Privatrecht angehörender Vorgang, **ein Verfahren zur Ausführung** eines Vertrags, **des Schiedsvertrags** gemäß § 1025 [2]), oder einer anderen rechtsgeschäftlichen Verfügung gemäß § 1048.

In einigen Entscheidungen hat das Reichsgericht davon gesprochen, daß das Schiedsverfahren sowohl eine privatrechtliche, als auch eine prozeßrechtliche Seite habe, wobei es die letztere für die überwiegende zu halten scheint. So hat es gelegentlich der Erörterung der rechtlichen Natur der Einrede aus dem Schiedsvertrag in Hinsicht auf deren Aufnahme unter die prozeßhindernden Einreden durch die Novelle zur ZPO. vom 17. Mai 1898 ausgeführt: „Es kann daher aus dieser Änderung nicht die Annahme abgeleitet werden, es sei der Schiedsvertrag ein rein prozessualisches Geschäft und es begründe dessen Durchführung im Schiedsspruch lediglich ein prozeßrechtliches Verhältnis" [3]). Aus den vorher angezogenen Entscheidungen, insbesondere über das Wesen des Schiedsspruchs und die Grundlage für seine Wirkung, ergibt sich jedoch mit Notwendigkeit, daß, wie der Schiedsspruch, der das Ziel des Schiedsverfahrens bildet, so auch dieses Verfahren selbst seine Grundlage in dem Privatrecht hat, diesem untersteht und zugehört, nicht dem Prozeßrecht. Den Nachweis für die Richtigkeit dieser Auffassung werden die nachfolgenden Darlegungen im einzelnen erbringen. Mag auch mit Rücksicht hierauf die Vorwegnahme des Ergebnisses dieser Auffassung und seine Zugrundelegung für diese Darstellung in gewissem Maße als petitio principii angesehen werden können, so erscheint es doch zweckmäßig, die Bestimmung des Wesens und der Art des Schiedsverfahrens sozusagen als Leitsatz an die Spitze des Buchs

---

1) Jaeger S. 129 Anm. 2 zu § 10.

2) Petersen Bd. II S. 778 Anm. 1 zu § 1034, S. 790 Anm. 3c zu § 1041. Schiedsvertrag S. 11 § 2. Was ist ein schiedsrichterliches Verfahren und wann findet ein solches Verfahren statt?

3) II 30. 4. 01 JW. 01 S. 424 Z. 6.

zu stellen, um hierdurch das Verständnis für die Darstellung zu erleichtern und die Möglichkeit zu gewähren, von vornherein den richtigen Standpunkt zur Beurteilung der einzelnen Fragen zu gewinnen. Die Bestimmung der rechtlichen Natur des Schiedsverfahrens ist von maßgebender Bedeutung. Denn erst hierdurch wird seine Art verständlich und die Erklärung gewonnen für seine grundsätzliche Verschiedenheit von einem Prozeßverfahren vor den ordentlichen Gerichten, für die sich daraus ergebenden Abweichungen von einem solchen in bezug auf Grundsätze, Regeln, Formen, Voraussetzungen und Wirkungen des Verfahrens, sowie für das Verhältnis des Verfahrens zu den Bestimmungen der ZPO., welche nicht in den §§ 1025—1048 enthalten sind.

IV. In welche Abschnitte scheidet sich das Verfahren?

Zwecks Feststellung der Bedeutung dieser letzteren Vorschriften ist darauf hinzuweisen, daß, obwohl sie alle unter der Bezeichnung „Schiedsrichterliches Verfahren" zusammengefaßt sind, doch nur ein verhältnismäßig kleiner Teil von ihnen sich mit der Regelung dieses Verfahrens im eigentlichen Sinne befaßt [1]), nämlich die §§ 1034, 1035, 1037—1039 in Verbindung mit § 1041, während § 1040 bestimmt, welche Rechtswirkungen der Schiedsspruch hat. Die §§ 1025—1033 enthalten Bestimmungen über den Schiedsvertrag und dessen Ergänzung in bezug auf die Ernennung von Schiedsrichtern. Die Vorschriften der ZPO. in § 1036 und in den §§ 1041—1047 sind dazu bestimmt, die Durchführung des Schiedsverfahrens, sowie die Durchführung und Anfechtung des Schiedsspruchs unter Inanspruchnahme der ordentlichen Gerichte zu ermöglichen. Diese letzteren Vorschriften sind prozeßrechtlicher Natur. Auf das Verfahren hiernach finden die Grundsätze und Regeln Anwendung, welche durch die ZPO. für das Verfahren vor den ordentlichen Gerichten gegeben sind. Das Schiedsverfahren und das anders geartete Verfahren vor den staatlichen Gerichten, welches die Durchführung des Schiedsspruchs mittels Erlassung des Vollstreckungsurteils bezweckt, stellen keinen einheitlichen Prozeß dar [2]).

---

1) Petersen Bd. II S. 761. Vorbemerk. z. 10. Buch Ziff. 2.
2) II 15. 5. 03 Bd. 55 S. 16. — VII 4. 5. 11 JW. 11 S. 644 Z. 9.

Der vorher gegebenen Gruppierung der einzelnen unter der Überschrift „Schiedsrichterliches Verfahren" zusammengefaßten Vorschriften entsprechend kann man — im Gesetz selbst ist die Scheidung nicht streng durchgeführt [1]) — unterscheiden:

1. **Das Vorverfahren,** welches, abgesehen von den Bestimmungen über den Schiedsvertrag als Voraussetzung des Schiedsverfahrens, die Bestellung und den Fortfall der Schiedsrichter, also die Vorbereitung des Schiedsverfahrens zum Gegenstande hat (§§ 1025—33) und nicht vor den Schiedsrichtern stattfindet oder durch sie betrieben wird;
2. **das Schiedsverfahren im eigentlichen Sinne** (§§ 1034, 1035, 1037—1039 und 1040 in Verbindung mit § 1041), welches die Entscheidung der Rechtsstreitigkeit zum Gegenstand hat und sich durch die Schiedsrichter und vor ihnen vollzieht;
3. das Verfahren vor den ordentlichen Gerichten, und zwar
   a) **das Zwischenverfahren** gemäß §§ 1036 und 1045,
   b) **das Nachverfahren** gemäß §§ 1041—1044.

Dazu treten noch die Zuständigkeitsvorschriften in den §§ 1045—1047, welche für jedes Verfahren in bezug auf die Inanspruchnahme der ordentlichen Gerichte gelten.

Zur Klarstellung wird bemerkt, daß, wenn in den nachfolgenden Darstellungen von „Gesetz" und „Schiedsvertrag" ohne nähere Bezeichnung die Rede ist, unter **„Gesetz"** die ZPO. und unter **„Schiedsvertrag"** die **Vereinbarungen der Parteien** über das Schiedsverfahren **in ihrer Gesamtheit** zu verstehen sind und daß, sofern nicht etwas anderes ausdrücklich bemerkt ist oder sich aus dem Zusammenhange ergibt, unter **Schiedsverfahren** das **schiedsrichterliche Verfahren im eigentlichen oder engeren Sinne** gemeint ist.

§ 2.

I. Was ist die Grundlage des Schiedsverfahrens?

Wie in § 1 d. B. ausgeführt, ist das Schiedsverfahren, dessen Darstellung den Gegenstand dieses Buchs bildet, nicht ein Prozeß,

1) Petersen Bd. II S. 761 Z. 2.

sondern ein Verfahren zur Ausführung eines Vertrags und zwar des Schiedsvertrags. Infolgedessen ist dieser Vertrag die maßgebende Grundlage des Verfahrens und des sein Ziel bildenden Schiedsspruchs. Die Schiedsrichter machen zwar, wie das RG. sich ausdrückt [1]), zwischen den Parteien Recht, gerade wie die Urteile der staatlichen Gerichte, aber kraft des Schiedsvertrags. Zwischen dem gerichtlichen Urteil und dem Schiedsspruch besteht — von anderen Unterschieden abgesehen — der wesentliche Unterschied, daß dem ersteren die Kraft zu dieser Wirkung durch die Autorität des von der Staatsgewalt eingesetzten Richteramts verliehen wird, während die verbindliche Kraft des Schiedsspruchs auf den Vertragswillen der Parteien zurückzuführen ist [2]). Das Urteil ist eine Äußerung der Staatsgewalt, der Schiedsspruch die Wirkung des Privatwillens [3]). Der Schiedsspruch im Rechtssinne beruht auf der Vereinbarung der Parteien, vermöge deren sie sich dem Urteil der von ihnen erwählten Privatrichter über eine aus einem bestimmten Rechtsverhältnis hervorgehenden Streitigkeit unterworfen haben. Der Wille der kompromittierenden Parteien verleiht dem schiedsrichterlichen Ausspruch seine Entscheidungskraft [4]), bei dem Schiedsspruch handelt es sich um die Verwirklichung des in dem Schiedsvertrag zum Ausdruck gebrachten Vertragswillens [5]). Demzufolge liegt die Grundlage der Wirkung des Schiedsspruchs in dem Vertrage [6]) und seine Geltung hängt davon ab, daß der Schiedsvertrag dem Gesetz und das Schiedsverfahren dem Willen der Parteien und den ergänzenden Normen des Gesetzes entspricht. Fehlt es an diesen Erfordernissen, so ist dem Schiedsspruch die Grundlage entzogen [7]).

II. Was ist sein Zweck?

Daraus, daß das Schiedsverfahren zur Ausführung des Schiedsvertrags, zur Verwirklichung des dadurch erklärten

1) II 25. 10. 92 Bd. 30 S. 224.
2) II 25. 1. 98 Bd. 40 S. 420.
3) I 29. 12. 88 JW. 89 S. 169 Z. 12.
4) VII 14. 10. 02 Bd. 52 S. 285.
5) I 28. 9. 95 JW. 95 S. 505 Z. 8.
6) II 15. 5. 03 Bd. 55 S. 16.
7) Hahn I S. 496.

Willens der Vertragsschließenden dient, folgt weiterhin, daß sich sein Zweck nach demjenigen bestimmt, den der Schiedsvertrag verfolgt. Der Wille derjenigen, die einen Schiedsvertrag schließen, geht, wie zu III des näheren dargelegt werden soll, dahin, eine Rechtsstreitigkeit durch Schiedsrichter entscheiden zu lassen. Dementsprechend besteht der **Zweck des Schiedsverfahrens,** wie des Schiedsvertrags, in der Herbeiführung dieser Entscheidung, d. h. in der **Beseitigung einer Rechtsstreitigkeit durch Feststellung des streitigen Rechtsverhältnisses,** wie solche durch Urteil des ordentlichen Gerichts erfolgt [1]), nur daß die Entscheidung nicht durch Staatsrichter, sondern durch von den Parteien gewählte Privatrichter, die Schiedsrichter, getroffen wird, wie bereits in § 1 auseinandergesetzt ist. Der Zweck des Verfahrens ist erreicht, wenn die Schiedsrichter die Rechtsstreitigkeit entschieden, d. h. den Schiedsspruch erlassen haben, der, wenn die Formvorschriften des § 1039 erfüllt sind, die Rechtsstreitigkeit der Parteien beseitigt und nach § 1040 unter den Parteien die Wirkungen eines rechtskräftigen gerichtlichen Urteils hat.

Eine notwendige Folge davon, daß die Entscheidung des Rechtsstreits nicht durch die staatlich angeordneten Gerichte, sondern durch Schiedsrichter zu erfolgen hat, ist der **Ausschluß des ordentlichen Rechtswegs,** d. h. der Anrufung der ordentlichen Gerichte für die Entscheidung der Rechtsstreitigkeit. Diese Folgen müssen die den Schiedsvertrag schließenden Personen, welche für das Schiedsverfahren als die Parteien in Betracht kommen, in ihren Willen mitaufgenommen, mitgewollt haben, d. h. ihr Wille muß bei Abschluß des Vertrags dahin gegangen sein, sich der Entscheidung der Schiedsrichter endgültig zu unterwerfen. Haben sich die Parteien die Einlegung von gegen gerichtliche Urteile zulässigen Rechtsmitteln oder überhaupt die Anrufung der ordentlichen Gerichte gegen den Schiedsspruch vorbehalten, so liegt — es sei denn, daß es sich um die durch § 1041 zugelassene Anfechtung des Schiedsspruchs aus den dort aufgeführten Gründen handelt [2]) — kein Schiedsvertrag im Sinne des Gesetzes vor, das Schiedsverfahren ist unzulässig, der von den zu Schiedsrichtern ernannten Personen erlassene Spruch hat nicht die ihm durch § 1040 beigelegten Wirkungen eines rechts-

---

1) I 22. 4. 91 JW. 91 S 272 Z. 9. — VII 12. 11. 07 Bd. 67 S. 73. — VII 28. 2. 11 JW. 11 S. 459 Z. 37.

2) I 29. 4. 85 Bd. 13 S. 430/1.

kräftigen gerichtlichen Urteils, d. h. er bringt nicht die Rechtstreitigkeit zur Erledigung [1]). So wesentlich hiernach für die Gültigkeit des Schiedsvertrags und damit für die Zulässigkeit des Schiedsverfahrens der Ausschluß des ordentlichen Rechtswegs ist, bildet er doch nicht den Zweck des Verfahrens und kann ihn auch nicht bilden. Dieser ist und bleibt die Beseitigung der Rechtsstreitigkeit mittels Feststellung des streitigen Rechtsverhältnisses durch die Schiedsrichter, und der Ausschluß des Rechtswegs ist nur die Folge der Wahl des Wegs für die Beseitigung der Rechtsstreitigkeit, den die Parteien durch den Abschluß des Schiedsvertrags vereinbart haben [2]). Denn dieser Ausschluß enthält lediglich eine Negation, die in bezug auf die Erledigung der Streitigkeit Rechtswirkungen überhaupt nicht erzeugen könnte, wenn nicht gleichzeitig eine Bestimmung positiven Inhalts getroffen würde, nämlich die die Zweckbestimmung des Schiedsverfahrens enthaltende Vereinbarung, daß die Rechtsstreitigkeit durch Schiedsrichter entschieden werden solle.

Als Zweck des Schiedsverfahrens wird oft auch die Einfachheit, Billigkeit, Schnelligkeit und Sachgemäßheit des Verfahrens genannt. Dies sind Vorzüge, welche das Schiedsverfahren infolge seiner besonderen Art hat oder haben kann, sie stellen aber keineswegs seinen Zweck dar, sondern geben nur den Bewegsgrund, aus dem die Parteien das Schiedsverfahren an Stelle desjenigen vor den ordentlichen Gerichten wählen, und die einfache, billige, schnelle und sachgemäße Erledigung durch das Schiedsverfahren ist auch nur die Folge des Wegs, den die Parteien für die Beseitigung der Rechtsstreitigkeit gewählt haben. Man könnte hier, wie bei dem Ausschluß des Rechtswegs, allenfalls von einem Nebenzweck des Schiedsverfahrens sprechen.

III. Was ist und bezweckt der Schiedsvertrag?

Aus vorstehendem erhellt die Bedeutung des Schiedsvertrags für das Schiedsverfahren und daraus ergibt sich die Not-

---

1) Hahn I S. 494. — VI 7. 3. 87 Bd. 17 S. 434/5. — I 11. 2. 82 JW. 82 S. 91. — I 22. 2. 90 JW. 90 S. 204 Z. 9. — VI 14. 12. 93 JW. 94 S. 56 Z. 7. — VII 21. 10. 07 Warn.Rspr. 08 Nr. 110. Schiedsvertrag S. 37/38.

2) Schiedsvertrag S. 17.

wendigkeit, des näheren festzustellen, was unter einem Schiedsvertrag zu verstehen ist und was er bezweckt.

Was ein Schiedsvertrag ist, das ist aus dem an die Spitze der Vorschriften über das Schiedsverfahren gestellten § 1025 zu entnehmen, welcher lautet:

„Die Vereinbarung, daß die Entscheidung einer Rechtsstreitigkeit durch einen oder mehrere Schiedsrichter erfolgen solle, hat insoweit rechtliche Wirkung, als die Parteien berechtigt sind, über den Gegenstand des Streits einen Vergleich zu schließen."

Hiernach ist der **Schiedsvertrag:**

„Die Vereinbarung, daß die Entscheidung eines Rechtsstreits durch einen oder mehrere Schiedsrichter erfolgen solle."

Um den Inhalt und das Wesen dieser Vereinbarung zu bestimmen, ist die Bedeutung der einzelnen Begriffe klarzustellen, welche vorstehend gebraucht sind [1]).

Daß eine **„Vereinbarung"** eine Willenseinigung, eine Vereinigung der Willenserklärungen zweier oder mehrerer Personen ist, kann als bekannt vorausgesetzt werden und bedarf keiner weiteren Erläuterung.

Daß als **„Schiedsrichter"** eine Person zu erachten ist, welche auf Grund der Vereinbarung eine Rechtsstreitigkeit zu entscheiden hat, ergibt sich unmittelbar aus dem Wortlaut der Vorschrift in § 1025. Die Bestimmung der Anzahl der Schiedsrichter ist, wie aus der Fassung des § 1025 hervorgeht, dem Willen der Parteien überlassen. Daß die Schiedsrichter bereits in dem Schiedsvertrag ernannt sind, ist für dessen Gültigkeit nicht erforderlich. Nach früherem Recht, so nach preußischem Recht bis zu dem Inkrafttreten der ZPO. am 1. Oktober 1879, gehörte es zu den wesentlichen Erfordernissen des Schiedsvertrags, daß darin entweder die Person des Schiedsrichters individuell bezeichnet oder doch ein Weg festgesetzt war, auf welchem, unabhängig von dem Willen der einen oder der anderen Partei, die Konstituierung des Schiedsgerichts bewirkt werden konnte. War dies nicht geschehen, so lag ein unvollständiger Schiedsver-

1) Schiedsvertrag S. 15—17 § 4. **Was ist und was bezweckt der Schiedsvertrag?**

trag vor, der Rechtswirkungen überhaupt nicht erzeugte [1]). Auch nach geltendem Recht gehört es zum Wesen des Schiedsvertrags, daß darin die Schiedsrichter benannt sind oder der Weg vorgezeichnet ist, wie das Schiedsgericht zustande gebracht werden soll [2]), und ein Schiedsvertrag, der die Bezeichnung der Schiedsrichter nicht enthält, ist unvollständig. Daraus folgt aber nicht seine Ungültigkeit; denn in diesem Fall tritt eine Ergänzung des nicht erklärten Willens der Parteien durch das Gesetz in Gemäßheit der Vorschriften der §§ 1028 und 1029 ein. Die durch § 1028 vorgesehene Ergänzung des Schiedsvertrags steht, wie in der Begründung des Entwurfs der ZPO. bemerkt, mit dem mutmaßlichen Willen der Kontrahenten in Einklang. Das Verfahren, wie es § 1029 regelt, empfiehlt sich als ein geeignetes Auskunftsmittel, um zur Ausführung des Schiedsvertrags zu gelangen. Dasselbe stimmt mit der Art und Weise der Konstituierung des Schiedsgerichts überein, wie solche sehr häufig in Schiedsverträgen angetroffen wird [3]). Die Vorschriften in den §§ 1028 und 1829 stellen also einen durch das Gesetz ergänzten Teil desjenigen Schiedsvertrags dar, der keine Bestimmung über die Ernennung der Schiedsrichter enthält. Ein solcher Schiedsvertrag ist infolgedessen gültig [4]).

Nicht so einfach wie die Begriffe „Vereinbarung“ und „Schiedsrichter“ lassen sich die Begriffe „Entscheidung“ und „Rechtsstreitigkeit“ erledigen, deren Bestimmung, wie aus der Fassung des Gesetzes hervorgeht, für die Erkenntnis des Wesens des Schiedsvertrags und die Bestimmung seines Inhalts von maßgebender Bedeutung ist. Was unter einer Entscheidung und unter einer Rechtsstreitigkeit zu verstehen ist, sagt das Gesetz nicht. Die Feststellung dieser Begriffe hat daher nach ihrer allgemeinen Bedeutung und im Wege von Schlußfolgerungen aus ihrem Gebrauche im Gesetz zu erfolgen.

Entscheidung ist die Bestimmung, was sein soll, Entscheidung im Rechtssinne ist die Festsetzung dessen, was Rechtens sein soll. Die ZPO. faßt unter „Entscheidungen“ Verfügungen, Beschlüsse und Urteile der Gerichte zusammen. Daraus, daß in § 1025 als Gegenstand des Schiedsvertrags nicht eine Ent-

1) IV 5. 7. 88 JW. 88 S. 330 Z. 9.
2) VI 17. 5. 94 Bd. 33 S. 266/8.
3) Hahn I S. 491/2.
4) I 29. 11. 99 Bd. 45 S. 383/4.

scheidung schlechthin, sondern „die Entscheidung einer Rechtsstreitigkeit" bezeichnet ist, geht hervor, daß hierunter eine solche Entscheidung zu verstehen ist, wie sie durch das Urteil des ordentlichen Gerichts erfolgt, d. h. eine Endentscheidung, durch welche ein streitiges Rechtsverhältnis, das Bestehen oder Nichtbestehen eines streitigen Anspruchs festgestellt wird, so daß damit der Streit darüber beseitigt, das Streitverfahren beendigt ist [1]). Dementsprechend bestimmt § 1040:

„Der Schiedsspruch hat unter den Parteien die Wirkungen eines rechtskräftigen gerichtlichen Urteils."

Diesen Wirkungen der Entscheidung der Schiedsrichter unterwerfen sich die Parteien, wenn sie einen Schiedsvertrag schließen.

Unter einer **Rechtsstreitigkeit** ist nach dem Wortsinn ein Streit um ein Recht zu verstehen, eine Streitigkeit, deren Gegenstand ein Recht ist. Darüber, was ein Recht ist, enthält weder die ZPO., noch das außerdem dafür in Frage kommende BGB. eine Bestimmung. Nur für eine Art von Rechten, die sogenannten Ansprüche, ist in § 194 BGB. eine Begriffsbestimmung gegeben und hierdurch der Anspruch bezeichnet als „das Recht, von einem anderen ein Tun oder ein Unterlassen zu verlangen". Das Verhältnis, welches dadurch entsteht, daß eine Person gegen eine andere ein Recht hat, nennt man ein Rechtsverhältnis [2]). Ob dieses Verhältnis sich auf direkte Beziehungen der Personen zueinander gründet oder durch ihre Beziehungen zu einer bestimmten Sache, zu einem bestimmten Vermögen (Nachlaß) oder zu einem bestimmten Personenkreise (Familie) herbeigeführt ist, darauf kommt es nicht an. Der Begriff des Rechtsverhältnisses erfordert nicht, daß unmittelbare rechtliche Beziehungen zwischen den Parteien gegeben sind, z. B. genügt es hierfür, daß die Parteien Anspruch auf Nutzungsrechte an derselben Sache geltend machen, welche miteinander kollidieren [3]). Rechtsverhältnis ist jedes Verhältnis zwischen Personen, welches durch eine Rechtsnorm geregelt ist, das Ergebnis dieser Regelung ist der Anspruch der einen Person gegen die andere.

---

1) Hahn I S. 478.
2) Schiedsvertrag S. 18—20 § 5. **Was ist eine Rechtsstreitigkeit?**
3) II 8. 2. 98 Bd. 41 S. 346/7.

Zu der Entstehung eines Streits gehören, wie zu dem Abschluß eines Vertrags, mehrere Personen, und zwar mindestens zwei; während jedoch ein Vertrag durch die Übereinstimmung, die Einigung der Parteien über das, was den Gegenstand des Vertrags ausmachen soll, zustande kommt, entsteht ein Streit gerade durch das Gegenteil davon, d. h. dadurch, daß die Parteien nicht übereinstimmen, in Uneinigkeit geraten. Bezieht sich diese Uneinigkeit auf ein Recht, behauptet ein Teil, daß ihm gegen den anderen ein Recht zustehe, und bestreitet dieser es, so liegt ein Streit um oder über ein Recht, eine Rechtsstreitigkeit vor. Grund des Streits sind immer Rechte, die sich als Ansprüche im Sinne des § 194 BGB. darstellen; denn erst, wenn ein Teil von dem anderen etwas verlangt oder verlangen zu dürfen glaubt, kann darüber zwischen ihnen ein Streit entstehen. Dem Streit liegt sonach immer ein Verhältnis zwischen den daran Beteiligten zugrunde, kraft dessen der eine von dem andern etwas zu verlangen berechtigt ist oder berechtigt zu sein behauptet, ein Rechtsverhältnis, das dadurch, daß der andere die Berechtigung dieses Verlangens bestreitet, zu einem streitigen wird [1]).

Eine „Entscheidung" im Sinne der §§ 1025 und 1040 liegt nicht vor, wenn ihr Gegenstand nicht die Feststellung des Bestehens oder Nichtbestehens eines Anspruchs, eines streitigen Rechtsverhältnisses ist, sondern nur die Feststellung von Tatsachen, also eines streitigen tatsächlichen Verhältnisses. Durch eine solche Feststellung wird nur ein Streit über Tatfragen beseitigt, nicht eine Rechtsstreitigkeit; es kann dadurch nur die Beseitigung der Rechtsstreitigkeit mittels der Entscheidung des Gerichts oder des Schiedsrichters vorbereitet werden, indem dafür Elemente, tatsächliche Grundlagen festgestellt werden. Ein Vertrag, der dies bezweckt, ist kein Schiedsvertrag, sondern ein Gutachtervertrag, der hinsichtlich seines Wesens, seiner Voraussetzungen und Wirkungen anderen Grundsätzen untersteht, als der Schiedsvertrag, dessen Ausführung den Gegenstand und Zweck des Schiedsverfahrens bildet [2]).

---

1) Schiedsvertrag S. 18—27 § 5: Was ist eine Rechtsstreitigkeit? § 6: Welcher Art muß eine Rechtsstreitigkeit sein, damit darüber ein Schiedsvertrag geschlossen werden kann?

2) Schiedsvertrag S. 67—70 § 14: Was ist und was bezweckt der Gutachter-Vertrag?

Wie ein Streit über bloße Tatsachen, kann auch ein solcher über reine Rechtsfragen nicht Gegenstand des Schiedsvertrags sein; hierüber kann ein Schiedsspruch ebensowenig verlangt werden, wie ein Urteil des ordentlichen Gerichts [1]). Der Streit, dessen Entscheidung durch die Schiedsrichter erfolgen soll, muß ein Rechtsverhältnis betreffen, ein Rechtsverhältnis aber hat stets nicht nur rechtliche, sondern auch tatsächliche Elemente zur Grundlage.

Nach Maßgabe der vorstehenden Ausführungen besteht das **Wesen und** der **Inhalt des Schiedsvertrags darin, daß die ihn schließenden Personen** vereinbaren, d. h. **sich gegenseitig verpflichten, eine Rechtsstreitigkeit** zwischen einander **in der Weise zu beseitigen, daß sie diese durch** eine oder mehrere Personen als **Schiedsrichter entscheiden lassen, und sich deren Entscheidung,** wie einem rechtskräftigen gerichtlichen Urteile, **zu fügen.** Die Unterwerfung unter die Entscheidung der Schiedsrichter muß bereits von vornherein in dem Schiedsvertrag erfolgen. Eine Vereinbarung, durch welche die Parteien die Entscheidung einer Rechtsstreitigkeit einem Schiedsgericht übertragen, sich jedoch vorbehalten, dessen Spruch anzuerkennen oder die Entscheidung der ordentlichen Gerichte anzurufen, ist kein Schiedsvertrag, wie bereits zu II ausgeführt, und hat nicht die Wirkungen eines solchen [2]). Durch eine solche Vereinbarung erhalten die als Schiedsrichter bezeichneten Personen nur den Auftrag und die Vollmacht, die Beseitigung der Rechtsstreitigkeit vorzubereiten. Eine diese Beseitigung herbeiführende Rechtswirkung tritt jedoch nicht schon durch ihren Spruch, sondern erst dadurch ein, daß die Parteien nachträglich ihn als verbindlich anerkennen und damit zu einem Vergleich zwischen sich machen. Die sogenannten Schiedsrichter sind in einem solchen Falle lediglich Vermittler, ihr Spruch stellt nur einen für die Parteien unverbindlichen Versuch dar, den Streit auf gütlichem Wege zum Ausgleich zu bringen, nicht aber den Ausgleich selbst, wie er durch einen Schiedsspruch auf Grund eines Schiedsvertrags erfolgt.

Die vorstehende Bestimmung des Wesens und Inhalts des Schiedsvertrags entspricht der Rechtsprechung des RG., welches

---

1) I 11. 2. 82 Bd. 6 S. 387. — I 2. 7. 87 Bd. 18 S. 172. — VI 23. 10. 13 JW. 14 S. 100 Z. 29.

2) Schiedsvertrag S. 37 in § 8: Was darf ein Schiedsvertrag nicht enthalten?

u. a. ausgeführt hat: Unter Schiedsvertrag ist nach § 1025 die Vereinbarung zu verstehen, daß die Entscheidung einer Rechtsstreitigkeit durch einen oder mehrere Schiedsrichter erfolgen soll. Zum Wesen des Schiedsvertrags gehört danach die Willenseinigung der Parteien, daß der schiedsrichterliche Spruch die Streitigkeit zur Entscheidung bringe. Die Entscheidung tritt an die Stelle derjenigen des zuständigen Gerichts, hat unter den Parteien die Wirkungen eines rechtskräftigen gerichtlichen Urteils [1]). Nach § 1025 hat der Schiedsvertrag die Entscheidung einer Rechtsstreitigkeit zur Voraussetzung und der Entscheidung des Schiedsrichters wird vorbehalten, was im ordentlichen Rechtswege der staatlich bestellte Richter durch Fällung eines Urteils vornimmt. Ein Vertrag, der . . . . nicht die Entscheidung selbst, sondern nur die Feststellung der Elemente für die Entscheidung überträgt, ist kein gültiger Schiedsvertrag [2]). Der Schiedsvertrag bezweckt die Entscheidung einer Rechtsstreitigkeit, also die Feststellung eines streitigen Rechtsverhältnisses mit der Wirkung eines Urteils über die Verpflichtung einer Partei gegenüber der anderen, nicht die bloße Festsetzung irgend einer Voraussetzung für eine solche Feststellung [3]). Hiermit ist der Vorbehalt einer Anrufung der ordentlichen Gerichte nicht vereinbar [4]).

Soweit die Darstellung auf Grund der Rechtsprechung des Reichsgerichts, welche sich an die gesetzlichen Bestimmungen über den Schiedsvertrag und den Schiedsspruch in den §§ 1025 und 1040 anschließt und an die darin gebrauchten Worte „Entscheidung" und „Schiedsrichter". Will man sich nicht an eine streng formalistische Auslegung dieser Bestimmungen gebunden halten, sondern dem Wesen des Schiedsvertrags auf den Grund gehen, so findet man den Ausgangspunkt dafür in den folgenden Worten des § 1025:

> „Die Vereinbarung . . . . hat insoweit rechtliche Wirkung, als die Parteien berechtigt sind, über den Gegenstand des Streits einen Vergleich zu schließen."

Hieraus ist das entscheidende Merkmal für die Bestimmung der rechtlichen Natur des Schiedsvertrags zu ent-

---

1) VII 28. 2. 11 JW. 11 S. 459 Z. 37.
2) VII 12. 11. 07 Bd. 67 S. 73 JW. 08 S. 16 Z. 21.
3) I 22. 4. 91 JW. 91 S. 272 Z. 9.
4) VII 21. 10. 07 Warn.Rspr. 08 Nr. 110.

nehmen. Nur insoweit sich die Parteien vergleichen dürfen, können sie einen Schiedsvertrag schließen, d. h. vereinbaren, daß, was sie selbst zur Beseitigung des Rechtsstreits im Wege des Vergleichs festzusetzen berechtigt sind, andere für sie festsetzen sollen. Soweit die Parteien selbst durch einen Vergleich bestimmen dürfen, was zwischen ihnen in bezug auf einen Streit „Recht" sein soll, können sie diese Bestimmung durch den Schiedsvertrag Dritten übertragen. Durch den Abschluß des Schiedsvertrags bringen sie zum Ausdruck und erklären, daß, was die Schiedsrichter in bezug auf die dem Schiedsvertrag zugrunde liegende Rechtsstreitigkeit aussprechen werden, im Verhältnis zwischen ihnen so gelten solle, als wenn sie selbst es durch Vergleich festgesetzt hätten. Nach § 779 BGB. ist der Vergleich „ein Vertrag, durch den der Streit oder die Ungewißheit der Parteien über ein Rechtsverhältnis im Wege gegenseitigen Nachgebens beseitigt wird." Durch den Abschluß des Schiedsvertrags verpflichten sich die Parteien gegen einander, sofern und soweit ihnen die Schiedsrichter Rechte absprechen sollten, hiervon nachzugeben und darauf zu verzichten, sie stimmen von vornherein den Festsetzungen der Schiedsrichter darüber zu, verpflichten sich, damit den Streit zwischen einander als erledigt zu erachten und die Festsetzung dessen, was nach dem Spruch der Schiedsrichter zwischen ihnen in bezug auf den Streit Rechtens sein soll, gelten zu lassen. Durch den Abschluß des Schiedsvertrags wird bereits die Einigung der Parteien darüber erklärt, daß das, was die Schiedsrichter durch ihren Spruch festsetzen werden, als von ihnen gewollt gilt. Denn der Schiedsvertrag enthält, wie das RG. sagt [1]), naturgemäß immer die Vereinbarung und die Verpflichtung, dasjenige zu leisten und zu erfüllen, was der Partei durch den Spruch — dessen Zustandekommen gemäß den dafür maßgebenden Abmachungen und Vorschriften vorausgesetzt — auferlegt wird. **Der Schiedsvertrag ist ein besonders gearteter und bedingter Vergleich** über die Erledigung eines Streits oder einer Ungewißheit, ein Vergleich mit der besonderen Artung, daß die Bestimmung seines Inhalts nach dem Willen der Parteien durch Dritte, die Schiedsrichter, erfolgt, und mit der sich daraus für sein Zustandekommen ergebenden Bedingung der Erlassung der Ent-

1) VII 22. 12. 11 JW. 12 S. 358 Z. 27 = Warn.Rspr. 12 Nr. 139.

scheidung durch die Schiedsrichter. Besteht der Vergleich, wie das RG. ihn bestimmt[1]), begrifflich in einer auf sachliche Rechtswirkungen abzielenden Willenseinigung, so entspricht der Schiedsvertrag der in dieser Hinsicht an ihn als Vergleich zu stellenden Anforderung. Denn der Abschluß des Schiedsvertrags enthält bereits eine Einwirkung auf das dem Streite zugrunde liegende Rechtsverhältnis, aber nur in bedingter Weise, d. h. abhängig davon, daß die Schiedsrichter ihren Spruch erlassen und welchen Inhalt sie ihm geben. Der Schiedsvertrag ist also eine besondere Art des Vergleich, woran sich nichts dadurch ändert, daß für seine Herbeiführung und Durchführung durch positive Gesetzesbestimmungen besondere Vorschriften gegeben sind[2]).

Aus der Vergleichsnatur des Schiedsvertrags erklärt sich in zwangloser und schlüssiger Weise die Art des Schiedsverfahrens, das sich nicht nach den für ein Prozeßverfahren geltenden Vorschriften und in dessen Formen vollzieht, sondern — abgesehen von einigen der Abänderung durch die Parteien und die Schiedsrichter entzogenen Vorschriften der ZPO., welche zwingenden Charakters sind — in Gemäßheit der Vereinbarungen der Parteien und in den von ihnen oder von den Schiedsrichtern gewählten Formen. Weiteres soll hierüber insbesondere in dem folgenden Abschnitt B., in der Darstellung des Schiedsrichtervertrags, sowie in den Ausführungen über das Wesen und die Rechtswirkungen des Schiedsspruchs gesagt werden.

Die Begründung zum Entwurf der ZPO. spricht ausdrücklich von der Verwandtschaft zwischen Vergleich und Schiedsvertrag[3]) und von der vergleichsähnlichen Natur des Schiedsvertrags[4]) und zieht daraus Folgerungen, welche zu dem Satze führen: „Sie (die Parteien) werden daher regelmäßig die Schiedsrichter als die gütlichen Vermittler ihres Streits betrachten"[4]). Wenn gleichwohl in § 1025 diese „gütlichen Vermittler" als Schieds r i c h t e r und ihr Spruch

---

1) VII 5. 1. 12 Bd. 78 S. 287.

2) Vgl. D a u b e n s p e c k: Die Schiedsgerichte für Regulierung der Bergschäden, Berlin 1883, Verlag von Franz Vahlen S. 12—14.

3) H a h n I S. 490.

4) H a h n I S. 494.

als „Entscheidung" bezeichnet sind, so ist die Erklärung für den Gebrauch dieser Ausdrücke wohl in dem Bestreben zu finden, dadurch den Begriff und das Wesen des Schiedsvertrags gegenüber dem Schiedsgutachtervertrage klarzustellen, der nicht die Feststellung eines streitigen Rechtsverhältnisses, sondern die Feststellung eines streitigen Sachverhalts, die Begutachtung von Tatfragen zum Gegenstande hat. In einer neueren Entscheidung hat auch das Reichsgericht die Vergleichsnatur des Schiedsvertrags und des Schiedsverfahrens betont und daraus die Zulässigkeit der Verfolgung von Ansprüchen aus einem nichtigen Vertrage im Schiedsverfahren hergeleitet, von Ansprüchen, deren Geltendmachung im ordentlichen Verfahren ausgeschlossen ist. Es hat ausgeführt:

„Das Revisionsgericht hat mit der Vorinstanz davon auszugehen, daß die Konkurrenzklausel des Anstellungsvertrages vom 15. April 1903 unsittlich und deshalb der ganze Anstellungsvertrag mit Einschluß der Schiedsgerichtsklausel nichtig ist. Wiewohl nun die Parteien eines wegen Sittenwidrigkeit nichtigen Vertrages auf dieser Grundlage einen wirksamen Vergleich über Ansprüche aus dem Vertrage nicht schließen können, bleibt doch Raum für einen Vergleich, wenn über die Gültigkeit des Vertrages gestritten wird und eine der Parteien aus dem von ihr als gültig erachteten und behandelten Vertrage Ansprüche erhebt, denen die Gegenpartei widerspricht. Ein solcher Vergleich findet seine rechtliche Grundlage in dem Streit der Parteien, der durch ihn beigelegt werden soll (vgl. Entscheidungen des RG. Bd. 49 S. 192). Daher besteht auch kein rechtliches Hindernis dagegen, daß die Vertragsparteien in solchen Fällen ihren Streit einem Schiedsgericht zur Entscheidung vorlegen (ZPO. § 1025). Zwischen den Prozeßparteien hat die tatsächliche Entwicklung der Verhältnisse dahin geführt, daß die Klägerin, welche den bezeichneten Anstellungsvertrag mit seiner Konkurrenzklausel als gültig ansah, aus dem der Klausel zuwiderlaufenden Verhalten des Beklagten gegen diesen Ansprüche auf Vertragsstrafen herleiten und geltend machen wollte. Hinsichtlich dieser vom Beklagten bestrittenen Ansprüche konnten die Parteien wirksam einen Vergleich und auch einen Schiedsvertrag schließen. Ließ sich der Beklagte auf das von der Klägerin veranlaßte schiedsgerichtliche Verfahren ein, ohne gegen die Zuständigkeit der Schiedsrichter Widerspruch zu erheben, so lagen Willenskundgebungen beider Parteien mit dem Inhalt vor, die Entscheidung dieses Streits dem Schiedsgericht zu übertragen. Hiermit war der Tatbestand eines Schiedsvertrages erfüllt" [1]).

In dem Kommentar zum BGB. von Reichsgerichtsräten [2]) ist über den Schiedsvertrag folgendes gesagt:

„Ein dem Vergleich rechtsähnlicher Vertrag ist der Schiedsvertrag (§§ 1025 ff. ZPO.), der wie jener die vertragsmäßige Beilegung eines Streites über ein Rechtsverhältnis bezweckt, diesen Zweck jedoch abweichend vom Vergleiche so verwirklicht, daß nicht die Parteien selbst über die Rechte aus dem Rechtsverhältnis verfügen, der Vertrag vielmehr die gerichtliche Entscheidung der Streitigkeit beseitigt und diese Entscheidung an Stelle des Gerichts ernannten Vertrauenspersonen überträgt" (RG. 67, 71, JW. 1911, 459[37]).

Das BGB. enthält Bestimmungen über den Schiedsvertrag nicht. In den Motiven zum ersten Entwurf heißt es: „Der Entwurf übergeht den Schiedsvertrag und hat ihn zu übergehen, weil die Vorschriften der ZPO. vollkommen genügen." Infolgedessen ist auch die Streitfrage offen geblieben, ob der Schiedsvertrag materiellrechtlicher oder prozeßrechtlicher Natur ist. Nach vorstehenden Darlegungen kann es nicht zweifelhaft sein, daß ersteres zutrifft. Die Stellungnahme des RG. zu dieser Frage ist nicht einheitlich und nicht bestimmt. Nach der auf S. 3 und 5 in § 1 angezogenen Entscheidung scheint es dem Schiedsvertrag eine doppelte Natur beizumessen, ein Gemisch von materiellrechtlichen und prozeßrechtlichen Elementen, von denen die letzteren überwiegen. In einem Falle, der die Erfüllungsklage aus einem ausländischen Schiedsspruch zum Gegenstande hatte, ist vom RG. ausgeführt [3]):

---

1) VII 1. 11. 12. — VII 284. 12. Vergl. hierzu auch VII 23. 6. 14 Warn.Rspr. 14 Nr. 309.

2) Komm. S. 719 Vorbem. zu § 779.

3) VII 22. 12. 11 JW. 12 S. 358 Z. 27 = Warn.Rspr. 12 Nr. 139.

„Sollen . . . mit Bezug auf den ausländischen Schiedsspruch vor deutschen Gerichten die durch das deutsche Gesetz zugelassenen prozessualen Maßnahmen durchgeführt, z. B. das Vollstreckungsurteil (ZPO. § 1042) erwirkt werden, so kann das nicht geschehen, wenn nicht den zwingenden deutschen Vorschriften, insbesondere dem § 1039 ZPO., genügt ist. . .

Das ist die prozessuale Seite des Verhältnisses. Der Schiedsvertrag enthält aber, und das ist sein materiellrechtlicher Inhalt, naturgemäß immer die Vereinbarung und Verpflichtung, dasjenige zu leisten und zu erfüllen, was der Partei durch den Spruch (dessen Zustandekommen gemäß den dafür maßgebenden Abmachungen und Vorschriften vorausgesetzt) auferlegt wird. Mag also für den ausländischen Schiedsspruch wegen Fehlens eines der durch die ZPO. zwingend vorgeschriebenen Erfordernisse die Erwirkung des Vollstreckungsurteils bei deutschen Gerichten ausgeschlossen sein, so bleibt doch immer die vertragsmäßige Verpflichtung zur Erfüllung des Schiedsspruches bestehen. Hierauf richtet sich die vorliegende Klage. Sie hat ihre Grundlage nicht . . . in dem ursprünglichen Rechtsverhältnisse der Parteien, sondern in dem Schiedsspruch in Verbindung mit dem Schiedsvertrage."

Hieraus geht hervor, daß das RG. die prozessuale Seite des Schiedsvertrags darin sieht, daß der auf Grund desselben erlassene Schiedsspruch, sofern den gesetzlichen Vorschriften genügt ist, die Grundlage für die Klage auf Erlassung des Vollstreckungsurteils gewährt. Wenn in der Entscheidung noch von anderen in bezug auf den Schiedsspruch durch das deutsche Gesetz zugelassenen prozessualen Maßnahmen die Rede ist und das Vollstreckungsurteil nur als Beispiel angeführt wird, so können solche Maßnahmen nach den Bestimmungen der ZPO. über das Schiedsverfahren dafür nicht in Frage kommen, da hiernach außer der Klage auf Erlassung des Vollstreckungsurteils in bezug auf den Schiedsspruch nur noch die Aufhebungsklage zulässig ist, welche, da rein negatorischer Natur, für die prozessuale Seite des Schiedsvertrags nicht herangezogen werden kann. Andererseits aber ist aus der Entscheidung zu entnehmen, daß das RG. dem Schiedsvertrag einen materiellrechtlichen

Inhalt derart beimißt, daß, wenn für einen ausländischen Schiedsspruch zwar die vorgeschriebenen Formalitäten des fremden, aber nicht des deutschen Rechts beobachtet worden sind, die Klage auf Erfüllung aus dem Schiedsspruch auf Grund des die Parteien daran bindenden Schiedsvertrags gegeben wird. Diese Klage würde in gleicher Weise aus einem inländischen Schiedsspruch begründet sein, wenn nicht dafür kraft besonderer gesetzlicher Vorschrift ausschließlich der besondere Rechtsbehelf der Klage auf Erlassung des Vollstreckungsurteils gemäß § 1042 gegeben wäre. Für die rechtliche Natur des Schiedsvertrags ist es an und für sich unerheblich, ob für den später auf Grund des Vertrags ergangenen Schiedsspruch die für dessen Erlassung vorgeschriebenen Formalitäten beobachtet sind oder nicht.

Daß aus einem ausländischen Schiedsspruch die Klage auf Erfüllung zulässig ist, hat das RG. auch in anderen Entscheidungen ausgesprochen [1]). In Übereinstimmung hiermit hat das RG. in einem Fall, in dem ein inländischer Schiedsspruch nur die grundsätzliche Feststellung von Beiträgen getroffen hatte, die eine Partei an die andere zu leisten hatte, die Klage auf Leistung der Beiträge nach Maßgabe des Schiedsspruchs, ohne daß für diesen ein Vollstreckungsurteil vorlag, für zulässig erklärt und zur Begründung der Entscheidung ausgeführt: „Erhält auch ein Schiedsspruch, selbst wenn er ein Bewirkungs- oder Feststellungsurteil ist, erst durch das Vollstreckungsurteil seine volle Wirksamkeit, so bedeutet dies doch nur, daß er bis zu dessen Erlaß noch keinen Vollstreckungstitel bildet und daß er nicht gegen die Geltendmachung von Aufhebungsgründen (ZPO. § 1041) gesichert ist (vgl. Gruchots Beitr. 39, 1178). Nicht aber ist damit gesagt, daß der Schiedsspruch auch materiellrechtlich vor und ohne Erlaß des Vollstreckungsurteils keine geeignete Grundlage für eine Leistungsklage bilde. Wenn ihn das Gesetz einem rechtskräftigen gerichtlichen Urteil gleichstellt, so gewährt es damit die Möglichkeit, sich seiner auch ohne Vollstreckungsurteil insoweit zu bedienen, als es sich nicht um die Vollstreckung, sondern um die Verwertung des Spruchs als Grundlage für die Verfolgung eines aus ihm hergeleiteten Anspruchs im Prozeßwege handelt. In dem in Gruchots

1) I 29. 12. 88 JW. 89 S. 169 Z. 12. — I 10. 12. 92 Bd. 30 S. 370 bis 372 = JW. 93 S. 60 Z. 15. — I 28. 9. 95 J.W. 95 S. 505 Z. 8. — I 16. 12. 96 JW. 97 S. 84 Z. 23. — II 30. 4. 01 JW. 01 S. 424 Z. 6.

Beitr. 55, 383 abgedruckten Falle hat das Reichsgericht einen Schiedsspruch ersichtlich auch ohne Vollstreckungsurteil als genügende Stütze für den Einwand der rechtskräftig entschiedenen Sache angesehen und in dem in der JW. 1912, 358 Nr. 27 behandelten Fall ist die Klage aus einem ausländischen Schiedsspruch auf Erfüllung ohne weiteres zugelassen" [1]). In einem anderen Falle, in dem der Schiedsspruch gegen die Teilhaber einer offenen Handelsgesellschaft, nicht gegen diese selbst ergangen war, hat das RG. die Rechtswirksamkeit des Spruchs gegenüber der Gesellschaft mit folgender Begründung bejaht: „Vorliegend handelt es sich nicht um die formelle Rechtskraft des Schiedsspruchs, um dessen Vollstreckbarkeit in das Gesellschaftsvermögen, sondern um seine materielle Rechtskraft, um die Frage, ob die gegenüber beiden Mitgliedern der offenen Handelsgesellschaft Albert M. als physische Personen wirksame Entscheidung, daß der Vertrag vom 12. Februar 1910 nichtig sei, von ihnen auch in ihrer Verbindung zu jener Gesellschaft ohne weiteres als wirksam anzuerkennen ist. Hierbei kann die im allgemeinen berechtigte Unterscheidung zwischen der Gesellschaft und ihren Mitgliedern nicht etwa als ausschlaggebend im Sinne einer Verneinung der Frage gelten. . . . Als maßgeblich kommt vielmehr die Frage in Betracht, ob es möglich erscheint, daß im Verhältnisse zwischen Louis G. einerseits und Albert und Hugo M. andererseits in Zusammenfassung der beiden letzteren zur Gesellschaft Albert M. eine von dem schiedsgerichtlichen Ausspruche der Vertragsnichtigkeit abweichende Entscheidung getroffen werden kann, und die Lösung dieser Frage hängt davon ab, ob die im schiedsgerichtlichen Verfahren Beklagten aus ihrer Verbindung zur Handelsgesellschaft und in ihrer Eigenschaft als Mitglieder der Handelsgesellschaft irgend einen besonderen Grund und Einwand gegen den Ausspruch der Vertragsnichtigkeit geltend zu machen vermögen. Dies ist zu verneinen. Der Auseinandersetzungsvertrag ist zwischen allen vorher zur offenen Handelsgesellschaft Albert M. vereinigten Personen geschlossen worden und bezog sich gerade auf die Rechte und Pflichten, die einerseits dem Louis G. als ausscheidenden Gesellschafter und andererseits seinen bisherigen Mitgesellschaftern als bleibenden Mitgliedern der Handelsgesellschaft gegeneinander zukommen

---

1) VII 25. 11. 13 Warn.Rspr. 14 Nr. 70

bezw. obliegen sollten. Nachdem im Schiedsgerichtsverfahren, an welchem alle drei früheren Gesellschafter als Parteien teilgenommen haben, mit Rechtswirkung für und gegen alle Beteiligten die Nichtigkeit des Auseinandersetzungsvertrages festgestellt ist, erscheint es unerfindlich und undenkbar, daß die beiden in der Handelsgesellschaft verbleibenden Beteiligten aus ihrer fortbestehenden gesellschaftlichen Vereinigung irgend einen besonderen Einwand gegen die festgestellte Vertragsnichtigkeit herzuleiten vermöchten. Deshalb ist ihre Eigenschaft als Handelsgesellschafter für die vorliegende Frage ohne wesentliche Bedeutung. Sie müssen die materielle Rechtskraft des schiedsgerichtlichen Ausspruchs der Nichtigkeit des Vertrags vom 12. Februar 1910 auch in diesem Prozesse anerkennen und gelten lassen, weil sie zu den Parteien sowohl des schiedsgerichtlichen Verfahrens, als auch des gegenwärtigen Prozeßverfahrens gehören" [1]).

Die Streitfrage hinsichtlich der Rechtsnatur des Schiedsvertrags ist hiernach meines Erachtens dahin zu beantworten: **Der Schiedsvertrag ist materiellrechtlicher Natur,** wie ein Vergleich, er bietet jedoch durch den in seiner Ausführung ergangenen Schiedsspruch die Grundlage — und dies allein ist, abgesehen von der sich aus ihm ergebenden prozeßhindernden Einrede gemäß § 274 Abs. 2 Ziff. 3, seine prozeßrechtliche Seite — für die Erlassung eines Vollstreckungsurteils, kraft gesetzlicher Vorschrift zwar unter besonderen formellen Voraussetzungen, hinsichtlich der materiellen Wirkungen aber, abgesehen von den besonderen Anfechtungsgründen aus § 1041, nicht anders, wie auch ein Vergleich ein Urteil zu seiner Durchführung erfordert und ermöglicht. Die Einrede, daß die Entscheidung des Rechtsstreits durch Schiedsrichter zu erfolgen habe, ist eine prozeßhindernde nicht wegen der prozessualischen Natur des Schiedsvertrags, sondern weil sie durch positive Gesetzesvorschrift, durch die Novelle zur ZPO. vom 17. Mai 1898, ebenso wie die Einrede der mangelnden Parteifähigkeit gemäß § 274 Abs. 2 Z. 7 aus Zweckmäßigkeits-, nicht aus Rechtsgründen dazu erklärt worden ist [2]), während die derselben Rechtsstufe angehörenden Einreden der rechtskräftig entschiedenen oder verglichenen Sache und der mangelnden Sachlegitimation mangels einer entgegenstehenden

1) VII 14. 11. 13 Warn.Rspr. 14 Nr. 129.
2) Petersen Bd. I S. 549 Bem. 8 zu § 274.

Gesetzesvorschrift ihre lediglich materiellrechtliche Wirkung behalten haben. Der Schiedsvertrag gehört also dem Privatrecht an, er äußert aber einige Wirkungen prozessualer Art, nicht, weil solche sich aus seiner rechtlichen Natur ergeben, sondern weil sie ihm durch besondere Gesetzesvorschriften beigelegt sind.

Eine praktisch sehr wichtige Frage ist diejenige, ob der Schiedsvertrag ein gegenseitiger Vertrag ist, d. h. ob er zu den Verträgen gehört, durch welche beide Teile Verpflichtungen gegeneinander übernehmen, um die Verpflichtung des anderen Teils zu erlangen, und welche daher beide Teile belasten [1]). Denn von der Beantwortung dieser Frage hängt unter anderem die Entscheidung ab, ob und unter welchen Voraussetzungen der Rücktritt vom Schiedsvertrag zulässig ist, ob für die Ausübung des Rücktritts die Bestimmungen des § 326 BGB. zur Anwendung gelangen können. Hierauf kommt es an, wenn eine Partei die Erfüllung von Pflichten aus dem Schiedsvertrage zwecks Einleitung oder Durchführung des Schiedsverfahrens, z. B. die ihr obliegende Ernennung eines Schiedsrichters verzögert oder unterläßt. In bezug auf einen Fall dieser Art hat das RG. für das gemeine Recht ausgeführt, daß aus dem im Schiedsvertrag liegenden Versprechen beider Teile, alles zur Bildung des Schiedsgerichts und zur Fällung des Spruchs ihrerseits Erforderliche zu tun, dem Nichtsäumigen gegen den Säumigen nicht bloß eine Klage auf Erfüllung des Schiedsvertrags, sondern auch das Rücktrittsrecht vom Vertrage gewährt sei, daß diese Befugnis des Nichtsäumigen mit (früher § 855, jetzt) § 1029 und den sonstigen Bestimmungen der ZPO. über das Schiedsverfahren nicht im Widerspruch stehe und daß Voraussetzung für die Ausübung des Rücktrittsrechts ein die Erledigung des Streits durch Schiedsspruch ungebührlich und mit Verletzung der Vertragspflicht hinausziehendes Verhalten des anderen Teiles sei [2]). An dem Wesen und Inhalt des Schiedsvertrags, wie der angezogenen Entscheidung zugrunde gelegt, hat sich unter der Herrschaft des BGB. gegenüber dem gemeinen Recht nichts geändert. Folgt man der Entscheidung in bezug auf die Bestimmung seines Inhalts, so ist der Schiedsvertrag **zu den gegenseitigen Verträgen zu rechnen** und die Anwendung des

---

1) Bejahend Petersen Bd. II S. 777 Anm. 3 a. E. zu § 1033, verneinend Stein Bd. II S. 958 Anm. IV zu § 1025.

2) III 19. 11. 97 JW. 98 S. 50 Z. 20.

§ 326 BGB. für zulässig zu erachten, wenn sonst die Voraussetzung dafür, der Verzug des einen Teiles mit der ihm obliegenden Leistung gegeben ist [1]).

In einer späteren Entscheidung hat sich das RG. hinsichtlich des Inhalts des Schiedsvertrags ähnlich ausgesprochen und ausgeführt, daß nach dem allgemeinen aus dem Begriff und Zweck des Schiedsgerichts sich ergebenden Inhalt des zwischen den Parteien unter sich und mit den Schiedsrichtern abgeschlossenen Vertrags die Schiedsparteien sich dem Schiedsspruch in bezug auf das streitige Rechtsverhältnis unter Ausschluß des Rechtswegs unterwerfen und die Verpflichtung übernehmen, alles zu tun, um den Schiedsrichtern die Fällung des Spruchs zu ermöglichen [2]).

Bejaht man die Vergleichsnatur des Schiedsvertrags, so ist sein Charakter als gegenseitiger Vertrag ohne weiteres gegeben.

B.

Welche Rechtsgrundsätze beherrschen das Schiedsverfahren?

§ 3.

Welcher Art sind die Rechtssätze, die auf das Verfahren überhaupt anzuwenden sind?

In bezug auf die Rechtsgrundsätze, welche für das Schiedsverfahren zur Anwendung zu gelangen haben, finden sich in den weitesten Kreisen, nicht nur bei Laien, sondern auch bei Juristen Auffassungen, die, hervorgerufen durch die Annahme einer Gleichartigkeit oder Ähnlichkeit dieses Verfahrens mit einem Prozeß infolge der Übereinstimmung des Zieles beider Verfahren und beeinflußt durch Unklarheit hinsichtlich des Wesens des Schiedsvertrags, dazu führen, daß das Schiedsverfahren als eine besondere Prozeßart betrachtet und als summarischer Prozeß behandelt wird, auf den, wenn auch nicht durchweg, so doch in der Hauptsache die Vorschriften der ZPO. zur Anwendung zu bringen sind, soweit nicht der Schiedsvertrag abweichende Bestimmungen enthält. Derartigen Auffassungen ist entschieden

---

1) Petersen Bd. II S. 771 Anm. 4 Abs. 1 a. E. zu § 1029.
2) III 4. 11. 10 Bd. 74 S. 322.

entgegenzutreten, das Gegenteil ist richtig, wie das RG. bereits in vielen Entscheidungen klargestellt hat (vgl. § 4 II d. B.). Eine **analoge Anwendung von Vorschriften der ZPO.** hat **nur** dann stattzufinden, **wenn die Parteien dies vereinbart haben oder** die **Schiedsrichter es bestimmen.** Die Vorschrift in § 1034 Abs. 2, wonach die Regelung des Verfahrens in erster Linie durch die Parteien selbst und in Ermangelung einer Vereinbarung darüber zwischen ihnen durch die Schiedsrichter erfolgt, ist von dem Gesetzgeber in bewußtem Gegensatz zu den Bestimmungen des Code de proc. art. 1009, 1019 und der preuß. AGO. I 2 § 171 getroffen worden, welche fordern, daß die Schiedsrichter, sofern der Vertrag nicht anderes bestimmt, nach den Prozeßgesetzen zu verfahren haben [1]. „Durch Unterwerfung unter ein Schiedsgericht bekunden die Parteien", wie es in der Begründung zu dem Entwurfe der ZPO. heißt [2], „daß sie eine freiere Behandlung ihres Rechtsstreites in formeller Beziehung wollen, zumal wenn sie Personen zu Schiedsrichtern bestellen, von welchen die Einhaltung eines prozessualen Verfahrens nicht zu erwarten ist. Mit dem Wesen des Schiedsvertrags steht es daher im Einklang, den Schiedsrichtern in bezug auf das Verfahren freieste Stellung einzuräumen, sie von der Befolgung der Prozedurvorschriften zu entbinden und nur im allgemeinen zu verpflichten, nicht ohne vorherige Anhörung der Parteien und ohne vorherige Ermittelung des Sachverhältnisses, welches dem Streit zugrunde liegt, zur Erlassung des Schiedsspruches zu schreiten." Dementsprechend hat die ZPO. in ihren Vorschriften über das Schiedsverfahren davon abgesehen, dieses an die Beobachtung prozeßrechtlicher Vorschriften zu binden. Von ihren Vorschriften gelten, abgesehen von denjenigen in den §§ 1025 ff., für das Schiedsverfahren nur die allgemeinen Bestimmungen über die Zuständigkeit der ordentlichen Gerichte und über die Zustellung in bezug auf die Erlassung des Schiedsspruchs in Gemäßheit der §§ 1039, 1045. Im übrigen ist die **Materie** des Schiedsverfahrens **in den §§ 1025 ff. erschöpfend und ausschließend geregelt** [3]. (Vgl. § 4 I u. II d. B.)

Die Unterstellung des Schiedsverfahrens unter die Prozeßvorschriften der ZPO. führt oft zu einer unzweckmäßigen

1) Hahn I S. 493.
2) Hahn I S. 494.
3) VII 28. 2. 11 JW. 11 S. 459 Z. 37.

Handhabung des Verfahrens, zu Mißerfolgen und zu Ergebnissen, die nicht dem Willen der Parteien entsprechen, welche den Schiedsvertrag geschlossen haben. Vor einer unterschieds- und vorbehaltlosen Übertragung vor Vorschriften der ZPO. für das Verfahren vor den ordentlichen Gerichten auf das Schiedsverfahren muß dringend gewarnt werden. Dem Wesen des Schiedsvertrags und des Verfahrens zu seiner Ausführung wird eine Gestaltung dieses Verfahrens in den Formen und nach den Vorschriften der ZPO. jedenfalls nicht gerecht, wie durch die vorher aus der Begründung zu dem Entwurf der ZPO. wiedergegebenen Ausführungen klargestellt ist.

Hält man sich gegenwärtig, daß das Schiedsverfahren der Ausführung eines Vertrags, des Schiedsvertrags, dient und daß sein Zweck in der Verwirklichung des in diesem Vertrage zum Ausdruck gebrachten Willens der Parteien besteht (vgl. §§ 1 u. 2 d. B.), so ergibt sich daraus ohne weiteres, welcher Art die Rechtsgrundsätze sind und sein müssen, die auf das Verfahren anzuwenden sind. Hinsichtlich des Schiedsvertrags und seiner Ausführung gilt das gleiche, wie hinsichtlich anderer privatrechtlicher Verträge und ihrer Erfüllung. Ein Kaufvertrag ist nicht damit erledigt, daß er abgeschlossen wird. Damit der Wille der Parteien, die ihn vereinbart haben, verwirklicht, der Zweck des Vertrags erreicht werde, bedarf es der Vollziehung des Vertrags und hierfür einer Reihe von Geschäften, Handlungen beider Teile. Der Verkäufer hat dem Käufer die Sache zu übergeben und das Eigentum an der Sache zu verschaffen; der Käufer hat dem Verkäufer den vereinbarten Kaufpreis zu zahlen und die gekaufte Sache abzunehmen (§ 433 BGB.). Ist dieses Vollzugsverfahren beendigt, so ist der Zweck des Kaufvertrags erreicht und dieser damit erledigt. Nicht anders verhält es sich mit dem Schiedsvertrag. Durch seinen Abschluß allein wird der Vertragszweck nicht verwirklicht. Hierzu bedarf es vielmehr der Ausführung, der Erfüllung des Vertrags, eines Vollzugsverfahrens, an dem beide Teile mitzuwirken haben, mit der Maßgabe, daß entsprechend der Bestimmung des Vertrags, welche dessen Ausführung mit Hilfe anderer Personen, der Schiedsrichter, vorsieht, zunächst mit diesen Personen ein zweiter Vertrag darüber zu schließen ist und daß sich alsdann gleichzeitig die Ausführung beider Verträge, welche denselben Zweck verfolgen, vollzieht. In ähnlicher Weise, d. h. erst durch Hinzuziehung anderer Personen für die Ausführung des Vertrags gelangen viele Vertragsverhältnisse zur Erledigung. Auch für die Vollziehung eines Kaufvertrags — es sei denn, daß es sich um einen Handkauf zwischen Verkäufer und Käufer persönlich handelt — wird eine Reihe von Hilfsverträgen geschlossen, Arbeits-, Dienst- und Werkverträge mannigfacher Art mit Arbeitern, Angestellten, Spediteuren, Frachtführern usw.; ganz abgesehen von den zahlreichen Fällen, in denen die Ausführung der Verträge durch Bevollmächtigte der Vertragsparteien erfolgt. Aus diesem oder einem anderen Grunde auf das Vollzugsverfahren des Kaufvertrags andere Rechtsgrundsätze zur Anwendung zu bringen, als die für den Vertrag selbst geltenden Rechtssätze des Privatrechts, wird wohl niemandem einfallen. Ebensowenig aber liegt ein Grund hierzu in bezug auf das Verfahren zur Ausführung des Schiedsvertrags, das Schiedsverfahren vor. Der Umstand, daß, wenn der Schiedsvertrag ausgeführt und das Schiedsverfahren durch Erlassung des Schiedsspruchs beendet ist, sich des öfteren ein weiteres Verfahren zur Ausführung und Vollziehung des Schiedsspruchs, sei es auf außergerichtlichem, sei es auf gerichtlichem Wege, anschließt, ändert hieran nichts, steht vielmehr mit der rechtsgeschäftlichen Natur des Schiedsspruchs als eines Vertrags, den die Parteien durch Vermittelung der Schiedsrichter schließen, im Einklang und folgt daraus, daß der Schiedsspruch einen Vergleich darstellt, der, wie jeder andere Vergleich, je nach den Umständen, einer besonderen Vollziehung bedarf. (Vgl. hierzu die Ausführungen § 2 III d. A.)

Aus der Aufnahme der Vorschriften für das Schiedsverfahren in die ZPO. ist nicht zu folgern, daß sie prozeßrechtlicher Natur sind. Der Grund, aus dem sie in die ZPO. aufgenommen sind, ist bereits in § 1 d. A. angeführt worden [1]). Entscheidend für die rechtliche Natur einer Vorschrift ist ihr Inhalt, ihr Grund und Zweck, nicht ihre Aufnahme in ein bestimmtes Gesetz. Daß das einschlägige 10. Buch der ZPO. bezüglich des Schiedsvertrags und der Konstituierung des Schiedsgerichts materiellrechtliche Vorschriften enthält, darüber herrscht wohl Einverständnis, wie dies das RG. wiederholt klargestellt hat [2]). Dasselbe hat aber auch von den das Schiedsverfahren im

1) Hahn I S. 489.

2) IV 5. 7. 88 JW. 88 S. 330 Ziff. 9. — I 29. 11. 99 Bd. 45 S. 383 und 384 = JW. 00 S. 72 Ziff. 6.

eigentlichen Sinne (§ 1 IV d. B.) regelnden Vorschriften der ZPO. zu gelten. Die Bestimmung des § 1034, daß die Schiedsrichter die Parteien zu hören und das Sachverhältnis zu ermitteln haben, welche die wesentlichen Grundsätze für das Verfahren zur Gewinnung der Entscheidung enthält, ergibt sich mit Notwendigkeit aus dem Vertragszweck, der in der Entscheidung einer Rechtsstreitigkeit besteht und der ohne diese Vorschrift nicht ordnungsmäßig verwirklicht werden kann. Sie ist deshalb, wie der Schiedsvertrag, aus dem sie entspringt, materiellrechtlicher Natur. Die Bestimmung des § 1035 Abs. 1, daß die Schiedsrichter Zeugen und Sachverständige vernehmen können, die freiwillig vor ihnen erscheinen, enthält etwas Selbstverständliches. Jede Privatperson kann andere Privatpersonen, die sich ihr freiwillig stellen, als Zeugen oder Sachverständige vernehmen, ohne daß sie hierzu einer besonderen gesetzlichen Ermächtigung bedarf und ohne daß in einer solchen Vernehmung eine richterliche oder eine Prozeßhandlung überhaupt gesehen werden könnte. Das Verbot der Beeidigung von Zeugen und Sachverständigen und der Abnahme von Parteieiden durch die Schiedsrichter in § 1035 Abs. 2 ist rein negativ. § 1036 trifft Bestimmungen über die Inanspruchnahme des ordentlichen Gerichts für die Zwecke des Schiedsverfahrens, das sich hieraus entwickelnde Verfahren vor dem ordentlichen Gericht ist kein Bestandteil des Schiedsverfahrens im eigentlichen Sinne und untersteht den Vorschriften der ZPO.[1]). § 1037 gibt den Schiedsrichtern die Befugnis, das Schiedsverfahren trotz der Behauptung der Unzulässigkeit, vorbehaltlich der späteren Entscheidung des ordentlichen Gerichts darüber, fortzusetzen. Hierin liegt eine Beschränkung der Freiheit der Schiedsparteien in der Verfügung über den Gegenstand des Schiedsvertrags, die Rechtsstreitigkeit, die sie sich durch den Abschluß dieses Vertrags selbst auferlegt haben. Die Bestimmung rechtfertigt sich aus Zweckmäßigkeitsgründen, aus der Absicht, Verschleppungen des Verfahrens durch die eine oder die andere Partei vorzubeugen; dadurch wird sie aber nicht zu einer prozeßrechtlichen Vorschrift, sie gehört dem Privatrecht an, wie der Vertrag, dessen Ausführung sie dient. Dasselbe gilt von § 1038, der für den Fall, daß mehrere Schiedsrichter bestellt sind und die Parteien nicht ein anderes im

---

1) II 15. 5. 03 Bd. 55 S. 16.

Schiedsvertrag bestimmt haben, die absolute Mehrheit der Stimmen als für die Erlassung des Schiedsspruchs ausreichend erklärt. Diese Bestimmung erschien zweckmäßig, um das Zustandekommen des Schiedsspruchs zu erleichtern, und war auch notwendig, da sonst, entsprechend dem rechtsgeschäftlichen Charakter des Schiedsspruchs, für dessen Erlassung die Willenseinigung aller Schiedsrichter, d. h. Einstimmigkeit erforderlich gewesen wäre. Die Vorschriften des § 1039, welche die Erlassung des Schiedsspruchs in formeller Hinsicht regeln, sind dazu bestimmt, eine Garantie für dessen Authentizität zu schaffen und in geeigneter Weise den Abschluß des Verfahrens zu konstatieren[1]). Sie sind zwar formeller Natur, aber nicht in anderer Weise oder zu einem anderen Zweck gegeben, als die Formvorschriften des BGB. Auch aus dem Inhalt der Vorschriften der ZPO. über das Schiedsverfahren in den §§ 1034—1039 ergibt sich somit nichts dafür, daß dieses Verfahren prozeßrechtlichen Vorschriften untersteht.

Entsprechend dem rechtsgeschäftlichen Charakter des Schiedsverfahrens gelten **alle durch die ZPO. dafür gegebenen Vorschriften,** als von den Parteien vereinbart, als **Bestandteil des Schiedsvertrags,** sofern und soweit nicht die Parteien — in den durch das Gesetz gezogenen Grenzen — ein anderes bestimmt haben (§ 4 I und II d. B.). Daß sich hierunter Vorschriften zwingenden Charakters befinden, welche die Parteien nicht aufheben oder ändern können, wie die Formvorschriften für die Erlassung des Schiedsspruchs in § 1039, ändert daran nichts. Für andere dem Privatrecht angehörende Verträge gibt es ebenfalls Vorschriften, insbesondere Formvorschriften, welche die Parteien nicht außer Kraft setzen oder abändern können, wie die Bestimmung des § 313 BGB., daß ein Vertrag, durch den sich ein Teil verpflichtet, das Eigentum an einem Grundstück zu übertragen, der gerichtlichen oder notariellen Beurkundung bedarf, widrigenfalls er nichtig ist. Auch soweit sich das Schiedsverfahren nach den Vorschriften der ZPO. richtet, ist und bleibt es somit ein Verfahren zur Ausführung des Schiedsvertrags. Nach alledem ist daran festzuhalten, daß, wie der Schiedsvertrag, so auch das Verfahren zu seiner Ausführung, das Schiedsverfahren dem Privatrecht angehört und daß die für seine Regelung maßgebenden Grundsätze

1) Hahn I S. 495.

dem Privatrecht, d. h. dem BGB. zu entnehmen sind, soweit nicht die ZPO. im einzelnen besondere Vorschriften gibt, die aber ebenfalls nicht prozeß-, sondern materiellrechtlicher Natur sind.

Die Richtigkeit dieser Auffassung ergibt eine Nachprüfung aus dem Gesichtspunkt des begrifflichen Unterschieds zwischen den Vorschriften des Privatrechts oder bürgerlichen Rechts und des öffentlichen Rechts im allgemeinen. Eine gesetzliche Begriffsbestimmung zur Abgrenzung der beiden Rechtsgebiete voneinander ist allerdings nicht gegeben. Nach den Motiven zum BGB. Bd. I S. 1 sind unter dem bürgerlichen Recht diejenigen Normen zu verstehen, welche die den Personen als Privatpersonen zukommende rechtliche Stellung und die Verhältnisse, in welchen die Personen als Privatpersonen unter einander stehen, zu regeln bestimmt sind. Stellt man hiernach den Unterschied dahin fest, daß das bürgerliche Recht sich mit dem Einzelnen als solchem, das öffentliche Recht dagegen, von dem das Prozeßrecht ein Teil ist, mit der Gemeinschaft als solcher und mit dem Menschen als Glied der Gemeinschaft befaßt [1]), so wird man die Vorschriften über das Schiedsverfahren, welche lediglich das Verhältnis der Parteien und der Schiedsrichter zueinander als Privatpersonen regeln, ohne Bedenken zu den privatrechtlichen Vorschriften zu rechnen haben. Begreift man unter dem Zivilprozeßrecht diejenigen Vorschriften, durch welche die Zuständigkeit und die Tätigkeit der durch das Gesetz berufenen Gerichte für die Entscheidung bürgerlicher Rechtsstreitigkeiten, die Formen ihrer Inanspruchnahme und die Mitwirkung der Parteien, einschließlich der zwangsweisen Durchführung von Ansprüchen, geordnet werden, so folgt auch aus dieser Begriffsbestimmung, daß die Regelung des Schiedsverfahrens nicht dem Prozeßrecht angehört und die Vorschriften hierfür nicht prozeßrechtlicher Natur sind, da sie nicht ein Verfahren vor einem Gericht betreffen.

Allerdings gibt es, wie auf anderen Rechtsgebieten, so auch unter den Vorschriften über das Schiedsverfahren im eigentlichen Sinne solche, welche auf der Grenze zwischen dem bürgerlichen und dem öffentlichen Recht liegen. Hierzu gehören die Vorschriften des § 1039 über die Erlassung des Schiedsspruchs, deren genaue Befolgung die unbedingte Voraussetzung für die Klagen auf Erlassung des Vollstreckungsurteils aus dem Schieds-

---

1) Staudinger Bd. I S. 4.

spruch gemäß § 1042 und auf Aufhebung des Schiedsspruchs gemäß § 1041 bildet, wie das RG. in ständiger Rechtsprechung entschieden hat. Mit Rücksicht hierauf könnte man diese Vorschriften, welche von dem Schiedsverfahren im eigentlichen Sinne zu dem Verfahren vor den ordentlichen Gerichten hinüberleiten, in gewissem Sinne als prozessualisch ansprechen, weil sie Voraussetzungen für ein Prozeßverfahren vor den ordentlichen Gerichten regeln. Dadurch ändert sich jedoch nichts an der rechtlichen Natur des Schiedsverfahrens selbst, welches sich als Abwickelung eines durch den Schiedsvertrag in Verbindung mit dem Schiedsrichtervertrag begründeten privaten Rechtsverhältnisses zwischen den Parteien und dem Schiedsrichter darstellt [1]) (vgl. § 11 I d. B.), während das Prozeßverfahren der Durchführung von sogenannten „Rechtsschutzansprüchen" der Parteien gegen den Staat mit Hilfe seiner Organe dient. Das Schiedsverfahren ist kein Zivilprozeß, auch keine besondere Prozeßart [2]), es fällt überhaupt aus dem Rahmen des Zivilprozesses als dem Gebiete staatlicher Gerichtsbarkeit heraus [3]).

§ 4.

I. Wonach regelt sich das Verfahren im einzelnen? Wonach haben sich die Schiedsrichter und die Parteien zu richten?

I. Da der Schiedsspruch seine Kraft nicht der Autorität eines durch den Staat eingesetzten Gerichts, sondern der Vereinbarung der Parteien entnimmt, so ist seine Geltung dadurch bedingt, daß der Schiedsvertrag dem Gesetz und das Schiedsverfahren dem Willen der Parteien und den ergänzenden Normen des Gesetzes entspricht. Fehlt es an diesen Erfordernissen, so ist dem Schiedsspruch die Grundlage entzogen [4]). Infolgedessen hängt nicht nur, wie in § 9 d. B. des näheren auseinandergesetzt werden soll, die Zulässigkeit des Schiedsverfahrens überhaupt davon ab, ob ein gültiger Schiedsvertrag vorliegt [5])

1) Westheimer: Der ausländische Schiedsspruch. Zeitschrift für Deutschen Zivilprozeß Bd. 39 S. 241 ff.

2) Petersen Bd. II S. 778 Anm. 1 zu § 1034. Jaeger S. 129 Anm. 2 zu § 10.

3) Kisch: Deutsches Zivilprozeßrecht Bd. III S. 115.

4) Hahn I S. 496.

5) I 18. 6. 98 JW. 98 S. 480 Z. 15.

und ob der Schiedsvertrag sich auf die fragliche Rechtsstreitigkeit bezieht [1]), sondern auch **das Verfahren** selbst **richtet sich in erster Linie nach dem Schiedsvertrag.** Für das Verhalten der Parteien und Schiedsrichter in dem Verfahren ist der Inhalt des Schiedsvertrags maßgebend, das, was die Parteien über das Verfahren vereinbart haben, ob sogleich beim Abschluß des Schiedsvertrags oder nachträglich, ist für die Gültigkeit ohne Bedeutung [2]). Art, Form und Umfang des Verfahrens bestimmen sich nach dem Schiedsvertrag, durch den, wie § 1034 Abs. 2 ergibt, die Parteien das Verfahren nach ihrem Belieben regeln können, soweit nicht gesetzliche Vorschriften zwingenden Charakters entgegenstehen. Die Vereinbarungen der Parteien über das Verfahren binden in gleicher Weise Parteien und Schiedsrichter. Denn Inhalt und Umfang der Aufgabe der Schiedsrichter und die Macht ihrer Befugnisse bestimmen sich nach dem Schiedsvertrage, der ihnen das Verfahren, den Weg zu dem Ziel ihrer Wirksamkeit, dem Schiedsspruch mehr oder weniger umgrenzt vorschreiben kann [3]). Sind wesentliche Bestimmungen des Verfahrens oder Grundlagen, welche die Parteien ausdrücklich für die Erlassung des Schiedsspruchs vereinbart haben, nicht eingehalten worden, so ist das Verfahren unzulässig, der Schiedsspruch unterliegt auf Antrag einer Partei der Aufhebung gemäß § 1041 Z. 1; denn durch diese Vorschrift wird auch die Nichtbefolgung von Vereinbarungen der Parteien umfaßt, nicht bloß die Unzulässigkeit des Verfahrens im ganzen. Haben die Parteien, sagt das RG., das Verfahren des vereinbarten Schiedsgerichts mit gewissen Rechtsgarantien behufs Erzielung eines sachgemäßen Spruchs umgeben, so ist es gerechtfertigt, daß sie einen unter Durchbrechung dieser Garantien zustande gekommenen Spruch nicht anzuerkennen brauchen [4]).

Außer den ausdrücklichen Vereinbarungen der Parteien kommen für das Schiedsverfahren die dafür von der ZPO. gegebenen Vorschriften zur Anwendung, welche (vgl. die §§ 1 IV

---

1) III 26. 1. 83 Bd. 8 S. 379. — IV 24. 1. 87 JW. 87 S. 68 Z. 15.
2) VI 4 1. 92 JW. 92 S. 95 Z. 9.
3) VII 29. 11. 04 Bd. 59 S. 249.
4) III 26. 1. 83 Bd. 8 S. 377—379. — II 2. 7. 89 Bd. 24 S. 397—405. — I 20 6. 91 JW. 91 S. 555 Z. 12. — VI 27. 5. 95 Bd. 35 S. 425. — II 18. 5. 97 JW. 97 S. 325 Z. 12. — I 8. 12 97 Bd. 40 S. 405. — VI 21. 3. 98 Bd. 41 S 255. — VII 21. 9. 00 Bd. 46 S. 421. — VII 1. 2. 01 Bd. 47 S. 426. — VII 3. 1. 13 Warn.Rspr. 13 Nr. 180.

und 3 d. B.) in den **§§ 1034, 1035, 1037—1039** in Verbindung mit § 1041 enthalten sind. Diese stellen den Schiedsvertrag in bezug auf das Verfahren ergänzende Normen des Gesetzes dar, welche als durch den Abschluß des Schiedsvertrags stillschweigend vereinbart gelten und kraft Gesetzes Bestandteil des Vertrags werden (vgl. § 3 d. B.), wenn nicht, soweit dies gesetzlich zulässig ist, die Parteien ein anderes vereinbaren.

Zu diesen Vorschriften treten, wie bereits in § 3 bemerkt, als von den Parteien und Schiedsrichtern für das Verfahren zu beachten noch **einige andere Bestimmungen der ZPO.**, deren Anwendung sich bei der Ausführung dieser Vorschriften notwendigerweise ergibt. In § 1045 ist bestimmt, daß die darin bezeichneten Entscheidungen in Ermangelung einer schriftlichen Vereinbarung der Parteien darüber durch das Amtsgericht oder das Landgericht erfolgen, welches für die gerichtliche Geltendmachung des Anspruchs zuständig sein würde, d. h. desjenigen Anspruchs, dessen Entscheidung den Gegenstand des Schiedsverfahrens bildet oder bilden soll [1]); und § 1039 schreibt vor, daß der Schiedsspruch bei der Gerichtsschreiberei des zuständigen Gerichts niederzulegen sei. Hierdurch ist für die Inanspruchnahme des ordentlichen Gerichts im Zwischenverfahren und für die Niederlegung des Schiedsspruchs die Beobachtung der Vorschriften angeordnet, nach denen sich die **Zuständigkeit der ordentlichen Gerichte** bestimmt und die in den §§ 1—40 der ZPO., sowie in den durch § 1 der ZPO. in bezug genommenen §§ 23 und 70 des GVG. enthalten sind. Weiterhin ist durch die Vorschrift in § 1039, daß der Schiedsspruch den Parteien zuzustellen und unter Beifügung der Beurkundung der Zustellung niederzulegen sei, die Beobachtung der Bestimmungen der ZPO. über **Zustellungen** angeordnet. In Betracht kommen hierfür, da die Schiedsrichter nicht Behörden sind, sondern ihre Befugnisse von den Parteien herleiten, als deren Beauftragte sie handeln, die Bestimmungen über die Zustellungen auf Betreiben der Parteien, welche in den §§ 166—207 ZPO. enthalten sind, unter Ausscheidung der nur für das Prozeßverfahren vor den ordentlichen Gerichten in Frage kommenden Bestimmungen, wie derjenigen in den §§ 166 Abs. 2, 168, 176—179, 198, 207 Abs. 2.

---

1) III 25. 11. 92 Bd. 30 S. 354/5 = JW. 93 S. 20 Z. 29.

II. Inwieweit können sie hierüber Bestimmungen treffen?

Vereinbarungen der Parteien über das Schiedsverfahren **sind gültig** und von den Schiedsrichtern zu befolgen, **insoweit sie nicht gegen gesetzliche Verbote, gegen die guten Sitten oder gegen gesetzliche Vorschriften zwingenden Charakters verstoßen oder auf eine unmögliche Leistung gerichtet sind** [1]).

Die gesetzlichen Bestimmungen abändernde Vereinbarungen können in bezug auf die Verpflichtung der Schiedsrichter zur Anhörung der Parteien (§§ 1034 Abs. 1 und 1041 Z. 4) und zur schriftlichen Begründung des Schiedsspruchs (§ 1041 Z. 5) getroffen werden, wie sich aus § 1041 Abs. 2 ergibt. Die Parteien können die Schiedsrichter von der Erfüllung dieser Verpflichtungen entbinden. Auch die Befugnisse der Schiedsrichter zur Vernehmung von Zeugen und Sachverständigen gemäß § 1035 Abs. 1 und zur Fortsetzung des Verfahrens in den Fällen des § 1037 können durch den Schiedsvertrag aufgehoben oder eingeschränkt werden. Es können den Schiedsrichtern in Bezug hierauf auch bestimmte Verpflichtungen positiver Art auferlegt werden; denn nach § 1034 Abs. 2 wird das Verfahren nur, soweit nicht eine Vereinbarung der Parteien darüber vorliegt, von den Schiedsrichtern bestimmt. Außerdem kann der Schiedsvertrag hinsichtlich der Abstimmung über den Schiedsspruch unter mehreren Schiedsrichtern gemäß § 1038 von der hierdurch gegebenen Vorschrift abweichende Bestimmungen enthalten, z. B. das Stimmrecht der Schiedsrichter verschieden festsetzen, Einstimmigkeit für das Zustandekommen des Schiedsspruchs erfordern und dergleichen. Alle Vereinbarungen dieser Art, durch welche die Parteien das Verfahren anders, wie im Gesetz vorgesehen, geregelt haben, sind von den Schiedsrichtern zu beachten und zu befolgen, widrigenfalls ihr Verfahren — je nach der Bedeutung ihrer Verstöße gegen die Vereinbarungen — unzulässig werden kann.

Der Aufhebung und Abänderung durch die Parteien **entzogen sind die Vorschriften** in dem **§ 1034 Abs. 1** über die Verpflichtung der Schiedsrichter zur Ermittelung des Sach-

1) Schiedsvertrag S. 34—37 § 8: **Was darf ein Schiedsvertrag nicht enthalten?**

verhalts **und** in den **§§ 1035 Abs. 2, 1036 und 1039**; aus der Bestimmtheit ihrer Fassung folgt der Ausschluß einer Verfügung der Parteien über ihre Anwendung. Daß die sich aus **§ 1041 Abs. 1 Z. 2 u. 3** ergebenden Vorschriften einer Abänderung durch Vereinbarung der Parteien nicht unterliegen, ist daraus zu entnehmen, daß in § 1041 Abs. 2 die Zulässigkeit einer solchen Abänderung nur in Bezug auf die Bestimmungen zu Ziffer 4 u. 5 des Absatzes 1 ausgesprochen ist. Die Vorschriften über die Zustellung sind einer Abänderung durch die Parteien entzogen, da sie öffentlichen Rechts sind; Vereinbarungen über die Zuständigkeit der Gerichte sind nach Maßgabe der §§ 38 bis 40 und 1045 zulässig. Sind von den Parteien Vereinbarungen getroffen, welche mit den vorbezeichneten Vorschriften in Widerspruch stehen, so dürfen die Schiedsrichter sie nicht befolgen, da sonst das Verfahren unzulässig wird. Unter Umständen kann, wenn solche Vereinbarungen vorliegen, der Schiedsvertrag infolgedessen nichtig (§ 139 BGB.) und das Verfahren von vornherein unzulässig sein.

Soweit nicht Vereinbarungen der Parteien oder die vorstehend erörterten **gesetzlichen Vorschriften etwas anderes bestimmen, wird das Verfahren** gemäß § 1034 Abs. 2 **von den Schiedsrichtern** nach freiem Ermessen **geregelt.** Ihre für die Parteien verbindliche Kraft entnehmen die Festsetzungen der Schiedsrichter dem einen Bestandteil des Schiedsrichtervertrags bildenden Schiedsvertrage, kraft dessen die Bestimmung des Verfahrens, einschließlich der Befugnis zur Abänderung dieser Bestimmung, als den Schiedsrichtern durch § 1034 Abs. 2 übertragen gilt, soweit nicht Vereinbarungen der Parteien oder gesetzliche Bestimmungen entgegenstehen. Abgesehen von den sich hieraus ergebenden Schranken liegt die Gestaltung des Verfahrens in den Händen der Schiedsrichter und hängt lediglich von ihrem Ermessen ab. Die Schiedsrichter sind grundsätzlich an die Vorschriften der ZPO. nicht gebunden, die ZPO. enthält keine Bestimmung, daß das Schiedsverfahren sich nach ihren Vorschriften richte [1]), infolgedessen sind die Schiedsrichter, es sei denn, daß Vereinbarungen der Parteien darüber vorliegen, nicht verpflichtet, andere Vorschriften der ZPO. zu beachten und an-

1) II 15. 5. 03 Bd. 55 S. 16. — VII 7. 11. 05 Bd. 62 S. 24/5 = JW. 05 S. 738 Z. 2.

zuwenden, als diejenigen, welche in den §§ 1025 ff. enthalten und in Bezug genommen sind. Es findet auch, soweit die Parteien und die Schiedsrichter Bestimmungen über das Verfahren nicht getroffen haben, eine Ergänzung dieser Bestimmungen durch die Vorschriften der ZPO. nicht statt und ebenso wenig ihre analoge Anwendung [1]). Dies gilt aber nur für das Verfahren vor den Schiedsrichtern, das Schiedsverfahren im engeren Sinne, nicht für das Verfahren vor den Gerichten, das in, vor und nach dem Schiedsverfahren stattfinden kann [2]).

Was die Schiedsrichter innerhalb der durch Gesetz und Schiedsvertrag gezogenen Schranken über das Verfahren bestimmen, ist maßgebend. Die Parteien haben sich danach zu richten und in gewissem Maße auch die Schiedsrichter selbst. Steht es auch in ihrem freien Ermessen, nicht bloß die Formen und die Grenzen für die Ermittelung des Sachverhalts zu bestimmen, sondern auch von der einmal gewählten Form zu einer anderen überzugehen oder das gewählte Verfahren abzukürzen, so sind doch die Parteien davon in Kenntnis zu setzen und zu erhalten, auf welcher Grundlage der Schiedsspruch erlassen werden soll. Denn nur unter dieser Voraussetzung sind die Parteien in der Lage, den Schiedsrichtern das nach ihrer Meinung erforderliche Material zu unterbreiten. Geschieht dies nicht, so können sie in ihrem rechtlichen Gehör verkürzt werden [3]). Dementsprechend sind die Schiedsrichter verpflichtet, die Parteien von einer beabsichtigten Abweichung von dem bestimmten Verfahren vorher zu benachrichtigen, wenn aus der Unterlassung eine Verletzung des Rechts auf Gewährung des rechtlichen Gehörs zu besorgen ist [4]).

Die Befugnis der Schiedsrichter aus § 1034 Abs. 2, Bestimmungen zu treffen, erstreckt sich nur auf das Schiedsverfahren im eigentlichen Sinne, nicht aber, wie aus rechtlichen und tatsächlichen Gründen folgt, auf die Vorbereitung des Ver-

---

1) I 7. 2. 85 Bd. 13 S. 351. — VI 17. 6. 89 Bd. 23 S. 436. — I 29. 11. 99 Bd. 45 S. 383/4. — II 15. 5. 03 Bd. 55 S. 15—17 = JW. 03 S. 269 Z. 2. — VII 7. 11. 05 Bd. 62 S. 24/5 = JW. 05 S. 738 Z. 2. — VII 17. 12. 07 Warn.Rspr. 08 Nr. 269. — VII 25. 10. 10 Warn.Rspr. 10 Nr. 482. — VII 19. 9. 12 JW. 12 S. 1062 Z. 6 = Warn.Rspr. 12 Nr. 468.

2) II 15. 5. 03 Bd. 55 S. 16.

3) VI 27. 5. 95 Bd. 35 S. 425/6 = JW. 95 S. 358 Z. 3.

4) I 8. 12. 97 Bd. 40 S. 405/6 = JW. 98 S. 73 Z. 26.

fahrens, welche, abgesehen von dem Abschluß des Schiedsvertrags, in der Hauptsache die Bestellung des Schiedsgerichts zum Gegenstande hat (§ 9 d. B.). Auch wenn es sich während des Schiedsverfahrens um eine Änderung oder Ergänzung des Schiedsgerichts handelt, steht ihnen hierbei eine Mitwirkung nicht zu, es sei denn, daß ihnen eine solche von den Parteien besonders übertragen ist. Ihre Tätigkeit ist jedoch in solchen Fällen nicht diejenige eines Schiedsrichters (vergl. § 10 II b. 2 d. B.).

Aus vorstehenden Darlegungen ergibt sich, daß bei einem Widerspruch zwischen Vorschriften über das Verfahren **für** ihre **Beachtung und Anwendung** durch die Parteien und Schiedsrichter die **nachfolgende Reihenfolge** gilt:

1. **Die** vorher erörterten **Vorschriften der ZPO. zwingenden Charakters,** d. h. diejenigen, welche einer Abänderung durch die Parteien entzogen sind, gehen allen anderen den gleichen Gegenstand betreffenden Bestimmungen vor und sind unter allen Umständen zu befolgen.

2. Alsdann sind **die Vereinbarungen der Parteien** zu berücksichtigen, soweit sie nicht mit den Vorschriften zu 1. im Widerspruch stehen oder sonst gegen gesetzliche Vorschriften zwingenden Charakters oder gegen die guten Sitten verstoßen, oder ihre Ausführung unmöglich ist,

3. **die Vorschriften der ZPO. dispositiven Charakters,** d. h. diejenigen, welche zur Anwendung gelangen, soweit nicht Vereinbarungen der Parteien vorliegen, und

4. soweit Vereinbarungen der Parteien zulässig, aber nicht getroffen sind und soweit auch die ZPO. nicht den Parteiwillen ergänzende Vorschriften enthält, **die Bestimmungen der Schiedsrichter.**

Nicht bloß dem Prozeßrecht gegenüber, wie bereits in § 3 d. B. ausgeführt, und nicht bloß in formeller Hinsicht in bezug auf das Verfahren, sodann auch hinsichtlich der Anwendung des materiellen Rechts für seine Entscheidung ist die Stellung des Schiedsrichters eine viel freiere als diejenige des Staatsrichters [1]). „Die Parteien," heißt es in der Begründung zu dem Entwurf der ZPO.[2]), „indem sie auf die Entscheidung

---

1) VI 21. 3. 98 Bd. 41 S. 255.
2) Hahn I S. 494.

eines Schiedsgerichts kompromittieren, wollen den Schwierigkeiten und Verwicklungen entgehen, welche sich aus der Anwendung des positiven Rechts ergeben; sie wollen, daß unter ihnen Rechtens sei, was die Schiedsrichter nach ihrer gewissenhaften Überzeugung — ex aequo et bono — bestimmen werden. Sie werden daher regelmäßig die Schiedsrichter als die gütlichen Vermittler ihres Streits — comme amiables compositeurs, wie der belgische Entwurf sich ausdrückt — betrachten und sie müssen diese Anschauung haben, wenn sie mit dem Schiedsrichteramt Personen betrauen, welche der Rechte nicht kundig sind. Der Zweck des Schiedsvertrages wird somit regelmäßig nur erreicht, wenn die Schiedsrichter nicht verpflichtet werden, sich bei ihrem Spruch nach den Bestimmungen des Bürgerlichen Rechts zu richten." Die Gültigkeit des Schiedsspruchs ist nicht davon abhängig, daß das Schiedsgericht einer materiellen gesetzlichen Bestimmung entsprechend erkannt habe, und die Staatsgerichte haben nicht nachzuprüfen, ob sich aus dem vom Schiedsgericht festgestellten Tatbestand der Ausspruch des Schiedsgerichts nach den Bestimmungen des bürgerlichen Rechts ergibt. Wenn das Schiedsgericht nach seinen Begriffen von Recht und Billigkeit findet, daß das, was der Kläger begehrt, dem zwischen den Parteien bestehenden Rechtsverhältnis und der konkreten Sachlage als angemessenes und gerechtes Resultat entspricht, ohne daß der Ausspruch sich etwa als eine gänzlich verkehrte Willkür oder Verurteilung zur Vornahme einer verbotenen Handlung charakterisiert, so darf der Schiedsspruch nicht um deswillen aufgehoben werden, weil das Staatsgericht findet, daß das Begehren des Klägers hätte abgewiesen werden sollen [1]). Eine Bindung der Schiedsrichter an die Vorschriften positiven Rechts, wie sie durch eine Bestimmung des Schiedsvertrags erfolgt, daß „auf der Grundlage des Vertrages und **nach Maßgabe des geltenden Rechts**" entschieden werden solle, entspricht also nicht dem Wesen und Zweck der Schiedsgerichte [2]). Haben aber die Parteien Vereinbarungen solcher Art getroffen, so sind sie von den Schiedsrichtern zu befolgen und nur, soweit solche Vereinbarungen nicht

1) I 27. 10. 97 JW. 97 S. 632 Z. 14.

2) Teßmer: Zur Reform des schiedsrichterlichen Verfahrens und zu dem Ministerialerlaß vom 22. März 1912. Sonderabdruck aus der Zeitschrift des Verbandes Deutscher Architekten- und Ingenieur-Vereine 1912, Heft 43 und Heft 44, Kommissionsverlag Julius Springer, Berlin.

vorliegen, kann das freie Ermessen der Schiedsrichter Platz greifen und der Entscheidung die Grundlage geben; denn der Wille der Partei geht vor, er beherrscht das Verfahren in jeder Beziehung, soweit nicht gesetzliche Vorschriften zwingenden Charakters seine Geltung ausschließen.

III. Was gilt für die Auslegung?

Für die Auslegung des Schiedsvertrags gelten die gleichen Rechtsgrundsätze, wie für die Auslegung anderer dem Privatrecht angehörender Verträge [1]). Ist der die Grundlage des Verfahrens bildende Schiedsvertrag unvollständig, reichen die Vereinbarungen der Parteien, z. B. für die Bestellung der Schiedsrichter, nicht aus und lassen sie sich auch nicht aus dem Gesetz, so aus den §§ 1028, 1029 und 1031, ergänzen, entsteht über die nicht durch Vereinbarung und Gesetz geregelten Punkte eine Meinungsverschiedenheit und kann diese weder durch eine nachträgliche Vereinbarung der Parteien, noch durch eine Bestimmung der Schiedsrichter gemäß § 1034 Abs. 2 beseitigt werden, so ergibt sich für die Beteiligten die Frage, wie sie sich demgegenüber verhalten sollen. Die Entscheidung hierüber ist aus den Bestimmungen des BGB. über den Vertrag in den §§ 154, 155 und 157 in Verbindung mit den §§ 131, 242 zu entnehmen. Die angezogenen Bestimmungen lauten:

> § 154. Solange nicht die Parteien sich über alle Punkte eines Vertrags geeinigt haben, über die nach der Erklärung auch nur einer Partei eine Vereinbarung getroffen werden soll, ist im Zweifel der Vertrag nicht geschlossen. Die Verständigung über einzelne Punkte ist auch dann nicht bindend, wenn eine Aufzeichnung stattgefunden hat.
>
> Ist eine Beurkundung des beabsichtigten Vertrags verabredet worden, so ist im Zweifel der Vertrag nicht geschlossen, bis die Beurkundung erfolgt ist.
>
> § 155. Haben sich die Parteien bei einem Vertrage, den sie als geschlossen ansehen, über einen Punkt, über den

---

1) **Schiedsvertrag S. 62—66 § 13: Wie ist ein Schiedsvertrag auszulegen?**

eine Vereinbarung getroffen werden sollte, in Wirklichkeit nicht geeinigt, so gilt das Vereinbarte, sofern anzunehmen ist, daß der Vertrag auch ohne eine Bestimmung über diesen Punkt geschlossen sein würde.

§ 157. Verträge sind so auszulegen, wie Treu und Glauben mit Rücksicht auf die Verkehrssitte es erfordern.

§ 133. Bei der Auslegung einer Willenserklärung ist der wirkliche Wille zu erforschen und nicht an dem buchstäblichen Sinne des Ausdrucks zu haften.

§ 242. Der Schuldner ist verpflichtet, die Leistung so zu bewirken, wie Treu und Glauben mit Rücksicht auf die Verkehrssitte es erfordern."

Hiernach gilt folgendes: Der Schiedsvertrag ist hinfällig, und das Schiedsverfahren unzulässig, wenn auch nur über einen, und zwar an sich nebensächlichen Punkt des Vertrags, über den nach der bei den Verhandlungen über den Vertragsschluß von einer Partei gegenüber der anderen abgegebenen Erklärung eine Vereinbarung getroffen werden sollte, eine Einigung nicht erfolgt ist, es sei denn, daß dieser Punkt für den Bestand des Vertrags nicht wesentlich ist und nachgewiesen werden kann — die Beweislast hat, wer es behauptet —, daß er auch nach dem Willen der Parteien nicht wesentlich sein sollte. Der Unterschied zwischen den Bestimmungen in den beiden §§ 154 und 155 BGB., welche Auslegungsregeln sind, besteht darin, daß die Parteien in dem Falle des § 154 den Vertrag bewußt unvollständig gelassen haben, während diese Unvollständigkeit im Falle des § 155 auf Versehen, Vergessen oder Mißverständnis beruht [1]).

Gilt nach Maßgabe der vorliegenden Verhältnisse und des daraus zu entnehmenden Willens der Parteien der Schiedsvertrag als zustande gekommen, so fragt es sich, wie die im Vertrage etwa gebliebenen Lücken auszufüllen sind. Dies geschieht, wie bei anderen Vereinbarungen, im Wege der Auslegung durch Ergänzung des Willens der Parteien aus den vorliegenden Vereinbarungen und den voraufgegangenen Verhandlungen, aus den besonderen Umständen des Falls und aus dem Vertragszweck. Ist der Wille der Parteien hieraus nicht zu entnehmen, so ist für seine Ergänzung in Rücksicht zu ziehen, welche Regelung der fragliche Punkt in früheren Verträgen gleicher Art zwischen den

1) Staudinger Bd. I S. 579/582 Anm. 1—5 zu § 154 und Anm. 1—4 zu § 155.

Parteien gefunden hat und wie er in Verträgen der Art in der Regel geordnet wird. Es ist die Verkehrssitte heranzuziehen, d. h. die den Verkehr tatsächlich beherrschende Übung, und davon auszugehen, daß die Parteien den Punkt so hätten ordnen wollen und auch so geordnet haben, wie es im Hinblick auf den Vertragszweck den Anschauungen des Verkehrs entspricht [1]). Doch ist hierbei in Betracht zu ziehen, daß diese Anschauungen nach Ort, Zeit und Kreis, in denen sie herrschen, verschieden sein können. Fernerhin ist zu beachten, daß gemäß § 133 der wirkliche Wille der Parteein zu erforschen und deshalb eine Ergänzung des erklärten Willens nur insoweit zulässig ist, als festgestellt werden kann, daß die Ergänzung als von den Parteien gewollt zu erachten ist. Keinesfalls darf eine sogenannte Ergänzung zu einer Korrektur des Vertragswillens der Parteien benutzt werden [2]), und ebensowenig darf der Parteiwille durch bloße Vermutungen und Unterstellungen ergänzt werden. Liegen nicht tatsächliche Umstände vor, aus denen die Willenserklärung entnommen werden kann, ist der Parteiwille nicht in irgend einer, wenn auch unvollkommenen Form zum Ausdruck gelangt, so kommt es auf das, was die Parteien gewollt, aber nicht erklärt haben, nicht an, der sogenannte wahre Wille der Parteien verdient im Rechtsleben keine Berücksichtigung, wenn er nicht zum Ausdruck gekommen, sondern nur innerlich geblieben ist [3]).

Ist es streitig, welches Recht zur Anwendung zu gelangen habe, so ist die Frage, welches materielle Recht anzuwenden sei, wenn territorial verschiedene Rechtssysteme gegenüberstehen, nach Maßgabe der Grundsätze des sogenannten internationalen Privatrechts zu entscheiden. Auch in diesem Falle ist jedoch davon auszugehen, daß über das anzuwendende Recht in erster Linie der aus den Umständen zu entnehmende mutmaßliche, vernünftige Wille der Kontrahenten entscheide, wobei zu beachten ist, daß es sich in Ermangelung einer Vertragsbestimmung nicht sowohl um die Feststellung des konkreten Willens der Parteien, als um die Ermittelung dessen handelt, was die Parteien bei vernünftiger und billiger Berücksichtigung aller Umstände, wäre ihnen die

1) III 3. 5. 12 Warn.Rspr. 12 N. 289.

2) II 6. 10. 5. Holdheims Monatsschrift für Handelsrecht und Bankwesen Bd. 14 S. 318.

3) Schiedsvertrag S. 62—66 § 13: Wie ist ein Schiedsvertrag auszulegen?

Frage entgegengetreten, mutmaßlich über das anzuwendende Recht bestimmt haben würden [1]). Handelt es sich darum, welches von mehreren nicht nach ihrem Geltungsgebiet, sondern nach ihrer zeitlichen Gültigkeit voneinander verschiedenen Gesetzen anzuwenden ist, so ist anerkannten Rechts das, wie Gültigkeit und Rechtswirkungen eines Vertrags überhaupt, so auch die Gültigkeit des Schiedsvertrags, dessen Inhalt und rechtliche Folgen und auch die gesetz- und vertragsmäßige Konstituierung des Schiedsgerichts nach den zur Zeit des Vertragsschlusses geltenden materiellrechtlichen Normen zu beurteilen sind und daß spätere Gesetze mangels eines erkennbaren abweichenden Willens des Gesetzgebers oder der Parteien hierauf keinen modifizierenden Einfluß haben. Demgemäß sind auch die anderen materiellrechtlichen Vorschriften der ZPO. in ihrem 10. Buche über das Schiedsverfahren (vgl. § 3 d. B.) nur auf die unter der Herrschaft der ZPO. und nicht auf die vorher geschlossenen Schiedsverträge anzuwenden [2]). Dies entspricht der Vorschrift in Art. 170 des Einführungsgesetzes zum BGB., welche lautet:

> „Für ein Schuldverhältnis, das vor dem Inkrafttreten des Bürgerlichen Gesetzbuchs entstanden ist, bleiben die bisherigen Gesetze maßgebend."

Die zur Zeit des Vertragsschlusses in Geltung gewesenen Gesetze kommen für die Auslegung nicht bloß zwecks Ermittelung des Inhalts des Schiedsvertrags, sondern auch zwecks Feststellung der Zulässigkeit seiner Bestimmungen zur Anwendung. Ist in dem Vertrag auf „gesetzliche" Bestimmungen Bezug genommen, so können die Kontrahenten vernünftigerweise darunter nur die für das neu geschaffene Rechtsverhältnis maßgebenden verstanden haben, also die zur Zeit des Abschlusses geltenden. In Ermangelung einer unzweifelhaften entgegengesetzten Erklärung kann nur dies als Vertragswille angesehen werden [3]).

Steht in Frage, welches von mehreren örtlich oder zeitlich verschiedenen Prozeßgesetzen zur Anwendung zu gelangen hat, so ist es ein zweifelsfreier und allgemein anerkannter Grundsatz, daß für den Bereich des Prozeßrechts die Gesetze des Ortes anzuwenden sind, an welchem die entscheidende Behörde ihren Sitz

---

1) I 4. 4. 08 Bd. 68 S. 205 ff. — VII 14. 10. 13 JW. 14 S. 90 Ziff. 20.
2) I 21. 10. 85 Bd. 15 S. 358/63. — IV 5. 7. 88 JW. 88 S. 330 Ziff. 9.
3) I 29. 4. 85 Bd. 13 S. 430/31. — I 22. 2. 90 JW. 90 S. 204 Ziff. 9.

hat [1]), und daß, sofern es sich um ein vor den ordentlichen Gerichten einzuleitendes Verfahren handelt, darauf die Vorschriften der zur Zeit der Einleitung geltenden Prozeßordnung Anwendung zu finden haben. Denn das Prozeßrecht ist öffentliches Recht, die Geltung seiner Bestimmungen kann nicht durch Vereinbarung der Parteien begründet, außer Kraft gesetzt oder abgeändert werden, soweit nicht Ausnahmen hierfür ausdrücklich zugelassen sind. Diese Rechtsgrundsätze gelten auch für die Vorschriften der ZPO. im 10. Buche, welche prozeßrechtlicher Natur sind, da durch sie das Verfahren vor den ordentlichen Gerichten geregelt wird, also für die Bestimmungen in den §§ 1036, 1041—1047 und für die Vorschriften des § 1039, durch welche die Voraussetzungen für das Nachverfahren vor den ordentlichen Gerichten in formeller Hinsicht bestimmt werden und die daher in gewissem Sinne als prozessualisch angesehen werden können (vgl. § 3 a. E. d. B.). Ob diese Vorschriften zur Anwendung zu bringen sind, richtet sich daher nicht danach, ob sie zur Zeit des Vertragsabschlusses in Kraft gewesen sind, sondern ob sie zu der für ihre Anwendung in Frage kommenden Zeit noch gelten. Allerdings sind die Vorschriften über das Schiedsverfahren und damit auch diejenigen des § 1039 als durch den Willen der Parteien bei dem Abschluß des Schiedsvertrags mitumfaßt, also als Teil dieses Vertrags anzusehen. Der Schiedsvertrag ist in dieser Beziehung jedoch dahin auszulegen, daß, soweit es sich um Vorschriften zwingenden Charakters handelt, welche, wie diejenigen in § 1039, der Abänderung durch Vereinbarung der Parteien entzogen sind, als vereinbart stets diejenigen Vorschriften zu erachten sind, welche die Gesetze zu der Zeit, in der ihre Anwendung in Frage kommt, darüber enthalten [2]). Ebenso kommen als die in § 1039 in bezug genommenen Vorschriften der ZPO. über die Zustellung stets diejenigen zur Anwendung, welche zur Zeit der Erlassung des Schiedsspruchs in Kraft sind, nicht diejenigen, welche zur Zeit des Abschlusses des Schiedsvertrags in Geltung gewesen sind; denn diese Vorschriften sind, wie bereits vorher bemerkt, öffentlichrechtlicher Natur. Dasselbe gilt für die Vorschriften über die Zuständigkeit des für die Niederlegung des Schiedsspruchs in Frage kommenden Gerichts (vgl. § 4 I d. B.).

---

1) I 4. 4. 08 Bd. 68 S. 205 ff. — VII 14. 10. 13 JW. 14 S. 90 Ziff. 20.
2) I 29. 4. 85 Bd. 13 S. 430/31.

§ 5.

I. Welche Formvorschriften gelten für das Schiedsverfahren? Welche Bedeutung haben sie?

Wie für den Abschluß [1]), so gilt auch für die Ausführung des Schiedsvertrags der **Grundsatz der Formfreiheit**, der unter der Herrschaft des BGB. — von den besonders festgesetzten Ausnahmen abgesehen — die Rechtshandlungen und Rechtsgeschäfte des bürgerlichen Rechts beherrscht, zu denen der Abschluß und die Ausführung des Schiedsvertrags gehören. Durch die ZPO., und zwar **durch** die Vorschriften in den **§§ 1027, 1029 Abs. 1, 1039** in Verbindung mit **§ 1041 Abs. 1 Z. 5** und **§ 1045 Abs. 1**, welche nachstehend erörtert werden sollen, ist dieser Grundsatz für das Schiedsverfahren **eingeschränkt**. Von diesen Vorschriften sind aber, soweit sie das Schiedsverfahren im eigentlichen Sinne betreffen, wie bereits wiederholt bemerkt, nur diejenigen in § 1039 über die Formalitäten für die Erlassung des Schiedsspruchs und in § 1045 über das Erfordernis der Schriftlichkeit des Schiedsvertrags für Vereinbarungen über die Zuständigkeit der ordentlichen Gerichte zwingenden Charakters, die anderen können durch Vereinbarung der Parteien ausgeschaltet oder abgeändert werden (§ 4 I und II d. B.).

Über diese gesetzlichen Vorschriften hinaus können die **Parteien** ganz **nach ihrem Belieben Formvorschriften** für das Verfahren **im Wege der Vereinbarung** festsetzen, doch werden sie, um sich und die Schiedsrichter vor unnötigen Beschwerungen und die Gültigkeit des Schiedsverfahrens vor Gefährdungen durch Verstöße dagegen zu bewahren, jede solcher Vorschriften auf ihre Zweckmäßigkeit und Notwendigkeit hin zu prüfen und zu beachten haben, daß mit der Einführung von Formvorschriften auch die Möglichkeit zur Anfechtung des Schiedsspruchs infolge ihrer Verletzung wächst. **Dem Wesen des Schiedsvertrags ist** an und für sich der **Formzwang fremd und entgegen**, wie das RG. wiederholt ausgeführt hat:

„Es entspricht nicht den Bedürfnissen des Lebens, wenn man an das schiedsrichterliche Verfahren irgend-

1) Der Schiedsvertrag S. 43 § 10: **Wie, wo und wann kann ein Schiedsvertrag geschlossen werden?**

welche beengenden Formerfordernisse stellt; insbesondere hat dies von den Erklärungen der Parteien zu gelten" [1]). „Formale Bedingungen, welche das Gesetz nicht unzweideutig aufstellt, dürfen in dasselbe nicht hineingetragen werden" [2]).

Dies haben nicht bloß die Parteien bei dem Abschluß des Schiedsvertrags, sondern auch die Schiedsrichter zu berücksichtigen, wenn sie gemäß § 1034 Abs. 2 Bestimmungen über das Verfahren treffen. Jedenfalls darf die Bedeutung der Formvorschriften für das Schiedsverfahren, soweit es sich nicht um solche zwingenden Charakters handelt, nicht überschätzt werden, wofür auch die Ausführungen am Schlusse dieses Paragraphen zu beachten sind. Wenn für ein Rechtsverhältnis, so hat für das Schiedsverfahren der Satz zu gelten, daß, abgesehen von einigen Ausnahmen, die Form nichts bedeutet, der Inhalt aber alles, und zwar der Inhalt, den ihm die Parteien durch den Schiedsvertrag und den Schiedsrichtervertrag gegeben haben (vgl. § 11 I d. B.), in Verbindung mit dem Inhalt, der sich aus dem dem Streit der Parteien zugrunde liegenden Rechtsverhältnis ergibt, wie in Teil III des näheren auseinandergesetzt werden soll.

Für die Formvorschriften in dem Schiedsverfahren kommt, mit Ausnahme der bereits eingangs bezeichneten Bestimmungen der ZPO., nicht **das Recht** der ZPO., sondern dasjenige **des BGB.** in Betracht. Dies gilt sowohl für die Handlungen und Erklärungen der Parteien im Schiedsverfahren, als auch für diejenigen der Schiedsrichter. Sie sind keine Prozeßhandlungen. Denn, wenn auch unter solchen alle Handlungen zu verstehen sind, die im Laufe eines Rechtsstreits zum Zwecke der Fortführung und Erledigung desselben vorgenommen werden [3]), so ist hierfür doch Voraussetzung, daß der Rechtsstreit in einem Verfahren vor den ordentlichen Gerichten, in einem Prozeßverfahren geführt wird. Das Schiedsverfahren aber ist kein Prozeß, deshalb sind auch die Handlungen in diesem Verfahren keine Prozeßhandlungen. Sie unterstehen, wie der Schiedsvertrag, dessen Ausführung sie dienen, dem bürgerlichen Recht und dessen Formvorschriften. Vereinbaren die Parteien die Geltung von

---

1) VII 18. 12. 06 Gruch. Bd. 51 S. 1086.
2) VI 31. 3. 87 JW. 87 S. 206 Ziff. 10.
3) Petersen Bd. I S. 140 Bemerk. 3 zu § 54.

Vorschriften der ZPO. für das Schiedsverfahren, so werden diese, da sie für ein privates Rechtsverhältnis zur Anwendung gelangen, ihres prozeßrechtlichen Charakters entkleidet, sie werden zu privatrechtlichen Vorschriften.

II. Welche Vorschriften kommen insbesondere für Erklärungen in bezug auf a) die Form, b) den Eintritt ihrer Wirksamkeit und c) die Art ihrer Übermittelung in Betracht?

Die Erklärungen, die in dem Schiedsverfahren und zwecks seiner Herbeiführung, d. h. in dem Vorverfahren (§ 9 d. B.) abzugeben sind, können verschiedener Art sein: **Mitteilungen rein tatsächlichen Inhalts** und **Willenserklärungen**, die auf die Hervorbringung eines rechtlichen Erfolgs abzielen, die Gestaltung oder Änderung eines Rechtsverhältnisses zum Zweck haben, Erklärungen rechtsgeschäftlicher Art. Als Mittel der Erklärung kommt der Gebrauch von Worten, mündlichen und schriftlichen, und anderen körperlichen Zeichen in Betracht, durch die der Erklärungswille und -inhalt zum Ausdruck gebracht wird. Auf diese Weise zustande gekommene Erklärungen werden **„ausdrückliche"** genannt. Eine Erklärung kann aber auch mittelbar abgegeben, die Erklärung eines Willens kann aus einem Verhalten gefolgert werden, das einen Schluß auf einen bestimmten Willen rechtfertigt. Dieses Verhalten kann in Handlungen bestehen, die an und für sich oder doch in erster Linie einem anderen Zweck dienen sollen, als den fraglichen Willen zum Ausdruck zu bringen, oder auch in dem Unterlassen von Handlungen, im Stillschweigen; in beiden Fällen spricht man von **„stillschweigenden"** Erklärungen [1]). Soweit es sich nicht um Erklärungen tatsächlicher Art handelt, sondern um Willenserklärungen, kommen die dafür durch das BGB. gegebenen Vorschriften zur Anwendung, und zwar sowohl für die Erklärungen zur Vorbereitung des Verfahrens, als auch für diejenigen in dem Schiedsverfahren selbst, wie bereits zu I bemerkt.

---

1) Staudinger Bd. I S. 435—437 Einleitung zu Buch I Abschnitt III Tit. II Anm. II A—C.

Ob die Erklärungen von der Partei selbst, ihrem gesetzlichen Vertreter oder einem Bevollmächtigten abgegeben werden, ist für ihre Rechtswirksamkeit, es sei denn, daß der Schiedsvertrag entgegenstehende Bestimmungen enthält, ohne Bedeutung. Das Nähere dazu soll in § 6 d. B. ausgeführt werden; hier soll nur vorweg darauf hingewiesen werden, daß, wenn es sich um Willenserklärungen eines Vertreters handelt, welche sich als einseitige Rechtsgeschäfte darstellen, die Vorschrift des § 174 BGB. zu beachten ist.

a) Ob Erklärungen, welche Mitteilungen tatsächlicher Art sind, in einer bestimmten Form abgegeben werden müssen, richtet sich nach dem Schiedsvertrag und, in Ermangelung einer Vereinbarung darüber, für das Schiedsverfahren nach den Bestimmungen der Schiedsrichter. Sind solche Bestimmungen nicht kundgegeben, so ist die Wahl der Form in das Belieben des Erklärenden gestellt. Die ZPO. und das BGB. enthalten darüber keine Vorschriften.

Ob Willenserklärungen, Erklärungen rechtsgeschäftlicher Art in bestimmter Form zu verlautbaren sind, damit die dadurch erfolgte Wirkung erzielt werde, bestimmt sich nach dem Schiedsvertrag und nach den gesetzlichen Vorschriften. Das BGB. kennt die einfache Schriftform (§§ 126 und 127 BGB.), die öffentliche Unterschriftsbeglaubigung (§ 129 BGB.) und die amtliche Beurkundung (§ 128 BGB.). **Durch** die **ZPO.** ist **nur** die **Erfüllung** e i n e r Form, **der einfachen Schriftform,** und nur **in vier Fällen** vorgeschrieben. Durch § 1027 ist, sofern der Schiedsvertrag mündlich geschlossen ist, jeder Partei das Recht eingeräumt, die Errichtung einer schriftlichen Urkunde darüber zu verlangen. Nach § 1029 hat, wenn beiden Parteien die Ernennung von Schiedsrichtern zusteht, die betreibende Partei dem Gegner den Schiedsrichter schriftlich zu bezeichnen und in gleicher Weise der Gegner seinen Schiedsrichter. Gemäß § 1039 in Verbindung mit § 1041 Abs. 1 Z. 5 ist der Schiedsspruch und seine Begründung von dem Schiedsrichter schriftlich abzufassen und nach § 1045 Abs. 1 ist die Vereinbarung der Parteien, daß ein bestimmtes Amtsgericht oder Landgericht für die gerichtlichen Entscheidungen gemäß § 1045 und für die Niederlegung des Schiedsspruchs (§§ 1047, 1039) zuständig sein solle, nur gültig, wenn sie in einem schriftlichen Schiedsvertrag erfolgt ist. Hiervon kommen für das Schiedsverfahren im eigentlichen Sinne nur die Vorschriften des § 1039 in Verbindung mit § 1045 Abs. 1 Z. 5 und des § 1045 in bezug auf die Niederlegung des Schiedsspruchs in Betracht.

Ob und wann **die vom Gesetz verlangte Schriftform** erfüllt ist, **bestimmt sich nach § 126 BGB.**, welcher lautet:

„Ist durch Gesetz schriftliche Form vorgeschrieben, so muß die Urkunde von dem Aussteller eigenhändig durch Namensunterschrift oder mittels gerichtlich oder notariell beglaubigten Handzeichens unterzeichnet werden.

Bei einem Vertrage muß die Unterzeichnung der Parteien auf derselben Urkunde erfolgen. Werden über den Vertrag mehrere gleichlautende Urkunden aufgenommen, so genügt es, wenn jede Partei die für die andere Partei bestimmte Urkunde unterzeichnet.

Die schriftliche Form wird durch die gerichtliche oder notarielle Beurkundung ersetzt."

Aus dem **Erfordernis der eigenhändigen Unterzeichnung** folgt einmal, daß durch eine telegraphische Erklärung die schriftliche Form nicht erfüllt werden kann und daß die Herstellung der Unterschrift mittels eines mechanischen Verfahrens, wie durch Schreibmaschine, Stempelung, Druck, nicht genügt, selbst wenn hierzu ein Faksimilestempel oder -Druck verwendet ist [1]); sodann, daß die Unterschrift unter dem Text des Schriftstücks stehen, diesen decken muß. Nachträgliche Änderungen des Textes bedürfen nicht einer nochmaligen Unterschrift, wenn sie im Einverständnis mit dem Unterzeichner der Urkunde vorgenommen sind. Für die Erfüllung der schriftlichen Form im Sinne des § 126 BGB. ist es nicht erforderlich, daß der Inhalt der Urkunde vor der Unterschrift vorhanden oder von dem Unterzeichnenden geschrieben ist. Auch die Unterschrift eines Blanketts ist zulässig. Von wem der Text der Urkunde, die über der Unterschrift stehenden Worte geschrieben oder wie diese sonst hergestellt sind, ist unerheblich, es kommt allein auf die Namensunterschrift an [2]). Daß in dem Schriftstück, und zwar vor der Namensunterschrift oder überhaupt der Ort oder das Datum der Aus-

---

1) III 4. 5. 00 JW. 00 S. 469 Z. 3.

2) VI 18. 2 04 Bd. 57 S. 66/9. — VI 3. 12. 06 Bd. 64 S. 406/8. — III 9. 2. 09 JW. 09 S. 160 = Warn.Rspr. 09 Nr. 270.

stellung der Urkunde angegeben wird, ist ebenfalls nicht erforderlich. Das BGB. hat eine diesbezügliche Vorschrift für die Ausstellung schriftlicher Urkunden nicht gegeben. Für die Wahrung der schriftlichen Form genügt die Unterzeichnung mittels Namensunterschrift. Für die Erlassung des Schiedsspruchs ist jedoch durch § 1039 die Angabe des Tages der Abfassung ausdrücklich vorgeschrieben, und zwar muß diese Angabe, wie sich aus dem Wortlaut der Vorschrift ergibt, mitunterschrieben, d. h. durch die Namensunterschrift der Schiedsrichter gedeckt sein.

Daß der Unterzeichnende lesen und mehr als seinen Namen schreiben kann, ist nicht erforderlich [1]). Eine Bestimmung darüber, mit welchem Namen die schriftliche Urkunde zu unterzeichnen ist, enthält das BGB. nicht. Zulässig ist die Unterzeichnung mit dem Namen, den der Aussteller im Verkehr zu tragen pflegt [2]). Regelmäßig wird die Unterschrift durch Zeichnung des Familiennamens mit oder ohne Vornamen erfolgen, der Familienname genügt. Kaufleute können, statt mit dem bürgerlichen Namen, mit der Firma unterzeichnen. Handelsgesellschaften haben ihre Firma in der durch Gesetz und Gesellschaftsvertrag bestimmten Form durch ihre bestellten Vertreter zu zeichnen. Nimmt jemand als Bevollmächtigter einer Partei — eine Stellvertretung der Schiedsrichter wird regelmäßig ausgeschlossen sein — für diese die Unterzeichnung vor, was, wenn nicht die Stellvertretung durch den Schiedsvertrag ausgeschlossen, zulässig ist, so muß auch er das Schriftstück eigenhändig unterzeichnen, mit seinem Namen oder seiner Firma oder mit dem Namen oder der Firma der von ihm vertretenen Partei [3]). Handelt es sich um eine telegraphische Erklärung, die der Bevollmächtigte mit dem Namen des Machtgebers unterzeichnet hat, so wird der Empfänger daraus oft nicht entnehmen können, daß sie von einem Bevollmächtigten abgegeben ist, und infolgedessen nicht in der Lage sein, von dem Recht der Zurückweisung aus § 174 BGB. (§ 6 III d. V.) Gebrauch zu machen.

Kann derjenige, der die Unterzeichnung des Schriftstücks, sei es für sich oder für einen anderen vornimmt, nicht schreiben,

---

1) I 22. 2. 00 Sächs. Arch. Bd. X S. 367 ff. — VII 3. 5. 10 JW. 10 S. 658 Z. 23 = Warn.Rspr. 10 Nr. 258.
2) RG. 3. 10. 07 RJA. Bd. 9 S. 122.
3) I 21. 12. 01 Bd. 50 S. 54/60. — V. Z. S. 27. 6. 10 Bd. 74 S. 69/76.

so muß er unter das Schriftstück Handzeichen setzen und diese gerichtlich oder notariell beglaubigen lassen. Die schriftliche Form wird gemäß § 126 BGB. Abs. 3 durch die gerichtliche oder notarielle Beurkundung ersetzt.

Für den Fall, daß die Beobachtung **der schriftlichen Form durch Vereinbarung der Parteien oder** in Ermangelung einer solchen durch eine aus dem Schiedsvertrag ihre Wirkung entnehmende **Festsetzung der Schiedsrichter** (vgl. § 4 II d. V.) angeordnet ist, bestimmt **§ 127 BGB.:**

„Die Vorschriften des § 126 gelten im Zweifel auch für die durch Rechtsgeschäft bestimmte schriftliche Form. Zur Wahrung der Form genügt jedoch, soweit nicht ein anderer Wille anzunehmen ist, telegraphische Übermittelung und bei einem Vertrage Briefwechsel; wird eine solche Form gewählt, so kann nachträglich eine dem § 126 entsprechende Beurkundung verlangt werden."

Das nachträgliche Verlangen einer dem § 126 entsprechenden Beurkundung hat eine praktische Bedeutung nur als Beweissicherung. Wird die Beurkundung nicht vorgenommen, so ändert dies nichts an der Wirksamkeit der Erklärung, wenn diese in Gemäßheit des § 127 BGB. überhaupt begründet ist.

Ist für rechtsgeschäftliche Erklärungen durch das Gesetz eine bestimmte Form vorgeschrieben, diese aber nicht erfüllt, so greift die Bestimmung des § 125 BGB. Satz 1 Platz, welche lautet:

„Ein Rechtsgeschäft, welches der durch Gesetz vorgeschriebenen Form ermangelt, ist nichtig."

Für den Fall, daß durch den Schiedsvertrag oder durch Bestimmung der Schiedsrichter eine Form vorgeschrieben und diese nicht gewahrt ist, bestimmt § 125 in Satz 2:

„Der Mangel der durch Rechtsgeschäft bestimmten Form hat im Zweifel gleichfalls Nichtigkeit zur Folge."

Für diesen Fall stellt also das Gesetz die Vermutung auf, es sei der Formzwang gewollt, so daß, wer behauptet, es sei nur der Beweiszweck gewollt, dafür beweispflichtig ist [1]). **Der Mangel der durch Rechtsgeschäft vorgeschriebenen Form kann**

---

1) Komm. Bd. I S. 146 Anm. 4 zu § 125.

jedoch **geheilt werden,** indem die Parteien ihn nicht rügen und die Schiedsrichter ihm keine Bedeutung beilegen. Das Einverständnis über die Preisgabe der Form kann ausdrücklich und stillschweigend erklärt werden; denn die Vereinbarung der schriftlichen Form kann von den Vertragsteilen, auf deren Willkür sie beruht, auch wieder außer Kraft gesetzt werden, sei es allgemein oder für den einzelnen Fall, und zwar auch stillschweigend, durch schlüssige Handlungen [1]). Haben die Schiedsrichter für Erklärungen der Parteien eine bestimmte Form festgesetzt, so hängt die Berücksichtigung der ohne Beobachtung dieser Form abgegebenen Erklärungen von dem freien Ermessen der Schiedsrichter ab, doch dürfen sie hierbei nicht die ihnen gemäß § 1034 Abs. 1 obliegende Pflicht zur Anhörung der Parteien verletzen (vgl. § 1041 Abs. 1 Z. 4.).

Eine wichtige Rolle spielen im Schiedsverfahren die stillschweigenden Erklärungen. Das RG. hat z. B. in einer Reihe von Fällen aus der vorbehaltlosen Einlassung auf das Verfahren vor dem Schiedsgericht, aus der Stellung sachlicher Anträge an dasselbe und aus dem widerspruchslosen Verhandeln der Parteien einen Verzicht auf die Rüge der Ungültigkeit des Schiedsvertrags und den Abschluß eines neuen Schiedsvertrags gefolgert. Das Nähere hierüber soll weiterhin unten bei Erörterung der einzelnen Fälle ausgeführt werden. Wer sich gegen Schlußfolgerungen, die aus seinem Verhalten auf einen bestimmten Willen seinerseits gezogen werden können, schützen will, muß dagegen **Verwahrung** einlegen oder er muß einen **Vorbehalt** machen. Er muß erklären, daß er sich die Rechte oder Einwendungen, deren Verlust in Frage kommt, vorbehalte, oder, daß er den in Frage kommenden Schlußfolgerungen widerspreche. Es kann auch genügen, daß er Handlungen vornimmt, durch welche die Schlußfolgerungen vereitelt werden, da aus ihnen das Gegenteil zu entnehmen ist.

b) Damit durch **die Erklärungen** die damit bezweckte Wirkung herbeigeführt werde, genügt es nicht, daß sie überhaupt abgegeben werden — Ausnahmen hiervon kommen für das Schiedsverfahren und dessen Vorbereitung nicht in Frage —, sie **müssen**

---

1) III 5. 7. 12 Warn.Rspr. 12 Nr. 367 und die dort zitierten Entscheidungen nebst Literatur.

vielmehr **gegenüber denjenigen Personen abgegeben werden, für die sie bestimmt sind.** Sie werden erst **in dem Zeitpunkt wirksam, in dem sie diesen Personen zugehen.** Das BGB. bestimmt hierüber in **§ 130:**

„Eine Willenserklärung, die einem Anderen gegenüber abzugeben ist, wird, wenn sie in dessen Abwesenheit abgegeben wird, in dem Zeitpunkte wirksam, in welchem sie ihm zugeht. Sie wird nicht wirksam, wenn dem Anderen vorher oder gleichzeitig ein Widerruf zugeht.

Auf die Wirksamkeit der Willenserklärung ist es ohne Einfluß, wenn der Erklärende nach der Abgabe stirbt oder geschäftsunfähig wird.

Diese Vorschriften finden auch dann Anwendung, wenn die Willenserklärung einer Behörde gegenüber abzugeben ist."

§ 130 spricht zwar nur von Willenserklärungen, die in A b w e s e n h e i t dessen abgegeben werden, dem gegenüber sie wirken sollen; **das Gleiche** gilt aber auch für Willenserklärungen **unter Anwesenden.** Eine Bestimmung darüber, was unter „zugehen" zu verstehen ist, hat das BGB. nicht gegeben, doch ist dieser Begriff durch die Rechtsprechung des RG. hinreichend geklärt. Hiernach ist eine **Erklärung** dann als **zugegangen** anzusehen, **wenn die Möglichkeit ihrer Wahrnehmung durch den Adressaten,** d. h. durch denjenigen, für den sie bestimmt ist, **begründet** ist, **und zwar mit dem Willen des Erklärenden.** Die Beantwortung der Frage, wann die Möglichkeit der Kenntnisnahme gegeben ist, richtet sich nach der Lage des Einzelfalls. Wird die Erklärung **einem Anwesenden gegenüber** abgegeben, so ist sie diesem zugegangen, sobald die Erklärung von Person zu Person ausgesprochen ist, oder sobald dem Anwesenden das Schriftstück übergeben ist, welches die Erklärung enthält. Erklärungen, die **einem Abwesenden** gegenüber abzugeben und die in einem Schriftstück enthalten sind, gelten als zugegangen, sobald der Adressat in eine Lage versetzt ist, die ihm unter gewöhnlichen Verhältnissen (Krankheit, Abwesenheit von Hause u. dgl. kommen dabei nicht in Betracht) die Möglichkeit gewährt, von der in dem Schriftstück enthaltenen Erklärung Kenntnis zu nehmen. Sobald diese Voraussetzung gegeben ist, wird die Willenserklärung wirksam.

Darauf, wann der Adressat von der Erklärung Kenntnis genommen hat, kommt es nicht an. **Bei brieflicher Erklärung** genügt es nach ständiger Rechtsprechung in der Regel, daß der Brief in verkehrsüblicher Art in die tatsächliche Verfügungsgewalt der Adressaten oder eines anderen, der ihn in der Empfangnahme von Briefen vertreten konnte, gelangt und ihm in dieser Weise die Möglichkeit der Kenntnisnahme verschafft ist, z. B. dadurch, daß der Brief in der Wohnung an einen Familienangehörigen oder Dienstboten abgegeben oder in einen an der Wohnung angebrachten Briefkasten geworfen ist [1]). Wird die Erklärung **durch** einen **Boten mündlich** überbracht und ist derjenige, für den sie bestimmt ist, nicht anwesend, so ist zur Erfüllung des Tatbestandes des Zugehens erforderlich, daß die Mittelsperson, die mit dem Adressaten in häuslicher Gemeinschaft steht und an welche die mündliche Bestellung erfolgt, zur richtigen Wiedergabe der Erklärung geeignet ist, die dazu erforderliche geistige Fähigkeit besitzt [2]).

c) Voraussetzung für die Anwendung der vorstehend dargelegten Grundsätze über das „Zugehen" der Erklärung, von dem ihre Wirksamkeit für und gegen den Erklärenden abhängt, ist stets, daß das Zugehen mit Wissen und Willen des Erklärenden erfolgt und daß der Erklärende, wenn nicht die Beobachtung einer besonderen Form für die Übermittelung vorgeschrieben ist, bei der Wahl des Mittels dafür die im Verkehr übliche und der Sache nach gebotene Sorgfalt angewendet hat [3]). Für alle Fälle der Übermittelung von Erklärungen gilt, daß **die Gefahr der Absendung und des Zugehens der Erklärende** trägt und daß ein Verschulden der Post und des Boten, dessen sich der Erklärende bedient, ihn belastet.

In wichtigen Fällen empfiehlt es sich, von demjenigen, für den die Erklärung bestimmt ist, eine **Bescheinigung über den Empfang** einzufordern, um **ein Beweismittel** für das Zugehen, insbesondere das rechtzeitige Zugehen der Erklärung zu erhalten. Wird das Schriftstück der Post zur Beförderung übergeben, so kann zu diesem Zweck der Brief mit der Bezeichnung „Ein-

---

1) I 8. 2. 02 Bd. 50 S. 194. — II 24. 11. 03 Bd. 56 S. 262/5. — V 13. 7. 04 Bd. 58 S. 406/10. — V 29. 3. 05 Bd. 60 S. 336.
2) V 29. 3. 05 Bd. 60 S. 336/7.
3) Komm. Bd. I S. 153 Anm. 1 zu § 130.

schreiben gegen Rückschein" versehen werden, wodurch die Ausfüllung eines Empfangsscheins durch den Adressaten und die Aushändigung desselben an den Absender herbeigeführt wird. Doch ist hierbei zu beachten, daß, wenn der Adressat oder ein zur Empfangnahme für ihn geeigneter Vertreter von dem Postboten nicht angetroffen wird, in dem Vorzeigen des Einschreibebriefs ohne Ablieferung ein Zugehen der darin befindlichen Erklärung nur dann gefunden werden kann, wenn der Adressat das Eintreffen eines Einschreibebriefs erwarten mußte und hiernach als verpflichtet zu erachten war, für die Empfangnahme des Briefs Sorge zu tragen, dies aber unterlassen oder die Empfangnahme arglistig vereitelt hat [1]). Im übrigen ist bei der Entschließung, ob ein Brief „eingeschrieben" oder „eingeschrieben gegen Rückschein" abzusenden ist, in Rücksicht zu ziehen, daß die **deutsche Post** in der Bestellung auch der gewöhnlichen Briefsendungen so **zuverlässig** ist, daß verhältnismäßig, d. h. im Verhältnis zu der außerordentlich großen Zahl der ordnungsmäßig bestellten Sendungen, ein Verlust zu den seltenen Ausnahmen gehört und es daher **nicht** etwa allgemein als eine **Fahrlässigkeit** in der Erfüllung einer Übersendungspflicht angesehen werden kann, wenn der Absendende den Brief der Post anvertraut, **ohne** ihn **einschreiben** zu lassen [2]).

Soll für den Fall, daß der Adressat die Ausstellung der Empfangsbescheinigung oder die Annahme des Schriftstücks verweigert oder dessen Ablieferung vereitelt, der **Nachweis des Zugehens** der darin enthaltenen Erklärung **sichergestellt** werden, so kann dies **dadurch** geschehen, **daß** das **Schriftstück** durch Vermittelung eines Gerichtsvollziehers **zugestellt** wird. **§ 132 Abs. 1 BGB.** bestimmt hierüber:

> „Eine Willenserklärung gilt auch dann als zugegangen, wenn sie durch Vermittelung eines Gerichtsvollziehers zugestellt worden ist. Die Zustellung erfolgt nach den Vorschriften der Zivilprozeßordnung."

Ist nicht bekannt, wem gegenüber die Erklärung abzugeben ist oder wo die betreffende Person sich aufhält, so kann hierfür der **Weg der öffentlichen Zustellung** eingeschlagen werden, der in **§ 132 Abs. 2 BGB.** angegeben ist:

---

1) II 24. 11. 03 Bd 56 S. 262/5. — V 13. 7. 04 Bd. 58 S. 406/10.
2) VII 24. 10 02 JW. 02 S. 635 Z. 17.

„Befindet sich der Erklärende über die Person desjenigen, welchem gegenüber die Erklärung abzugeben ist, in einer nicht auf Fahrlässigkeit beruhenden Unkenntnis, **oder** ist der Aufenthalt dieser Person unbekannt, so kann die Zustellung nach den für die öffentliche Zustellung einer Ladung geltenden Vorschriften der Zivilprozeßordnung erfolgen. Zuständig für die Bewilligung ist im ersteren Falle das Amtsgericht, in dessen Bezirke der Erklärende seinen Wohnsitz oder in Ermangelung eines inländischen Wohnsitzes seinen Aufenthalt hat, im letzteren Falle das Amtsgericht, in dessen Bezirk die Person, welcher zuzustellen ist, den letzten Wohnsitz oder in Ermangelung eines inländischen Wohnsitzes den letzten Aufenthalt hatte."

Ist in dem Schiedsvertrag oder in den Bestimmungen der Schiedsrichter für die Übermittelung schriftlicher Erklärungen der Ausdruck **„zustellen"** gebraucht, so muß hierunter **nicht immer** und **ohne weiteres** eine Zustellung **nach den Vorschriften der ZPO.** verstanden werden. Im Sprachgebrauch des täglichen Verkehrs ist der Begriff des „Zustellens" kein fest und bestimmt ausgeprägter, und hiernach kann der Ausdruck „Zustellen", insoweit es sich dabei um die gewöhnliche, regelmäßige Bedeutung des Wortes handelt, als gleichbedeutend mit „übersenden" oder „absenden" erachtet werden, es sei denn, daß sich aus dem Zusammenhange oder aus anderen Umständen ergibt, daß eine Zustellung im Sinne der ZPO. gemeint ist [1]).

Für das Schiedsverfahren ist durch das Gesetz nur in einem Falle die Beobachtung einer Form für die Übermittelung einer Erklärung angeordnet. In **§ 1039** ist bestimmt: „Der Schiedsspruch ist . . . den Parteien . . . zuzustellen"; aus den folgenden Worten: „und unter Beifügung der Beurkundung der Zustellung auf der Gerichtsschreiberei des zuständigen Gerichts niederzulegen" folgt, daß hier unter der **Zustellung** eine solche **nach** den Vorschriften **der ZPO.** zu verstehen ist. Muß die Zustellung des Schiedsspruchs öffentlich erfolgen, so ist das Gesuch deswegen einem nach § 1045 zuständigen Gericht einzureichen, und zwar, da die Bewilligung dieses Gesuchs eine richterliche

---

1) VII 24. 10. 02 JW. 02 S. 635 Z. 17.

Handlung darstellt (§ 204 Abs. 1), von den Parteien, nachdem die Schiedsrichter die öffentliche Zustellung für erforderlich erklärt haben. Im übrigen steht es im Belieben der Parteien, durch den Schiedsvertrag und, in Ermangelung einer solchen Vereinbarung, im Ermessen der Schiedsrichter, Vorschriften zu geben, die für die Übermittelung von Erklärungen zu beachten sind. Doch ist die **Bedeutung der** vereinbarten oder von den Schiedsrichtern festgesetzten **Übermittelungsform nicht zu überschätzen**. Ihr Zweck erschöpft sich für den Teil, an den die Erklärung zu richten ist, in der Gewähr, welche die betreffende Übersendungsform für die Erlangung der Kenntnis von dem Inhalt der übersandten Erklärung bietet. Steht die Tatsache, daß der Adressat von dem Inhalt der Erklärung Kenntnis genommen hat, fest, so kommt es nicht mehr darauf an, ob für ihre Übersendung die vorgeschriebene Form beobachtet ist [1]).

III. Welche Bestimmungen gelten für Termine und Fristen?

Die Wirksamkeit einer Erklärung, die Ausübung eines Rechts und die Erfüllung einer Pflicht dadurch, kann daran geknüpft sein, daß die Erklärung zu einem bestimmten Zeitpunkt (Termin) oder innerhalb eines bestimmten Zeitraums (Frist) abgegeben wird. Das Gesetz enthält für das Schiedsverfahren selbst keine Zeitbestimmung, nur für die Ernennung von Schiedsrichtern gemäß § 1029 und § 1031 setzt es eine Frist von einer Woche fest. Durch Vereinbarungen der Parteien und Festsetzungen der Schiedsrichter können beliebige Zeitbestimmungen für das Abgeben von Erklärungen und die Vornahme von Handlungen angeordnet werden.

Für die Berechnung der Termine und Fristen im Schiedsverfahren und für seine Vorbereitung gelangen, da hierfür nicht Prozeßhandlungen, sondern Handlungen zur Ausführung eines Vertrags, des Schiedsvertrags in Betracht kommen (vgl. zu I a. E.), nicht **die Vorschriften** der ZPO. zur Anwendung, sondern diejenigen **des BGB. in den §§ 186—193.** Diese Vorschriften sind, wie in § 186 bemerkt, Auslegungsvorschriften, d. h. sie

1) V 23. 9. 11 Bd. 77 S. 70/1.

kommen nicht zur Anwendung, wenn etwas anderes bestimmt ist. Eine solche Bestimmung kann auch aus den Umständen, aus dem alltäglichen, gewöhnlichen Sprachgebrauch entnommen und so unter der Bestimmung „nach 8 Tagen“ nicht eine Frist von 8, sondern von 7 Tagen verstanden werden, indem entgegen der Vorschrift des § 187 Abs. 1 der Tag der Bestimmung nicht mitgerechnet wird [1]).

Die Gerichtsferien haben, da, wie bereits bemerkt, nicht Prozeßhandlungen in Frage stehen, auf die Berechnung der Fristen keinen Einfluß.

Die Vorschriften über die Form der Erklärungen, den Zeitpunkt ihres Zugehens, die Art ihrer Übermittelung, sowie die Berechnung der Fristen und Termine für das Abgeben der Erklärungen sind eingehend behandelt worden, weil hiervon oft die Rechtswirksamkeit der Erklärungen abhängt und damit, soweit es sich um Erklärungen der Parteien handelt, die Möglichkeit, das Schiedsverfahren herbeizuführen oder zu beeinflussen. Doch ist auch hier wieder hervorzuheben, daß eine **Verletzung dieser Vorschriften, soweit nicht gesetzliche Bestimmungen zwingenden Charakters in Frage** stehen, wie hinsichtlich der Erlassung des Schiedsspruchs in § 1039, **durch** ausdrückliche oder stillschweigende **Vereinbarung** der Parteien, **durch Verzicht auf das Rügerecht** oder durch Unterlassung der Rüge vor dem Schiedsgericht und Einlassung auf die Verhandlung trotz Kenntnis der Verletzung **geheilt** werden kann. Denn über allen Vorschriften, die das Gesetz gegeben hat (mit Ausnahme derjenigen in den §§ 1034 Abs. 1, 1035 Abs. 2, 1039 in Verbindung mit 1041 Abs. 1 Z. 2 und 3, vgl. § 4 I u. II d. B.) und die von den Parteien oder von den Schiedsrichtern festgesetzt sind, steht **der Wille der Parteien**, er beherrscht die Gestaltung und Geltung des Schiedsvertrags und des Schiedsverfahrens, er **ist das oberste Gesetz**. Zu beachten ist auch, daß durch die Verletzung von Vorschriften, welche die Parteien vereinbart haben, das Verfahren nur dann unzulässig wird und die Aufhebung des Schiedsspruchs nur beantragt werden kann, wenn es sich um die Nichtbeachtung wesentlicher Bestimmungen des Verfahrens oder Grundlagen handelt, welche die Parteien ausdrück-

1) Staudinger Bd. I S. 677/8 Anm. 2 zu § 186.

lich für die Erlassung des Schiedsspruchs vereinbart haben[1]). Dies gilt insbesondere für die Beobachtung von Formvorschriften über die Abgabe und Übermittelung von Erklärungen. In welcher Weise die Erklärung erfolgt und dem andern Teil zugegangen ist, darauf wird es in Hinsicht auf den das Verfahren beherrschenden Grundsatz der Formfreiheit (vgl. § 5 I d. V.) meist nicht ankommen, es wird genügen, daß die Erklärung dem anderen Teil überhaupt auf irgend eine Weise zuverlässig bekannt geworden und daß dies mit Wissen und Willen des Erklärenden geschehen ist, so daß die Erklärung als von ihm abgegeben zu gelten hat. Für die Feststellung, welche Bedeutung einer von den Parteien vereinbarten Formvorschrift beizulegen ist, ist der Wille der Parteien maßgebend, der durch Auslegung zu ermitteln ist. Oft wird die Beobachtung der Form nur zu Beweiszwecken vorgeschrieben sein, ohne daß die Parteien damit für den Fall ihrer Nichteinhaltung die Rechtswirksamkeit der Erklärung haben ausschließen wollen (vgl. vorher zu IIa.).

Die Vorwegnahme der Erörterung der vorstehend behandelten Vorschriften und Fragen im allgemeinen Teil erschien zweckmäßig, um durch ihre Bezugnahme in den späteren Darlegungen Wiederholungen nach Möglichkeit zu vermeiden. Die erörterten Vorschriften und Regeln kommen, da sie allgemein gelten, auch für die Prüfung der Vereinbarungen und sonstigen Willenserklärungen in Betracht, welche nicht das Schiedsverfahren betreffen.

C.

Wer kommt für die Mitwirkung am Schiedsverfahren in Betracht?

Die Personen, zwischen denen sich das Schiedsverfahren vollzieht, sind **die Parteien** und **die Schiedsrichter**. Daneben können noch **Dritte**, insbesondere **die ordentlichen Gerichte**, in

---

1) II 2. 7. 89 Bd. 24 S. 397/405. — VI 27. 5. 95 Bd. 35 S. 425/6. — I 8. 12. 97 Bd. 40 S. 405/6 — VI 21. 3. 98 Bd. 41 S. 255 — VII 1. 2. 01 Bd. 47 S. 426/7. — I 20. 6. 91 JW. 91 S. 555 Z. 12. — II 18. 5. 97 JW. 97 S. 325 Z. 12.

Betracht kommen, sei es für die Ernennung der Schiedsrichter und für die Entscheidung über ihre Ernennung und Ablehnung, sei es für die von den Schiedsrichtern für erforderlich erachteten richterlichen Handlungen, zu deren Vornahme sie selbst nicht befugt sind, die vielmehr nur von den zuständigen Gerichten vorgenommen werden dürfen (§§ 1035 Abs. 2, 1036 und 1045). Außerdem können dritte Personen auch als **Zeugen und Sachverständige** zur Mitwirkung an dem Verfahren hinzugezogen werden.

§ 6.

I. Wer kann im Schiedsverfahren Partei sein und als Partei auftreten? Wer ist Partei?

Das Gesetz, d. h. die ZPO., gibt eine Bestimmung des Begriffs „Partei" nicht. Im ordentlichen Verfahren ist darunter das Subjekt eines Prozesses zu verstehen, diejenige Person, die einen Prozeß führt oder in deren Namen ein Prozeß geführt wird, und zwar derart, daß der Prozeß von dieser Person in eigenem Namen und regelmäßig für eigene Rechnung und Gefahr geführt wird. Die ZPO. unterscheidet zwischen „Parteifähigkeit" und „Prozeßfähigkeit" und bestimmt in § 50 Abs. 1: „Parteifähig ist, wer rechtsfähig ist." und in § 52 Abs. 1: „Eine Partei ist insoweit prozeßfähig, als sie sich durch Verträge verpflichten kann."

Um festzustellen, wer im Schiedsverfahren **Partei sein und als Partei auftreten kann,** bedarf es, da dieses Verfahren kein Prozeß ist, nicht des Umwegs über die ZPO., vielmehr **kommt** hierfür ohne weiteres und lediglich **das bürgerliche Recht zur Anwendung,** dessen Grundsätze über die Rechtsfähigkeit und die Geschäftsfähigkeit für die Parteifähigkeit im Schiedsverfahren maßgebend sind. Das BGB. erkennt **die Rechtsfähigkeit,** d. h. die Fähigkeit, Träger von Rechten und Pflichten zu sein, jedem Menschen zu und außer den Menschen, die es natürliche Personen nennt, den von ihm so genannten juristischen Personen, zu denen insbesondere die eingetragenen und die durch staatliche Verleihung mit Rechtsfähigkeit ausgestatteten Vereine, die Aktiengesellschaften, Kommanditgesellschaften auf Aktien, die Gesellschaften mit beschränkter Haftung und die eingetragenen Genossenschaften, sowie die Stiftungen gehören. „Die Rechtsfähigkeit des Menschen beginnt mit der Vollendung der Geburt," heißt es in § 1 BGB. Die Rechtsfähigkeit der nicht auf einen wirtschaftlichen Geschäftsbetrieb gerichteten Vereine entsteht durch die Eintragung in das Vereinsregister des zuständigen Amtsgerichts (§ 21 l. c.), diejenige der Vereine mit wirtschaftlichem Geschäftsbetrieb durch staatliche Verleihung (§ 22) oder durch Eintragung in das Handelsregister des Sitzes der Gesellschaft (§§ 200, 320 HGB. und § 11 des Gesetzes betreffend die Gesellschaften mit beschränkter Haftung) oder in das Genossenschaftsregister des Sitzes der Genossenschaft (§ 13 des Gesetzes betreffend die Erwerbs- und Wirtschaftsgenossenschaften). Eine rechtsfähige Stiftung entsteht durch das Stiftungsgeschäft und die Genehmigung des Bundesstaats, in dessen Gebiet die Stiftung ihren Sitz haben soll (§ 80 BGB.). Zu den juristischen Personen des Privatrechts treten noch die juristischen Personen des öffentlichen Rechts (Körperschaften, Stiftungen und Anstalten des öffentlichen Rechts), zu denen insbesondere der Staat und die Gemeinden gehören; auch sie können Träger von Rechten und Pflichten sein, sind also rechtsfähig.

Von der Rechtsfähigkeit unterscheidet das BGB. **die Geschäftsfähigkeit**, d. h. die Fähigkeit, für sich selbst rechtsgeschäftliche Willenserklärungen abzugeben und entgegenzunehmen, für sich durch Rechtsgeschäfte Rechte und Verpflichtungen selbständig zu begründen, das, was in § 52 ZPO. als Vertragsfähigkeit, als die Fähigkeit, sich durch Verträge zu verpflichten, bezeichnet ist. Geschäftsfähig kann nur sein, wer rechtsfähig ist. Wer rechtsfähig, aber geschäftsunfähig ist, kann zwar Träger aller Rechte und Pflichten sein, er kann solche auch erwerben und übernehmen, aber nicht selbständig, d. h. nicht durch eigene Handlungen, sondern nur durch diejenigen seiner gesetzlichen Vertreter. Die juristischen Personen können entsprechend ihrer Natur nie anders als durch ihre gesetzlichen Vertreter handeln; daraus folgt jedoch nicht, daß sie geschäftsunfähig sind. Die juristischen Personen sind willens- und handlungsfähig, also geschäftsfähig, sie können aber nach ihrer Zusammensetzung nur durch ihre satzungs- oder verfassungsmäßigen Organe ihren Willen fassen und erklären; diese Organe handeln zwar als ihre gesetzlichen Vertreter, aber nicht als ihre bloßen Stellvertreter, sie geben vielmehr Willenserklärungen der juristischen Person als solcher ab [1]). Wann solche Willenserklärungen vorliegen, wann die zur Rechtswirksamkeit für und gegen die juristischen Personen erforderlichen Voraussetzungen erfüllt sind, bestimmt sich nach ihren Satzungen und nach den gesetzlichen Bestimmungen.

Die natürliche Person, der Mensch, ist geschäftsfähig, wenn er volljährig geworden ist, d. h. das 21. Lebensjahr vollendet hat (§ 2 BGB.), oder wenn er das 18. Lebensjahr vollendet hat und für großjährig erklärt worden ist (§ 3 l. c.). Im übrigen bestimmt das BGB. in § 104:

„Geschäftsunfähig ist:
1. wer nicht das siebente Lebensjahr vollendet hat;
2. wer sich in einem die freie Willensbestimmung ausschließenden Zustande krankhafter Störung der Geistestätigkeit befindet, sofern nicht der Zustand seiner Natur nach ein vorübergehender ist;
3. wer wegen Geisteskrankheit entmündigt ist."

und in § 105:

„Die Willenserklärung eines Geschäftsunfähigen ist nichtig.

Nichtig ist auch eine Willenserklärung, die im Zustande der Bewußtlosigkeit oder vorübergehender Störung der Geistestätigkeit abgegeben wird."

Wer minderjährig ist, das siebente Lebensjahr, aber nicht das einundzwanzigste vollendet hat (§ 2 l. c.) und nicht nach Vollendung des achtzehnten Lebensjahres für volljährig erklärt worden ist (§ 3), ist in der Geschäftsfähigkeit beschränkt (§ 106). Verträge, die er abschließt, bedürfen der Einwilligung, d. h. der vorherigen Zustimmung (§ 183), oder der Genehmigung, d. h. der nachträglichen Zustimmung (§ 184), seines gesetzlichen Vertreters (§§ 108, 109). Den Minderjährigen sind in Ansehung der Geschäftsfähigkeit die wegen Geistesschwäche, wegen Verschwendung oder wegen Trunksucht Entmündigten und die nach § 1906 BGB. unter vorläufige Vormundschaft gestellten Personen gleichgestellt (§ 114 l. c.).

Die gleiche Bedeutung, welche für das Verfahren vor den ordentlichen Gerichten der Unterschied zwischen den prozeßrecht-

---

1) Staudinger Bd. I Vorbemerkung zu Abschnitt 1 Titel 2 V 1 S. 154.

lichen Begriffen Parteifähigkeit und Prozeßfähigkeit hat, kommt für das Schiedsverfahren den diesen Begriffen zugrunde liegenden privatrechtlichen Bestimmungen über die Rechtsfähigkeit und die Geschäftsfähigkeit zu. Hiernach regelt sich die Stellung aller Personen als Parteien im Schiedsverfahren und stuft sich ihre Parteifähigkeit ab. Partei kann im Schiedsverfahren jeder sein, der rechtsfähig ist, jede natürliche und juristische Person, weil sie Träger von Rechten und Pflichten sein kann, wie solche durch Verträge begründet werden. Als Partei in diesem Verfahren auftreten und handeln, Erklärungen abgeben und entgegennehmen kann jedoch nur, wer selbst einen Schiedsvertrag abschließen kann, also wer geschäftsfähig ist. Denn nur ein Geschäftsfähiger kann auch die Rechtsgeschäfte zur Ausführung des Schiedsvertrags, wie den Vertrag mit den Schiedsrichtern, abschließen und die sonst erforderlichen rechtsgeschäftlichen Erklärungen abgeben. Eine beschränkt geschäftsfähige Person kann in dem Verfahren nur mit Zustimmung ihres gesetzlichen Vertreters handeln, juristische Personen nur durch ihre gesetzlichen Vertreter. Für geschäftsunfähige Personen (Kinder und Geisteskranke) müssen ihre gesetzlichen Vertreter (Vater, Vormund, Pfleger) auftreten und handeln.

Wer nicht rechtsfähig ist, kann überhaupt nicht Partei im Schiedsverfahren sein; denn wer nicht Träger von Rechten und Pflichten sein kann und für den auch nicht ein anderer als gesetzlicher Vertreter einen Vertrag schließen kann, der kann auch nicht an dem Verfahren zur Ausführung eines Vertrags mitwirken, die hierzu erforderlichen Willenserklärungen abgeben und Rechtsgeschäfte abschließen. Ein Verein, der nicht rechtsfähig ist, kann also nicht Partei im Schiedsverfahren sein, gleichviel ob er Ansprüche geltend macht oder ob solche gegen ihn geltend gemacht werden. Die Vorschrift in § 50 Abs. 2: „Ein Verein, der nicht rechtsfähig ist, kann verklagt werden; in dem Rechtsstreite hat der Verein die Stellung eines rechtsfähigen Vereins." findet auf das Schiedsverfahren, da dieses kein Prozeß ist und nicht den Vorschriften der ZPO., mit Ausnahme derjenigen im 10. Buche, untersteht, keine Anwendung.

Aus Vorstehendem ergibt sich, daß die **Fähigkeit, Partei eines Schiedsverfahrens zu sein,** mit der Rechtsfähigkeit, **und** die Fähigkeit, **als Partei** in diesem Verfahren **aufzutreten** und **zu handeln,** mit der Geschäftsfähigkeit zusammenfällt, also **mit**

der Fähigkeit, Partei eines Schiedsvertrags zu sein, und mit der Fähigkeit, **einen Schiedsvertrag abzuschließen.**

Für ein bestimmtes Schiedsverfahren kommen als **Parteien** nur **diejenigen** Personen in Betracht, **die den Schiedsvertrag geschlossen** haben, dessen Ausführung das Verfahren dient, **und ihre Rechtsnachfolger.** Nur diese Personen können — unter der Voraussetzung, daß sie zur Zeit des Verfahrens die Rechtsfähigkeit besitzen, also Personen im Rechtssinne sind — als Träger der Rechte und Pflichten aus dem Schiedsvertrag Subjekte des Verfahrens zur Ausführung dieses Vertrags sein. Parteien sind in einem bestimmten Schiedsverfahren diejenigen Personen, welche miteinander in eine Rechtsstreitigkeit geraten sind, über die sie einen Schiedsvertrag geschlossen haben, und von denen die eine gegen die andere die Entscheidung des vertraglich vorgesehenen Schiedsgerichts angerufen hat oder anrufen will.

Es können auf jeder Parteiseite mehrere Personen vorhanden sein und auftreten, wie auch die Vertragsparteien aus mehreren Personen bestehen können. In dem Prozeßverfahren vor dem ordentlichen Gericht scheidet man die Parteien in **Kläger und Beklagte.** Als Kläger bezeichnet man diejenige Partei, welche die Klage erhoben, also zuerst einen Anspruch geltend gemacht hat, und als Beklagten diejenige Partei, gegen welche der Anspruch durch die Klage geltend gemacht ist. Im Laufe des Verfahrens kann der Beklagte auch seinerseits Ansprüche gegen den Kläger geltend machen und deswegen die Widerklage erheben, hierdurch wird der Beklagte zum Widerkläger und der Kläger zum Wiederbeklagten. Eine **derartige Unterscheidung hat für das Schiedsverfahren keine Bedeutung,** hier kommt es nicht darauf an, welche Partei zuerst einen Anspruch gegen die andere erhoben und die Einleitung des Schiedsverfahrens veranlaßt hat, und ebensowenig darauf, ob und welche Anträge die Parteien gestellt haben. Denn in diesem Verfahren bedarf es für die Geltendmachung von Ansprüchen weder eines formellen Klageantrags, noch eines formellen Widerklageantrags. Um die Erlassung des Schiedsanspruchs über einen Anspruch herbeizuführen, genügt, daß der Gegenpartei und dem Schiedsgericht ersichtlich gemacht ist, daß darüber die Entscheidung des Schiedsgerichts begehrt werde, ohne daß es einer ausdrücklichen, hierauf bezüglichen Erklärung bedarf [1]). In dem Schiedsverfahren gibt

1) VII 18. 12. 06 Gruch. Bd. 51 S. 1086 ff.

es eben nicht Prozeßparteien, sondern nur Vertragsparteien, die hinsichtlich ihrer Parteistellung einander vollständig gleich sind und gleich bleiben. Eine Bezeichnung der Parteien als Kläger und Beklagte kann, wie für den ordentlichen Prozeß, so auch für das Schiedsverfahren zur Vermeidung der Wiederholung umständlicher Benennungen der Parteien führen, also zur Ersparung von Worten. Diesem Vorteil steht jedoch für die Parteien und auch für die Schiedsrichter, die Laien sind, die Unbequemlichkeit und der Nachteil gegenüber, daß ihnen die Ausdrücke Kläger und Beklagter nicht so geläufig sind, wie den Juristen, und daß daher leicht Verwechselungen vorkommen können. In den §§ 1029 und 1031 spricht das Gesetz von der **„betreibenden Partei"**. Hierunter ist, wie das RG.[1]) ausgeführt hat, „die an der Erlangung des Schiedsspruchs interessierte und deshalb die Bildung des Schiedsgerichts betreibende Partei" zu verstehen. Dies ist nicht immer diejenige Partei, welche zuerst das Schiedsgericht angerufen hat und die deshalb im ordentlichen Verfahren Kläger heißen würde; denn, wenn im Laufe des Verfahrens ein nicht im Schiedsvertrag ernannter Schiedsrichter fortfällt und die Partei, die ihn ernannt hat, die Bestellung eines anderen Schiedsrichters trotz Aufforderung des Gegners nicht fristgemäß vornimmt, so heißt der Gegner, der den Antrag auf Ernennung des Schiedsrichters an das Gericht stellt, die betreibende Partei, ohne daß es hierfür darauf ankommt, ob er die Einleitung des Schiedsverfahrens herbeigeführt hat. In den meisten Fällen wird allerdings diejenige Partei, die zuerst das Schiedsgericht angerufen hat und die im ordentlichen Verfahren als Kläger zu bezeichnen wäre, das Interesse, welches sie hierdurch an dem Schiedsverfahren bekundet hat, auch weiterhin betätigen und deshalb den Betrieb des Verfahrens nicht der anderen Partei überlassen, sondern selbst die betreibende Partei bleiben.

Parteien eines Schiedsverfahrens können auch die **Rechtsnachfolger** der Personen werden, welche den Vertrag geschlossen haben; denn die Unterwerfung unter den Schiedsvertrag gilt nicht nur für die Erben, sondern auch für die Sonderrechtsnachfolger der Vertragschließenden. Ist ein Schiedsabkommen einem anderen Vertrage — dem Hauptvertrage — als Nebenvertrag beigefügt, so wird der Abtretung der aus dem Hauptvertrag her-

---

1) III 19. 11. 97 JW. 98 S. 50 Ziff. 20.

vorgehenden Forderungsrechte, auch wenn dabei des Schiedsabkommens keine Erwähnung geschieht, regelmäßig die Bedeutung und die Wirkung zukommen, daß auch die Rechte aus dem Schiedsvertrage auf den Zessionar übergehen. Eine abweichende Beurteilung wird nur dann einzutreten haben, wenn der Wille der Parteien, die das Schiedsabkommen getroffen haben, ersichtlich ist, die Wirkungen dieses Abkommens an ihre Person zu knüpfen, wenn aus dem unter den ursprünglichen Vertragsparteien geschlossenen Vertrage oder den Umständen, unter welchen derselbe zustande gekommen ist, entnommen werden kann, daß der Schiedsvertrag wegen besonderen Vertrauens, welches die Kontrahenten in einander in Rücksicht auf die Ausübung der daraus sich ergebenden Rechte gesetzt haben, an die Person geknüpft sein sollte [1]).

In dem Verfahren vor den ordentlichen Gerichten schließt die **Rechtshängigkeit** das Recht der einen oder der anderen Partei nicht aus, die im Streit befangene Sache zu veräußern oder den geltend gemachten Anspruch abzutreten (§ 265 Abs. 1). Auch durch die **Einleitung des Schiedsverfahrens** wird keine Partei daran gehindert. Während jedoch die Veräußerung auf den ordentlichen Prozeß keinen Einfluß hat und der Rechtsnachfolger nicht das Recht erlangt, ohne Zustimmung des Gegners den Prozeß als Hauptpartei an Stelle des Rechtsvorgängers zu übernehmen (§ 265 Abs. 2), ist der Rechtsnachfolger, wenn die Rechte aus dem Schiedsvertrag auf ihn übergegangen sind und dieser Vertrag keine entgegenstehende Bestimmung enthält, jederzeit — bis zur Erlassung des Schiedsspruchs — berechtigt, in das Schiedsverfahren an Stelle seines Rechtsvorgängers einzutreten. Denn dieses Verfahren ist kein Prozeß, und die Vorschriften der ZPO. finden darauf ohne weiteres keine Anwendung, wie bereits in § 3 d. B. auseinandergesetzt. Ist der Schiedsspruch erlassen, ohne daß der Rechtsnachfolger in das Verfahren eingetreten ist, so kann er auf Grund des Erwerbs der Streitsache oder des streitigen Anspruchs allein weder den Schiedsspruch angreifen, noch das Vollstreckungsurteil für sich beantragen. Hierzu bedarf es der besonderen Abtretung der Rechte seines Rechtsvorgängers aus dem Schiedsspruch, welche Abtretung zu-

1) VII 8. 12. 03 Bd. 56 S. 183 = JW. 04 S. 72 Ziff. 45. — VII 14. 10. 13 JW. 14 S. 90 Ziff. 20.

lässig, rechtswirksam und an eine Form nicht gebunden ist, da hierauf nicht die Vorschriften der ZPO. über den Nachweis der Rechtsnachfolge oder des Besitzverhältnisses zwecks Geltendmachung der Rechte aus einem Urteil (§ 727) anzuwenden sind [1]).

Unter Umständen kann **auch** ein **Dritter,** der nicht Rechtsnachfolger der Vertragsschließenden ist, **Partei** im Schiedsverfahren werden. Haben die ursprünglichen Vertragsparteien einen Vertrag zugunsten eines Dritten geschlossen, hierdurch für ihn ein ihm ihrer Meinung nach nicht zustehendes Recht gegen sich begründet und der Begründung dieses Rechts zur Entscheidung von etwaigen Streitigkeiten darüber einen Schiedsvertrag hinzugefügt, so ist einerseits ein solcher Schiedsvertrag für vereinbar mit dem Inhalt der §§ 1025, 1026 und daher für rechtswirksam zu erachten; denn die ursprünglichen Vertragsparteien erscheinen als berechtigt, das von ihnen selbst erst geschaffene Recht sogleich bei seiner Begründung der Beschränkung zu unterwerfen, daß Streitigkeiten, die künftig aus diesem vertraglichen Rechtsverhältnisse erwachsen würden, von Schiedsrichtern entschieden werden sollen. Andererseits kann der Dritte dadurch, daß er auf Grund dieser vertraglichen Bestimmung das darin bestellte Schiedsgericht anruft, diese Bestimmung sich zu eigen machen und sie für sich einer der ursprünglichen Vertragsparteien oder beiden gegenüber in Wirksamkeit setzen [2]).

II. In welchen Fällen ist eine Vertretung geboten? Was gilt für die gesetzliche Vertretung?

Ist eine Partei geschäftsunfähig, so muß für sie, wie zu I ausgeführt, im Schiedsverfahren ihr gesetzlicher Vertreter auftreten und handeln. Gesetzliche Vertreter von Einzelpersonen, welche entweder unmittelbar durch das Gesetz oder mittelbar durch Bestellung seitens des Richters berufen sein können, sind

a) der Vater als Inhaber der elterlichen Gewalt (§§ 1627 und 1630 BGB.) oder, wenn der Vater an der Ausübung der elterlichen Gewalt tatsächlich verhindert ist oder seine Gewalt ruht, oder wenn er gestorben oder für tot erklärt ist, oder wenn er die elterliche Gewalt

1) VII 4. 5. 11 JW. 11 S. 644 Ziff. 9. — VII 12. 5. 11 Warn.Rspr. 11 Nr. 419. — VII 17. 12. 12 (VII 371. 12).

2) VII 12. 2. 01 JW. 01 S. 207 Ziff. 7.

verwirkt hat und die Ehe aufgelöst ist, die Mutter (§§ 1684—1686 l. c.) hinsichtlich der minderjährigen Kinder;

b) der Vormund eines Minderjährigen oder eines entmündigten Volljährigen (§ 1793 l. c.);

c) der Pfleger.

Auch die juristischen Personen können, wie ebenfalls bereits zu I ausgeführt, nur durch ihre gesetzlichen Vertreter handeln. Wer als ihr gesetzlicher Vertreter anzusehen ist, richtet sich bezüglich der Vertretung des Staats, der Gemeinden und anderer öffentlich-rechtlicher Korporationen nach den Bestimmungen des öffentlichen Rechts, insbesondere des Verwaltungsrechts, und hinsichtlich der Korporationen, welche nicht öffentlichen Rechts sind, der Gesellschaften und Vereine nach den Bestimmungen des bürgerlichen Rechts, der Statuten und Gesellschaftsverträge. Gesetzlicher Vertreter eines eingetragenen Vereins ist dessen Vorstand (§ 26 BGB.), einer Aktiengesellschaft deren Vorstand (§ 231 HGB.), einer Gesellschaft mit beschränkter Haftung deren Geschäftsführer (§ 35 des diese Gesellschaften betreffenden Gesetzes), einer eingetragenen Genossenschaft deren Vorstand (§ 24 des Gesetzes betreffend die Erwerbs- und Wirtschaftsgenossenschaften).

Die Handlungen und Unterlassungen der gesetzlichen Vertreter gelten als solche der von ihnen vertretenen oder dargestellten Parteien, Erklärungen, die ihnen zugegangen sind, gelten als den Parteien gegenüber abgegeben, und zwar nach Maßgabe der Bestimmungen in § 164 BGB.

III. Unter welchen Voraussetzungen ist eine Vertretung in anderen Fällen zulässig? Wer bestimmt darüber? Wodurch unterscheidet sich die Vollmacht von der Einwilligung?

Eine geschäftsfähige Partei und der gesetzliche Vertreter einer Partei können sich in dem Schiedsverfahren durch einen anderen vertreten lassen, und zwar in gleicher Weise, wie bei der Vornahme von Rechtsgeschäften anderer Art. Diese Vertretung erfolgt auf Grund einer **Vollmacht**, d. h. auf Grund der dem Vertreter durch ein Rechtsgeschäft, eine Willenserklärung der

Partei oder ihres gesetzlichen Vertreters, übertragenen Macht zur Vertretung. Die Willenserklärung, welche diese Ermächtigung begründet, heißt Bevollmächtigung. Hierfür gelten die Vorschriften des BGB. in den §§ 164 ff., nicht diejenigen der ZPO. in den §§ 78 ff. Infolgedessen ist, während nach § 79 eine Partei einen Prozeß nur durch eine prozeßfähige Person als Bevollmächtigten führen kann, in dem Schiedsverfahren auch die Vertretung durch eine in ihrer Geschäftsfähigkeit beschränkte Person zulässig, da die Geschäftsfähigkeit der Minderjährigen und der ihnen gleichgestellten Personen nur in bezug auf ihre eigenen Angelegenheiten eingeschränkt ist, so daß ihre Fähigkeit zur Vornahme von Rechtsgeschäften namens Anderer nicht ausgeschlossen ist [1]). § 165 BGB. bestimmt hierüber:

„Die Wirksamkeit einer von oder gegenüber einem Vertreter abgegebenen Willenserklärung wird nicht dadurch beeinträchtigt, daß der Vertreter in der Geschäftsfähigkeit beschränkt ist."

Auch die Vorschriften des § 80 über den Nachweis der Bevollmächtigung durch eine schriftliche, auf Verlangen der anderen Partei gerichtlich oder notariell zu beglaubigende Vollmacht gelten nicht für das Schiedsverfahren. Die Bestimmung in § 1041 Ziffer 3, der gemäß die Partei in dem Verfahren nach Vorschrift der Gesetze vertreten sein muß, bedeutet: nach den allgemeinen für die Vertretung im bürgerlichen Recht gegebenen Vorschriften, nicht aber nach den Vorschriften der ZPO. [2]).

Über die Erteilung der Vollmacht bestimmt § 167 BGB.:

„Die Erteilung der Vollmacht erfolgt durch Erklärung gegenüber dem zu Bevollmächtigenden oder dem Dritten, demgegenüber die Vertretung stattfinden soll. Die Erklärung bedarf nicht der Form, welche für das Rechtsgeschäft bestimmt ist, auf das sich die Vollmacht bezieht."

Hiernach hat die Erklärung der Bevollmächtigung für das Schiedsverfahren entweder gegenüber dem Vertreter selbst oder gegenüber der anderen Partei und den Schiedsrichtern, denen gegenüber die Vertretung stattfinden soll, zu erfolgen. Der Beobachtung einer Form hierfür bedarf es nicht, es genügt auch die

---

1) Komm. Bd. I S. 208 Anm. 1 zu § 165.
2) VII 25. 10. 10 Warn.Rspr. 10 Nr. 482.

mündliche Erklärung. Doch muß, wenn diese Erklärung nur dem Bevollmächtigten selbst gegenüber erfolgt ist, der anderen Partei und den Schiedsrichtern auf ihr Verlangen durch Zeugen oder in anderer Weise nachgewiesen werden, daß die Erklärung der Bevollmächtigung von der Partei tatsächlich abgegeben ist. Die **Bevollmächtigung** kann auch **durch stillschweigende Willenserklärungen** erfolgen, dadurch, daß jemand in dem Verfahren als Vertreter für eine Partei auftritt und diese es geschehen läßt, ohne zu widersprechen; so dadurch, daß die Partei nach Kenntnis von der Vertretung vor dem Schiedsgericht mündlich oder schriftlich verhandelt, ohne diesem gegenüber den Mangel der Bevollmächtigung zu rügen. Hierauf verweist die Bestimmung in § 1041 Ziff. 3, daß die stillschweigende Genehmigung der Prozeßführung zur Begründung der Vertretung der Partei nach Vorschrift der Gesetze genüge. Der Gebrauch des Ausdrucks Prozeßführung beruht wohl auf einem redaktionellen Versehen, es ist darunter die Vertretung in dem Schiedsverfahren zu verstehen.

Wer einem anderen die äußere Stellung eines Bevollmächtigten einräumt oder wer zu dem ihm bekannten Auftreten des anderen als Bevollmächtigter schweigt, muß unter Umständen den Schluß auf eine Bevollmächtigung gegen sich gelten lassen, auch wenn er in Wirklichkeit die Bevollmächtigung nicht will, und auch dann, wenn er das Auftreten des anderen als Bevollmächtigter zwar nicht kannte, aber bei Entfaltung der nötigen Sorgfalt hätte erkennen müssen [1]). Die Vorschriften in den §§ 170—173 BGB. befassen sich mit den Fällen, in denen jemand, der als Bevollmächtigter auftritt, nicht mehr Bevollmächtigter ist, aber durch irgend welchen vom Vollmachtgeber veranlaßten äußeren Tatbestand den **Schein einer Vollmacht** für sich hat, so daß der Dritte, der mit ihm in rechtsgeschäftlichem Verkehr steht, glauben kann, er stehe einem Bevollmächtigten gegenüber. Sie bestimmen die Voraussetzungen, unter denen bei dieser Sachlage der Dritte geschützt wird [2]).

Handelt es sich um Willenserklärungen, die sich als **einseitige Rechtsgeschäfte** darstellen, d. h. als solche, die durch die Erklärung nur eines Teils zustande kommen, die zur Erfüllung

---

1) I 12. 4. 99 Bd. 43 S. 190ff. — VI 14. 3. 07 Bd. 65 S. 292ff. — II 7. 12. 12 Warn.Rspr. 13 Nr. 130. — Komm. Bd. I S. 625 Anm. 9 zu § 164.

2) Staudinger I S. 644 Anm. 1 zu § 170.

ihres Tatbestands und zur Hervorbringung der durch sie bezweckten Rechtswirkung nur der Erklärung seitens eines Teils bedürfen, so ist die Vorschrift des **§ 174 BGB.** zu beachten, welche lautet:

> „Ein einseitiges Rechtsgeschäft, das ein Bevollmächtigter einem anderen gegenüber vornimmt, ist unwirksam, wenn der Bevollmächtigte eine Vollmachtsurkunde nicht vorlegt und der andere das Rechtsgeschäft aus diesem Grunde unverzüglich zurückweist. Die Zurückweisung ist ausgeschlossen, wenn der Vollmachtgeber den anderen von der Bevollmächtigung in Kenntnis gesetzt hatte."

Die Partei, der von einem angeblich Bevollmächtigten eine solche Erklärung für die andere Partei abgegeben wird, hat also die Erklärung sich gegenüber nur dann gelten zu lassen, wenn der Bevollmächtigte ihr eine von der anderen Partei ausgestellte, eigenhändig unterzeichnete Vollmachtsurkunde vorlegt — eine einfache Privaturkunde genügt — oder wenn sie durch die andere Partei von der Bevollmächtigung vorher in Kenntnis gesetzt war. Die Vorlegung einer Abschrift der Vollmachtsurkunde genügt nicht, auch dann nicht, wenn die Beglaubigung durch einen Rechtsanwalt als Bevollmächtigten erfolgt und dieser eine von ihm selbst beglaubigte Abschrift der auf ihn lautenden Vollmacht vorlegt; denn dem Rechtsanwalt steht, da das Schiedsverfahren keinen Prozeß darstellt, auch keine besondere Beglaubigungsbefugnis hierfür zu. Doch muß, wer eine ohne Beobachtung der Vorschrift des § 174 BGB. abgegebene Erklärung nicht gelten lassen will, die Zurückweisung ohne Verzug, d. h. ohne schuldhaftes Zögern vornehmen, wenn diese die Unwirksamkeit der Erklärung zur Folge haben soll. Unterbleibt die Zurückweisung oder erfolgt sie verspätet, so gilt die Erklärung, auch wenn die Bevollmächtigung dazu nicht gleichzeitig nachgewiesen ist oder nicht vorher mitgeteilt war. Dafür, daß die Zurückweisung „unverzüglich" erfolgt ist, und zwar „mangels Vorlegung einer Vollmachtsurkunde", hat der Zurückweisende die Beweislast, wenn er die Unwirksamkeit der Erklärung behauptet. Rechnet man nicht nur die Aufforderung zur Benennung eines Schiedsrichters, sondern auch die Bezeichnung des Schiedsrichters durch eine Partei gegenüber der anderen zu den einseitigen Erklärungen, so findet hierauf die Vorschrift des § 174 BGB. Anwendung,

d. h. die zur Benennung eines Schiedsrichters durch einen Bevollmächtigten aufgeforderte Partei hat dieser Aufforderung nur dann zu entsprechen und die ihr mitgeteilte Ernennung eines Schiedsrichters nur dann gelten zu lassen, wenn der Bevollmächtigte gleichzeitig eine ordnungsmäßig ausgestellte Vollmacht der anderen Partei vorlegt oder letztere die Bevollmächtigung vorher mitgeteilt hat.

Die Willenserklärung eines Bevollmächtigten wirkt für und gegen die von ihm vertretene Partei gemäß § 164 nur, wenn und insoweit sie innerhalb der ihm zustehenden Vertretungsmacht liegt. Ob dies der Fall ist, bestimmt sich nach dem Inhalt der erteilten Vollmacht, wofür in erster Linie der bei der Bevollmächtigung kundgegebene Wille des Vollmachtgebers maßgebend ist. Entstehen hierüber Zweifel, so gelten für die Feststellung des Willens des Vollmachtgebers **bezüglich des Umfangs der Vollmacht die allgemeinen Auslegungsregeln** für Willenserklärungen (§ 4 III d. B.). Die Vorschriften der ZPO. über die Prozeßvollmacht in den §§ 81 ff. sind für die Bestimmung des Umfangs der Vollmacht aus den bereits mehrfach dargelegten Gründen nicht heranzuziehen, es sei denn, daß ein dahingehender Wille des Vollmachtgebers aus seinen Erklärungen oder sonstigen Handlungen oder aus den Umständen zu entnehmen ist. Eine Vollmacht kann sich auf das ganze Schiedsverfahren oder nur auf Teile desselben erstrecken, sie kann nur für einzelne Handlungen erteilt, gewisse Handlungen können von der Bevollmächtigung ausgeschlossen sein. Ist eine Vollmacht zur Vertretung im Schiedsverfahren ohne Einschränkung erteilt, so wird man daraus die Vertretungsmacht des Bevollmächtigten zu allen Handlungen entnehmen dürfen, welche die vertretene Partei zur Ausführung des Schiedsvertrags bis zum Abschluß des Verfahrens, also bis zur Niederlegung des Schiedsspruchs gemäß § 1039 vorzunehmen hat oder vornehmen kann. Man wird daraus aber nicht ohne weiteres die Ermächtigung zur Beseitigung des Rechtsstreits durch Vergleich, Verzichtleistung auf den Streitgegenstand oder Anerkennung des von dem Gegner geltend gemachten Anspruchs, wie für die Prozeßvollmacht durch § 81 bestimmt, herleiten dürfen. Denn die bezeichneten Rechtsgeschäfte gehören, wenn sie auch dem gleichen Zwecke, wie der Schiedsvertrag, nämlich der Beseitigung der Rechtsstreitigkeit dienen, doch nicht zur Ausführung des Schiedsvertrags, sie zerstören vielmehr den für die Beseitigung der Rechtsstreitigkeit zwischen den Parteien und den Schiedsrichtern vereinbarten Weg und enthalten den Widerruf der den Schiedsrichtern von den Parteien übertragenen Vergleichsbefugnis. Daß eine zur Ausführung eines Vertrags erteilte Vollmacht ohne besondere Ermächtigung nicht dazu benutzt werden kann, den durch den Abschluß des Vertrags kundgegebenen Willen der Parteien zu durchkreuzen, daß also die zur Vertretung im Schiedsverfahren erteilte Vollmacht nicht zur Aufhebung des Schiedsvertrags und des von den Parteien mit den Schiedsrichtern über seine Ausführung geschlossenen Vertrags verwertet werden kann, bedarf keiner weiteren Erörterung; denn der Bevollmächtigte darf grundsätzlich keinen Willen erklären, der dem ihm bekannten Willen seines Machtgebers widerspricht. Liegt eine sogenannte Generalvollmacht vor, so wird man allerdings annehmen dürfen, daß der Bevollmächtigte auch ohne eine besondere Ermächtigung zu Vergleichen, Verzichtleistungen und Anerkenntnissen im Schiedsverfahren befugt ist, da eine solche ohne Vorbehalt erteilte Vollmacht zur Vornahme sämtlicher Rechtshandlungen ohne Unterschied ermächtigt, welche die vertretene Partei selbst vorzunehmen berechtigt ist, also auch zur Aufhebung der von der Partei geschlossenen Verträge. Doch darf auch in solchen Fällen der Generalbevollmächtigte nicht gegen einen ihm bekanntgewordenen gegenteiligen Willen seines Machtgebers handeln.

Auch die Frage, ob die Vollmacht zur Vertretung im Schiedsverfahren dem Bevollmächtigten ohne weiteres die Befugnis zur Bestellung eines anderen Vertreters für die Partei gibt, sei es derart, daß der ursprüngliche Bevollmächtigte ganz ausscheidet, oder derart, daß für ihn der zweite Vertreter nur Ersatzbevollmächtigter wird, kann nicht nach den Bestimmungen des § 81 beantwortet werden. Das BGB. enthält darüber keine allgemeinen Vorschriften, es handelt sich auch hierbei um eine Auslegungsfrage. Man wird annehmen können, daß die Befugnis zur Übertragung insoweit gegeben sein soll, als es einerseits der Übertragung zur Ausführung des Geschäfts bedarf, und als die Übertragung andererseits das Interesse des Machtgebers in keiner Weise verletzt. Denn grundsätzlich ist davon auszugehen, daß die Vollmacht schon an sich die Ermächtigung zur Vornahme aller derartigen Handlungen umfaßt und umfassen soll, ohne die das aufgetragene Geschäft nicht ausgeführt werden kann.

Danach ist auch zu beurteilen, ob der Bevollmächtigte befugt ist, die Ausführung nur einzelner, dem Zwecke des Ganzen dienender Verrichtungen auf einen anderen zu übertragen [1]).

Als Vertreter können im Schiedsverfahren auch die von den Parteien bestellten **Prokuristen** auftreten, wenn die Parteien Inhaber eines Handelsgeschäfts sind (§ 48 HGB.) und wenn die zur Entscheidung stehenden Rechtsstreitigkeiten Geschäfte und Rechtshandlungen betreffen, die der Betrieb eines Handelsgewerbes mit sich bringt. Denn § 49 Abs. 1 HGB. bestimmt:

> „Die Prokura ermächtigt zu allen Arten von gerichtlichen und außergerichtlichen Geschäften und Rechtshandlungen, die der Betrieb eines Handelsgewerbes mit sich bringt."

Hierbei sind die Rechtsregeln zu beachten, welche in den §§ 343 und 344 HGB. gegeben sind und welche lauten:

> § 343: Handelsgeschäfte sind alle Geschäfte eines Kaufmanns, die zum Betriebe seines Handelsgewerbes gehören.
>
> Die im § 1 Abs. 2 bezeichneten Geschäfte sind auch dann Handelsgeschäfte, wenn sie von einem Kaufmann im Betriebe seines gewöhnlich auf andere Geschäfte gerichteten Handelsgewerbes geschlossen werden.
>
> § 344: Die von einem Kaufmann vorgenommenen Rechtsgeschäfte gelten im Zweifel als zum Betriebe seines Handelsgewerbes gehörig.
>
> Die von einem Kaufmann gezeichneten Schuldscheine gelten als im Betriebe seines Handelsgewerbes gezeichnet, sofern nicht aus der Urkunde sich das Gegenteil ergibt."

Die dem Prokuristen zustehende Vertretungsmacht umfaßt auch ungewöhnliche und selten vorkommende Geschäfte und Rechtshandlungen [2]). Infolgedessen ist, wenn man hierzu den Abschluß eines Schiedsvertrags rechnet, der Prokurist auch dazu in Gemäßheit und unter den Voraussetzungen des § 49 HGB. berechtigt und dementsprechend auch zur Mitwirkung an der Aus-

---

1) Komm. Bd. I S. 211/12 Anm. 3 zu § 164.

2) ROHG. Bd. 13 S. 224, Bd. 21 S. 342. — VII 17/9 08 ZAkt.G. in Warn. J. A. 09, 255.

führung des Vertrags als Vertreter seines Prinzipals. Selbstverständlich gilt dies nur mit den durch das Gesetz selbst gegebenen Beschränkungen. Betrifft die Rechtsstreitigkeit die Veräußerung oder Belastung eines Grundstücks, so ist der Prokurist nicht ohne weiteres dazu befugt; denn § 49 Abs. 2 HGB. bestimmt:

„Zur Veräußerung und Belastung von Grundstücken ist der Prokurist nur ermächtigt, wenn ihm diese Befugnis besonders erteilt ist."

Der Prokurist ist gemäß § 50 Abs. 3 HGB. auch dann nicht zur Vertretung berechtigt, wenn sein Prinzipal mehrere Niederlassungen unter verschiedenen Firmen hat, die Prokura auf den Betrieb einer oder mehrerer Niederlassungen beschränkt ist und die den Gegenstand des Schiedsvertrags und des Schiedsverfahrens bildende Streitigkeit aus dem Betrieb einer Niederlassung herrührt, für die ihm nicht Prokura erteilt ist. Ist eine Gesamtprokura erteilt, ist die Erteilung der Prokura an mehrere Personen gemeinschaftlich erfolgt (§ 48 Abs. 2 HGB.) oder ist dem Prokuristen einer Handelsgesellschaft die Befugnis zur Vertretung nur in Gemeinschaft mit einem Gesellschafter oder einem Vorstandsmitglied erteilt, so ist zur Vertretung im Schiedsverfahren die Mitwirkung so vieler Prokuristen, event. in Verbindung mit Gesellschaftern oder Vorstandsmitgliedern erforderlich, als bei der Erteilung der Prokura oder im Gesellschaftsvertrage bestimmt. Im übrigen gilt für die Vertretungsbefugnis des Prokuristen im Schiedsverfahren die Rechtsregel des § 50 Abs. 1 HGB.:

„Eine Beschränkung des Umfanges der Prokura ist Dritten gegenüber unwirksam."

So weit hiernach auch die Vertretungsbefugnisse des Prokuristen reichen, so ist er doch nicht ein gesetzlicher Vertreter des Prinzipals. Das Charakteristische für den gesetzlichen Vertreter ist, daß seine „Vertretungsmacht nicht auf dem Willen des Vertretenen, sondern entweder unmittelbar auf dem Gesetz oder doch nach Maßgabe des letzteren auf der Anordnung der Staatsgewalt beruht." Die Vertretungsmacht des Prokuristen aber ist, wenn sie auch in ihrem Umfange durch das Gesetz bestimmt wird, doch ihrem Bestande nach auf den Willen des Geschäftsherrn zurückzuführen, der sie nach Belieben verleihen oder entziehen kann. Die Rechtsprechung des RG. hat denn auch stets daran festgehalten, daß der Prokurist kein gesetzlicher Vertreter des

Prinzipals sei [1]). Diese Klarstellung ist für die Entscheidung der Frage erheblich, ob der Prokurist Schiedsrichter in einem Verfahren sein kann, das sein Prinzipal führt (vgl. § 7 II d. B.).

Ist jemand ohne Erteilung der Prokura zum Betrieb eines Handelsgewerbes oder zur Vornahme einer bestimmten zu einem Handelsgewerbe gehörigen Art von Geschäften oder zur Vornahme einzelner zu einem Handelsgewerbe gehöriger Geschäfte ermächtigt, so erstreckt sich, wie § 54 HGB. bestimmt, die Vollmacht (**Handlungsvollmacht**) auf alle Geschäfte und Rechtshandlungen, die der Betrieb eines derartigen Handelsgewerbes oder die Vornahme derartiger Geschäfte gewöhnlich mit sich bringt. Zur Veräußerung oder Belastung von Grundstücken, zur Eingehung von Wechselverbindlichkeiten, zur Aufnahme von Darlehen und zur Prozeßführung ist der Handlungsbevollmächtigte nur ermächtigt, wenn ihm eine solche Befugnis besonders erteilt ist. Sonstige Beschränkungen der Handlungsvollmacht braucht ein Dritter nur dann gegen sich gelten zu lassen, wenn er sie kannte oder kennen mußte. Die Befugnis zur Vertretung des Prinzipals im Schiedsverfahren reicht hiernach so weit, wie die Handlungsvollmacht. Ist die den Gegenstand des Verfahrens bildende Rechtsstreitigkeit aus Geschäften oder Rechtshandlungen entstanden, zu deren Vornahme der Handlungsbevollmächtigte berechtigt ist, so erstreckt sich seine Vertretungsbefugnis auch auf das Schiedsverfahren deswegen. Für diesen Fall ist die Erteilung einer besonderen Vollmacht dazu nicht erforderlich. Die Vorschrift des § 54 Abs. 2 HGB., daß zur Prozeßführung der Handlungsbevollmächtigte nur ermächtigt sei, wenn ihm eine solche Befugnis besonders erteilt sei, findet auf das Schiedsverfahren keine Anwendung; denn dieses ist kein Prozeß. Ist der Bevollmächtigte befugt, sich namens seines Prinzipals über die Streitsache zu vergleichen, so darf er darüber auch einen Schiedsvertrag schließen und deswegen ein Schiedsverfahren führen. Zu beachten ist hierbei, daß, während die Prokura zu a l l e n Arten von gerichtlichen und außergerichtlichen Geschäften und Rechtshandlungen ermächtigt, die der Betrieb e i n e s Handelsgewerbes, d. h. eines Handelsgewerbes überhaupt, also irgendeines Handelsgewerbes

---

1) I **22. 6. 07 Bd. 66 S. 244.**

mit sich bringt [1]), sich die Handlungsvollmacht nur auf diejenigen Geschäfte und Rechtshandlungen erstreckt, die der Betrieb eines „derartigen", d. h. desjenigen Handelsgewerbes, für das die Vollmacht erteilt ist, oder die Vornahme der Geschäfte, für welche die Vollmacht gilt, gewöhnlich mit sich bringt. Der Handlungsbevollmächtigte darf also im Gegensatz zum Prokuristen nichts tun, was im Geschäftsbetrieb ungewöhnlich und selten ist. Ob zu dem, was der Geschäftsbetrieb gewöhnlich mit sich bringt, auch der Abschluß eines Schiedsvertrags und die Führung eines Schiedsverfahrens für den Prinzipal zu rechnen ist, bestimmt sich nach der Natur des betreffenden Handelsgewerbes und der Stellung des Bevollmächtigten, nach den Verkehrsbedürfnissen und nach den kaufmännischen Gebräuchen [2]), sowie nach den besonderen Umständen des einzelnen Falls. Das RG. hat Vergleiche, durch die ein Rechtsgeschäft beigelegt wird, als Handelsgeschäfte erachtet, zu deren Vornahme die Handlungsvollmacht im Zweifel ermächtigt, so daß der Prinzipal den Abschluß des Vergleichs gegen sich gelten lassen muß, selbst wenn der Bevollmächtigte die ihm dabei erteilte Ermächtigung überschritten hat [3]). Durch besondere Umstände, wie ungewöhnliche finanzielle Tragweite, kann die Vergleichsbefugnis des Bevollmächtigten ausgeschlossen sein [4]).

Was den **Nachweis der Vertretungsbefugnis** anbetrifft, so liegt dieser demjenigen ob, der sich darauf beruft, der die Vertretungsbefugnis geltend macht oder daraus Rechte herleitet. Die Erteilung der Prokura erfolgt gemäß § 48 HGB. mittels ausdrücklicher Erklärung des Inhabers des Handelsgeschäfts oder seines gesetzlichen Vertreters. Der Nachweis der Prokura hat sich daher darauf zu erstrecken, daß eine solche Erklärung abgegeben ist, der Eintragung bedarf die Erteilung der Prokura zu ihrer Gültigkeit nicht [5]). Für die Form, in der eine Handlungsvollmacht zu erteilen ist, gibt das HGB. keine besondere Vorschrift. Es kommen dafür die bereits erörterten Bestim-

---

1) ROHG. Bd. 13 S. 224.
2) ROHG. Bd. 6 S. 400
3) VII 22. 3. 07 Zeitschrift f Rechtspflege in Bayern Bd. 3 S. 297 in Warn. J. A. 1907 S. 231 u. Gruchots Beitr. Bd. 51 S 1073.
4) Staub's Kommentar zum HGB. 9. Aufl. Bd I S. 268 Anm. 19 zu § 54.
5) Staub Bd. I S. 248/9 Anm. 5 zu § 48.

mungen des bürgerlichen Rechts zur Anwendung, wonach die bevollmächtigende Erklärung schriftlich und mündlich, durch besondere Erteilung oder durch öffentliche Bekanntmachung und auch stillschweigend erfolgen kann [1]).

Die vorstehenden Darlegungen über die Vertretung der Parteien in dem Schiedsverfahren **gelten,** da es sich dabei nicht um zwingende Rechtsregeln handelt, **nur, soweit nicht** von den Parteien **ein anderes vereinbart** ist. Haben die Parteien im Schiedsvertrag bestimmt, daß eine Vertretung überhaupt oder für bestimmte Handlungen oder durch bestimmte Personen ausgeschlossen oder nur für bestimmte Handlungen oder durch bestimmte Personen oder unter bestimmten Voraussetzungen, so nur gegen Vorlegung einer schriftlichen oder notariell beglaubigten Vollmachtsurkunde, zulässig sein solle, so hat es hierbei sein Bewenden; denn der Wille der Parteien ist, soweit nicht zwingende Rechtsvorschriften entgegenstehen, das oberste Gesetz für das Schiedsverfahren, wie auf dem Gebiet des Vertragsrechts überhaupt (§ 4 d. B.).

Haben die **Parteien keine Vereinbarung** über ihre Vertretung **getroffen, so haben die Schiedsrichter** gemäß § 1034 Abs. 2 nach ihrem freien Ermessen darüber **zu bestimmen,** ob, inwieweit und unter welchen Voraussetzungen eine solche Vertretung zulässig sein soll [2]). Sie können nur bestimmte Personen zulassen und sie können gewisse Personen zurückweisen, sei es, daß es sich hierbei um individuell oder nach ihrer Zugehörigkeit zu einem Stande oder Berufe bestimmte Persönlichkeiten handelt; nur dürfen sie hierdurch nicht ihre Verpflichtung zur Gewährung des rechtlichen Gehörs gegenüber den Parteien verletzen. „Dies gilt auch für die Vertretung durch Rechtsanwälte. Im allgemeinen steht die Zulassung von Anwälten im freien Ermessen der Schiedsrichter. Dieselbe ist nur geboten, falls ohne sie der Vortrag des Sach- und Streitstandes nicht erfolgen kann. In der Nichtzulassung kann also nicht ohne weiteres ein Mangel ausreichender Gewährung rechtlichen Gehörs gefunden werden" [3]).

Von der Vollmacht als der durch Rechtsgeschäft erteilten Vertretungsmacht (§ 166 Abs. 2 BGB.), d. h. von der durch

1) Staub Bd. I S. 264 Anm. 4 u. 5 zu § 54.
2) VII 1. 2. 01 Bd. 47 S. 426/8.
3) VII 29. 6. 06 JW. 06 S. 574 Ziff. 50.

Rechtsgeschäft von jemand erteilten Macht, in dessen Namen Rechtshandlungen vorzunehmen, ist **zu unterscheiden,** was in der neueren gemeinrechtlichen Theorie als **„Ermächtigung"** bezeichnet wurde **und** was nach dem Bürgerlichen Gesetzbuch (§§ 182, 183, 185) neben anderem unter den Begriff der **„Einwilligung"** fällt, nämlich die im voraus einem anderen erklärte Zustimmung dazu, daß dieser durch Rechtshandlungen, die er in eigenem Namen vornehmen werde, über ein Recht des Zustimmenden verfüge (§ 185 Abs. 1 BGB.) [1]). In einer solchen Ermächtigung liegt nicht die Abtretung des Rechts, über das zu verfügen die Ermächtigung erteilt wird [2]).

§ 7.

I. Wer ist Schiedsrichter?

Schiedsrichter ist, wer, wie bereits in § 2 III d. B. bemerkt, auf Grund einer Vereinbarung der Parteien eine Rechtsstreitigkeit zwischen ihnen zu entscheiden hat, das ist derjenige, welcher von der durch den Schiedsvertrag dazu berufenen Person in der durch diesen Vertrag vorgeschriebenen Weise oder in Ermangelung besonderer Vorschriften des Schiedsvertrags darüber in Gemäßheit der den Schiedsvertrag ergänzenden gesetzlichen Bestimmungen der §§ 1028, 1029, 1031 zum Schiedsrichter ernannt ist und die Ernennung angenommen hat; also **derjenige, dem auf Grund und in Gemäßheit einer Vereinbarung der Parteien die Entscheidung einer Rechtsstreitigkeit übertragen ist und der die Erlassung dieser Entscheidung übernommen hat.** Die Benennung einer Person als Schiedsrichter in dem Schiedsvertrag, ihre Ernennung dazu allein macht diese Person noch nicht zum Schiedsrichter, und ebensowenig genügt hierfür lediglich die Erklärung ihrer Bereitwilligkeit zur Erlassung der Entscheidung. Erst wenn beides vorliegt, also wenn über die Entscheidung der Rechtsstreitigkeit durch eine Person zwischen dieser und den Parteien ein Vertrag geschlossen ist, dann ist diese Person Schiedsrichter geworden, vorher nicht. Dementsprechend ist **zwischen** der **Ernennung** des Schiedsrichters, welche einen Bestandteil des von den Parteien mit einander geschlossenen Schieds-

---

1) I 14. 1. 03 Bd. 53 S. 275.
2) I 30. 6. 83 Bd. 10 S. 47/50.

vertrags, eine Vertragshandlung der Schiedsparteien zwischen ihnen allein darstellt, **und** der **Bestellung** des Schiedsrichters **zu unterscheiden,** welche den Abschluß des Vertrags der Parteien mit dem Schiedsrichter über die Ausführung des Schiedsvertrags durch Erlassung der Entscheidung, des Schiedsrichtervertrags, bedeutet, worüber das Nähere in den §§ 9 I 2, 10 I und 11 I d. B ausgeführt werden soll. Dieser Unterschied ist für die späteren Ausführungen zu beachten. Das Gesetz spricht von „Ernennung" (§§ 1028, 1029 Abs. 1 und 2, 1030, 1031, 1033 Ziffer 1), „Bezeichnung" (§ 1029 Abs. 1) und „Bestellung" (§ 1031). Unter der Bezeichnung des Schiedsrichters versteht das Gesetz die Anzeige von seiner Ernennung an die andere Partei (§ 1030) und unter der Bestellung scheint es die Ernennung und die Anzeige zusammenzufassen.

II. a) Wer kann Schiedsrichter sein? Wer ist unfähig dazu?

Das Gesetz enthält keine Bestimmungen darüber, wer als fähig oder geeignet zu erachten ist, Schiedsrichter zu werden, oder welche Eigenschaften ein Schiedsrichter besitzen muß. Der Vertragsfreiheit der Parteien ist in Beziehung auf die Auswahl der Schiedsrichter im allgemeinen keine Schranke gezogen. Es ist Sache der Parteien, zu ermessen, wem sie das Vertrauen entgegenbringen wollen, ihren Streit an Stelle der Staatsgerichte zu entscheiden [1]). In der Begründung zur ZPO. ist hierüber ausgeführt: „Der Natur des Instituts (der Schiedsgerichte) entspricht es am meisten, wenn das Gesetz besondere Beschränkungen für die passive Wahlfähigkeit nicht aufstellt. **Im allgemeinen kann man nur verlangen, daß die Schiedsrichter einer vernünftigen Überlegung und Willenserklärung fähig sein müssen.** Im übrigen muß man den Parteien überlassen, denjenigen zu wählen, welchem sie ihr Vertrauen schenken wollen, und die Einsicht und die Befähigung der von ihnen gewählten Personen zu würdigen; tritt subsidiär die Ernennung durch das zuständige Gericht ein, so darf erwartet werden, daß dasselbe seine Wahl auf eine geeignete Person lenken wird. Der Staat hat kein Interesse, Kontrolle zu üben, er genügt seiner Aufgabe, wenn er gegen

1) VII 3. 2. 03 Bd. 53 S. 388/9.

den Irrtum der ernennenden Partei oder des ernennenden Gerichts, sowie gegen den Mißbrauch, welchen eine Partei zum Nachteil ihres Gegners mit der ihr eingeräumten Freiheit treiben kann, durch ein in weitem Umfange gestattetes Ablehnungsrecht ein Korrektiv gewährt. Diese Erwägungen haben den Entwurf veranlaßt, einerseits . . . von Beschränkungen der passiven Wahlfähigkeit zum Schiedsrichteramte abzusehen, andererseits aber die Ablehnung nicht nur aus denselben Gründen und unter denselben Voraussetzungen, welche zur Ablehnung des Richters berechtigen, sondern auch in Fällen zuzulassen, welche das gemeine Recht, der preuß. Entw. und die bayer. ZPO. als Ausschließungsgründe hinstellen" [1]).

Dementsprechend gibt das Gesetz auch nicht Gründe an, aus denen jemand von der Ausübung der Tätigkeit eines Schiedsrichters ausgeschlossen ist, sondern bestimmt in § 1032 nur, aus welchen Gründen ein Schiedsrichter abgelehnt werden kann. Allerdings heißt es in § 1032 Abs. 1:

> „Ein Schiedsrichter kann aus denselben Gründen und unter denselben Voraussetzungen abgelehnt werden, welche zur Ablehnung eines Richters berechtigen."

und in dem hierdurch in bezug genommenen § 41:

> „Ein Richter ist von der Ausübung des Richteramts kraft Gesetzes ausgeschlossen usw."

Die in § 41 unter Nr. 1—6 angeführten Gründe, aus denen ein staatlicher Richter kraft Gesetzes ausgeschlossen ist, haben jedoch in betreff des Schiedsrichters nicht die gleiche Bedeutung, die der richterlichen Inhabilität entsprechenden Umstände können gegen den Schiedsrichter nur als Ablehnungsgründe geltend gemacht werden [2]).

Zu Schiedsrichtern können nicht nur physische, sondern auch juristische Personen bestellt werden, doch können letztere, wie jede sonstige Tätigkeit, auch diejenige des Schiedsrichters nur durch die zu ihrer Vertretung befugten Organe ausüben, so daß die diesen Organen angehörenden physischen Personen als Schiedsrichter tätig werden. Gehören einem Organ mehrere Personen

---

1) Hahn I S. 492.

2) Hahn I S. 492. — I 20. 9. 93 JW. 93 S. 459ff. — VI 15. 6. 99 Bd. 44 S. 391/3. — VII 30. 5. 02 Bd. 51 S. 393. — VII 24. 6. 04 JW. 04 S. 495 Z. 23.

an und ist für die Vertretung nicht die Mitwirkung aller erforderlich, so ist es Sache der Auslegung, festzustellen, ob alle Mitglieder des Organs oder soviel, als zu ihrer Vertretung erforderlich sind, und welche von den vertretungsberechtigten Mitgliedern, z. B. nur der Vorsitzende oder dieser in Gemeinschaft mit seinem Stellvertreter, das Schiedsgericht bilden [1]). Um Zweifel auszuschließen, empfiehlt es sich, darüber bei der Bestellung des Schiedsgerichts nähere Bestimmung zu treffen, so daß dadurch von vornherein feststeht, nicht nur, welches Organ zum Schiedsrichter berufen ist, sondern auch in welcher Zusammensetzung die Mitglieder dieses Organs als Schiedsrichter tätig werden sollen.

Auch Behörden können zu Schiedsrichtern berufen werden, streitig ist jedoch, ob eine öffentliche Behörde als solche — im Gegensatz zu der Person der diese Behörde vertretenden Beamten — die schiedsrichterliche Tätigkeit ausüben kann. Denn die Tätigkeit und Wirksamkeit einer öffentlichen Behörde als solcher ist beschränkt durch den Umfang der ihr staatsseitig beigelegten Zuständigkeit, und nur innerhalb dieser Grenzen kann sie als Behörde auftreten. In der Begründung zu dem Entwurf der ZPO. ist bemerkt: „daß ein Kompromiß auf eine öffentliche Behörde als solche nicht ausgeschlossen ist, daß es sich aber nach den in den einzelnen deutschen Rechtsgebieten geltenden Vorschriften entscheidet, ob eine Behörde das Schiedsrichteramt übernehmen kann und darf" [2]). Das RG. hat dies in einem preußischen Falle für zulässig erklärt, indem es jeden Zweifel an der Befugnis eines Provinzialausschusses und eines Provinziallandtages zur Ausübung des Schiedsrichteramts in Streitsachen einer Feuersozietät durch die landesherrliche Genehmigung des Reglements der beklagten Sozietät als beseitigt erachtet hat [3]). In einem anderen Falle hat das RG. ausgeführt, daß keine reichsgesetzliche und in Preußen auch keine landesgesetzliche Vorschrift bestehe, aus der sich die Unfähigkeit des Gewerbegerichts zum Schiedsrichter, zumal in seiner Eigenschaft als Einigungsamt, ergäbe, unabhängig davon, ob es zur Übernahme des Schiedsrichteramts der Ge-

1) VII 25. 11. 04 JW. 05 S. 54 Z. 31.
2) Hahn I S. 492/3.
3) I 17. 1. 85 Bd. 13 S. 407/8.

nehmigung einer Aufsichtsbehörde bedürfe [1]). Dagegen hat das RG. an anderer Stelle [2]) ausgesprochen, daß auch in denjenigen Fällen, in denen auf den Spruch einer Behörde, insbesondere eines staatlichen Gerichts kompromittiert werde, die Übernahme des Schiedsrichteramts nicht zu den dem Gericht oder der Behörde durch die staatliche Gesetzgebung übertragenen Funktionen gehöre. Und in einem Falle, dem die Übertragung des Rechts zur Ernennung eines Schiedsrichters an den Vorsitzenden der Zivilkammer eines Landgerichts zugrunde lag, hat es ausgeführt: „es besteht ferner kein den Normen der ZPO. über den Schiedsvertrag zu entnehmendes Hindernis, daß der Vorsitzende der Zivilkammer, die unter Umständen über die Sache zu entscheiden hätte, in dem Schiedsvertrag als die zur Ernennung des Schiedsrichters bestimmte Persönlichkeit bezeichnet werden könne. Diese Bezeichnung dürfte allerdings nicht den Sinn haben, daß der Vorsitzende in seiner amtlichen Eigenschaft jene Ernennung vornehme. Sein Wirkungskreis wird durch sein Amt begrenzt und kann durch Vereinbarung Dritter nicht erweitert werden. Dieselbe wäre vielmehr, um rechtswirksam zu sein, dahin aufzufassen, daß unter dem Vorsitzenden der entsprechenden Zivilkammer weder eine „Behörde" noch auch ein Beamter in seiner amtlichen Funktion gemeint, sondern eine durch ihr Amt nur bezeichnete physische Person als Privatperson gedacht ist. Unter welchen Voraussetzungen der in dieser Weise als Privatperson zur Ernennung des Schiedsrichter berufene Vorsitzende nach den ihm obliegenden Dienstpflichten als Beamter diese Berufung annehmen darf, ist hier nicht zu erörtern. Hat er die Berufung angenommen und darauf als Privatperson den Schiedsrichter ernannt, so steht diese Ernennung derjenigen durch jede andere Privatperson gleich; sie unterliegt danach der Anfechtung nach § 1045 Abs. 1 ZPO.; zur Entscheidung über diese Anfechtung ist das in § 1045 Abs. 1 bezeichnete Gericht zuständig" [3]). Hierdurch ist in entschiedener Weise verneint, daß die Ernennung eines Schiedsrichters auf Grund der Übertragung des Rechts dazu durch einen Schiedsvertrag an eine Behörde durch diese als solche erfolgen dürfe, und eine dahingehende Vereinbarung als

---

1) VII 19. 12. 11 JW. 12 S. 303 Z. 23 = Warn.Rspr. 12 Nr. 138.
2) I 10. 4. 95 JW. 95 S. 296 Z. 17.
3) II 17. 10. 02 Bd. 53 S. 2/3.

rechtsunwirksam erklärt. Sind die hierfür angeführten Gründe zutreffend, so gelten sie in gleicher Weise auch für die Erlassung des Schiedsspruchs durch eine Behörde als solche. In beiden Fällen handelt es sich um Akte rechtsgeschäftlicher Art, um Privatwillenserklärungen, die dadurch, daß sie für die Parteien von einer Behörde abgegeben werden, nicht zu Amtshandlungen werden. Sieht man von der durch das RG. angenommenen Gleichartigkeit der Stellung und Funktionen eines Schiedsrichters mit denjenigen eines vom Staate bestellten Richters ab, welche in Wirklichkeit nicht vorhanden ist (§ 11 II d. B.), so bleibt kein Grund übrig, aus dem rechtsgeschäftlichen Erklärungen privater Art, wenn sie zwar von Personen, die einer Behörde angehören, jedoch auf Grund eines Auftrags durch Privatpersonen, abgegeben werden, ein amtlicher Charakter beigemessen werden könnte (§ 1). Es wird deshalb davon auszugehen sein, daß, wenn eine Behörde als Schiedsrichter bestellt wird, die Berufung sich auf diejenigen Beamten beziehe, welche zu der in Frage kommenden Zeit der Behörde angehören, und daß diese Beamten nicht in ihrer Zusammenfassung als Behörde, sondern als Privatpersonen den Schiedsspruch erlassen.

Hiernach ist auch die Frage zu entscheiden, ob ein ordentliches Gericht als Schiedsrichter bestellt werden kann. Die Vorschriften der ZPO. stehen nicht entgegen, als Schiedsrichter aber sind die einzelnen Mitglieder des Gerichts berufen. Das RG. hat die Frage unentschieden gelassen [1]). Sache der Auslegung ist es, festzustellen, ob der Wille der Parteien dahin gegangen ist, das Gericht als Schiedsgericht zu bestellen, oder ob nur eine Vereinbarung über die Zuständigkeit eines an sich unzuständigen Gerichts gemäß § 38 vorliegt.

Die ZPO. erwähnt die Möglichkeit, daß ein Schiedsrichter kraft Gesetzes von der Ausübung des Schiedsrichteramts ausgeschlossen sein kann, nirgends [2]). Die Vorschriften der ZPO. sind aber nicht in der Weise abschließend, daß gewisse Eigenschaften eines Schiedsrichters oder gewisse Beziehungen desselben zur Sache nicht eine absolute, auch durch Vereinbarung nicht heilbare Unfähigkeit zu begründen vermöchten [3]). Hierfür

---

1) VII 19. 12. JW. 12 S. 303 Z. 23 = Warn.Rspr. 12 Nr. 138.
2) VI 15. 6. 99 Bd. 44 S. 393.
3) VII 30. 5. 02 Bd. 51 S. 393/4.

kommen die allgemeinen aus dem öffentlichen und aus dem bürgerlichen Recht sich ergebenden Grundsätze in Betracht. Infolgedessen ist die Bestellung eines Schiedsrichters und eine Vereinbarung darüber nichtig, wenn sie gegen zwingendes Recht verstößt oder unsittlich ist [1]).

In den vorher wiedergegebenen Darlegungen aus der Begründung des Entwurfs der ZPO. ist in bezug auf die an einen Schiedsrichter zu stellenden Anforderungen gesagt: „Im allgemeinen kann man nur verlangen, daß die Schiedsrichter einer vernünftigen Überlegung und Willenserklärung fähig sein müssen" [2]). Die Notwendigkeit dieser Anforderung ergibt sich daraus, daß der Schiedsrichter nicht nur in dem Schiedsspruch für die Parteien verbindliche Willenserklärungen rechtsgeschäftlicher Art abzugeben, sondern auch mit ihnen über die Herbeiführung des Schiedsspruchs einen Vertrag, den Schiedsrichtervertrag, abzuschließen hat. Hierzu bedarf er der Geschäftsfähigkeit, der Fähigkeit, sich durch einen Vertrag zu verpflichten. Es sind demnach von der Ausübung der Tätigkeit eines Schiedsrichters diejenigen Personen ausgeschlossen, die geschäftsunfähig sind (vgl. §§ 104 und 105 BGB. und hierzu § 6 I und II d. B.). **Die Bestellung eines Geschäftsunfähigen zum Schiedsrichter ist nichtig.** Minderjährige und die diesen gleichgestellten Personen sind zwar nicht unfähig, Schiedsrichter zu werden, bedürfen hierzu jedoch der Zustimmung ihrer gesetzlichen Vertreter (§§ 106 ff., 114, 1906 BGB.).

Unzulässig und nichtig ist weiterhin die Bestellung einer Partei zum Schiedsrichter [3]); denn es widerspricht der öffentlichen Ordnung und dem Rechtssystem, daß unter vollständigem Ausschluß des Rechtswegs die völlige Entscheidung darüber, ob ein Anspruch aus einem Rechtsverhältnis bestehe, der einen Partei anheimgegeben werde. Der Rechtsgrundsatz, daß niemand Richter in eigener Sache sein kann, gehört dem öffentlichen Recht an, ihm entgegenstehende Vereinbarungen ermangeln daher der Gültigkeit. Es ist mit der öffentlichen Ordnung und den guten Sitten schlechthin unvereinbar, daß eine Partei als Richter in eigener Sache entscheide, auch wenn zu der Entscheidung nicht die Partei allein, sondern in Gemeinschaft mit

1) VII 3. 2. 03 Bd. 53 S. 388/9.
2) Hahn I S. 492.
3) VII 3. 2. 03 Bd. 53 S. 389.

anderen Personen berufen ist. Denn eine Partei kann in keinem Falle Schiedsrichter über die von der anderen Partei erhobenen Ansprüche sein [1]).

Die Bestellung einer Partei zum Schiedsrichter widerstreitet auch dem Wesen des Schiedsvertrags, da dieser begrifflich die Entscheidung durch einen Dritten als Schiedsrichter zum Gegenstande hat (vgl. § 2 III d. B.). Wer in die Lage kommen kann, in dem Verfahren selbst Ansprüche geltend zu machen oder Ansprüche zu bekämpfen, also Parteihandlungen vorzunehmen, der ist kein Dritter und kann infolgedessen weder über seine eigenen Ansprüche und Anträge, noch über diejenigen der anderen Partei entscheiden. Auch wenn man die Tätigkeit des Schiedsrichters nicht als eine solche richterliche Art, vielmehr den Schiedsvertrag und den Schiedsrichtervertrag so auffaßt, wie in § 2 III a. E. und in § 11 II d. B. auseinandergesetzt, erscheint die Bestellung einer Partei zum Schiedsrichter als dem Wesen des Schiedsvertrags widersprechend und unzulässig; denn eine Partei besitzt nicht die zur Beurteilung und Schlichtung der Rechtsstreitigkeit vom Standpunkte beider Parteien aus erforderliche Befähigung, welche die wesentliche Voraussetzung für die Übertragung und Ausübung der Tätigkeit eines Schiedsrichters — auch von dem Standpunkte aus, daß er kein Richter sei — bildet. Wer als Partei im Schiedsverfahren anzusehen ist, darüber ist das Nähere bereits in § 6 I d. B. gesagt.

Ebensowenig wie die Partei selbst, **kann ihr gesetzlicher Vertreter** zum **Schiedsrichter** bestellt **werden, auch die Organe von Korporationen, Gesellschaften und Vereinen** können in deren Streitsachen **nicht** Schiedsrichter sein. Wer als gesetzlicher Vertreter eines anderen in Betracht kommt und als solcher handeln kann, ist in § 6 II d. B. dargelegt. Ist die Vertretung nur für gewisse Fälle und unter gewissen Umständen gegeben, so gilt der Ausschluß auch nur für diese Fälle und unter diesen Umständen. So ist der Pfleger als Schiedsrichter nur für solche Streitfälle ausgeschlossen, welche Angelegenheiten seines Pflegebefohlenen betreffen, deren Besorgung ihm übertragen ist; der Aufsichtsrat

---

1) IV 26. 11. 91 JW. 92 S. 48 Z. 28. — II 12. 4. 92 Bd. 29 S. 319/21 = JW. 92 S. 250 Z. 51. — VII 3. 2. 03 Bd. 53 S. 388/9. — I 30. 9. 03 Bd. 55 S. 326 = JW. 03 S. 384 Z. 8. — VII 6. 4. 06 JW. 06 S. 396 Z. 26. — VII 25. 1. 10 Warn.Rspr. 10 Nr. 185.

einer Aktiengesellschaft und dessen einzelne Mitglieder in Streitsachen der Aktiengesellschaft als deren Vertreter nur für Streitfälle gemäß §§ 247, 271 und 272 HGB.

Die Unfähigkeit, in Sachen der von ihnen vertretenen Korporationen, Gesellschaften oder Vereinigungen als Schiedsrichter tätig zu sein, bezieht sich nicht nur auf das zur Vertretung berufene Organ als Ganzes, sondern erstreckt sich, auch wenn dasselbe aus mehreren Personen besteht, die nur gemeinsam handeln können, auf alle Personen, welche dieses Organ bilden. Dementsprechend sind, wenn es sich um die Vertretung des Staates oder einer anderen juristischen Person des öffentlichen Rechts, z. B. einer Gemeinde, durch eine kollegiale Behörde handelt, oder wenn die Vertretung einer Aktiengesellschaft, einer Gesellschaft mit beschränkter Haftung oder einer eingetragenen Genossenschaft durch ihren Vorstand in Frage kommt, sämtliche Mitglieder der zur Vertretung berufenen Behörde und des Vorstandes unfähig, als Schiedsrichter zu fungieren. Sie alle können als gesetzliche Vertreter einer Partei in die Lage kommen, einen Parteieid zu leisten [1]).

Für nichtig erklärt ist die Bestimmung in den Statuten eines Viehversicherungsvereins, nach der alle Mitglieder sich in streitigen Fällen der Entscheidung des Ausschusses des Vereins unter Ausschluß des Rechtwegs unterworfen hatten, da der aus Mitgliedern des Vereins bestehende Ausschuß bezüglich des Anspruchs eines Mitglieds des Vereins gegen den Verein eine der Parteien selbst bilde, möge man nun nur darauf Rücksicht nehmen, daß die Ausschußmitglieder in ihrer Eigenschaft als Mitglieder des Versicherungsvereins bei der angesprochenen Verpflichtung unmittelbar beteiligt seien, oder auch darauf, daß sie als Organ des Viehversicherungsvereins die Gesamtheit aller Mitglieder (bezw. alle Mitglieder außer der Klägerin) [also auch sich selbst] verträten [2]). Ebenso ist die Bestimmung des Gesellschaftsvertrags einer Gesellschaft mit beschränkter Haftung für nichtig erachtet, wodurch die Versammlung der Gesellschafter zum Schiedsrichter für Streitigkeiten bestimmter Art zwischen der Gesellschaft und den Gesellschaftern bestellt war. Denn, wenn auch

---

1) II 1. 10. 80 Bd. 2 S. 400/1. — VII 9. 1. 00 Bd. 45 S. 427/9 und Bd. 46 S. 318/20.

2) II 12. 4. 92 Bd. 29 S. 319/21 = JW. 92 S. 250 Z. 51.

die G.m.b.H. als solche selbständig ihre Rechte und Pflichten habe, für ihre Verbindlichkeiten nur das Gesellschaftsvermögen hafte, sie vor Gericht klagen und verklagt werden könne, so übe doch die Versammlung der Gesellschafter wichtige Funktionen der Geschäftsführung aus (§ 46 des Gesetzes betr. die Gesellschaften mit beschränkter Haftung). Sie sei nicht weniger als die Geschäftsführer Organ der Gesellschaft in Führung der Geschäfte der Gesellschaft. Und, wenn die Versammlung der Gesellschafter in für die Gesellschaft maßgebender Weise beschließe, so sei das nichts anderes, als daß die Gesellschaft durch die Versammlung der zur Gesellschaft verbundenen Gesellschafter beschließe [1]). In einem Prozeß wegen der von einer Gesellschafterversammlung gegen einen Gesellschafter festgesetzten Konventionalstrafe ist die Bestimmung in dem Statut einer nicht eingetragenen Gesellschaft des bürgerlichen Rechts für ungültig erklärt, nach der über alle Streitigkeiten aus dem Statut, auch über die Frage des Verfalls und der Höhe der Konventionalstrafen wegen Zuwiderhandlung der Mitglieder gegen das Statut die Gesellschafterversammlung mit ⅔ Stimmenmehrheit entscheiden und gegen die Entscheidung der Generalversammlung der gerichtliche Weg ausgeschlossen sein sollte, da die Gesellschaft hierdurch zum Schiedsrichter in eigener Sache bestellt sei [2]).

Unfähig, Schiedsrichter zu sein, **ist** dagegen **nicht derjenige Vertreter** einer Partei, **welcher** von ihr dazu **durch** Rechtsgeschäft, **Vollmacht, bestellt ist.** Ihm gegenüber greift nur ein Recht zur Ablehnung Platz, wenn ein Grund dafür gegeben ist. Das RG. hat allerdings in einem Falle ausgeführt, daß ein als Vertreter einer Partei in dem Schiedsverfahren bestellter und tätiger Anwalt nicht Schiedsrichter sein könne und daß seine Mitwirkung als solcher das Verfahren unzulässig mache, so daß die Aufhebung des Schiedsspruchs beantragt werden könne und das Vollstreckungsurteil nicht zu erlassen sei. Allein die von dem RG. angezogene Bestimmung des § 41 Nr. 4 der ZPO., nach der der staatliche Richter von der Ausübung des Richteramts in einem solchen Fall kraft Gesetzes ausgeschlossen ist, findet auf den Schiedsrichter nicht als Ausschließungsgrund, sondern nur als Ablehnungsgrund Anwendung, wie § 1032

---

1) I 30. 9. 03 Bd. 55 S. 326 = JW. 03 S. 384 Z. 8.
1) VII 6. 4. 06 JW. 06 S. 396 S. 26.

Abs. 1 ergibt und vom RG. in anderen Entscheidungen wiederholt ausgeführt ist [1]) (vgl. die Darlegungen am Anfang dieses Abschnitts). Auch der Prokurist einer Partei ist nicht unfähig, in einem Schiedsverfahren, das sein Prinzipal führt, Schiedsrichter zu sein. Denn, da der Prokurist nicht der gesetzliche Vertreter des Inhabers des Handelsgeschäfts ist, von dem ihm Prokura erteilt ist (vgl. § 6 III d. B.), so liegt ein gesetzlicher Ausschließungsgrund gegen ihn nicht vor. Selbstverständlich aber kann die Gegenpartei ihn als befangen ablehnen, und dieser Ablehnung wird in den meisten Fällen wohl ohne weitere Begründung als durch Bezugnahme darauf, daß der Schiedsrichter Prokurist einer Partei sei, stattzugeben sein. Macht die Gegenpartei diesen Ablehnungsgrund nicht oder nicht rechtzeitig geltend, so bleibt der Prokurist Schiedsrichter, der unter seiner Mitwirkung erlassene Schiedsspruch unterliegt wegen des Umstandes, daß er Prokurist der einen Partei gewesen, nicht der Anfechtung, was der Fall wäre, wenn der Prokurist als gesetzlicher Vertreter anzusehen sein würde.

Zulässig ist es auch, in Streitsachen von Korporationen, Gesellschaften und Vereinen, welche eine selbständige Rechtspersönlichkeit und ein von demjenigen ihrer Mitglieder getrenntes Vermögen haben, deren Angehörige oder Mitglieder als Schiedsrichter zu bestellen. Denn wegen der Verschiedenheit ihrer Rechtspersönlichkeit und ihres Vermögens können sie nicht als Partei, auch nicht in bezug auf den Streitgegenstand als Mitberechtigter oder Mitverpflichteter erachtet werden, sie kommen auch nicht als gesetzliche Vertreter in Betracht. Aus der Eigenschaft als Gemeindeangehöriger, Aktionär, Gesellschafter einer G.m.b.H. oder Mitglied eines eingetragenen Vereins allein kann daher ein Ausschließungsgrund nicht hergeleitet werden [2]).

Bei den Mitgliedern eingetragener Genossenschaften dürfte es darauf ankommen, ob Ansprüche gegen die Genossenschaft geltend gemacht werden. Letzterenfalls würde bei Mitgliedern einer Genossenschaft mit unbeschränkter Haftpflicht wegen dieser Haftpflicht unter Umständen die Parteieigenschaft anzunehmen sein (vgl. § 122 des Gesetzes betreffend die Erwerbs- und Wirtschafts-Genossenschafften). In Streitfällen der offenen Handels-

---

1) VI 15. 6. 99 Bd. 44 S. 393.
2) II 28. 4. 82 Bd. 7 S. 311/3. — VII 25. 1. 10 Warn.Rspr. 10 Nr. 185.

gesellschaft, der Kommanditgesellschaft, auch derjenigen auf Aktien, sind deren persönlich haftende Gesellschafter von einer Betätigung als Schiedsrichter ausgeschlossen, da sie die gesetzlichen Vertreter sind und, soweit ihnen als Teilhabern einer offenen Handelsgesellschaft die Vertretungsbefugnis nicht zusteht, der Ausschluß für sie daraus folgt, daß die offene Handelsgesellschaft nicht eine von den einzelnen Gesellschaftern verschiedene Person bildet, daß vielmehr die einzelnen Gesellschafter vereinigt die Träger des Gesellschaftsvermögens, daher in dem von der Gesellschaft geführten Streite Partei sind [1]). Dies gilt auch für die Kommanditisten einer gewöhnlichen Kommanditgesellschaft, da diese grundsätzlich dieselbe rechtliche Natur hat, wie die offene Handelsgesellschaft. Auch die Kommanditisten sind daher für ihre Person in Gemeinschaft mit den persönlich haftenden Gesellschaftern in Streitfällen der Gesellschaft Partei [2]) und infolgedessen unfähig, für diese als Schiedsrichter zu wirken. Für den Aktionär einer Kommanditgesellschaft auf Aktien gilt dies natürlich nicht, da ihm die Aktiengesellschaft als selbständige Rechtspersönlichkeit gegenübersteht und ihr Vermögen von dem seinigen vollkommen getrennt ist.

Sogar Mitgliedern eines nicht rechtsfähigen Vereins hat das RG. in einem Falle, in dem es sich um den Streit eines Vereins gegen ein Mitglied handelte, als zur Ausübung der schiedsrichterlichen Tätigkeit fähig erachtet mit Rücksicht darauf, daß in den Satzungen des Vereins die Wählbarkeit der Vereinsmitglieder zu Mitgliedern des satzungsgemäß zu berufenden Schiedsgerichts vorgesehen war und in dem Beitritt zu dem Verein und der Unterwerfung unter seine Satzungen eine Einwilligung dahin gefunden werden müsse, daß ausschließlich aus der Vereinsmitgliedschaft ein Ablehnungsrecht nicht herzuleiten sei. „Aus der Parteieigenschaft allein," so lautet der Schluß der veröffentlichten Entscheidungsgründe, „kann im vorliegenden Falle eine absolute Unfähigkeit zur Ausübung des Schiedsrichteramts nicht gefolgert werden. Eine solche ist umsoweniger anzunehmen, als es sich um einen weit ausgedehnten Verein mit großer Mitgliederzahl handelt, welcher ein von dem seiner Mit-

---

1) VII 14. 11. 13 Warn.Rspr. 14 Nr. 129. — II 10. 2. 14 JW. 14 S. 532 Z. 10.

2) III 15. 12. 93 Bd. 32 S. 398/9.

glieder verschiedenes Vermögen besitzt" [1]). Diese Entscheidung steht mit der sonstigen Rechtsprechung des RG. nicht im Einklang, nach der in der Parteieigenschaft nicht ein verzichtbarer Ablehnungsgrund, sondern ein gesetzlicher Ausschließungsgrund zu sehen ist. Die Entscheidung wird allein durch den letzten, gewissermaßen beiläufig angefügten Satz getragen, durch den die Vereinsmitglieder ihrer Parteieigenschaft entkleidet werden. Mitglieder eines nicht rechtsfähigen Vereins oder einer Gesellschaft des bürgerlichen Rechts nach den §§ 705 ff. BGB. werden sonach nicht als fähig zu erachten sein, in Sachen ihres Vereins oder ihrer Gesellschaft Schiedsrichter zu sein.

Unerheblich ist für die Gültigkeit der Bestellung eines Schiedsrichters seine **Nationalität** [2]). Auch ein ausländisches Gericht kann zum Schiedsrichter bestellt werden, als berufen gelten die ihm in der fraglichen Zeit als Richter angehörenden physischen Personen.

Zu den von dem Gesetz vorausgesetzten Eigenschaften eines Schiedsrichters gehört nicht, daß er schreiben kann. Allerdings bestimmt § 1039, daß der Schiedsspruch und seine Ausfertigungen von den Schiedsrichtern zu unterschreiben seien, und das RG. hat daraus das Erfordernis entnommen, daß der Schiedsrichter seinen Namen schreiben können müsse, wenn es auch nicht notwendig sei, daß er mehr schreiben und daß er lesen könne [3]). Gegenüber der Vorschrift in § 126 Abs. 1 BGB., welche auf den Schiedsspruch, da er einen rechtsgeschäftlichen Akt darstellt, Anwendung findet und nach der die Namensunterschrift durch ein gerichtlich oder notariell beglaubigtes Handzeichen ersetzt werden kann, dürfte es nicht darauf ankommen, ob der Schiedsrichter imstande ist, seinen Namen zu schreiben.

Hiernach ist die Frage: Wer kann **Schiedsrichter** sein? dahin zu beantworten: **Jede physische Person, welche nicht geschäftsunfähig und nicht Partei oder gesetzlicher Vertreter einer Partei ist.** Wer geschäftsunfähig oder Partei oder gesetzlicher Vertreter einer Partei ist, der ist unfähig dazu.

---

1) VII 30. 5. 02 Bd. 51 S. 393/4 = JW. 02 S. 392 Z. 6.

2) I 5 11. 81 Bd. 5 S. 398. — I 29. 12. 88 JW. 89 S. 169 Z. 12.

3) VII 3. 5. 10 JW. 10 S. 658 Z. 23 = Warn.Rspr. 10 Nr. 258.

b) Was kann hierüber der Schiedsvertrag bestimmen?

Neben den gesetzlichen Anforderungen, welche, wie bereits ausgeführt, nicht auf Bestimmungen der ZPO. beruhen, sondern sich aus allgemeinen Rechtsgrundsätzen ergeben, können die Parteien nach ihrem Belieben Voraussetzungen und Erfordernisse für die Fähigkeit, zum Schiedsrichter bestellt zu werden, vereinbaren. Der Willkür der Parteien ist in dieser Beziehung keine andere Schranke gesetzt, als diejenige, welche sich aus den allgemeinen Rechtsgrundsätzen ergibt. Durch den Schiedsvertrag kann festgesetzt sein, daß zu Schiedsrichtern nur zu berufen seien: Personen, die ein bestimmtes Alter oder eine bestimmte Vorbildung hätten, die einem bestimmten Stande, Berufe oder Verein angehörten, in einem bestimmten Bezirke wohnten; also: Männer nicht unter 30 Jahren, Diplomingenieure, Architekten mit Hochschulbildung, Baugewerksmeister, Hochschulprofessoren, staatliche Baubeamte, Juristen mit der Befähigung zum Richteramt, Inhaber eingetragener Firmen, Kaufleute und Gewerbetreibende, die einer bestimmten Handelskammer angehörten, in einem bestimmten Handelskammer- oder Regierungsbezirk wohnten usw. Ebenso kann durch den Schiedsvertrag das Gegenteil bestimmt, d. h. festgesetzt sein, daß zu Schiedsrichtern nur Personen zu bestellen seien, die nicht über 30 Jahre alt, die nicht Diplomingenieure, nicht Architekten mit Hochschulbildung seien usw. Sofern und soweit der Schiedsvertrag hierüber Vorschriften enthält, sind sie genau zu beachten, von ihrer Befolgung hängt die Gültigkeit der Bestellung zum Schiedsrichter in gleicher Weise ab, wie davon, daß der Erwählte geschäftsfähig und nicht Partei ist.

III. Welche Folgen hat die Ernennung und die Mitwirkung eines unfähigen Schiedsrichters?

Wird ein Geschäftsunfähiger oder eine Partei oder deren gesetzlicher Vertreter zum Schiedsrichter ernannt, so ist die Ernennung nichtig, sie gilt als nicht geschehen. Ist ein solcher Schiedsrichter durch den Schiedsvertrag ernannt, so ist nicht nur diese Ernennung, sondern der ganze Schiedsvertrag nichtig, da die Vereinbarung über die Person des Schiedsrichters einen wesentlichen Bestandteil des Schiedsvertrags bildet und anzunehmen ist, daß die Parteien gewollt haben, der Schiedsspruch solle nur durch den ernannten Schiedsrichter abgegeben werden [1]) (vgl. § 139 BGB.). Verliert ein im Schiedsvertrag ernannter Schiedsrichter nachträglich während des Schiedsverfahrens seine Fähigkeit zum Schiedsrichter, wird er z. B. infolge seiner Entmündigung wegen Geisteskrankheit geschäftsunfähig oder wird er durch den Erwerb der streitigen Forderung Partei, so tritt der Schiedsvertrag außer Kraft (§ 1033 Z. 1). Ein Schiedsverfahren, an dem ein Geschäftsunfähiger oder eine Partei oder ihr gesetzlicher Vertreter sich als Schiedsrichter betätigt, ist unzulässig. Der Schiedsspruch, an dessen Erlassung ein solcher Schiedsrichter mitwirkt, unterliegt der Aufhebung gemäß § 1041 Z. 1.

Das Gleiche gilt für den Fall, daß ein Schiedsrichter tätig gewesen ist, dessen Ernennung nicht den Anforderungen des Schiedsvertrags entsprach, der nicht die hierdurch vorgeschriebenen Eigenschaften besaß, aber nur unter der Voraussetzung, daß der Schiedsrichter deswegen abgelehnt worden ist [2]). Ein Unterschied besteht auch in bezug auf die Nachhaltigkeit der Folgen.

Die Nichtigkeit der Ernennung aus gesetzlichen Gründen ist, da es sich hierbei um einen Verstoß gegen allgemeine Rechtsgrundsätze zwingenden Charakters handelt, **eine dauernde und unheilbare,** so daß nicht nur die Ernennung des Schiedsrichters, sondern auch das ganze Schiedsverfahren und der Schiedsspruch nichtig sind und bleiben, wie wenn überhaupt kein Schiedsvertrag geschlossen und kein Schiedsspruch erlassen worden wäre. **Dagegen ist ein Verstoß gegen vertragliche Vorschriften heilbar;** denn die vereinbarte Bestimmung, welche verletzt worden ist, kann durch eine andere Vereinbarung aufgehoben und auf das Recht zur Rüge der Vertragsverletzung verzichtet werden. Ein Verstoß gegen die Vorschriften des Schiedsvertrags über die Bestellung des Schiedsrichters kann immer nur als Ablehnungsgrund in Betracht kommen [3]), und aus der Natur des Schiedsvertrags ergibt sich, daß durch den Parteiwillen ein den Parteien bekannter Umstand, der ein Ablehnungsrecht rechtfertigen würde, dieser

1) Hahn I S. 492.
2) VII 4. 12. 08 JW. 09 S. 55 Z. 24 = Warn.Rspr. 09 Nr. 162.
3) Hahn I S. 492.

seiner Wirkung entkleidet werden kann [1]). Ein Verzicht darauf und eine Vereinbarung darüber bedürfen ebensowenig, wie der Schiedsvertrag selbst, dessen Abänderung sie enthalten, der Erfüllung einer Form, sie können ausdrücklich und stillschweigend, d. h. durch schlüssige Handlungen erklärt werden. § 43, dessen Anwendung gemäß § 1032 Abs. 1 auch auf die Ablehnung des Schiedsrichters zu erstrecken ist, bestimmt allerdings nur:

> „Eine Partei kann einen Richter wegen Besorgnis der Befangenheit nicht mehr ablehnen, wenn sie bei demselben, ohne den ihr bekannten Ablehnungsgrund geltend zu machen, in eine Verhandlung sich eingelassen oder Anträge gestellt hat."

Es muß jedoch unter der Voraussetzung, daß in Ansehung eines Schiedsrichters die der richterlichen Inhabilität entsprechenden Umstände nur als Ablehnungsgründe dienen können, für dem Sinne der ZPO. gemäß erachtet werden, **jedes** der Partei bekannte Ablehnungsrecht, nicht bloß dasjenige wegen Besorgnis der Befangenheit, durch Einlassung auf eine Verhandlung bei dem Schiedsrichter oder durch einen an ihn gerichteten Antrag verloren gehen zu lassen [2]).

Mit Rücksicht auf die Verschiedenheit der Folgen, welche sich aus der Ernennung eines unfähigen Schiedsrichters ergeben, kann man unterscheiden zwischen Personen, welche absolut, und welche relativ unfähig sind, Schiedsrichter zu sein. **Die absolute Unfähigkeit beruht auf gesetzlichen Gründen,** darauf, daß die betreffende Person geschäftsunfähig, Partei oder gesetzlicher Vertreter einer Partei ist; **die relative Unfähigkeit** beruht **auf den Vereinbarungen der Parteien,** darauf, daß der Schiedsrichter nicht die denselben entsprechenden Eigenschaften besitzt, wobei es keinen Unterschied macht, ob die Vereinbarungen ausdrücklich oder stillschweigend getroffen sind. Als stillschweigend vereinbart gilt auch, daß gegen einen Schiedsrichter keiner der Ablehnungsgründe des § 1032 vorliegen dürfe. Jeder Schiedsrichter, gegen den ein solcher Ablehnungsgrund vorliegt, gilt als relativ unfähig (vgl. §§ 3, 4 I und 14 I d. V.).

---

1) VII 30. 5. 02 Bd. 51 S. 393 = JW. 02 S. 392 Z. 6.
2) VI 15. 6. 99 Bd. 44 S. 391/3.

In Bezug auf die Ernennung eines unfähigen Schiedsrichters kann man der Ansicht sein, daß nicht immer die Nichtigkeit als Folge dieser Ernennung einzutreten habe. Die Ernennung eines Schiedsrichters durch die Parteien, welche bereits bei Abschluß des Schiedsvertrags erfolgt, wenn eine Streitigkeit noch nicht vorliegt, und die Annahme der Ernennung durch den Schiedsrichter, welche oft erst herbeigeführt wird, wenn die Streitigkeit bereits entstanden ist, können zeitlich weit auseinanderliegen. Infolgedessen kann z. B. der Ausschließungsgrund der Geschäftsunfähigkeit, welcher bei der Ernennung des Schiedsrichters vorhanden war, inzwischen in Fortfall gekommen und die Ernennung gültig geworden sein. Wie ein Schiedsvertrag über eine künftige Streitigkeit bedingt, d. h. unter der Bedingung der Entstehung der Streitigkeit abgeschlossen ist, so kann auch die Ernennung eines Geschäftsunfähigen zum Schiedsrichter als eine bedingte angesehen werden, bedingt dadurch, daß zur Zeit der Entstehung der Streitigkeit und der Notwendigkeit ihrer Entscheidung der Schiedsrichter geschäftsfähig geworden ist.

Den vorher erörterten Folgen der Ernennung eines unfähigen Schiedsrichters in dem Schiedsvertrag (§ 1033 Abs. Z. 1) kann durch eine Vereinbarung der Parteien vorgebeugt werden, z. B. dadurch, daß im Schiedsvertrag ein Ersatzmann als Schiedsrichter bestimmmt oder wenigstens der Weg festgesetzt wird, auf dem die Bestimmung eines Ersatzschiedsrichters erfolgen kann. Auch durch nachträgliche Vereinbarung der Parteien über die Ernennung eines anderen Schiedsrichters kann die Gültigkeit des Schiedsvertrags und damit die Zulässigkeit des Schiedsverfahrens aufrechterhalten werden.

Kommt ein nicht in dem Schiedsvertrag ernannter Schiedsrichter in Fortfall, so hat gemäß § 1031 die Partei, welche ihn ernannt hat, auf Aufforderung des Gegners binnen einer einwöchigen Frist einen anderen Schiedsrichter zu bestellen. Nach fruchtlosem Ablauf der Frist wird auf Antrag der betreibenden Partei der Schiedsrichter von dem zuständigen Gericht ernannt. Diese Bestimmung findet jedoch ebenso wie diejenige in § 1028 nur dann Anwendung, wenn der Schiedsvertrag keine Bestimmung über die Ernennung der Schiedsrichter enthält oder wenn nach dem Schiedsvertrag beiden Parteien die Ernennung von Schiedsrichtern zusteht [1]).

§ 8.

I. In welchen Fällen findet eine Inanspruchnahme der ordentlichen Gerichte statt?

Durch den Abschluß des Schiedsvertrags wird zwar für die Entscheidung der den Gegenstand des Schiedsverfahrens bildenden Rechtsstreitigkeit der ordentliche Rechtsweg ausgeschlossen, **die Möglichkeit und Notwendigkeit der Inanspruchnahme der ordentlichen Gerichte bleibt** jedoch gegeben, **sowohl für das Schiedsverfahren, als auch für seine Vorbereitung und das** nach der Erlassung des Schiedsspruchs zulässige **Nachverfahren** gemäß §§ 1041—1044; abgesehen von den Anträgen und Klagen, welche das Erlöschen des Schiedsvertrags gemäß § 1045 Abs. 1 und die Unzulässigkeit des Schiedsverfahrens gemäß § 1046 zum Gegenstande haben. Die Vorschriften für das Nachverfahren und für die Klagen betreffend die Unzulässigkeit des Schiedsverfahrens sind hier nicht zu erörtern, da sie den Bestimmungen der ZPO. über den ordentlichen Prozeß zu entnehmen sind und deren Darstellung nicht zur Aufgabe dieses Buchs gehört. Hier interessieren insbesondere diejenigen Fälle, in denen eine Inanspruchnahme der ordentlichen Gerichte im sogenannten gerichtlichen Zwischenverfahren zwecks Vorbereitung und Durchführung des Schiedsverfahrens gemäß §§ 1036 und 1045 stattfindet. Diese Fälle, einschließlich derjenigen der Entscheidung über das Erlöschen des Schiedsvertrags, das Verfahren hierfür, seine Voraussetzungen und seine Wirkungen sollen unter III des näheren erörtert werden.

II. Wonach bestimmt sich ihre Zuständigkeit dafür, wann beginnt und wann endet sie?

Die Vorschriften über die Zuständigkeit der ordentlichen Gerichte für das Schiedsverfahren **sind in den §§ 1045 und 1047 gegeben.**

---

1) III 7. 6. 89 JW. 89 S. 326 Z. 6.

§ 1045 lautet:

„Für die gerichtlichen Entscheidungen über die Ernennung oder die Ablehnung eines Schiedsrichters oder über das Erlöschen eines Schiedsvertrags oder über die Anordnung der von den Schiedsrichtern für erforderlich erachteten richterlichen Handlungen ist das Amtsgericht oder das Landgericht zuständig, welches in einem schriftlichen Schiedsvertrag als solches bezeichnet ist, und in Ermangelung einer derartigen Bezeichnung das Amtsgericht oder das Landgericht, welches für die gerichtliche Geltendmachung des Anspruchs zuständig sein würde.

Die Entscheidung kann ohne vorgängige mündliche Verhandlung erfolgen. Vor der Entscheidung ist der Gegner zu hören.

Gegen die Entscheidung findet sofortige Beschwerde statt."

§ 1047 lautet:

„Unter mehreren nach den §§ 1045, 1046 zuständigen Gerichten ist und bleibt dasjenige Gericht zuständig, an welches sich zuerst eine Partei oder das Schiedsgericht (§ 1039) gewendet hat."

Für die Bestimmung des Gerichts, welches anzurufen ist, gilt hiernach folgendes: Haben die Parteien über die Zuständigkeit des Gerichts eine Vereinbarung getroffen, so ist für die in Frage kommenden Entscheidungen das vereinbarte Gericht zuständig, doch muß diese Vereinbarung in einem schriftlichen Schiedsvertrag getroffen sein. Schriftlich ist gegenüber der gesetzlichen Formvorschrift des § 1045 der Vertrag nur, wenn er den Erfordernissen des § 126 BGB. (§ 5 II d. V.) entspricht. Ein Abschluß durch Briefwechsel oder gar auf telegraphischem Wege genügt nicht[1]). Ob die Bestimmung des zuständigen Gerichts von vornherein in dem Schiedsvertrag oder nachträglich in einem besonderen Abkommen erfolgt ist, kommt für die Gültigkeit nicht in Betracht. Die Vereinbarung kann auch wieder aufgehoben oder geändert werden[2]). Wesentlich ist jedoch, daß ein Amtsgericht oder ein Landgericht bezeichnet ist,

1) VII 24. 3. 08 Bd. 68 S. 183/6.
2) VI 4. 1. 92 JW. 92 S. 95 Z. 9.

Vereinbarungen über die Zuständigkeit eines Oberlandesgerichts oder des Reichsgerichts entbehren nach der bestimmten diese Gerichte ausschließenden Fassung des § 1045 der Rechtswirksamkeit. Die Wahl des Amts- oder Landgerichts steht ganz im Belieben der Parteien, die hierbei an keine andere Beschränkung gebunden sind, als daß das Gericht ein deutsches sein muß [1]). Liegt eine schriftliche Vereinbarung der Parteien darüber nicht vor, so bestimmt sich die Zuständigkeit des Gerichts nach den Vorschriften des GVG. (§§ 23 und 70) und der ZPO. (§§ 1 bis 40) über die sachliche und örtliche Zuständigkeit der ordentlichen Gerichte für bürgerliche Rechtsstreitigkeiten (vgl. § 4 II d. B.).

Unter dem Anspruch, der für die Bestimmung der Zuständigkeit in Frage kommt, ist derjenige zu verstehen, dessen Entscheidung den Gegenstand des Schiedsspruchs, d. h. des Schiedsverfahrens, bilden soll, für das die Inanspruchnahme der ordentlichen Gerichte erfolgt [2]), und unter dem hiernach zuständigen Gericht dasjenige, bei dem nach den Vorschriften des GVG. und der ZPO. (vgl. zu III) der allgemeine oder besondere Gerichtsstand für die Erhebung der Klage im ordentlichen Verfahren gegen diejenige Partei, gegen welche der Anspruch im Schiedsverfahren geltend gemacht werden soll oder geltend gemacht ist, begründet sein würde, wenn nicht ein Schiedsvertrag geschlossen wäre. Sollen mehrere Ansprüche geltend gemacht werden, so sind diese gemäß § 5 der ZPO. zusammenzurechnen. Unter mehreren zuständigen Gerichten hat der Antragsteller nach § 35 ZPO. zu wählen. Wie § 1047 bestimmt, ist und bleibt jedoch dasjenige Gericht zuständig, an welches sich zuerst eine Partei oder das Schiedsgericht gewendet hat. Diese Bestimmung hat den Sinn, daß durch Prävention eines von mehreren für die auf ein Schiedsverfahren bezüglichen Streitigkeiten an sich zuständigen Gerichten die Zuständigkeit der übrigen beseitigt sein soll; aber zu einem ausschließlich zuständigen Gericht in dem Sinne, daß nicht durch Vereinbarung der Parteien ein anderes Gericht Zuständigkeit erlangen könnte, ist jenes Gericht dadurch nicht gemacht [3]). Die Vorschrift der ZPO. betreffend Verein-

1) Schiedsvertrag S. 97/101 § 20: Über die Zuständigkeit der ordentlichen Gerichte usw.

2) III 25. 11. 92 Bd. 30 S. 354/5 = JW. 93 S. 20 Z. 29.

3) VI 27. 11. 93 JW. 94 S. 11 Z. 20.

barungen über die Zuständigkeit der Gerichte in § 38 ist also durch § 1047 nicht aufgehoben. Abgesehen hiervon ist auch aus anderen Gründen **durch § 1045 nicht eine ausschließliche Zuständigkeit** der dort bezeichneten Gerichte für alle darin angeführten Streitigkeiten **begründet**; denn die Zuständigkeitsvorschriften der ZPO. gelten nur für Klagen und Anträge, nicht aber für Einreden und Repliken. Über letztere hat stets das Gericht zu entscheiden, welches zuständigerweise mit der Klage angegangen ist. Infolgedessen ist das Gericht gemäß § 1045 nicht ausschließlich zur Entscheidung über das Erlöschen des Schiedsvertrags zuständig; hierüber kann vielmehr von jedem Gericht entschieden werden, bei dem ein diesbezüglicher Einwand vorgebracht worden ist [1]).

Die Zuständigkeit des Gerichts gemäß § 1045 **beginnt mit dem Abschluß des Schiedsvertrags und endigt mit dessen Erlöschen** [2]). Ist der Schiedsspruch gemäß § 1039 erlassen, den Parteien zugestellt und bei Gericht niedergelegt und hat dadurch das Schiedsverfahren sein Ende erreicht, so ist damit auch einem im Verfahren nach § 1045 zu erlassenden Beschluß der Gegenstand entzogen [3]). Das Gleiche gilt, wenn der Schiedsvertrag aus einem anderen Grunde erloschen ist, so durch Vereinbarungen der Parteien oder infolge Ungültigkeit des Hauptvertrags, zu dem er gehörte [4]). Steht das Erlöschen des Schiedsvertrags noch nicht fest, ist es vielmehr streitig, so kann nicht nur zur Entscheidung darüber die Anrufung des Gerichts erfolgen, sondern auch Anträge anderer Art können noch gemäß § 1045 gestellt werden. Ist jedoch das Erlöschen des Schiedsvertrags rechtskräftig festgestellt oder unstreitig, so ist damit jeder Antrag erledigt, ohne daß ein Eingehen auf den Gegenstand des Antrags erforderlich ist. Alsdann hat ohne weiteres seine Abweisung zu erfolgen.

Die gleichen Vorschriften, wie für das gerichtliche Zwischenverfahren gemäß § 1045, gelten in bezug auf die Zuständigkeit gemäß § 1046 für die Klagen, welche die Unzulässigkeit des

---

1) VII 7. 5. 01 Bd. 49 S. 353/7 = JW. 01 S. 404 Z. 21.

2) Schiedsvertrag S. 54—61 § 12: Wodurch erlischt der Schiedsvertrag?

3) I 20. 9. 93 JW. 93 S. 459 ff. — I 27. 9. 99 JW. 99 S. 726 Ziff. 1. VII 21. 1. 10 JW. 10 S. 192 Ziff. 21 = Warn.Rspr. 10 Nr. 184.

4) Schiedsvertrag § 12.

Schiedsverfahrens zum Gegenstande haben, und für das Nachverfahren, welches die Aufhebung eines Schiedsspruchs oder die Erlassung des Vollstreckungsurteils für einen Schiedsspruch betrifft. Ebenso gilt hierfür § 1047.

III. a) Worauf erstreckt sich das gerichtliche Zwischenverfahren gemäß § 1045? b) Welcher Art ist es und welche Vorschriften gelten dafür? c) Welche Wirkungen haben die darin ergangenen Entscheidungen?

a) Was den Gegenstand der Entscheidungen gemäß § 1045 anbetrifft, so ist dazu folgendes zu bemerken:

Die Ernennung von Schiedsrichtern durch das Gericht in Gemäßheit des § 1045 ist nur in den Fällen der §§ 1029 und 1031 zulässig, in denen diese Ernennung den Gerichten durch das Gesetz übertragen ist. In anderen Fällen, in denen eine Partei oder ein Dritter die Ernennung unterläßt, ist darauf im ordentlichen Prozeßwege Klage zu erheben, wenn nicht von den Parteien ein anderer Weg für die Herbeiführung der Ernennung vereinbart ist, sei es durch einen Dritten oder durch einen anderen Dritten oder sonstwie. Ist von den Parteien bestimmt, daß im Falle der Säumnis die Ernennung durch das zuständige Gericht zu erfolgen habe, so kann das Gericht zwar einem hierauf gegründeten Antrage stattgeben, es tut dies jedoch nicht als Behörde, sondern als Dritter. Die einzelnen Richter werden bei der Ernennung als Privatpersonen tätig, wie jeder andere Dritte; denn die Zuständigkeit der Gerichte beruht auf den Bestimmungen des GVG. und der ZPO. und kann durch Vereinbarungen der Parteien nicht erweitert werden [1]).

In Gemäßheit des § 1045 ist auf Antrag auch über **Streitigkeiten** zwischen den Parteien **über die Ernennung** von Schiedsrichtern zu entscheiden, wenn diese die Frage betreffen, ob die Ernennung dem Schiedsvertrag oder den diesen ergänzenden Bestimmungen des Gesetzes entspreche, also ob die Ernennung gültig sei, sei es in bezug auf Form, Übermittelung, Zeit der Ernennung, sei es hinsichtlich der Persönlichkeit des Schiedsrichters, wenn durch den Schiedsvertrag in dieser Beziehung bestimmte

1) II 17. 10. 02 Bd. 53 S. 1/4.

Erfordernisse festgesetzt sind. Bekämpft z. B. eine Partei die Ernennung eines Schiedsrichters mit der Behauptung, derselbe sei nicht Sachverständiger und besitze deshalb nicht die im Schiedsvertrag für die Schiedsrichter ausbedungene Eigenschaft, so ist darüber gemäß § 1045 zu beschließen [1]).

Das Gericht hat weiterhin über Streitigkeiten betreffend **die Ablehnung von Schiedsrichtern** (§ 1032) und **das Erlöschen des Schiedsvertrags** (§ 1037) zu entscheiden, sowie über **die Anordnung der von den Schiedsrichtern für erforderlich erachteten richterlichen Handlungen** zu befinden.

b) Die Anrufung der ordentlichen Gerichte erfolgte früher in den Fällen des § 1045 durch Klage, über die im ordentlichen Verfahren durch Urteil entschieden wurde. Durch die Novelle zur ZPO. vom 17. Mai 1898 ist für die Zeit vom 1. Januar 1900 ab das Verfahren geändert worden. Die Anrufung erfolgt jetzt durch Einreichung eines Gesuchs, Antrags an das Gericht, die Entscheidung darüber ergeht durch Beschluß. Bei der Begründung dieser Änderung ist bemerkt: „In allen diesen Fällen handelt es sich um eine außerhalb der eigentlichen Rechtsprechung liegende Tätigkeit des Gerichts, welche unbedenklich im Beschlußverfahren erledigt werden kann" [2]). Dies trifft jedoch nicht zu; nicht nur bei der Entscheidung darüber, ob ein Schiedsvertrag erloschen sei, muß es zu einem Akt der eigentlichen Rechtsprechung kommen, sondern auch in allen anderen Fällen, wenn eine Partei bestreitet, daß die rechtliche Grundlage für die Entscheidung über den Antrag gegeben sei, daß ein rechtsgültiger Schiedsvertrag vorliege, daß dieser sich auf die zu entscheidende Streitigkeit beziehe, daß der Streit eine Rechtsstreitigkeit im Sinne des § 1025 darstelle, kurz daß das Schiedsverfahren zulässig sei. In allen diesen Fällen hat das Gericht die bestrittenen Voraussetzungen für den Antrag zu prüfen und darüber zu entscheiden. Es ist dazu berufen und zuständig, seine Feststellungen können für die Parteien Rechtswirkungen über das durch die Entscheidung gemäß § 1045 zum Abschluß gelangte Sonderverfahren hinaus haben (vgl. den Schluß dieses Paragraphen).

Nicht für alle Anträge und Entscheidungen gemäß § 1045 **ist Voraussetzung, daß bereits ein Schiedsverfahren anhängig,**

---

1) VII 23. 11. 00 Bd. 47 S. 401/2 = JW. 00 S. 854 Z. 7.
2) Die Materialien zur ZPO., Carl Heymann's Verlag S. 289.

d. h. eingeleitet ist. **Dies gilt ohne weiteres für die Ernennung** eines Schiedsrichters (§ 1029); aber, auch wenn es sich um die **Ablehnung eines Schiedsrichters handelt, kann die ablehnende Partei bereits vor Beginn des Schiedsverfahrens in Gemäßheit des § 1045 vorgehen, indem sie beantragt, die Ablehnung für be**gründet zu erklären. **Das** zur **Entscheidung** über das Ablehnungsgesuch angerufene **Gericht** hat in solchem **Falle** zu prüfen, ob der Streitstoff schon so präzisiert erscheint, um das Vorliegen einer Befangenheit bei dem abgelehnten Richter beurteilen zu können, ferner ob Grund für die Annahme, daß es zu dem Rechtsstreit komme [1]). Natürlich kann hierfür nur die Ablehnung eines Schiedsrichters in Frage kommen, dessen Ernennung bereits erfolgt oder nach dem Schiedsvertrage zu erwarten ist, nicht aber die Ablehnung eines Schiedsrichters, dessen Ernennung nur möglich, aber nicht bestimmt ist. Auch das Erlöschen eines Schiedsvertrags kann, wenn darüber zwischen den Parteien Streit ist, bereits vor Beginn des Schiedsverfahrens Gegenstand eines Antrags und einer Entscheidung gemäß § 1045 werden. Die Anordnung von den Schiedsrichtern für erforderlich erachteter richterlicher Handlungen kann natürlich erst nach Beginn des Verfahrens beantragt werden.

Da **das Verfahren in Gemäßheit des § 1045** nicht vor den Schiedsrichtern stattfindet, insbesondere aber, da sein Gegenstand nicht die durch den Schiedsvertrag vereinbarte Entscheidung der Rechtsstreitigkeit zwischen den Parteien ist, **gehört** es **nicht zu dem Schiedsverfahren** im eigentlichen Sinne, bildet nicht einen Teil desselben, obwohl dabei die Tätigkeit der ordentlichen Gerichte in bezug auf das Schiedsverfahren für dessen Ermöglichung und Durchführung in Anspruch genommen wird. **Infolgedessen kommen dafür** — im Rahmen der besonderen Bestimmungen des § 1045 Abs. 2 und 3 — **die Vorschriften der ZPO. für das Verfahren vor den ordentlichen Gerichten zur Anwendung.** Die Freistellung von der Pflicht zur Anwendung der Vorschriften der ZPO. erstreckt sich nur auf das Verfahren vor den Schiedsrichtern — das Schiedsverfahren im engeren Sinne — nicht auf das Verfahren vor den ordentlichen Gerichten, das während eines Schiedsverfahrens stattfinden kann [2]). **Den Parteien steht es**

---

1) VII 13. 10. 03 JW. 03 S. 401 Z. 14.
2) II 15. 5. 03 Bd. 55 S. 16/17 = JW. 03 S. 269 Z. 2.

nicht zu, für dieses Verfahren Vorschriften zu vereinbaren, wie für das Schiedsverfahren.

Ein Eingriff der ordentlichen Gerichte von Amts wegen findet nicht statt, vielmehr werden die Gerichte, entsprechend dem Grundprinzip der ZPO., nur auf Antrag einer Partei tätig, was auch in den §§ 1029 Abs. 2, 1031 und 1036 Abs. 1 besonders hervorgehoben ist. Für die Stellung des Antrags gelten, jenachdem derselbe an ein Amtsgericht oder ein Landgericht gehen soll, verschiedene Vorschriften.

Ist ein Amtsgericht zuständig, handelt es sich um eine Streitigkeit über vermögensrechtliche Ansprüche, deren Gegenstand an Geld oder Geldeswert die Summe von Mk. 600.— nicht übersteigt (§ 23 Z. 1 ZGV.) oder um eine solche, welche ohne Rücksicht auf den Wert des Streitgegenstands den Amtsgerichten zugewiesen ist (§ 23 Z. 2 GVG.), oder ist ein Amtsgericht in einem schriftlichen Schiedsvertrag als zuständig bezeichnet (§ 1045), so kann der Antrag von der Partei selbst schriftlich eingereicht oder mündlich zum Protokoll des Gerichtsschreibers angebracht werden. Für das weitere Verfahren sind die in dem zweiten Buche 2. Abschnitt der ZPO. für das Verfahren vor den Amtsgerichten in den §§ 495 ff. gegebenen Vorschriften maßgebend. Ist für die Geltendmachung des Anspruchs ein Landgericht zuständig, entweder, weil seine Zuständigkeit in einem schriftlichen Schiedsvertrag vereinbart ist, oder, weil es sich um eine bürgerliche Rechtsstreitigkeit handelt, die nicht den Amtsgerichten zugewiesen ist, oder um eine solche, die ohne Rücksicht auf den Wert des Streitgegenstands ausschließlich den Landgerichten überwiesen ist (§ 70 GVG.), so muß der Antrag von einem bei dem Landgericht zugelassenen Anwalt schriftlich gestellt werden, und auch im übrigen gilt für das Verfahren der Anwaltszwang. Denn § 78 Abs. 1 ZPO. bestimmt:

> „Vor den Landgerichten und vor allen Gerichten höherer Instanz müssen die Parteien sich durch einen bei dem Prozeßgerichte zugelassenen Rechtsanwalt als Bevollmächtigten vertreten lassen (Anwaltsprozeß)."

Zur Stellung des Antrags sind nur die Parteien berechtigt, nicht die Schiedsrichter, auch wenn den Gegenstand des Antrags die Vornahme richterlicher Handlungen bildet, welche die Schiedsrichter für erforderlich erachtet haben (§ 1036 Abs. 1). Der Antrag hat im Eingange die Bezeichnung des Antragstellers und des Gegners und ihrer gesetzlichen Vertreter nach Namen, Stand oder Gewerbe, Wohnort und Parteistellung, die Bezeichnung des Gerichts und des Gegenstands des Antrags zu enthalten. In dem Antrag ist anzugeben, welche Entscheidung von dem Gericht verlangt wird, es ist auch eine Begründung dafür zu geben. Zur Begründung gehört die Darlegung, daß zwischen dem Antragsteller und der anderen Partei, dem Gegner, ein Schiedsvertrag mit einem bestimmten Inhalt geschlossen und daß zwischen ihnen ein Streit über ein Rechtsverhältnis entstanden sei oder entstehen könne [1]), das unter den Schiedsvertrag falle, sowie die Anführung der Tatsachen, aus denen gemäß § 1045 die Zuständigkeit des angerufenen Gerichts folgt. Dies sind die allgemeinen Voraussetzungen, die für jeden Antrag gemäß § 1045 vorliegen müssen. Hierzu hat die Darlegung der besonderen Tatsachen zu treten, die gerade den Antrag auf Erlangung der verlangten Entscheidung gerechtfertigt erscheinen lassen. So ist in dem Falle eines Antrags auf Ernennung eines Schiedsrichters gemäß § 1029 Abs. 2 noch anzuführen, daß die den Antrag stellende Partei die andere ordnungsmäßig, d. h. gemäß § 1029 Abs. 1 zur Bezeichnung eines Schiedsrichters aufgefordert habe und daß die hierfür gestellte einwöchige Frist fruchtlos abgelaufen sei. Dieser Darlegungen bedarf es, da nur, wenn die bezeichneten Voraussetzungen gegeben sind, der Antrag gerechtfertigt und die Befugnis des Gerichts, ihm stattzugeben, begründet ist [2]). In der Begründung des Antrags sind auch die Beweismittel zu bezeichnen, deren sich die Partei zum Nachweise der tatsächlichen Behauptungen, auf die sich der Antrag stützt, bedienen will (Augenscheinnahme, Zeugen, Sachverständige, Urkunden, Eideszuschiebung). Ist der Schiedsvertrag schriftlich geschlossen, so ist es zweckmäßig, davon, sowie von anderen in bezug genommenen Urkunden, die Urschrift oder eine Abschrift zu überreichen. So ist mit dem Antrage auf Ernennung eines Schiedsrichters eine Abschrift, nicht nur des Schiedsvertrags, sondern auch eine solche der Aufforderung gemäß § 1029 Abs. 1 an die andere Partei einzureichen und, wenn möglich, eine Bescheinigung darüber, daß und wann dieselbe der anderen Partei zugegangen oder als zu-

1) VII 13. 10. 03 JW. 03 S. 401 Z. 14.
2) VII 10. 11. 03 JW. 03 S. 433 Z. 7.

gegangen zu erachten ist, damit danach der Beginn und der Ablauf der einwöchigen Frist festgestellt werden kann. Handelt es sich um die Vornahme von den Schiedsrichtern für erforderlich erachteter richterlicher Handlungen, so ist Ausfertigung oder Abschrift des darauf bezüglichen Beschlusses oder der Mitteilung der Schiedsrichter hierüber einzureichen. Da gemäß § 1045 Abs. 2 von dem Gericht der Gegner zu hören ist, hat der Antragsteller gleichzeitig eine Abschrift seines Antrags und der Anlagen für die Mitteilung an den Gegner zu überreichen. Die Unterlassung hat jedoch nicht Rechtsnachteile zur Folge, sondern nur dem Gericht zu erstattende Schreibkosten.

Nach Eingang des Antrags hat das Gericht den Gegner darüber zu hören, ob in einer mündlichen Verhandlung oder nur schriftlich, bleibt seinem Ermessen überlassen. Stellt eine Partei den Antrag auf Anberaumung eines Termins zur mündlichen Verhandlung, so wird demselben wohl meist stattgegeben werden. Bestreitet der Gegner die zur Begründung des Antrags behaupteten Tatsachen, so hat der Antragsteller sie zu beweisen, soweit das Gericht dies für erforderlich erachtet (§ 286). Gegenüber den Behauptungen und Beweisanerbieten des Antragstellers und des Antragsgegners in dem Beschlußverfahren hat sich das Gericht nicht anders zu verhalten, wie in einem ordentlichen Prozeß. Es hat zu prüfen, ob die Behauptungen, ihre Wahrheit vorausgesetzt, an sich geeignet sind, den Antrag zu rechtfertigen oder zu entkräften; wenn solches zu bejahen ist, die angebotenen Beweise und Gegenbeweise zu erheben, auf Grund des Ergebnisses der Beweisaufnahme gemäß § 286 den Tatbestand festzustellen und seine Entscheidung zu fällen. Liegt ein gültiger Schiedsvertrag nicht vor oder ist die Zuständigkeit des angerufenen Gerichts nicht begründet, so ist der Antrag zurückzuweisen, ohne daß es eines Eingehens auf seinen Gegenstand und Inhalt bedarf.

Gegen die Entscheidung des Gerichts findet gemäß § 1045 Abs. 3 die sofortige Beschwerde statt, welche dem Antragsteller und dem Gegner, d. h. jedem von ihnen zusteht, der sich dadurch beschwert fühlt. Diese Beschwerde ist binnen einer Notfrist von zwei Wochen, welche mit der Zustellung der Entscheidung beginnt, einzulegen, entweder bei dem Gericht, von welchem die Entscheidung erlassen ist, oder bei dem Beschwerdegericht, d. h. bei dem im Instanzenzuge zunächst höheren Gericht. Die Einlegung erfolgt durch Einreichung einer Beschwerdeschrift, oder wenn die Entscheidung von einem Amtsgericht erlassen ist, durch Erklärung zum Protokoll des Gerichtsschreibers des Amtsgerichts. In diesem Fall ist die Einreichung der Beschwerdeschrift vom Anwaltszwang befreit, es genügt die Unterzeichnung mit dem Namen des Beschwerdeführers (§§ 577 Abs. 2, 569, 568 Abs. 1) [1]. Die Beschwerdeschrift hat im Eingang zweckmäßigerweise dieselben Angaben zu enthalten, wie der Antrag. Sie muß die Entscheidung bezeichnen, welche angefochten wird, und die Erklärung enthalten, daß dagegen Beschwerde eingelegt werde, wofür jedoch der Gebrauch des Wortes „Beschwerde" nicht wesentlich ist. Außerdem empfiehlt es sich, auch in der Beschwerde einen Antrag zu stellen und eine Begründung dafür zu geben, wenn nicht aus früheren Anträgen des Beschwerdeführers mit Sicherheit hervorgeht, was er verlangt, und die frühere Begründung dieser Anträge auch für die Beschwerde ausreicht. Die Beschwerde kann gemäß § 570 auf neue Tatsachen und Beweise gestützt werden. Gegen die Entscheidung des Beschwerdegerichts findet, soweit in derselben ein neuer selbständiger Beschwerdegrund enthalten ist, eine weitere Beschwerde statt (§ 568 Abs. 2). Diese weitere Beschwerde ist jedoch nur zulässig gegen Entscheidungen eines Landgerichts in der Beschwerdeinstanz. Gegen die Entscheidungen der Oberlandesgerichte ist eine Beschwerde überhaupt nicht zulässig (§ 567 Abs. 2).

Zur Vermeidung von Mißverständnissen ist noch hervorzuheben, daß, wenn auch das ordentliche Gericht gemäß § 1045 zur Entscheidung über die Anordnung der von den Schiedsrichtern für erforderlich erachteten richterlichen Handlungen zuständig ist, ihm damit doch nicht die Befugnis gegeben ist, in die Maßnahmen der Schiedsrichter einzugreifen, sie selbständig zu ändern und dementsprechende Anordnungen zu treffen. Das Gericht hat, falls es den Antrag für zulässig und begründet erachtet, ihm stattzugeben, andernfalls ihn abzulehnen. Selbstverständlich ist dadurch nicht ausgeschlossen, vielmehr als zweckmäßig zu empfehlen, daß das Gericht, wenn es Änderungen des Antrags oder der zu Grunde liegenden Kundgebungen der Schiedsrichter für erforderlich hält, solche bezw. deren Herbei-

---

1) IV 25. 9 93 Bd. 31 S. 426. — III 22. 2. 95 Bd. 35 S. 348/9. — VI 2. 11. 95 Bd. 36 S. 363/4.

führung vor der Ablehnung des Gesuchs dem Antragsteller, event. unter Bestimmung einer Frist, anheimgibt. Für irgendwelche auf eine Bestimmung des Schiedsverfahrens gerichtete Anordnung ist das ordentliche Gericht, auch wenn eine Partei darauf anträgt, nicht zuständig. Bei dem Mangel einer Vereinbarung der Parteien über das Schiedsverfahren untersteht dessen Regelung lediglich dem freien Ermessen der Schiedsrichter, für eine diesbezügliche gerichtliche Anordnung ist kein Raum gegeben [1]). Dies folgt auch daraus, daß das Schiedsverfahren kein Prozeß, sondern ein Verfahren zur Ausführung eines Vertrags ist, daß nur in denjenigen Fällen, in denen das Gesetz dies ausdrücklich bestimmt, ein Eingreifen des Gerichts zulässig ist und daß § 1045, der hierfür allein in Frage kommt, eine Bestimmung über die Befugnis des ordentlichen Gerichts zur Erlassung von Anordnungen für das Schiedsverfahren nicht enthält.

c) **Die Tragweite der Entscheidungen** nach § 1045 **kann** über den Gegenstand des Antrags, **über den entschiedenen Einzelfall hinausgehen,** worauf bereits vorher hingewiesen worden ist (vgl. zu b). Hat z. B. der Gegner Einwendungen gegen die Zulässigkeit des Schiedsverfahrens erhoben, weil der Schiedsvertrag erloschen sei, und hat das Gericht unter Zurückweisung dieser Einwendungen den Schiedsrichter ernannt, so kann der Gegner späterhin in einem anderen Verfahren gemäß § 1045 oder in einem Prozeß, welcher die Unzulässigkeit des Schiedsverfahrens, die Aufhebung oder die Vollstreckbarkeit des Schiedsspruchs zum Gegenstand hat, dieselben Tatsachen, welche er bereits in dem Beschlußverfahren geltend gemacht hatte, nicht mehr zur Begründung von erneuten Einwendungen gegen die Zulässigkeit des Schiedsverfahrens benutzen. Insoweit schafft die formell rechtskräftig gewordene Entscheidung, welche die Bestellung des Schiedsrichters ausspricht, auch Rechtskraft in materieller Hinsicht [2]). Dasselbe gilt von der Entscheidung über andere Einreden, deren Gegenstand nicht, wie das Erlöschen des Schiedsvertrags, in § 1045 besonders bezeichnet ist, so auch für die Einrede, daß ein Schiedsvertrag überhaupt nicht geschlossen worden sei. Aus der Natur des Beschlußverfahrens ist nicht zu entnehmen, daß in diesem, z. B. im Falle des Antrags auf Er-

1) II 22. 12. 96 JW. 97 S. 55 Z. 23.
2) VII 14. 5. 09 JW. 09 S. 396 Z. 16.

nennung eines Schiedsrichters, der Einwand nicht geprüft und zur Entscheidung gebracht werden könne, daß ein wirksamer Schiedsvertrag nicht bestehe. Es kann sich nur fragen, ob etwa das Vorbringen, daß ein Schiedsvertrag nicht bestehe, so geartet sei, daß es nur in einem besonderen Feststellungsverfahren zur Erörterung und Entscheidung gelangen könne, ob das Wesen des auf die Ernennung eines Schiedsrichters gerichteten Verfahrens die Entscheidung über einen solchen Einwand ausschließe. Beide Fragen sind zu verneinen. Dadurch, daß seit dem 1. Januar 1900 über die Streitigkeiten gemäß § 1045 nicht mehr auf Klage im ordentlichen Prozeßwege, sondern in einem besonderen Beschlußverfahren zu entscheiden ist, sind nicht auch besondere Zuständigkeitsregeln eingeführt worden. Die Zuständigkeitsvorschriften der ZPO. gelten überhaupt nicht für Einreden und Repliken. Infolgedessen muß die Frage, ob ein Schiedsvertrag erloschen sei, keineswegs ausschließlich auf dem in § 1045 angeordneten Weg zum Ausdruck gebracht werden, sondern es kann darüber auch in einem anderen Verfahren entschieden werden, wenn in diesem das Erlöschen des Schiedsvertrags behauptet wird [1]). Dasselbe muß in verstärktem Maße von der Frage gelten, ob ein Schiedsvertrag überhaupt zustande gekommen ist; denn in Hinsicht ihrer fehlt gänzlich eine Bestimmung, welche, wie die im § 1045 in Ansehung des Erlöschens des Schiedsvertrags enthaltene, auch nur einen denkbaren und äußerlichen Anhalt für eine entgegengesetzte Ansicht zu bieten geeignet wäre. Ebensowenig aber ist einzusehen, weshalb Zweck und Inhalt des auf gerichtliche Ernennung eines Schiedsrichters gerichteten Verfahrens in diesem keinen Raum für die Entscheidung über ein derartiges Vorbringen lassen sollte. Der Richter muß im heutigen Beschlußverfahren genau so, wie früher im ordentlichen Prozeßverfahren, über die bestrittenen Voraussetzungen seiner Tätigkeit befinden, er hat daher, wie früher im ordentlichen Verfahren, so jetzt im Beschlußverfahren über den Einwand, daß ein Schiedsvertrag nicht geschlossen sei, als Inzidenzpunkt zu entscheiden, da die Feststellung, daß ein Schiedsvertrag bestehe, notwendige Voraussetzung für die zu bewirkende gerichtliche Ernennung eines Schiedsrichters bildet [2]).

---

1) VII 7. 5. 01 Bd. 49 S. 353/7.
2) VII 10. 11. 03 JW. 03 S. 433 Z. 7.

Die inhaltliche Bedeutung und die materielle Rechtskraft der im Beschlußverfahren ergehenden Entscheidung erstreckt sich über ihren Wortlaut hinaus, wie bereits vorher bemerkt, nur auf solche Feststellungen, die eine **notwendige** Voraussetzung für die Erlassung der Entscheidung bilden. Ist z. B. in einem Verfahren, welches die Ernennung eines Schiedsrichters zum Gegenstande hatte, diese Ernennung trotz Widerspruch gegen die Gültigkeit des Vertrags, in dem die Schiedsklausel enthalten war, angeordnet worden, so ist damit zwar festgestellt, daß der Schiedsvertrag zu Recht bestehe, nicht aber gleichzeitig damit immer und unbedingt, daß dies auch von dem Hauptvertrag gelte. Dies wird nur für den Fall zutreffen, daß der Schiedsvertrag als ein integrierender unselbständiger Bestandteil des Hauptvertrags aufzufassen ist. Hat jedoch der Schiedsvertrag nach dem maßgebenden Willen der Vertragsschließenden eine selbständige Natur, so erscheint die Frage nach der Rechtswirksamkeit des Hauptvertrags als grundsätzlich trennbar von der Frage nach der Rechtswirksamkeit des Schiedsvertrags. Da notwendige Voraussetzung für die Ernennung des Schiedsrichters die Rechtswirksamkeit der vertraglichen Abmachungen der Parteien nur insoweit ist, als sie den Schiedsvertrag betreffen, so kann infolgedessen, auch wenn durch die Ernennung des Schiedsrichters die Rechtsbeständigkeit des Schiedsvertrags zwischen den Parteien rechtskräftig feststeht, die Frage nach der Gültigkeit des Hauptvertrags noch offen geblieben sein und die Entscheidung darüber in einem anderen Verfahren durch das ordentliche Gericht oder durch das Schiedsgericht erfolgen, wenn dieses nach dem Willen der Parteien darüber zu befinden hat. Der Hauptvertrag kann nichtig, der ihm beigefügte Schiedsvertrag rechtswirksam sein [1].

---

1) VII 17. 4. 14 JW. 14 S. 773 Z. 19.

II. Teil.

Das Vorverfahren.

Vorbemerkung.

Wie bereits in § 1 IV ausgeführt, kann man die Vorschriften über das Schiedsverfahren in 3 Abschnitte zerlegen und zusammenfassen: Das Vorverfahren mit den §§ 1025—1033, das Schiedsverfahren im eigentlichen Sinne mit den §§ 1034, 1035, 1037—1039 in Verbindung mit § 1040 und § 1041 und das gerichtliche Zwischen- und Nachverfahren mit den §§ 1036, 1041—1047. Diese Gliederung ist allerdings im Gesetz selbst durch Trennung und Zusammenfassung der Vorschriften in Abschnitte nicht durchgeführt — so gehört § 1036 eigentlich zu § 1045 —, sie ist jedoch sachlich begründet und ergibt sich aus der Art und Zweckbestimmung der einzelnen Vorschriften, worauf bereits in den §§ 1, 3 und 4 d. B. hingewiesen ist. **Die §§ 1025—1033 enthalten die Bestimmungen über die Voraussetzungen für das Schiedsverfahren und seine Vorbereitung** in bezug auf den Schiedsvertrag und die Ernennung der Schiedsrichter, sowie ihren Wegfall. **Das Verfahren,** welches **in Gemäßheit dieser Vorschriften** stattfindet, **wird „Vorverfahren" genannt,** weil es nicht, wie das Schiedsverfahren, die Entscheidung der Rechtsstreitigkeit selbst zum Gegenstand hat, sondern nur die Vorbereitung des Verfahrens hierzu, die Schaffung und Erhaltung der Voraussetzungen für seine Durchführung. Dementsprechend umfaßt die nachfolgende Abhandlung über das Vorverfahren eine Erörterung der Voraussetzungen für das Schiedsverfahren im allgemeinen und eine Darstellung der Geschäfte und Rechtshandlungen im einzelnen, welche zur Begründung dieser Voraussetzungen und zur Beseitigung von Hindernissen zwecks Vorbereitung und ordnungsmäßiger Durchführung des Verfahrens vorzunehmen sind und vorgenommen werden können. In dem Vorverfahren findet eine Mitwirkung der Schiedsrichter als solcher nicht statt, das Verfahren wird lediglich durch die Parteien betrieben, je nach ihren Vereinbarungen und nach den Umständen unter Mitwirkung der ordentlichen Gerichte oder dritter Personen (vgl. § 10 IIb 2 d. B.). Die Rechtsgrundsätze, welche für das Vorverfahren zur Anwendung kommen, sind die gleichen, wie für das Schiedsverfahren im eigentlichen Sinne, es sind die Grundsätze des Privatrechts, soweit nicht die ZPO. besondere Bestimmungen gibt, die aber ebenfalls materiellrechtlicher Natur sind (vgl. § 1, 3 und 4 I und II d. B.).

Zur Klarstellung ist noch zu bemerken, daß das die Ernennung und die Abberufung eines Schiedsrichters betreffende Verfahren auch dann nicht zu einem Teil des Schiedsverfahrens im eigentlichen Sinne wird, wenn es während dieses Verfahrens stattfindet; denn die Zugehörigkeit der hierfür in Frage kommenden Handlungen bestimmt sich nicht nach dem Zeitpunkt ihrer Vornahme, sondern nach ihrem Zweck, der nach wie vor nicht auf die Entscheidung der Rechtsstreitigkeit, sondern auf die Vorbereitung und Durchführung des Verfahrens hierfür gerichtet ist.

A.

Was ist in bezug auf die Voraussetzungen für das Schiedsverfahren zu beachten?

§ 9.

I. Was ist kraft Gesetzes Voraussetzung für das Schiedsverfahren?

Damit ein Schiedsverfahren stattfinden kann, muß, wie sich aus den vorhergehenden Darlegungen, insbesondere in § 2, ergibt,

1. **ein Schiedsvertrag vorliegen,** der die Entscheidung einer Rechtsstreitigkeit durch Schiedsrichter, also das Schiedsverfahren anordnet. Der Schiedsvertrag muß sich auf diejenige Rechtsstreitigkeit beziehen, deren Entscheidung das Verfahren herbeiführen soll, und von den Personen abgeschlossen sein, zwischen denen die Streitigkeit zu entscheiden ist, oder von ihren

Rechtsvorgängern (§ 6 I d. B.). Wie der Vertrag abgeschlossen ist, ob schriftlich, mündlich oder durch stillschweigende, mittelbare Willenserklärungen, ist für die Gültigkeit des Vertragsschlusses unerheblich. Es ist dafür keine Form vorgeschrieben [1]). Nur muß im Zweifels- oder Streitfalle der Abschluß und Inhalt des Schiedsvertrags nachgewiesen werden können; denn ohne Schiedsvertrag kein Schiedsverfahren.

2. Die zweite Voraussetzung für das Schiedsverfahren besteht darin, daß die zur Entscheidung der Rechtsstreitigkeit berufenen Personen, die Schiedsrichter, vorhanden sind, d. h. darin, daß die Schiedsrichter nicht nur ernannt sind, sondern diese Ernennung auch angenommen haben, daß zwischen den Parteien und ihnen darüber ein Vertrag geschlossen ist, **der** sogenannte **Schiedsrichtervertrag,** das Rezeptum (vgl. § 7 I d. B.).

Der Schiedsvertrag kann, wie in § 2 III auseinandergesetzt, abgeschlossen werden, ohne daß darin bereits die Schiedsrichter benannt werden. Das Schiedsverfahren jedoch kann nur stattfinden, die Entscheidung, auf deren Herbeiführung das Verfahren abzielt, kann nur dann ergehen, wenn die zu ihrer Erlassung befugten und bereiten Personen, die Schiedsrichter, vorhanden sind, wenn sie, sei es im Schiedsvertrage oder in Gemäßheit des Schiedsvertrags oder nach Maßgabe der denselben ergänzenden gesetzlichen Bestimmungen ernannt sind **und** sich zur Übernahme der Entscheidung der Rechtsstreitigkeit bereit erklärt haben. Die Feststellung dieser Bereitwilligkeit durch die Annahme der Ernennung seitens des Schiedsrichters gehört zur Einsetzung eines Schiedsrichters; denn ein Zwang, eine Pflicht zu der Übernahme der Tätigkeit eines Schiedsrichters besteht nicht, diese Übernahme hängt vielmehr von dem freien Belieben eines jeden ab. Infolgedessen wird jemand zum Schiedsrichter nicht schon durch seine Ernennung, sondern erst dadurch, daß er die Ernennung annimmt, daß er freiwillig die Verpflichtung übernimmt, die in Frage stehende Rechtsstreitigkeit zu entscheiden. Erst, wenn hierüber zwischen den Parteien und der zum Schiedsrichter ernannten Person eine Einigung erzielt, ein Vertrag zustande gekommen ist, ist das Schiedsgericht eingesetzt und vorhanden (vgl. § 7 I d. B.).

---

1) Schiedsvertrag S. 43 § 10: **Wie, wo und wann kann ein Schiedsvertrag geschlossen werden?**

3. Die dritte Voraussetzung, welche sich aus dem Wesen und Zweck des Schiedsvertrags und des Schiedsverfahrens ergibt, ist **die Rechtsstreitigkeit,** die in dem Verfahren entschieden werden soll. Es muß ein Rechtsverhältnis zwischen den Personen, welche das Schiedsverfahren führen wollen (vgl. § 6 I d. V.), vorliegen und zwar ein solches, über das sie in Streit geraten sind und über dessen Entscheidung sie einen Schiedsvertrag geschlossen haben (vgl. § 2 III d. V.). Für den Abschluß des Schiedsvertrags ist es nicht erforderlich, daß die Rechtsstreitigkeit bereits entstanden ist, ein Schiedsvertrag kann auch über eine zukünftige Streitigkeit abgeschlossen werden (§ 1026). Dies ist sogar die Regel; denn in den meisten Fällen werden die Schiedsverträge gleichzeitig mit anderen Verträgen, Kauf-, Werk-, Miets-, Gesellschafts- usw. Verträgen geschlossen und zwar zur Entscheidung der aus diesen Verträgen bezw. aus den durch sie erzeugten Rechtsverhältnissen sich in Zukunft ergebenden Streitigkeiten [1]). Hängt hiernach der Abschluß eines Schiedsvertrags nicht davon ab, daß bereits eine Rechtsstreitigkeit vorliegt, so kann doch das Schiedsverfahren naturgemäß erst dann stattfinden, wenn die Rechtsstreitigkeit bereits entstanden ist, so daß darüber eine Entscheidung ergehen kann. Das Rechtsverhältnis, das durch den Schiedsspruch festgestellt werden soll, muß nicht nur entstanden sein — über ein erst in Zukunft entstehendes Rechtsverhältnis kann keine Entscheidung ergehen, es sei denn, daß der künftige Anspruch sich als Folge eines schon bestehenden Rechtsverhältnisses darstellt [2]) —, sondern es muß auch bereits streitig geworden sein. Wenn auch der Schiedsvertrag, wie jeder andere Vertrag, unter einer Bedingung abgeschlossen werden kann und infolgedessen auch unter der Bedingung, daß eine Rechtsstreitigkeit in Zukunft zur Entstehung gelange, so kann doch die Ausführung des Schiedsvertrags, als welche sich das Schiedsverfahren darstellt, erst stattfinden, wenn die für die Wirksamkeit des Vertrags gesetzte Bedingung eingetreten, die Rechtsstreitigkeit tatsächlich entstanden ist.

Was die Entstehung des Streits anbetrifft, so ist dazu nicht erforderlich, daß das Bestreiten, welches den Streit veranlaßt,

---

1) Schiedsvertrag § 6: Welcher Art muß eine Rechtsstreitigkeit sein, damit darüber ein Schiedsvertrag geschlossen werden kann? S. 25—27.
2) VI 23. 10. 13 JW. 14 S. 100 Z. 29.

ausdrücklich erfolgt, vielmehr reicht es für die Begründung des Streitfalls aus, daß der eine Teil nicht das tut, was dem von dem anderen behaupteten Recht entspricht. Auch eine bloße Ungewißheit, die Unsicherheit hinsichtlich der Verwirklichung eines Anspruchs kann für die Annahme eines Streitfalls genügen [1]), so daß auch die Feststellung des Bestehens oder Nichtbestehens eines Rechtsverhältnisses im Schiedsverfahren verlangt und in gewissen Fällen sogar die Begründung, Änderung und Aufhebung von Rechten oder Rechtsverhältnissen zum Gegenstand des Verfahrens gemacht werden kann [2]).

Nicht jede Rechtsstreitigkeit kann Gegenstand eines Schiedsvertrags und damit der Entscheidung im Schiedsverfahren werden; denn § 1025 besagt:

> „Die Vereinbarung, daß die Entscheidung einer Rechtsstreitigkeit durch einen oder mehrere Schiedsrichter erfolgen solle, hat insoweit rechtliche Wirkung, als die Parteien berechtigt sind, über den Gegenstand des Streites einen Vergleich zu schließen."

Daraus folgt, daß das Recht, welches den Gegenstand des zu entscheidenden Streits bildet, derart sein muß, daß die Parteien darüber einen Vergleich abzuschließen befugt sind. In § 779 BGB. ist der Vergleich bestimmt als

> „ein Vertrag, durch den der Streit oder die Ungewißheit der Parteien über ein Rechtsverhältnis im Wege gegenseitigen Nachgebens beseitigt wird."

und hinzugefügt:

> „Der Ungewißheit über ein Rechtsverhältnis steht es gleich, wenn die Verwirklichung eines Anspruchs unsicher ist."

Gegenstand des Schiedsverfahrens kann hiernach nur ein streitiges oder ungewisses Recht oder Rechtsverhältnis sein, über welches die Parteien zu verfügen berechtigt sind, so daß sie davon gegenseitig nachgeben können. Ein Streit über Rechte, hinsichtlich deren den Parteien eine solche Verfügungsmacht nicht zusteht und die infolgedessen von der Regelung durch den Vergleich aus-

---

1) VI 18. 4. 95 Bd. 35 S. 392/3. — IV 17. 6. 01 Bd. 49 S. 372/3.

2) I 22. 2. 09 Bd. 71 S. 255/6. — Schiedsvertrag § 5: Was ist eine Rechtsstreitigkeit? S. 18/19.

geschlossen sind, kann auch nicht Gegenstand des Schiedsverfahrens sein [1]).

Diese drei Voraussetzungen:

1. Schiedsvertrag,
2. Schiedsrichtervertrag,
3. Rechtsstreitigkeit

müssen in jedem Falle vorliegen, damit das Schiedsverfahren stattfinden kann. Andernfalls ist entweder dieses Verfahren nicht zulässig — so, wenn nicht ein gültiger Schiedsvertrag oder nicht eine darunter fallende und zur Entscheidung im Schiedsverfahren geeignete Rechtsstreitigkeit vorliegt — oder der Zweck des Verfahrens, die Beseitigung der Rechtsstreitigkeit kann nicht erreicht werden — so, wenn nicht ein Schiedsrichtervertrag abgeschlossen ist. In welcher Reihenfolge diese Voraussetzungen zur Entstehung gelangen, ob zuerst der Schiedsvertrag oder der Schiedsrichtervertrag geschlossen wird, ob die Rechtsstreitigkeit vorher oder nachher entstanden ist, ist unerheblich. Doch sind natürlich beide Verträge, solange nicht die Rechtsstreitigkeit vorliegt, nur bedingt gültig, in ihrer Wirksamkeit davon abhängig, daß die Streitigkeit zur Entstehung gelange. Und, wenn der Schiedsrichtervertrag vor dem Schiedsvertrag geschlossen wird, kommt für ihn als weitere Bedingung in bezug auf den Eintritt seiner Wirksamkeit noch der spätere Abschluß des Schiedsvertrags hinzu.

II. Welche sonstigen Voraussetzungen müssen erfüllt sein, damit es stattfinden kann?

Außer diesen sich aus dem Wesen und dem Zweck des Schiedsverfahrens ergebenden **Voraussetzungen können noch andere in Frage kommen,** und zwar **auf Grund von Vereinbarungen der Parteien.**

In Verträgen mit Behörden, welche einen Schiedsvertrag enthalten, findet sich oft die Bestimmung, daß alle Streitigkeiten zunächst der vertragschließenden Behörde zur Entscheidung vorzulegen seien und daß erst nach Erlassung dieser Entscheidung die Einleitung des Schiedsverfahrens stattfinden dürfe. Die Zu-

1) Im übrigen vergl.: Schiedsvertrag S. 21—27 § 6: Welcher Art muß eine Rechtsstreitigkeit sein, damit darüber ein Schiedsvertrag geschlossen werden kann?

lässigkeit einer solchen Bestimmung ist nicht zu bezweifeln[1]). Der andere Teil muß deshalb, bevor er auf schiedsrichterliche Entscheidung antragen kann, zunächst die Entscheidung der Behörde herbeiführen und diese abwarten. Verzögert die Behörde die Entscheidung oder erläßt sie eine solche überhaupt nicht, oder gibt sie dieselbe nicht dem anderen Teil bekannt, so ist dieser — wenn nicht eine entsprechende Bestimmung in dem Schiedsvertrage enthalten ist — wie das RG. entschieden hat, nicht befugt, der Behörde auf Grund des § 326 BGB. eine Frist zur Erlassung und Mitteilung einer Entscheidung zu stellen und nach fruchtlosem Ablauf dieser Frist die Erfüllung des Schiedsvertrags durch die Behörde abzulehnen und von dem Vertrage zurückzutreten. Der § 326 l. c. sei — führt das RG. aus — auf einen Schiedsvertrag und die hier vereinbarte Abgabe einer Entscheidung durch die Behörde nicht anwendbar. Erfülle eine Partei in dieser Richtung ihre Obliegenheiten nicht, so gäben die Bestimmungen der ZPO. der anderen Partei die nötigen Rechtsbehelfe an die Hand, um zu ihrem Rechte zu gelangen[2]). Unter den Rechtsbehelfen der ZPO., auf welche das RG. die Partei, welche das Schiedsverfahren herbeiführen will, verweist, kann die Erhebung der Klage gegen die säumige Behörde auf Erlassung und Bekanntgabe der Entscheidung und im Falle ihrer Verurteilung die Anhaltung zur Vornahme dieser Handlungen gemäß § 888 ZPO. verstanden werden. Ein zeitraubender Weg, um zur Einleitung des Schiedsverfahrens zu gelangen! Rechtsbehelfe aus dem 10. Buche der ZPO. über das Schiedsverfahren können nicht in Betracht kommen, da hierin solche für den vorliegenden Fall nicht gegeben sind. Praktisch ist also das Ergebnis der erörterten Entscheidung, der die Auffassung zugrunde liegt, daß der Schiedsvertrag nicht zu den gegenseitigen Verträgen gehöre, wenig befriedigend. Eventl. könnte für die Beseitigung der sich hieraus ergebenden Schwierigkeiten noch § 162 Abs. 1 BGB. in Frage kommen, welcher lautet:

> „Wird der Eintritt der Bedingung von der Partei, zu deren Nachteil er gereichen würde, wider Treu und Glauben verhindert, so gilt die Bedingung als eingetreten."

---

1) Schiedsvertrag S. 96 § 19: **Über Einschränkungen der Geltung des Schiedsvertrags.**

2) VII 2. 6. 05 Recht 06 S. 626 Nr. 1528.

Doch wird sich der Nachweis der Voraussetzungen für die Anwendung dieser Bestimmung selten erbringen lassen.

Ist man im Gegensatz zu der Auffassung des RG. der Ansicht, daß der Schiedsvertrag ein gegenseitiger Vertrag sei, so entbehrt die Entscheidung der Begründung, die nichtsäumige Partei kann unter Anwendung des § 326 BGB. vom Vertrage zurücktreten (vgl. § 2 III a. E. d. B.).

Die Parteien können weiterhin, wie für die Erhebung der Klage im ordentlichen Verfahren, vereinbaren, daß vor Anrufung des Schiedsgerichts gewisse Vorfragen tatsächlicher Art (Beschaffenheit, Preisangemessenheit von Waren, Entstehung, Ursache und Höhe eines Schadens usw.) von anderen Personen als den Schiedsrichtern mit für die Parteien und die Schiedsrichter verbindlicher Kraft festzustellen seien und daß erst, wenn diese Personen (Sachverständige, Schätzer, Gutachter, Schiedsgutachter) sich über die Fragen in der von den Parteien vorgeschriebenen Weise geäußert hätten, das Schiedsverfahren beginnen dürfe [1]). Liegt eine solche Vereinbarung vor, so haben die Parteien zunächst die Verpflichtung, alle Schritte zu tun, um die Feststellung durch die Gutachter herbeizuführen. Wird das Schiedsgericht vorher angerufen, so hat es sich der Feststellung der in Betracht kommenden Tatfragen zu enthalten und den Parteien aufzugeben, zunächst deren vertragsmäßige Erledigung herbeizuführen [2]). Lassen sich aber die Parteien vor dem Schiedsgericht auf die Verhandlung der Sache ein, ohne zu rügen, daß das Schiedsverfahren verfrüht sei, so können sie später nicht mehr darauf zurückkommen [3]).

Alle sonstigen Voraussetzungen, welche durch Vereinbarung der Parteien für das Schiedsverfahren geschaffen werden können und deren Erfüllung vor Einleitung des Verfahrens in Frage kommen kann, zu erörtern, ist nicht möglich, da für solche Vereinbarungen die Vertragsfreiheit gilt und diese nur durch die allgemeinen Vorschriften über die Rechtswirksamkeit von Verträgen beschränkt ist.

---

1) Schiedsvertrag S. 96 § 19: Über Einschränkungen der Geltung des Schiedsvertrags. — I 19. 10. 98 JW. 98 S. 663 Z. 22.

2) VI 22. 6. 91 JW. 91 S. 415 Z. 21. — VI 28. 5. 91 JW. 91 S. 416 Z. 22.

3) I 19. 10. 98 JW. 98 S. 663 Z. 22.

III. Welche Folgen hat die Nichterfüllung der Voraussetzungen für das Verfahren?

Die Bedeutung und Wirkung der gesetzlichen, wie der von den Parteien vereinbarten **Voraussetzungen besteht darin, daß, bevor sie erfüllt** sind, **das Schiedsverfahren** nicht stattfinden kann, also **unzulässig ist und** daß **der trotzdem ergehende Schiedsspruch der Aufhebung** gemäß § 1041 Ziff. 1 **unterliegt.** Hinsichtlich der Nachhaltigkeit der Wirkungen besteht jedoch zwischen ihnen ein Unterschied. **Die vereinbarten Voraussetzungen sind,** worauf bereits zuvor in § 5 a. E. und § 7 III d. B. hingewiesen ist, **verzichtbar;** durch Vereinbarung begründet, können sie ebenso wieder aufgehoben werden, und eine solche Vereinbarung ist anzunehmen, wenn beide Teile, ohne das Fehlen der Voraussetzung geltend zu machen, vor dem Schiedsgericht zur Sache verhandelt haben und das Schiedsgericht seine Entscheidung erlassen hat [1]). Alsdann kann späterhin die Unzulässigkeit des Schiedsverfahrens deswegen, weil die fragliche Voraussetzung dafür gefehlt habe, nicht mehr gerügt werden. **Anders verhält es sich mit den gesetzlichen Voraussetzungen.** Allerdings wird das Fehlen des Schiedsrichtervertrags, d. h. der Umstand, daß ein solcher Vertrag vor Beginn des Schiedsverfahrens noch nicht abgeschlossen gewesen ist, nicht mehr in Frage kommen können, wenn die Parteien ohne Vorbehalt vor dem Schiedsrichter verhandelt und dieser seine Entscheidung ordnungsmäßig erlassen hat, also die Pflichten aus dem Schiedsrichtervertrage erfüllt sind. Und auch das Fehlen oder die Ungültigkeit des Schiedsvertrags kann dadurch geheilt werden, daß die Parteien, ohne den Mangel zu rügen, sich auf die Verhandlung der Sache vor dem Schiedsgericht einlassen und dieses darauf seine Entscheidung erläßt; denn in dem widerspruchslosen Verhandeln beider Teile über ihren Streit vor den Schiedsrichtern und in der Entgegennahme der Verhandlungen durch die als Schiedsrichter tätigen Personen kann der rechtswirksame Abschluß sowohl des Schiedsvertrags, als auch des Schiedsrichtervertrags gefunden werden [2]). Hierbei darf aber nicht von einem Verzicht auf Voraussetzungen für das Verfahren gesprochen werden, sondern nur von einem Nachholen derselben,

---

1) I 19. 10. 98 JW. 98 S. 663 Z. 22.
2) VII 1. 11. 12, VII 284 12. — I 8. 2. 99 Bd. 43 S. 408/9.

welches sich gleichzeitig mit dem Schiedsverfahren und durch dieses vollzieht.

Nicht zu heilen oder nachzuholen ist das Fehlen einer Rechtsstreitigkeit, deren Entscheidung den Zweck des Schiedsverfahrens darstellt. Diese bildet die unerläßliche und unverzichtbare Voraussetzung nicht bloß für die beiden Verträge, sondern auch für das Schiedsverfahren und muß für dieses von vornherein vorhanden sein. Liegt kein Streit über ein Recht oder ein Rechtsverhältnis, sondern ein Streit über Tatsachen zugrunde, so ist und bleibt das Schiedsverfahren unzulässig, auch wenn die Parteien dies nicht geltend gemacht haben. Die von dem sogenannten Schiedsgericht, das im Rechtssinne keins ist, erlassene Entscheidung ist kein Schiedsspruch und hat nicht die Wirkungen eines rechtskräftigen gerichtlichen Urteils. Damit, daß eine Rechtsstreitigkeit vorliegt oder nicht, steht und fällt die Zulässigkeit des Schiedsverfahrens [1]).

IV. Was muß und was kann zur Vorbereitung des Verfahrens durch die Parteien geschehen?

a) Für die Erörterung dessen, was die Parteien zu tun haben, um das Schiedsverfahren vorzubereiten, kommen in erster Linie **die vorher behandelten Voraussetzungen** in Betracht; diese **müssen,** wie bereits auseinandergesetzt, **vorhanden sein,** damit das Verfahren stattfinden kann. Infolgedessen haben die Parteien, wenn sie das Verfahren betreiben wollen, sich zunächst dessen zu vergewissern und dafür zu sorgen, daß, soweit eine Voraussetzung noch nicht vorhanden ist, sie geschaffen werde.

Was die Rechtsstreitigkeit anbetrifft, so wird diese, wenn die Parteien zur Einleitung des Schiedsverfahrens schreiten, wohl nahezu immer gegeben sein, wenn es auch mitunter zweifelhaft sein kann, ob eine Rechtsstreitigkeit im Sinne des Gesetzes vorliegt, d. h. ob es sich um einen Streit über ein Recht oder um einen Streit über Tatsachen handelt und ob infolgedessen das Schiedsverfahren überhaupt zulässig ist oder nicht (vgl. zu III). Ist ein Streit noch nicht entstanden, so haben die Parteien zu erwägen, ob es in ihrem Interesse liegt, einen solchen Streit zur Entstehung zu bringen, um das Schiedsverfahren deswegen her-

---

1) VII 12. 11. 07 Bd. 67 S. 72/4.

beizuführen. Von einer Anleitung hierfür muß abgesehen werden.

Über den Abschluß des Schiedsvertrags ist das Nötige bereits vorher gesagt worden. Sind in dem Schiedsvertrag die Schiedsrichter nicht ernannt, so **muß** eine Vervollständigung des Vertrags erfolgen; denn ohne Schiedsrichter kein Schiedsspruch. Wie diese Ergänzung herbeizuführen ist, richtet sich danach, ob und welche Vereinbarungen die Parteien über die Berufung der Schiedsrichter und die Bildung des Schiedsgerichts getroffen haben.

Außerdem **muß** mit den Schiedsrichtern, auch wenn sie bereits ernannt sind, ein Vertrag über die Ausübung ihrer Tätigkeit als Schiedsrichter geschlossen werden. Die Schiedsrichter selbst müssen die Ernennung angenommen und sich zur Erlassung des Schiedsspruchs bereit erklärt haben (vgl. § 7 I und § 9 II d. B.).

Ist ein unfähiger Schiedsrichter ernannt, so **muß** oder **kann** seine Beseitigung erfolgen, je nachdem die Unfähigkeit eine absolute oder eine relative ist (§ 7 III d. B.). In dem ersteren Falle ist diese Beseitigung unbedingte Voraussetzung für das Verfahren, da dieses sonst unzulässig ist und der unter Mitwirkung eines unfähigen Schiedsrichters erlassene Schiedsspruch der Aufhebung unterliegt.

b) **Außer den Akten, welche** zur Erfüllung der Voraussetzungen für das Verfahren **vorgenommen werden müssen, kommen** für die Förderung und ordnungsmäßige Erledigung des Verfahrens **noch andere in Frage, deren Vornahme im Belieben der Parteien** steht.

Auch wenn der Schiedsvertrag bereits abgeschlossen und vollständig ist, kann es sich empfehlen, ihn nachträglich zu ergänzen, insbesondere durch Bestimmungen über das von den Schiedsrichtern zu beachtende Verfahren, was zulässig ist [1]), nach Abschluß des Vertrags mit den Schiedsrichtern jedoch nur unter deren Zustimmung (§ 12 I d. B.). Auch kann, wenn der Schiedsvertrag formlos geschlossen ist, die nachträgliche Errichtung einer schriftlichen Urkunde darüber gemäß § 1027 in Frage kommen und aus verschiedenen Gründen für die Förderung des Schiedsverfahrens zweckmäßig sein, insbesondere, um den

1) VI 4. 1. 92 JW. 92 S. 95 Z. 9.

Schiedsrichtern durch die schriftliche Aufzeichnung der von den Parteien getroffenen Vereinbarungen eine sichere Grundlage für ihr Verfahren und die Erlassung des Schiedsspruchs zu geben und um die Begründung der Anträge nach § 1045 zu erleichtern. Daneben kommt noch in Betracht, daß, wenn die Parteien die Zuständigkeit eines bestimmten Gerichts zur Entscheidung über diese Anträge vereinbaren wollen, dies gemäß § 1045 nur in einem **schriftlichen** Schiedsvertrag geschehen kann (§ 8 II d. B.). Welche Vereinbarungen überhaupt getroffen werden können und zweckmäßigerweise in dem Schiedsvertrag zu treffen sind, dies auszuführen, fällt nicht unter die diesem Buche gestellte Aufgabe [1]). Derartige Vereinbarungen werden nachträglich, d. h. wenn bereits der Streitfall entstanden ist und das Schiedsverfahren beginnen soll, oft nicht mehr herbeizuführen und ein hierauf gerichteter Versuch wird meist vergeblich sein. Da, soweit besondere Vereinbarungen der Parteien darüber nicht vorliegen, sich das Verfahren nach den Vorschriften der ZPO. und nach den Bestimmungen der Schiedsrichter (§ 4 I und II d. B.) regelt, ist eine Ergänzung des Schiedsvertrags durch nachträgliche Vereinbarungen der Parteien nicht notwendige Voraussetzung für die Durchführung des Verfahrens, wenn nur überhaupt ein gültiger Schiedsvertrag im Sinne des § 1025 (§ 1026) vorliegt.

B.
Was gilt für die Ernennung und die Bestellung des Schiedsrichters?

§ 10.

I. Was ist unter der Ernennung des Schiedsrichters zu verstehen? Wem steht das Recht zur Ernennung zu? Wann gilt die Ernennung als erfolgt?

Unter der Ernennung des Schiedsrichters **ist die Ernennung zu verstehen, welche einen Bestandteil des Schiedsvertrags bildet** (§ 2 III und § 7 I d. B.) und infolgedessen als zwischen den Parteien vereinbart gilt, gleichviel ob der Schiedsrichter im

---

1) Vgl. hierzu Schiedsvertrag Abschnitt II und III, insbesondere die §§ 7 u. 8 (Seite 28—39), sowie die §§ 15—21 (S. 71—105).

Schiedsvertrag von vornherein oder nachträglich, von beiden Parteien oder von einer Partei oder von einem Dritten für eine oder für beide Parteien ernannt ist. Da die Ernennung Gegenstand der Vereinbarung ist, hierüber also eine Willenseinigung stattzufinden hat, so steht **das Recht zur Ernennung grundsätzlich nur beiden Parteien gemeinsam** zu. Jeder Schiedsrichter ist von beiden Parteien gemeinsam zu ernennen, über die Ernennung eines jeden Schiedsrichters muß zwischen den Parteien eine Vereinbarung getroffen werden. Denn nur, wem von beiden Parteien oder doch mit dem Willen, unter Zustimmung beider Parteien die Entscheidung der Rechtsstreitigkeit übertragen wird, der kann seine Entscheidung mit der Wirkung treffen, daß sie für beide Parteien gilt, daß beider Wille daran gebunden ist. Ist durch den Schiedsvertrag bestimmt, daß jede Partei selbständig einen oder mehrere Schiedsrichter zu ernennen habe, so bedeutet dies nichts anderes, als daß jede Partei zu der Ernennung des Schiedsrichters durch die andere Partei im voraus ihre Zustimmung gegeben hat (§ 6 III a. E. d. B.), so daß auch in diesem Falle der Schiedsrichter als von beiden Parteien ernannt zu gelten hat. Selbstverständlich wird die Zustimmung nur unter der Voraussetzung oder vielmehr unter der Bedingung erteilt, daß die Ernennung den Bestimmungen des Schiedsvertrags entspricht und daß durch die Persönlichkeit des Schiedsrichters die Anforderungen erfüllt werden, die an sie nach Maßgabe des Schiedsvertrags zu stellen sind. Auch wenn nach dem Schiedsvertrage einer Partei allein das Recht eingeräumt ist, den oder die Schiedsrichter zu ernennen, so hat sie dies Recht nur dadurch erhalten, daß die andere Partei von vornherein der Ernennung der Schiedsrichter durch die eine Partei zugestimmt hat, so daß die ernennende Partei durch jede Ernennung gleichzeitig das der andern Partei zustehende Ernennungsrecht ausübt und auch in diesem Falle jeder Schiedsrichter als von beiden Parteien ernannt zu gelten hat. Auch hierfür ist natürlich Bedingung, daß die Ernennung vertragsmäßig erfolgt und der Schiedsrichter die Voraussetzungen für seine Ernennung erfüllt. Dies gilt auch für die Ernennung des Schiedsrichters durch einen Dritten. Gleichviel ob dem Dritten die Ermächtigung hierzu von beiden Parteien oder von einer Partei allein übertragen ist, er leitet in jedem Falle sein Ernennungsrecht von beiden Parteien her und ist beiden für die Ausübung verantwortlich.

Als erfolgt gilt die Ernennung des Schiedsrichters, die nicht in dem Schiedsvertrag geschehen ist, erst dann, wenn sie von einer Partei erklärt, **der andern zugeht, oder, von einem Dritten** vorgenommen, **beiden Parteien zugeht**; denn auch Vereinbarungen werden grundsätzlich erst dann wirksam, wenn für jede der ihnen wesentlichen Willenserklärungen die Merkmale der Vollendung nach Maßgabe der §§ 130—132 BGB. gegeben sind [1]). Auch wenn die Ernennung des Schiedsrichters durch eine Partei nach außen hin sich als eine einseitige Erklärung, als ein einseitiges Rechtsgeschäft darstellt, bedeutet sie im Verhältnis zwischen den Parteien doch eine Willenseinigung über die Person des Schiedsrichters, die durch die Anzeige der Ernennung an die andere Partei zum Ausdruck gebracht und wirksam wird. Die Ernennung des Schiedsrichters durch die Partei bezw. die Anzeige davon an die andere Partei ist sonach kein einseitiges Rechtsgeschäft, und dasselbe gilt von der Ernennung des Schiedsrichters durch einen Dritten (vgl. die Ausführungen zu II b 2). **Kommt zu der Ernennung ihre Annahme durch den Schiedsrichter, so liegt eine Bestellung** des Schiedsrichters **vor,** die einen Vertragsschluß zwischen dem Schiedsrichter und den Parteien darstellt, wie bereits in § 7 I auseinandergesetzt ist und in § 11 I d. W. des näheren ausgeführt werden soll. **Hier steht die Ernennung** des Schiedsrichters **zur Erörterung.**

II. Durch wen, in welcher Weise und wann hat die Ernennung zu geschehen? a) wenn Vereinbarungen der Parteien darüber nicht vorliegen, b) wenn solche Vereinbarungen getroffen sind.

Was für die Ernennung des Schiedsrichters gilt, bestimmt sich in erster Linie danach, ob und welche Vereinbarungen die Parteien darüber getroffen haben oder ob solche Vereinbarungen überhaupt nicht vorliegen; je nachdem gestaltet sich das Verfahren zur Ernennung der Schiedsrichter verschieden.

a) **Haben die Parteien,** was — wie in § 2 III d. W. ausgeführt — die Gültigkeit des Schiedsvertrags nicht beeinträchtigt,

---

1) Staudinger Bd. I S. 505, Anm. 1 zu § 130.

eine Bestimmung über die Ernennung der Schiedsrichter **überhaupt nicht getroffen, so** erfolgt, wie ebenfalls in § 2 III d. B. bereits auseinandergesetzt, eine Ergänzung ihres Vertragswillens durch das Gesetz, welches hierüber **bestimmt** in **§ 1028:**

> „Ist in dem Schiedsvertrag eine Bestimmung über die Ernennung der Schiedsrichter nicht enthalten, so wird von jeder Partei ein Schiedsrichter ernannt."

und in **§ 1029:**

> „Steht beiden Parteien die Ernennung von Schiedsrichtern zu, so hat die betreibende Partei dem Gegner den Schiedsrichter schriftlich mit der Aufforderung zu bezeichnen, binnen einer einwöchigen Frist seinerseits ein Gleiches zu tun.
>
> Nach fruchtlosem Ablauf der Frist wird auf Antrag der betreibenden Partei der Schiedsrichter von dem zuständigen Gericht ernannt."

Hiernach sind, wenn eine Vereinbarung der Parteien darüber nicht vorliegt, **zwei Schiedsrichter zu ernennen,** und zwar **durch jede Partei einer. Das Verfahren** hierfür **ist folgendes:**

Die betreibende Partei, d. h. die an der Erlangung des Schiedsspruchs interessierte und deshalb die Bildung des Schiedsgerichts betreibende Partei [1]), hat dem Gegner, d. h. der anderen Partei, den Schiedsrichter, das ist diejenige Person, die sie ihrerseits als Schiedsrichter erwählt hat — ihren Schiedsrichter, wie es oft im Verkehr zwischen den Parteien heißt — schriftlich mit der Aufforderung zu bezeichnen, binnen einer einwöchigen Frist seinerseits ein Gleiches zu tun, d. h. ihr — der betreibenden Partei — innerhalb einer Woche ihren Schiedsrichter schriftlich zu bezeichnen. Die Ernennung der Schiedsrichter und damit die Bildung des Schiedsgerichts erfolgt also dadurch, daß eine jede Partei der anderen einen Schiedsrichter bezeichnet, und zwar in schriftlicher Form. Ob und wann diese Form gewahrt ist, bestimmt sich, da es sich hierbei um eine gesetzliche Formvorschrift handelt, nach den Vorschriften, welche in § 126 BGB. gegeben und in § 5 II a d. B. erläutert sind. Die Bezeichnung durch Telegramm genügt hiernach nicht, das Schriftstück, welches die Bezeichnung des Schiedsrichters enthält, muß die eigenhändige Namensunterschrift dessen tragen, der den Schiedsrichter be-

1) III 19. 11. 97 JW. 98 S. 50 Z. 20.

zeichnet. Ist dies die Partei selbst, so muß das Schriftstück die Unterschrift ihres Namens oder ihrer Firma erhalten.

Der Inhalt des Schriftstücks richtet sich danach, ob die Bezeichnung des Schiedsrichters von der betreibenden oder von der anderen Partei ausgeht. Im ersteren Falle ist damit die Aufforderung zur Ernennung des zweiten Schiedsrichters an die andere Partei zu verbinden; diese Aufforderung muß, wie sich aus der Fassung der Vorschrift in § 1029 Abs. 1 ergibt: „schriftlich **mit** der Aufforderung zu bezeichnen" in demselben Schriftstück enthalten und mitunterschrieben sein. Die Erklärung der anderen Partei hat nur die Bezeichnung des Schiedsrichters zu enthalten. Durch Erklärungen mit dem angegebenen Inhalt wird der Vorschrift des § 1029 Abs. 1 genügt, doch wird es sich in den meisten Fällen empfehlen und kann, wenn zwischen den Parteien mehrere Streitsachen in der Schwebe sind, erforderlich sein, auch die Streitigkeit anzugeben, für deren Entscheidung die Bezeichnung des Schiedsrichters erfolgt. Denn sonst können, wenn dies nicht mit Sicherheit aus anderen Umständen zu entnehmen ist, Zweifel darüber entstehen, für welche Streitsache die Ernennung des Schiedsrichters erfolgt ist. Ob die Angabe der Streitsache gleichzeitig mit der Bezeichnung des Schiedsrichters erfolgt oder vorher oder nachher, ist unerheblich, nur muß sich daraus, sei es allein oder in Verbindung mit anderen Umständen, mit Sicherheit erkennen lassen, für welche Streitsache der Schiedsrichter ernannt ist.

Was die Übermittelung des Schriftstücks an die andere Partei betrifft, so kann diese durch Übergabe von Person zu Person erfolgen, durch Übersendung mittels eines besonderen Boten, mittels der Post oder mittels Zustellung durch den Gerichtsvollzieher, wie in § 5 II b und c d. B. auseinandergesetzt ist. In allen Fällen empfiehlt es sich, von der anderen Partei eine Bescheinigung über den Empfang einzufordern oder wenigstens von dem Überbringer eine Bescheinigung der Übergabe des Schriftstückes ausstellen zu lassen, um ein Beweismittel zu erhalten, und zwar für die betreibende Partei zwecks Nachweis des fruchtlosen Ablaufs der Frist für den Antrag gemäß § 1029 Abs. 2, für den anderen Teil zum Erweise der Einhaltung der Frist.

Da es bei der Bezeichnung der Schiedsrichter in Gemäßheit des § 1029 Abs. 1 sich um Willenserklärungen handelt, die von der einen Partei der anderen gegenüber abzugeben sind, infolgedessen die Bezeichnung des Schiedsrichters gegenüber der anderen Partei und damit seine Ernennung als in dem Zeitpunkt erfolgt gilt, in welchem das die Bezeichnung enthaltende Schriftstück der anderen Partei zugegangen ist (vgl. § 5 II und § 10 I d. V.), so kommt für den Beginn, den Lauf und die Einhaltung der einwöchigen Frist dieser Zeitpunkt in Betracht, nicht derjenige der Absendung des Schriftstücks (vgl. § 5 III d. V.). Die Frist beginnt demgemäß mit dem Tage des Zugehens der Bezeichnung des Schiedsrichters an die andere Partei und endigt mit dem Ablauf des diesem Tage durch seine Benennung entsprechenden Tages der nächsten Woche; falls dieser ein Sonntag oder ein am Erklärungsort anerkannter allgemeiner Feiertag ist, mit dem Ablauf des nächsten Werktags. Als Erfüllungsort gilt gemäß § 269 BGB. der Ort, an welchem die Parteien ihren Wohnsitz oder ihre gewerbliche Niederlassung hatten, als der Schiedsvertrag abgeschlossen wurde. Will die betreibende Partei der anderen eine längere Frist als eine Woche stellen, so bleibt ihr dies unbenommen, die Säumnis der anderen Partei tritt alsdann erst mit dem fruchtlosen Ablauf dieser Frist ein. Eine Abkürzung der Frist ohne Zustimmung der anderen Partei ist unzulässig und damit wirkungslos.

Ist die Partei eine juristische Person oder geschäftsunfähig, so hat die Ernennung durch ihren gesetzlichen Vertreter zu geschehen. Hierfür gilt das Gleiche, wie für die Vertretung der Partei im Schiedsverfahren (vgl. § 6 II d. V.). Erfolgt die Bezeichnung des Schiedsrichters nicht durch die Partei selbst, sondern durch einen Bevollmächtigten, so ist die Bestimmung des § 174 BGB. zu beachten, wenn man die Bezeichnung, d. h. die Anzeige von der Ernennung an die andere Partei (vgl. § 7 I d. V.) zu den sogenannten einseitigen Rechtsgeschäften rechnet, d. h. zu denjenigen, die den durch sie bezweckten rechtlichen Erfolg lediglich dadurch erreichen, daß sie der anderen Partei zugehen, also ohne deren Zutun ihre Wirkung äußern (vgl. § 6 III und § 10 I a. E. d. V.). Dies gilt auch für die Aufforderung zur Bezeichnung eines Schiedsrichters.

Ist mit der Bezeichnung des Schiedsrichters seitens der betreibenden Partei nicht die Aufforderung zur Benennung eines Schiedsrichters an die andere Partei verbunden oder ist hierfür nicht die schriftliche Form gewahrt worden, so entbehrt die Bezeichnung des Schiedsrichters der Rechtswirksamkeit (doch vgl. hierzu die Ausführungen zu III 5). Sie gilt als nicht erfolgt, die einwöchige Frist zur Erklärung für den anderen Teil wird nicht in Lauf gesetzt. Die andere Partei kann nunmehr ihrerseits die Rolle der betreibenden Partei übernehmen, oder sie kann abwarten, was der andere Teil weiterhin tut.

Ist seitens der anderen Partei gegenüber der betreibenden Partei der Schiedsrichter nicht in der vorgeschriebenen schriftlichen Form oder nicht rechtzeitig, d. h. nicht innerhalb der einwöchigen Frist bezeichnet worden, so gilt ebenfalls die Bezeichnung als nicht erfolgt. Die säumige Partei wird mit Ablauf der Frist des Rechts, ihrerseits einen Schiedsrichter zu ernennen, verlustig; ihr Recht geht in der Weise auf die betreibende Partei über, daß diese die Ernennung des zweiten Schiedsrichters durch das Gericht verlangen kann [1]). Welches Gericht hierfür zuständig ist, bestimmt sich nach § 1045 Abs. 1. Das Nähere darüber, sowie, in welcher Weise der Antrag zu stellen und zu begründen ist, und wie sich das Verfahren danach gestaltet, ist in § 8 II und III d. V. ausgeführt. In dem Antrag kann gebeten werden, eine bestimmte Person zum Schiedsrichter zu ernennen, es können auch mehrere Personen dafür in Vorschlag gebracht werden. Es empfiehlt sich, hierbei auch die Gründe anzugeben, aus denen die vorgeschlagene Person als zur Ausübung des Schiedsrichteramts in dem vorliegenden Falle geeignet erachtet wird. Das Gericht ist an die Vorschläge nicht gebunden. Bestreitet der Gegner, welcher gemäß § 1045 Abs. 2 zu hören ist, die Behauptungen des Antragstellers nicht und erachtet das Gericht seine Zuständigkeit zur Entscheidung über den Antrag und den Antrag selbst als begründet, so hat es — erforderlichenfalls nach Vornahme von Ermittelungen über die Geeignetheit des vorgeschlagenen Schiedsrichters oder über die Auswahl eines anderen — die Ernennung des Schiedsrichters auszusprechen, d. h. in dem auf den Antrag ergehenden Beschluß die Person des Schiedsrichters zu bezeichnen [2]). Die Zuständigkeit des Gerichts hierfür kann durch eine nach Ablauf der Frist erfolgende Ernennung seitens der säumigen Partei nicht beseitigt werden, wenigstens nicht ohne Zustimmung der anderen Partei. Denn durch den

---

1) I 29. 11. 99 Bd. 45 S. 383/5.
2) III 18. 10. 89 JW. 89 S. 432 Z. 13.

fruchtlosen Ablauf der Frist wird ein fester Rechtszustand geschaffen, der durch ein späteres Eingreifen der säumigen Partei nicht mehr geändert werden kann. Die betreibende Partei hat durch den Fristablauf einen Anspruch auf die Ernennung des Schiedsrichters durch das Gericht erworben, den ihr die säumige Partei durch die nachträgliche Benennung ihrerseits nicht nehmen kann. Eine Nachholung der Ernennung des Schiedsrichters gemäß § 231 Abs. 2 ZPO. ist ausgeschlossen, da es sich hierbei nicht um eine Prozeßhandlung, sondern um die Ausübung eines Vertragsrechts handelt, das durch die Fristversäumung verloren geht [1]). Natürlich bleibt es dem Gericht unbenommen, seinerseits den Schiedsrichter zu ernennen, den die andere Partei, wenn auch verspätet oder nicht vorschriftsmäßig, bezeichnet hat, sofern es diesen Schiedsrichter als geeignet erachtet. Auch können die Parteien sich jederzeit über die Ernennung eines Schiedsrichters einigen, selbst wenn bereits ein anderer vom Gericht ernannt ist. Dieser kommt alsdann in Fortfall (vgl. auch hierzu die Ausführungen zu III 5).

Zur Klarstellung ist noch zu bemerken, daß die Vorschrift des § 1028 nur dann zur Anwendung gelangt, wenn, wie der Wortlaut besagt, in dem Schiedsvertrag eine Bestimmung über die Ernennung der Schiedsrichter nicht enthalten ist, d. h. überhaupt keine Bestimmung, weder hinsichtlich der Person, noch hinsichtlich der Zahl der Schiedsrichter, noch über die Art ihrer Ernennung. Nur für diesen Fall ist die Ergänzung des nicht erklärten Willens der Parteien durch das Gesetz in Gemäßheit des § 1028 zulässig [2]). Haben die Parteien in dem Schiedsvertrag eine Bestimmung über die Ernennung getroffen, jedoch eine solche, die allein für sich nicht ausreicht, um die Bildung des Schiedsgerichts herbeizuführen, so ist damit der Tatbestand für die Anwendung des § 1028 nicht gegeben. Ist z. B. bestimmt, daß die Schiedsrichter von einer Partei allein oder von einem Dritten zu ernennen sind, ohne daß ihre Zahl angegeben ist, so findet eine Ergänzung der Bestimmung über die Zahl der Schiedsrichter in Gemäßheit des § 1028 derart, daß in diesem Falle zwei Schiedsrichter zu bestellen sind, nicht statt [1]). Die

1) I 29. 11. 99 Bd. 45 S. 383/5.
2) Petersen Bd. II S. 770 Anm. 3 zu § 1028.
3) III 11. 4. 90 Bd. 26 S. 376 = JW. 90 S. 203 Z. 8.

Vorschrift des § 1029 findet sowohl in dem Falle Anwendung, daß in dem Schiedsvertrag eine Bestimmung über die Ernennung der Schiedsrichter überhaupt nicht enthalten ist, als auch dann, wenn in dem Schiedsvertrag bestimmt ist, daß jede Partei einen oder mehrere Schiedsrichter zu ernennen habe. Sie findet keine Anwendung, wenn nach dem Schiedsvertrag der oder die Schiedsrichter nur von einer Partei oder von einem Dritten zu ernennen sind [1]).

Wann die betreibende Partei die Ernennung ihres Schiedsrichters vornehmen will, steht in ihrem Belieben, sie muß es dann tun, wenn zwischen ihr und der anderen Partei eine Rechtsstreitigkeit entstanden ist, über die ein Schiedsvertrag geschlossen ist, und sie die Entscheidung darüber herbeiführen, also das Schiedsverfahren dafür einleiten oder zur Durchführung bringen will. Die Pflicht der anderen Partei zur Ernennung eines Schiedsrichters entsteht durch die Aufforderung hierzu seitens der betreibenden Partei und ist innerhalb der Frist von einer Woche, nachdem ihr die Aufforderung zugegangen ist, zu erfüllen, wie vorher auseinandergesetzt ist.

b) Haben die Parteien Vereinbarungen über die Ernennung der Schiedsrichter **getroffen, so richten sich die hierfür vorzunehmenden Handlungen nach diesen Vereinbarungen,** und zwar lediglich nach ihnen, wenn sie dafür ausreichen. Der Willkür der Parteien sind in bezug auf derartige Vereinbarungen keine anderen Schranken gesetzt, als diejenigen, welche sich aus gesetzlichen Vorschriften zwingenden Rechts ergeben, wie in § 4 I und II d. B. erörtert. Alle hiernach möglichen Fälle und Kombinationen zu erörtern, ist ausgeschlossen. Die Ausführung der Vereinbarungen wird auch meist nicht Schwierigkeiten bereiten, wenn sie vollständig sind, d. h. über alle Fragen der Ernennung Bestimmungen enthalten. Zweifel können sich jedoch ergeben, wenn die Parteien nur über einen Teil dieser Fragen Vereinbarungen getroffen haben und ihr Wille hinsichtlich der anderen Punkte durch Auslegung zu ermitteln ist (vgl. § 4 III d. B.). In bezug auf die Hauptfälle ist **folgendes zu beachten:**

1. **Für die Fälle der Ernennung durch die Parteien** selbst: **Ist vereinbart, daß beide Parteien die Schiedsrichter zu ernennen**

---

1) III 7. 6. 89 JW. 89 S. 326 Z. 6. — VI 17. 5. 94 Bd. 33 S. 266ff. = JW. 94 S. 365 Z. 18. — Eine frühere Entscheidung II 16. 2. 87 JW. 88 S. 17 Z. 25 ist hiernach unzutreffend.

haben, jede Partei einen oder mehrere, oder eine Partei mehrere und die andere Partei nur einen, **so regelt sich das Verfahren nach § 1029,** wie vorher auseinandergesetzt, mit der Maßgabe, daß, wenn der betreibenden Partei die Ernennung mehrerer Schiedsrichter obliegt, sie die Ernennung aller gleichzeitig vorzunehmen hat, damit die daran geknüpfte Aufforderung an die andere Partei die erforderte Wirkung habe, während die aufgeforderte Partei ihre Schiedsrichter nicht gleichzeitig zu benennen hat, wenn nur die Ernennung sämtlicher Schiedsrichter innerhalb der vorgeschriebenen Frist der betreibenden Partei zugeht. Ist die Zahl der Schiedsrichter, welche jede Partei zu ernennen hat, im Schiedsvertrag nicht bestimmt, so hat jede Partei einen zu ernennen (§ 1028).

Ist die Ernennung der Schiedsrichter **einer Partei** allein **vorbehalten** — was zulässig ist —[1]), **so bewirkt diese sie, indem sie den oder die Schiedsrichter der anderen Partei bezeichnet;** in welcher Zahl und Form steht in ihrem Belieben, wenn nichts darüber vereinbart ist. Wird das Verfahren von der anderen, nicht zur Ernennung befugten Partei betrieben, so hat diese — mangels anderweiter Vereinbarung — die zur Ernennung berechtigte und verpflichtete Partei aufzufordern, ihr den oder die Schiedsrichter zu bezeichnen. Zweckmäßig wird in der Aufforderung gleichzeitig eine Frist dafür gesetzt, was jedoch für die Rechtswirksamkeit nicht erforderlich ist. Die Frist muß eine angemessene sein, ein Zeitraum von einer Woche dürfte in Hinsicht auf § 1029 als angemessen zu erachten sein, doch kann und muß je nach den Umständen auch ein längerer Zeitraum gewährt werden, z. B. wenn die zur Ernennung verpflichtete Partei sich im Auslande befindet und kein zu ihrer Vertretung befugter Bevollmächtigter im Inlande bekannt ist. Für diese Aufforderung ist die Erfüllung einer Form nicht nötig, wenn dies nicht vereinbart ist. Erfolgt nicht innerhalb angemessener Frist die Ernennung der Schiedsrichter, so kann die betreibende Partei, wenn sie ausdrücklich eine Frist gesetzt hatte, sofort auf Ernennung gegen die andere Partei im ordentlichen Verfahren Klage erheben. Die Anrufung des ordentlichen Gerichts deswegen gemäß § 1045 im Antrags- bezw. Beschlußverfahren ist nicht statthaft, da hierunter nur die Fälle der Ernennung nach Maßgabe der

---

1) III 11. 4. 90 Bd. 26 S. 373/4 = JW. 90 S. 203 Ziff. 8.

§§ 1029 Abs. 2 und 1031, sowie die Streitigkeiten über die Ernennung (§ 8 III d. V.) fallen. War mit der Aufforderung nicht ausdrücklich eine Frist gesetzt, so hat nach fruchtlosem Ablauf einer Frist von angemessener Dauer, um die aufgeforderte Partei in Verzug zu setzen, noch eine Mahnung zu erfolgen (§ 284 BGB.), welche sich als Aufforderung zur sofortigen Ernennung darstellt. Die Setzung einer Nachfrist ist hierbei nicht erforderlich, doch wird es sich empfehlen, bei Aufforderungen im Inlande noch einen kurzen Zeitraum, etwa drei Tage zu gewähren.

Dadurch, daß die dazu verpflichtete Partei die Ernennung der Schiedsrichter nicht fristgemäß vornimmt, wird sie nicht außerstande gesetzt, die Ernennung nachträglich vorzunehmen. Dies kann sie jederzeit tun, auch nach Erhebung der Klage; denn dies bezweckt ja die Klage, die Bestimmung des § 1029 Abs. 2, wonach die säumige Partei das Ernennungsrecht verliert, findet auf diesen Fall keine Anwendung [1]). Ist die zur Ernennung verpflichtete Partei rechtskräftig verurteilt, nimmt sie aber trotzdem die Ernennung nicht vor, so kann sie dazu im Wege der Zwangsvollstreckung angehalten werden, was das RG. in bezug auf die Ernennung eines Sachverständigen für zulässig erklärt hat [2]) und was auch für die Ernennung eines Schiedsrichters zutrifft. Der Weg hierfür ist aus § 888 zu entnehmen, da die Ernennung der Schiedsrichter sich als eine Handlung darstellt, die — mangels einer Vereinbarung darüber — durch einen Dritten nicht vorgenommen werden kann und ausschließlich von dem Willen der zur Ernennung verpflichteten Partei abhängt. Die verurteilte Partei kann demgemäß durch Geldstrafen bis zum Gesamtbetrage von Mk. 1500.— oder durch Haft zur Vornahme der Ernennung gezwungen werden. Bleiben diese Zwangsmittel erfolglos, so ist der Schiedsvertrag, sofern nicht in anderer Weise für seine Ausführung durch Übertragung des Ernennungsrechts für diesen Fall an die andere Partei oder einen Dritten Sorge getragen ist, unausführbar und damit hinfällig geworden. Alsdann ist der ordentliche Rechtsweg für die Geltendmachung des Anspruchs eröffnet, welcher den Gegenstand des Schiedsverfahrens bilden soll.

---

1) III 7. 6. 89 JW. 89 S. 326 Z. 6. — VI 17. 5. 94 Bd. 33 S. 266/7 = JW. 94 S. 365 Z. 18.
2) II 11. 5. 97 JW. 97 S. 324 Z. 10.

Ein durchaus unbefriedigendes Ergebnis des Abschlusses eines Schiedsvertrags! Die Schwierigkeiten, welche die betreibende Partei zu überwinden hat, um endlich die Möglichkeit zu erhalten, wegen des Anspruchs, den sie gegen die andere Partei im Schiedsverfahren geltend machen wollte, die Klage vor dem ordentlichen Gericht anzustrengen, können, wenn die andere Partei den Prozeß wegen der Ernennung durch alle Instanzen gehen läßt, sehr erhebliche sein. Vor allen Dingen geht viel Zeit verloren und vielleicht überhaupt die Möglichkeit, von der anderen Partei das zu erhalten, was verlangt wird. Ein Schiedsvertrag wird meist in der Absicht geschlossen, eine Rechtsstreitigkeit im Wege des Schiedsverfahrens einfacher und schneller zur Erledigung zu bringen, als dies vom ordentlichen Verfahren erwartet wird. In einem Falle mit dem vorstehend angegebenen Ausgang aber würde der Abschluß des Schiedsvertrags zur Folge haben, daß die betreibende Partei, um im ordentlichen Prozeßwege klagen zu können — was sie, wenn sie nicht den Schiedsvertrag geschlossen hätte, sofort hätte tun können —, erst einen anderen Prozeß im ordentlichen Verfahren führen und in diesem alle zulässigen Rechts- und Zwangsmittel erschöpfen muß. Also gerade das Gegenteil von dem würde eintreten, was beabsichtigt ist, nicht eine Erleichterung, sondern eine Erschwerung der Rechtsverfolgung, nicht eine Verkürzung, sondern eine Verlängerung des Verfahrens. Dieses unerfreuliche Ergebnis kann vermieden werden, wenn der Schiedsvertrag als ein gegenseitiger Vertrag zu erachten ist (§ 2 III a. E. d. V.) und demgemäß, sofern die Partei, welche die Ernennung der Schiedsrichter zu bewirken hat, hiermit im Verzug ist, ihr von der anderen Partei nach § 326 BGB. zur Ernennung eine angemessene Nachfrist mit der Erklärung bestimmt werden kann, daß die Annahme der Ernennung nach Ablauf der Frist abgelehnt werde. Alsdann ist die andere Partei, wenn nicht die Ernennung rechtzeitig, d. h. innerhalb der Frist erfolgt ist, nach deren Ablauf berechtigt, von dem Schiedsvertrag zurückzutreten und der Anspruch auf Erfüllung des Vertrags ist ausgeschlossen. Hiermit ist ein Weg eröffnet, der den Absichten der Parteien, welche einen Schiedsvertrag schließen, entspricht und durch dessen Zulassung die Vereitelung dieser Absichten verhindert werden kann[1]).

---

1) II 19. 11. 97 JW. 98 S. 50 Z. 20.

Ist in dem Schiedsvertrag **bestimmt, daß ein** einziger **Schiedsrichter von beiden Parteien gemeinschaftlich zu ernennen sei, so ist ein solcher Schiedsvertrag gültig,** aber bedingt durch die spätere Einigung über die Person des Schiedsrichters. Die ergänzenden Bestimmungen der §§ 1028, 1029 finden auch auf diesen Fall keine Anwendung, da sie voraussetzen, daß jeder Teil einen oder mehrere Schiedsrichter zu ernennen habe. Erfolgt die nach dem Schiedsvertrag erforderliche Einigung über die Person des Schiedsrichters nicht, so ist der Vertrag als hinfällig anzusehen. Die Unausführbarkeit liegt aber erst vor, wenn eine Einigung vergeblich versucht ist. Sache der betreibenden Partei ist es, einen nach ihrer Meinung geeigneten unparteiischen Schiedsrichter in Vorschlag zu bringen. Wird dieser von der anderen Partei abgelehnt, so ist der gerichtliche Klageweg eröffnet — unbeschadet der Befugnis, der betreibenden Partei, einen etwaigen Gegenvorschlag des anderen Teils anzunehmen und damit das Schiedsgericht zustande zu bringen. Die Entscheidung des ordentlichen Gerichts gemäß § 1045 kann nicht angerufen werden, da es sich nicht um die Ernennung des Schiedsrichters durch eine Partei, sondern nur um Vorschläge für eine Vereinbarung über die Person eines Schiedsrichters handelt [1]).

Sind nach dem Schiedsvertrag **mehrere Schiedsrichter von** den Parteien **gemeinschaftlich zu ernennen, so ist** auch **diese Bestimmung gültig,** nur daß die Bedingung der Einigung in einem solchen Falle noch schwerer zu erfüllen ist, weil nicht bloß über die Persönlichkeit, sondern auch über die Zahl der Schiedsrichter eine Verständigung zu erfolgen hat. Um hierüber alsbald Klarheit zu erhalten, empfiehlt es sich für die betreibende Partei, der anderen eine bestimmte Anzahl von Schiedsrichtern unter Bestimmung einer Frist zur Rückäußerung und mit dem Bemerken vorzuschlagen, daß falls nicht innerhalb der Frist (welche angemessen zu bestimmen ist) die andere Partei ihre Zustimmung erteile, der Vorschlag als abgelehnt erachtet werde. Geht hierauf innerhalb der Frist die Zustimmung der anderen Partei nicht ein, so kann die betreibende Partei sogleich die Klage im ordentlichen Verfahren anstrengen.

Die Bestimmung, daß die Parteien den oder die Schiedsrichter gemeinsam zu ernennen haben, entspricht an und für sich

1) VI 17. 5. 94 Bd. 33 S. 266/9 = JW. 94 S. 365 Z. 18.

dem Wesen des Schiedsvertrags, wie zu I ausgeführt. Die Verständigung darüber wird aber naturgemäß bei Abschluß des Vertrags, wenn noch kein Streit vorliegt, leichter erfolgen, als später, wenn dies der Fall ist.

2. **Ist die Ernennung** des Schiedsrichters **einem Dritten übertragen, so erfolgt sie durch diesen** und zwar **mittels Bezeichnung gegenüber beiden Parteien,** sofern nichts anderes vereinbart ist. Denn einerseits wird, auch wenn der Dritte nur einer Partei gegenüber die Verpflichtung zur Ernennung des Schiedsrichters übernommen hat, dadurch zwischen ihm und den Parteien ein Vertrag darüber geschlossen, der ihn beiden gegenüber verpflichtet; erst, wenn die Benennung des Schiedsrichters beiden Parteien mitgeteilt ist, hat der Dritte seine Pflicht zur Ernennung aus dem hierüber mit ihm geschlossenen Vertrage erfüllt. Andererseits stellt die an und für sich beiden Parteien zustehende Bestimmung des Schiedsrichters (vgl. § 10 I d. B.) sich als eine Erklärung dar, welche der Dritte für beide Parteien, namens jeder Partei der andern gegenüber abzugeben hat; der Dritte handelt bei der Ernennung des Schiedsrichters stets für beide Parteien (vgl. zu I). Soll die Ernennung des Schiedsrichters für und gegen beide Parteien wirken und gelten, soll sie zu einem Bestandteil des zwischen ihnen geschlossenen Schiedsvertrags werden (vgl. §§ 2 III, 7 I, 10 I d. B.), so kann sie dies nur dadurch, daß sie beiden Parteien zugeht. Nur hierdurch wird beiden Parteien auch die Möglichkeit gewährt und gesichert, die Ernennung des Schiedsrichters auf ihre Vertragsmäßigkeit hin zu prüfen und danach ihre Maßnahmen zu treffen; denn auch derjenigen Partei, auf Grund deren Ermächtigung der Dritte die Ernennung vornimmt, steht das Recht zur Ablehnung des für sie ernannten Schiedsrichters zu (§§ 1032 Abs. 1, 42 Abs. 3), das sie mangels Kenntnis von der Ernennung verlieren könnte.

Daß der Dritte im voraus individuell bestimmt ist, bildet nicht ein notwendiges Erfordernis für die Gültigkeit des Schiedsvertrags. Man wird es unter Umständen als genügend betrachten müssen, wenn der Dritte nur generell, und zwar derart bezeichnet wird, daß seine demnächstige Anrufung, wenn auch nicht dem erklärten, so doch dem wahren Willen der Kontrahenten entspricht. Haben z. B. die Parteien die Ernennung der Handelskammer übertragen, so ist daraus die Folgerung zu ziehen, daß die Parteien damit die Handelskammer im Bezirke desjenigen Gerichts gemeint haben, vor welchem die Klage hätte erhoben werden müssen, und daß, wenn hiernach mehrere Gerichtsstände für die Beklagte möglich sind, so als Erfüllungsort des Vertrags und als Ort der Handelsniederlassung, die Klägerin hierunter die Wahl hat [1]).

Handelt es sich um eine juristische Person, so wird die ihr obliegende Ernennung durch ihr vertretungsberechtigtes Organ vorgenommen, und für eine Behörde durch die ihr angehörenden Beamten als Privatpersonen. Die Übertragung der Ernennung an eine Behörde darf nicht den Sinn haben, daß der Beamte oder die Beamten, welche sie vertreten bezw. ihr angehören, die Ernennung in ihrer amtlichen Eigenschaft vornehmen sollen; vielmehr muß sie, um rechtswirksam zu sein, dahin aufzufassen sein, daß unter der Behörde die durch ihr Amt nur bezeichneten physischen Personen als Privatpersonen gedacht sind. Die von dem Beamten einer Behörde vorgenommene Ernennung steht derjenigen durch jede andere Privatperson gleich. Ist z. B. die Ernennung dem Vorsitzenden der zuständigen Zivilkammer übertragen und hat dieser als Privatperson den Schiedsrichter ernannt, so unterliegt diese Ernennung nicht der sofortigen Beschwerde gemäß § 1045 Abs. 3, sondern der Anfechtung nach § 1045 Abs. 1, zur Entscheidung darüber ist das in § 1045 Abs. 1 bezeichnete Gericht zuständig. Nimmt der Vorsitzende in der irrigen Auffassung, daß er nicht als Privatperson, sondern in seiner amtlichen Funktion zu der Ernennung berufen sei, diese in der Form einer Entscheidung nach § 1045 Abs. 1 vor, so muß diese Entscheidung auf Antrag aufgehoben werden, da sie als solche gesetzlich nicht zulässig ist, es sich dabei vielmehr ausschließlich um eine Privatangelegenheit des Vorsitzenden handeln kann [2]).

In welcher Zahl, in welcher Weise und Form der Dritte die Ernennung vorzunehmen hat, steht mangels einer Bestimmung der Parteien darüber in seinem Ermessen. Er ist nicht auf die Zahl von zwei Schiedsrichtern beschränkt. Denn der § 1028 bezieht sich nur auf den Fall, daß die Parteien sich selbst die Ernennung der Schiedsrichter ohne Übereinkunft über deren Zahl vorbehalten haben, nicht aber auf den Fall der Übertragung des Ernennungsrechts auf einen Dritten [3]).

1) III 11. 4. 90 Bd. 26 S. 371/5 = JW. 90 S. 203 Z. 8.
2) II 17. 10. 02 Bd. 53 S. 1/4.
3) III 11. 4. 90 Bd. 26 S. 376.

Ist von den Parteien nichts darüber vereinbart, so hat der Dritte die Ernennung vorzunehmen, sobald **eine** Partei ihn dazu auffordert. Kommt er dieser Aufforderung innerhalb angemessener Frist nicht nach, so ist zunächst festzustellen, ob er sich zur Vornahme der Ernennung verpflichtet hat. Ist dies nicht der Fall und verweigert der Dritte die Ernennung, so ist der Schiedsvertrag nicht ausführbar und ohne weiteres hinfällig. Hat der Dritte eine Verpflichtung zur Ernennung übernommen, so kann er auf deren Erfüllung verklagt und durch die Zwangsmittel aus § 888 dazu angehalten werden. Haben diese Mittel keinen Erfolg, so ist damit die Unausführbarkeit des Schiedsvertrags festgestellt. Voraussetzung hierfür ist jedoch, wie in allen anderen Fällen der Art, daß von den Parteien nicht anderweit, etwa durch Substituierung eines anderen Dritten, falls der erste nicht die Ernennung vornimmt, und dergleichen Vorsorge gegen das Außerkrafttreten des Schiedsvertrags getroffen ist. Die ZPO. enthält für diese Fälle keine Bestimmung, die Entscheidung hierüber ist vielmehr aus allgemeinen Rechtsgrundsätzen zu gewinnen [1]), in gleicher Weise wie für die Fälle, in denen einer Partei allein die Ernennung der Schiedsrichter zusteht.

Eine der gebräuchlichsten Schiedsklauseln lautet:

„Parteien ernennen je einen Schiedsrichter. Diese beiden Schiedsrichter wählen einen Obmann."

Hierin liegt eine Mischung verschiedener Ernennungsarten vor. Die Ernennung der beiden Schiedsrichter durch die Parteien regelt sich nach § 1029. Die Bestimmung über die Ernennung des Obmanns aber kann für die Ausführung zu Zweifeln Anlaß geben. Zunächst darüber, ob die Ernennung des Obmanns sogleich zu erfolgen hat, so daß er von vornherein als Mitglied des Schiedsgerichts mitwirkt, oder erst dann, wenn sich zwischen den beiden Schiedsrichtern Meinungsverschiedenheiten ergeben haben, die der Entscheidung durch den Obmann bedürfen. Sodann darüber, in welcher Weise die Schiedsrichter die Ernennung vorzunehmen haben und welche Folgen sich ergeben, wenn sie der von ihnen durch die Annahme des Schiedsrichteramts übernommenen Verpflichtung dazu nicht nachkommen. Es gilt dafür folgendes:

---

1) VI 10. 6. 97 JW. 97 S. 400 Z. 4.

Die beiden Schiedsrichter, welche den Obmann zu wählen haben, kommen hierbei den Parteien gegenüber als Dritte in Betracht. Einigen sie sich über die Wahl des Obmanns, so haben sie den Parteien davon Anzeige zu machen; erst mit dieser Anzeige an die Parteien gilt mangels anderweiter Vereinbarung die Ernennung des Obmanns als erfolgt, haben die Schiedsrichter die von ihnen übernommene Verpflichtung gegen die Parteien erfüllt, wie vorher auseinandergesetzt. Wenn das RG. meint, daß für die Schiedsrichter nicht die Verpflichtung bestehe, die Parteien davon zu benachrichtigen, daß sie von der nach dem Schiedsvertrage ihnen zustehenden Befugnis, einen Obmann hinzuzuziehen, Gebrauch machen würden, und daß durch die Unterlassung der Benachrichtigung die Rechte der Parteien zwar verletzt werden könnten, wenn sie auf diese Weise eines Ablehnungsrechts beraubt würden, daß aber, wenn ein solches Recht nicht vorliege, die Benachrichtigung der Parteien lediglich von dem Ermessen der Schiedsrichter abhänge [1]), so trifft dies nicht zu. Denn die Ernennung des Obmanns, wie überhaupt die Bildung des Schiedsgerichts, ist nicht ein Teil des Schiedsverfahrens, dessen Regelung in Ermangelung einer Vereinbarung der Parteien von dem freien Ermessen der Schiedsrichter abhängt, sondern gehört zur Vorbereitung des Verfahrens (vgl. §§ 1 IV und die Vorbemerkungen zu Teil II d. B.), bildet einen Akt der Ergänzung des Schiedsvertrags, welchen die Schiedsrichter lediglich kraft besonderer Ermächtigung der Parteien vornehmen. Infolgedessen kann auch keine Rede davon sein, daß, wenn die Schiedsrichter den Parteien anzeigten, daß sie sich über die Wahl des Obmanns nicht einigen könnten, der Schiedsvertrag gemäß § 1033 Ziff. 2 außer Kraft trete. Diese Folge tritt aus einem anderen Grunde ein, nämlich deswegen, weil die Bildung des Schiedsgerichts nicht erfolgen kann. Denn, nehmen die Schiedsrichter die Wahl des Obmanns auf die Aufforderung auch nur einer Partei innerhalb angemessener Frist nicht vor, so können sie nicht im Wege der Klage und Zwangsvollstreckung dazu angehalten werden, die Einigung zwischen ihnen ist keine im Wege der Zwangsvollstreckung nach § 888 erzwingbare Handlung, da sie nicht ausschließlich von dem Willen des einzelnen Schiedsrichters abhängig, vielmehr

---

1) VII 1./2. 01 Bd. 47 S. 426/7 = JW. 01 S. 160 Ziff. 10.

hierzu die Mitwirkung beider Schiedsrichter erforderlich ist. Ist die Wahl des Obmanns nach dem Schiedsvertrag für die Bildung des Schiedsgerichts notwendig und kommt sie nicht zustande, so wird der Schiedsvertrag infolge Unausführbarkeit hinfällig [1]).

Mit Rücksicht hierauf wird deshalb in den meisten Fällen der oben wiedergegebenen Schiedsklausel noch der Satz hinzugefügt:

> „Einigen sie (d. h. die Schiedsrichter) sich darüber nicht, so wird der Obmann von der Handelskammer (dem Regierungspräsidenten, dem Landgerichtspräsidenten usw.) ernannt."

Alsdann ist die Ernennung des Obmanns als gesichert zu erachten, da die Handelskammer und die anderen Behörden die Ernennung meist vornehmen werden, wenn die Parteien oder eine von ihnen mit der erforderlichen Begründung einen Antrag darauf stellen.

III. Was ist für die Giltigkeit jeder Ernennung zu beachten?

Für alle Fälle der Ernennung der Schiedsrichter ist folgendes zu beachten:

1. Gleichviel, ob die Ernennung auf Grund ausdrücklicher Bestimmung des Schiedsvertrags oder auf Grund der ihn ergänzenden gesetzlichen Bestimmungen erfolgt, ob durch die Parteien oder einen anderen, so ist **unerläßliche Voraussetzung** für die Zulässigkeit und Rechtswirksamkeit der Ernennung, sowie der Aufforderung dazu, **daß ein gültiger Schiedsvertrag abgeschlossen und noch in Kraft ist.** Ficht z. B. der zur Ernennung eines Schiedsrichters aufgeforderte Vertragsteil den Hauptvertrag wegen Täuschung an und entzieht damit beim Nachweise der Anfechtungsgründe auch der Schiedsvertragsklausel die Grundlage, so darf er die Ernennung des Schiedsrichters verweigern, das zur Entscheidung hierüber angerufene Gericht hat dann zunächst den Anfechtungsgrund zu prüfen [2]).

---

1) VI 17. 5. 94 Bd. 33 S. 268/9 = JW. 94 S. 365 Z. 18.
2) VII 31. 1. 02 JW. 02 S. 171 Ziff. 32.

Für den Fall der Zurückweisung der Anfechtung kann die Unterlassung der Ernennung jedoch zur Folge haben, daß durch den Fristablauf das Ernennungsrecht verloren gegangen ist, so nach den §§ 1029 Abs. 2 und 1031.

2. **Der in der** vorschriftsmäßigen **Aufforderung** zur Bezeichnung des Schiedsrichters **liegende Zwang zur Ernennung greift auch** dann **Platz, wenn die aufgeforderte Partei den ihr bezeichneten Schiedsrichter ablehnen will oder ablehnt,** und **die Ernennung** des Schiedsrichters seitens der aufgeforderten Partei **gilt als erfolgt, auch wenn die betreibende Partei den bezeichneten Schiedsrichter ablehnen will oder ablehnt.** Die Ablehnung kann jedoch, wenn sie begründet ist, die Verpflichtung zur Ernennung eines anderen Schiedsrichters zur Folge haben, sofern hierzu an die Partei, welche den abgelehnten Schiedsrichter ernannt hat, seitens der anderen Partei eine Aufforderung dazu ergeht (§ 1031). Die Verpflichtung zur Ernennung des Schiedsrichters wird nicht dadurch erfüllt, daß als Schiedsrichter eine Person bezeichnet wird, von der der Ernennende weiß oder wissen muß, daß sie kraft Gesetzes von der Tätigkeit als Schiedsrichter ausgeschlossen ist oder daß sie die Übernahme dieser Tätigkeit ablehnen wird. Ein solcher Fall steht demjenigen der Nichternennung eines Schiedsrichters gleich [1]).

3. **Ohne Bedeutung für die Ernennung eines Schiedsrichters ist, ob er als solcher bezeichnet ist.** Weder wird die Ernennung dadurch wirkungslos, daß der Schiedsrichter als Sachverständiger bezeichnet wird, noch wird ein Gutachter zum Schiedsrichter dadurch, daß er als solcher bezeichnet wird. Entscheidend dafür, ob jemand zum Schiedsrichter ernannt ist, ist der Inhalt der ihm gestellten Aufgabe. Ist ihm die endgültige Entscheidung eines Rechtsstreits unter Ausschluß des ordentlichen Rechtswegs übertragen, so ist er Schiedsrichter, sonst nicht [2]).

---

1) I 1. 2. 96 JW. 96 S. 150 Ziff. 22. — VI 17. 5. 94 Bd. 33 S. 268/9 = JW. 94 S. 365 Ziff. 18.

2) VI 17. 5. 94 Bd. 33 S. 266. — VI 5. 12. 95 JW. 96 S. 33 Z. 19. — IV 6. 5. 97 JW. 97 S. 306 Z. 19. — I 27. 9. 99 JW 99 S. 726 Z. 1. — VI 2. 10. 99 JW. 99 S. 701 Z. 15. — VII 12. 11. 07 Bd. 67 S. 72/4 = JW. 08 S. 16 Z. 21. — Schiedsvertrag S. 67—70 § 14: Was ist und was bezweckt der Gutachter-Vertrag? Wodurch unterscheidet sich der Schiedsrichter von dem Gutachter?

4. Gibt nicht der Schiedsvertrag die Bezeichnung des Schiedsrichters, so hat **die Ernennung nicht durch Mitteilung** hiervon **an den Schiedsrichter, sondern,** wenn es sich um die Ernennung durch eine Partei handelt, **durch die Bezeichnung des Schiedsrichters** seitens dieser **an die andere Partei oder,** wenn ein Dritter die Ernennung vorzunehmen hat, durch Bezeichnung **gegenüber beiden Parteien,** wie zu IIb 2 auseinandergesetzt, zu erfolgen; es sei denn, daß etwas anderes vereinbart ist. Dies gilt auch für die Ernennung durch das Gericht gemäß § 1045, da dieses die Ernennung an Stelle der säumigen Partei vornimmt [1]), also für diese als Dritter. In diesem Falle wird dem Erfordernis der Benachrichtigung beider Parteien dadurch Rechnung getragen, daß der die Ernennung aussprechende Beschluß gemäß § 329 Abs. 1 und 3, wenn er auf Grund mündlicher Verhandlung ergeht, verkündet, andernfalls von Amts wegen zugestellt werden muß, damit er wirksam werde.

5. **Der Wille der Parteien ist das oberste Gesetz,** welches über die Ernennung der Schiedsrichter entscheidet. Die Bestimmungen der ZPO. hierüber kommen nur aushilfsweise zur Anwendung, sofern und soweit nicht die Parteien etwas anderes vereinbart haben. Sind sie für diesen Fall auch kraft Gesetzes Bestandteil des Schiedsvertrags, so stellen sie doch nicht zwingendes, sondern nachgiebiges Recht dar, welches der Aufhebung und Abänderung durch die Parteien unterliegt; also der Wille der Parteien entscheidet, ob und inwieweit sie gelten sollen (vgl. §§ 3, 4, 5 a. E. d. B.). Infolgedessen können die Parteien, wenn Verstöße gegen die gesetzlichen, den Schiedsvertrag ergänzenden Vorschriften über die Ernennung der Schiedsrichter vorliegen, sich darüber, ebenso wie über solche gegen ihre anderen Vereinbarungen hinwegsetzen, indem sie sich ausdrücklich oder stillschweigend darüber einigen, daß diese Verstöße nicht als solche gelten oder daß die fraglichen Rechtshandlungen trotzdem gültig sein sollen. Haben die Parteien vor Schiedsrichtern, deren gemäß § 1029 zu bewirkende Ernennung unter Verletzung der hierdurch für Form und Frist der Ernennung gegebenen Vorschriften erfolgt ist, in Kenntnis dieser Verletzung, ohne Vorbehalt und Rüge, sich in eine Verhandlung eingelassen, so sind damit die Mängel der Ernennung geheilt, so daß keine der Parteien später

---

1) VI 17. 5. 94 Bd. 33 S. 266/7 = JW. 94 S. 365 Ziff. 18.

darauf zurückkommen, daraus die Unzulässigkeit des Schiedsverfahrens und die Anfechtung des Schiedsspruchs gemäß § 1041 Ziff. 1 herleiten kann (vgl. §§ 5 a. E. u. 9 III d. V.).

IV. a) Welche Wirkungen hat die Ernennung des Schiedsrichters? b) Wann treten sie ein, wann hören sie auf?

a) Da die Ernennung des Schiedsrichters einen Bestandteil des Schiedsvertrags bildet und sich, wenn sie nicht in dem Schiedsvertrag selbst erfolgt, sondern später, nur als ein Akt der Vervollständigung des Vertrags darstellt (vgl. §§ 2 III, 7 I, 9 und 10 I d. V.), so bleibt sie ohne Hinzutritt der Annahme der Ernennung durch den Schiedsrichter, ohne den Vertragsschluß mit ihm, hinsichtlich ihrer Wirkungen auf die Parteien des Schiedsvertrags beschränkt; es sei denn, daß die Ernennung durch einen Dritten erfolgt und dieser damit eine von ihm übernommene Pflicht gegenüber den Parteien erfüllt, so daß dadurch ein diesbezügliches Vertragsverhältnis zur Erledigung gelangt.

Die Wirkung der Ernennung der Schiedsrichter — immer vorausgesetzt, daß die Ernennung den Bestimmungen des Schiedsvertrags bezw. des Gesetzes entspricht — kann dahin gehen, daß dadurch der Schiedsvertrag, der bis dahin gültig war, volle Rechtswirksamkeit erlangt. In jedem Falle aber, auch wenn der Schiedsvertrag, weil noch mehr Schiedsrichter zu ernennen sind, einstweilen unvollständig bleibt, besteht die Wirkung der Ernennung darin, daß, gleichviel durch wen die Ernennung erfolgt, beide Parteien daran gebunden, d. h. verpflichtet werden, dem ernannten Schiedsrichter die Schlichtung ihres Streits zu übertragen und mit ihm darüber einen Vertrag — den Schiedsvertrag — zu schließen. Der Grund hierfür liegt in der die Parteien bindenden und verpflichtenden Kraft des Schiedsvertrags, die bereits mit dem Abschluß dieses Vertrags eintritt, und die, auch wenn er zunächst — mangels Bezeichnung aller Schiedsrichter — noch unvollständig bleibt, doch dahin wirkt, daß die Parteien nicht nur verpflichtet werden, den Schiedsvertrag durch Ernennung der Schiedsrichter zu vervollständigen, sondern auch alles sonst zur Vorbereitung des Schiedsverfahrens Erforderliche zu tun (§ 11 I d. V.).

Die Folge der Gebundenheit beider Parteien ist, daß keine Partei die Ernennung einseitig widerrufen kann und daß ein solcher Widerruf wirkungslos bleibt, es sei denn, daß er sich als Ablehnung des Schiedsrichters darstellt und diese Ablehnung begründet ist[1]) (vgl. §§ 14 ff. d. B.). Von dieser Gebundenheit wird eine Partei auch nicht dadurch frei, daß der Schiedsrichter sein Amt niederlegt oder seine Ausführung verweigert, wenn dieses Verhalten des Schiedsrichters durch die Partei veranlaßt ist; denn ein solchers Verfahren einer Partei widerspricht der Vertragstreue, welche die Schiedsparteien einander schulden, befreit sie infolgedessen nicht von Pflichten und gibt ihr nicht etwa das Recht zur Bestellung eines anderen Schiedsrichters[2]).

b) Über den Zeitpunkt des Eintritts der Wirkung der Ernennung ist in § 1030 bestimmt:

„Eine Partei ist an die durch sie erfolgte Ernennung eines Schiedsrichters dem Gegner gegenüber gebunden, sobald derselbe die Anzeige von der Ernennung erhalten hat."

Hiermit stehen die Erörterungen über den Eintritt der Rechtswirksamkeit der Ernennung des Schiedsrichters zu I, II und III 4 im Einklang, die Gebundenheit der ernennenden Partei tritt gemäß § 130 BGB. ein, sobald ihre die Ernennung enthaltende Erklärung der anderen Partei zugegangen ist (vgl. § 5 IIb d. B.). Wie die Anzeige zu erfolgen hat, um die damit verbundene Wirkung zu erzielen, ist zu II auseinandergesetzt; in den Fällen des § 1029 muß sie schriftlich, sonst kann sie formlos bewirkt werden, wenn nicht die Parteien etwas anderes vereinbart haben. Ob die Ernennung durch die Partei selbst geschieht oder für sie durch einen Dritten, z. B. das Gericht, ist für die Wirkung nach § 130 BGB. ohne Bedeutung, da auch eine solche Ernennung als von der Partei erfolgt gilt, für die sie vorgenommen wird (vgl. zu I und II b 2). Mit dem gleichen Zeitpunkt, wie für die ernennende, tritt auch für die andere Partei die Bindung an die Ernennung ein, da diese eine beide Teile bindende Bestimmung des Schiedsvertrages darstellt, wie zu I ausgeführt ist. Die Gebundenheit tritt gemäß § 130 Abs. 1 Satz 2 BGB. nicht ein, wenn der anderen Partei vor oder gleichzeitig mit der Er-

1) VI 19. 9. 95 JW. 95 S. 479 Z. 11.
2) III 20. 1. 99 JW. 99 S. 165 Z. 14.

nennung ein Widerruf zugeht. Auch wenn eine zur Ausübung der schiedsrichterlichen Tätigkeit aus gesetzlichen Gründen unfähige Person (§ 7 II d. V.) zum Schiedsrichter ernannt wird, bleibt die Ernennung ohne Wirkung (vgl. zu III 2).

Da die Gebundenheit der Parteien auf dem Schiedsvertrag beruht, so hört sie auf, sobald der Schiedsvertrag selbst erlischt, sei es auf dem bestimmungsgemäßen Wege der Erfüllung durch Erlassung des Schiedsspruchs oder aus einem anderen Grunde [1]).

Aus Gründen, die in der Person des Schiedsrichters liegen (vgl. § 1031, 1032 und 1033 Ziff. 1), endigt die Gebundenheit der Parteien:

a) wenn der Schiedsrichter stirbt;

b) wenn er aus einem anderen Grunde wegfällt, sei es, daß er zur Ausführung der schiedsrichterlichen Tätigkeit unfähig wird, weil er geschäftsunfähig oder Rechtsnachfolger einer Partei wird, sei es, daß er die im Schiedsvertrag ausbedungenen Eigenschaften eines Schiedsrichter verliert (§ 7 III d. V.) oder aus sonstigen Gründen mit Erfolg abgelehnt wird (§ 15 d. V.),

c) wenn der Schiedsrichter die Übernahme oder Ausführung des Schiedsrichteramts verweigert,

d) wenn, nachdem bereits der Vertrag mit dem Schiedsrichter geschlossen ist, die Kündigung des Vertrags durch den Schiedsrichter erfolgt (vgl. § 13 I A. 4 d. V.).

Durch den Schiedsvertrag und den Schiedsrichtervertrag können auch andere Gründe festgesetzt sein, aus denen der Schiedsrichter und damit die Gebundenheit der Parteien hinsichtlich seiner Ernennung in Fortfall kommt, so der Ablauf eines bestimmten Zeitraums, ohne daß die Erlassung des Schiedsspruchs erfolgt ist.

Außerdem können die Parteien jederzeit ihre Bindung an die Ernennung des Schiedsrichters dadurch aufheben, daß sie ihren Fortfall vereinbaren und die Ernennung widerrufen.

---

1) Schiedsvertrag S. 54—61 § 12: Wodurch erlischt der Schiedsvertrag?

V. Wer entscheidet über die Giltigkeit der Ernennung?

Entsteht zwischen den Parteien Streit über die Gültigkeit der Ernennung, sei es daß die Ernennung des Schiedsrichters von einer Partei von vornherein oder im Laufe des Schiedsverfahrens bekämpft wird, so entscheidet darüber das Gericht gemäß § 1045 [1]). Ist diese Entscheidung einem Dritten übertragen, so befindet dieser Dritte, wenn die Parteien eine entsprechende Vereinbarung getroffen haben — was zulässig ist — über die Ernennung des Schiedsrichters endgültig, das Verfahren gemäß § 1045 wird dadurch gegenstandslos, eine Anrufung und Entscheidung des ordentlichen Gerichts findet nicht statt [2]). Die Übertragung der Entscheidung an das Schiedsgericht, dem der Schiedsrichter angehört, dessen Ernennung bekämpft wird, ist zwar unzulässig [3]), da dieser selbst über seine Ernennung nicht entscheiden, nicht Richter in eigener Sache sein kann; doch steht nichts entgegen, die Entscheidung über seine Ernennung, wenn das Schiedsgericht aus mehreren Personen besteht, den anderen Schiedsrichtern zu übertragen, welche dann nicht als Schiedsrichter, sondern wie andere Dritte die Bestimmung zu treffen haben.

Ist ein durch den Schiedsvertrag ernannter Schiedsrichter geschäftsunfähig oder Partei, so kann die Entscheidung über seine Ernennung auch im Wege der Klage vor dem ordentlichen Gericht gemäß § 1046 herbeigeführt werden, indem die Feststellung der Unzulässigkeit des Schiedsverfahrens wegen Nichtigkeit des Schiedsvertrags infolge der unzulässigen Ernennung beantragt wird (§ 7 III d. B.).

§ 11.

I. Was ist und bezweckt der Schiedsrichtervertrag und in welchem Verhältnis steht er zu dem Schiedsvertrag?

Wollen die Parteien die Entscheidung der zwischen ihnen schwebenden Rechtsstreitigkeit einem Schiedsrichter unterbreiten,

1) VII 23. 11. 00 Bd. 47 S. 401/2 = JW. 00 S. 854 Z. 7.

2) VII 3. 2. 03 Bd. 53 S. 387/90. — VII 20. 5. 10 JW. 10 S. 714 Z. 23 = Warn.Rspr. 10 Nr. 304.

3) I 7. 2. 85 Bd. 13 S. 349/52 = JW. 85 S. 124 Z. 10.

so gehört neben dem Schiedsvertrag zur Ausführung desselben noch der darüber zwischen den Parteien und dem Schiedsrichter zu schließende Vertrag, das sogenannte Receptum arbitri [1]), der Schiedsrichtervertrag, wie bereits in den §§ 7 I, 9 I und 10 I d. B. auseinandergesetzt.

Aus dem Zweck des Schiedsvertrags, der auf die Beseitigung der Rechtsstreitigkeit durch die Entscheidung der Schiedsrichter gerichtet ist, folgt die Pflicht der Parteien, alles zu tun, was hierfür ihrerseits erforderlich ist [2]). Hierzu gehört, sofern und soweit dies nicht bereits gleichzeitig bei oder durch Abschluß des Schiedsvertrags geschehen ist, die Bezeichnung der Schiedsrichter, welche durch ihre Entscheidung die Rechtsstreitigkeit beseitigen sollen, und der Abschluß eines Vertrags mit ihnen über die Herbeiführung dieser Entscheidung, ohne dessen Hinzutritt der Zweck des Schiedsvertrags nicht erreicht werden kann. Beide Verträge ergänzen sich zu einem Ganzen, sind notwendige Bestandteile des Rechtsverhältnisses, das zwischen den Parteien und den Schiedsrichtern durch das Schiedsverfahren entsteht und zu der Entwicklung gelangt, deren Ziel die Beseitigung der Rechtsstreitigkeit zwischen den Parteien durch die Entscheidung der Schiedsrichter bildet.

Das Wesen des Vertrags mit dem Schiedsrichter besteht darin, daß die Parteien die Entscheidung der Rechtsstreitigkeit dem Schiedsrichter übertragen und dieser sie übernimmt, und **sein Zweck ist** wie derjenige des Schiedsvertrags, zu dessen Ausführung er dient und dem er infolgedessen seine Zweckbestimmung entnimmt, die Entscheidung der Rechtsstreitigkeit, **ihre Beseitigung durch Feststellung des streitigen Rechtsverhältnisses.**

Aus dem Verhältnis der beiden Verträge zu einander folgt, daß der Schiedsvertrag die Grundlage für den Schiedsrichtervertrag bildet und daß dessen Inhalt sich — abgesehen von besonderen Vereinbarungen persönlicher Art, so hinsichtlich der Vergütung für die Tätigkeit des Schiedsrichters und seiner Haftung — nach demjenigen des Schiedsvertrags bestimmt, daß der Inhalt dieses Vertrags einen notwendigen und wesentlichen Bestandteil des Vertrags mit dem Schiedsrichter bildet und in bezug auf den Inhalt des Schiedsvertrags beide Verträge sich

---

1) VI 21. 3. 98 Bd. 41 S. 252/3.
2) III 19. 11. 97 JW. 98 S. 50 Z. 20. — III 4. 11. 10 Bd. 74 S. 322.

decken müssen. Nach diesem Verhältnis der beiden Verträge zu einander könnte man den Schiedsvertrag als den Haupt- oder Grundvertrag und den Schiedsrichtervertrag als den Hilfsvertrag bezeichnen.

II. Welches ist seine rechtliche Natur? Welche Rechtsgrundsätze beherrschen das Verhältnis zwischen den Parteien und dem Schiedsrichter?

Die Rechtsnatur des Schiedsrichtervertrags ist umstritten, wie diejenige des Schiedsvertrags. Von der ZPO. (§ 1033) ist er zwar in Bezug genommen, aber nicht geregelt. In dem BGB. ist er überhaupt nicht erwähnt, etwaige landesgesetzliche Bestimmungen darüber sind, da nicht besonders aufrecht erhalten, gemäß Art. 55 EG. BGB. außer Kraft getreten. Das RG. hat sich darüber wiederholt und eingehend geäußert, jedoch ohne daß dadurch Klarheit über die rechtliche Natur des Vertrags erbracht worden ist. **Das RG. hat ausgeführt:** „Der Vertrag zwischen den Parteien und den Schiedsrichtern ist nach seinem Inhalte und Gegenstande ein eigenartiger Vertrag, der in dieser Hinsicht, soweit nicht ausdrückliche Vorschriften entgegenstehen, eine besondere Beurteilung erheischt . . . Die Eigenartigkeit des Vertrags besteht darin, daß die Parteien entsprechend dem Schiedsvertrag einem Dritten die Funktion eines Richters über die zwischen ihnen streitige Angelegenheit übertragen, den Schiedsrichter in die Stellung des vom Staate bestellten Richters über sich erheben und die von den Parteien gewählte Person diese Stellung und Funktion übernimmt. Der Schiedsrichter soll nach dem Vertrage den zwischen den Kompromittierenden bestehenden Streit entscheiden, unabhängig wie der Richter, und er hat zu diesem Behufe im wesentlichen dieselbe geistige Tätigkeit zu entfalten, wie dieser, nur daß, sofern der Schiedsvertrag und das receptum nicht besondere Schranken setzen, die Stellung des Schiedsrichters gegenüber dem materiellen Rechte und dem Prozeßgesetze eine viel freiere ist, als diejenige des Staatsrichters“ [1]). „Will man . . . das Receptum, das im Bürgerlichen Gesetzbuch eine besondere Regelung nicht erfahren hat,

1) VI 21. 3. 98 Bd. 41 S. 254/5.

. . . zu einer vom BGB. aufgestellten eigenen Art der Schuldverhältnisse in Beziehung setzen, so würden (für die Fälle, in denen die Übernahme des Schiedsrichteramts nicht unentgeltlich erfolgt, § 662 BGB.) nur der Dienstvertrag und der Werkvertrag in Betracht kommen. Es erscheint aber überhaupt nicht angängig, den Schiedsrichter entsprechend einem Beauftragten oder einem Dienstverpflichteten oder einem Unternehmer zu behandeln. Sein Amt trägt, wie das RG. bereits ausgeführt hat (Entsch. des RG. in Zivils. Bd. 41 S. 251 fg.), ein durchaus eigenartiges Gepräge, das ihn von anderen fremde Geschäfte besorgenden Personen unterscheidet. Er soll gleich dem Staatsrichter und an dessen Stelle einen Rechtsstreit entscheiden, also das Recht durch Unterordnung des Tatbestandes unter die Rechtssätze finden. Die von ihm beanspruchte Leistung ist das Urteil, welches das Ziel und Ergebnis seiner Wirksamkeit bildet. Freilich ruht das Maß seiner Befugnisse auf dem Schiedsvertrage, der ihm den Weg zu jenem Ziele mehr oder weniger umgrenzt vorschreiben kann. Aber seine Stellung ist, von dieser Schranke abgesehen, durchaus frei, freier als die des ordentlichen Richters. Von einer Rechenschafts- oder Auskunftspflicht im Sinne des § 666 BGB. (vgl. § 675 BGB.) ist keine Rede. Das Kompromiß räumt dem Schiedsrichter eine Stellung über den Parteien ein, wie sie so weder beim Auftrage, noch beim Dienst- oder Werkvertrage zu finden ist. Andererseits sagt der Schiedsrichter durch die Übernahme des Amtes zu, daß er mit seinem Spruche den Streit der Kompromittenten aus der Welt schaffen und endgültig unter ihnen festsetzen wolle, was Rechtens ist" [1]). „Durch Übernahme des ihm . . . angetragenen Schiedsrichteramtes ist der Schiedsrichter zu den Streitteilen in ein Schuldverhältnis privatrechtlicher Natur getreten, das, wenn unter der Herrschaft des Bürgerlichen Gesetzbuchs begründet, dessen Bestimmungen unterliegt. Nach diesen hat der Schuldner, sofern nicht ein anderes bestimmt ist, Vorsatz und Fahrlässigkeit zu vertreten. Der Vertretungspflicht des Schiedsrichters sind in Ansehung der Erfüllung seiner Schuldverbindlichkeiten . . . Schranken durch das Gesetz, welches das Schuldverhältnis des Schiedsrichters besonderer Regelung überall nicht unterzogen hat, unmittelbar nicht gesetzt. Die Vorschrift des § 839 Abs. 2 BGB.,

1) VII 29. 11. 04 Bd. 59 S. 248/9.

welche die Haftung des Beamten, der bei dem Urteile in einer Rechtssache seine Amtspflicht verletzt, auf den Fall vorsätzlicher Verletzung der Pflicht beschränkt, erstreckt sich nicht auf den Schiedsrichter, dem die Eigenschaft eines Beamten fehlt. Ihre analoge Ausdehnung auf den Schiedsrichter erscheint gleichfalls nicht zulässig; ist er auch zu der gleichen Tätigkeit berufen, die der Staatsrichter wahrzunehmen hat, und ebenso in strafrechtlicher Beziehung diesem gleichgestellt, so steht solcher Ausdehnung doch ihr Wesen als Sondervorschrift entgegen, die zwecks Sicherung der zur Aufrechterhaltung der Rechtsordnung unentbehrlichen Unabhängigkeit der Gerichte getroffen, auf einem Prinzipe beruht, das bei Ausrichtung der schiedsrichterlichen Funktion nicht zutrifft. Gleichwohl ist die Folgerung, die den Schiedsrichter der Haftung wegen fahrlässiger Verletzung seiner Vertragspflicht enthebt, nicht abzulehnen. Der Schiedsrichter, dem die Streitteile die Entscheidung ihres Rechtsstreits anvertraut, dem sie gegen sich die Stellung des ordentlichen Richters ohne weiteren Vorbehalt geboten haben, ist bei Ausrichtung seiner Tätigkeit zu der Voraussetzung berechtigt, daß er für seinen Schiedsspruch nicht über die Grenzen hinaus verantwortlich gemacht werde, die der Verantwortlichkeit des Staatsrichters gesetzlich gestellt sind. Die Streitteile, welche die Berechtigung solcher Voraussetzung füglich nicht verkennen können, müssen die Folgerung gegen sich gelten lassen, daß sie, wenn sie den Schiedsrichter ohne Vorbehalt bestellen, stillschweigend in die beschränkte Haftung ihrerseits einwilligen und durch den Vertrag mit ihm seine Vertretungspflicht in Abweichung von obgedachter allgemeiner Rechtsregel bestimmen" [1]).

Nach dem allgemeinen aus dem Begriffe und Zwecke des Schiedsgerichts sich ergebenden Inhalt des zwischen den Parteien unter sich und mit den Schiedsrichtern abgeschlossenen Vertrages haben die Schiedsparteien sich dem Schiedsspruch in bezug auf das streitige Rechtsverhältnis unter Ausschluß des Rechtswegs unterworfen und die Verpflichtung übernommen, alles zu tun, um den Schiedsrichtern die Fällung des Spruchs zu ermöglichen, die Schiedsrichter andererseits haben sich verpflichtet, auf Grund der ihnen durch den Vertrag gegebenen Befugnisse und innerhalb der ihnen dadurch gezogenen Grenzen die Streitigkeit zwischen

1) III 8. 2. 07 Bd. 65 S. 175/6.

den Schiedsparteien zur Entscheidung zu bringen. . . . Daraus, daß der zwischen den Schiedsparteien und den Schiedsrichtern abgeschlossene Vertrag weder Auftrag noch Dienst- oder Werkvertrag, sondern ein Vertrag eigenartigen Gepräges ist . . . (vgl. Entsch. des RG. in Zivils. Bd. 59 S. 247, Bd. 41 S. 251), folgt nicht, daß bei Entscheidung der entstehenden Rechtsfragen nicht auch, soweit die Eigenart nicht eine andere Beurteilung erheischt, Grundsätze von dem Auftrage und der Vollmacht zur Anwendung kommen könnten. Werden die Grundsätze der Vollmacht nur für den Abschluß der zur Vorbereitung des Schiedsspruches erforderlichen Verträge der Schiedsrichter mit Dritten, insbesondere mit Zeugen und Sachverständigen zur Anwendung gebracht, so erledigt sich dadurch die an sich richtige Bemerkung, daß der Vertrag mit dem Schiedsrichter über die Übernahme der schiedsrichterlichen Entscheidung kein Vollmachtsvertrag ist, weil das Moment der Vertretung da ausgeschlossen ist, wo die rechtliche Handlung, welche aufgetragen, eine solche ist, daß sie von dem Auftraggeber rechtlich überhaupt nicht vorgenommen werden kann (vgl. Rehbein, Entsch. des Obertrib. Bd. 2 S. 557). „Die Schiedsrichter erhalten durch den mit den Schiedsparteien abgeschlossenen Vertrag, insoweit darin nicht Einschränkungen enthalten sind, die Ermächtigung, alle Ermittelungen, die sie zur Fällung ihres Schiedsspruchs für erforderlich halten, anzustellen, insbesondere Zeugen und Sachverständige zu vernehmen.“ Insoweit sie hierbei erkennbar im Namen der Parteien handeln, kommt ein Vertrag zwischen diesen und dem Dritten zustande [1]). „Der Schiedsrichter darf zwar, nachdem er mit der Übernahme des Amtes zugesagt hat, den Streit der Kompromittenten durch seinen Spruch zu entscheiden, diese Zusage willkürlich nicht zurücknehmen, für die Prüfung aber, ob der Rücktritt des Schiedsrichters ein berechtigter ist, kommen nicht allein die Vorschriften des bürgerlichen Rechts über den Rücktritt von Verträgen überhaupt in Betracht. Das Rezeptum, welches im BGB. eine Regelung nicht erfahren hat, erfordert vielmehr auch in dieser Hinsicht eine seinem eigenartigen Charakter entsprechende Beurteilung. Durch das Rezeptum erhält der Schiedsrichter den Parteien gegenüber eine Stellung und Funktionen, die denen eines vom Staate bestellten Richters gleichartig sind. Er

1) III 4. 11. 10 Bd. 74 S. 322/4.

muß deshalb frei und unabhängig wie der Staatsrichter der Streitsache gegenüberstehen.... Bei nicht mehr bestehender Unabhängigkeit und Freiheit ist der Schiedsrichter der Erfüllung der beides voraussetzenden Verpflichtung aus dem Rezeptum enthoben" [1]).

Hieraus ist mit Sicherheit nur zu entnehmen, daß **nach der Ansicht des RG. das Verhältnis,** welches durch den Vertrag **zwischen den Parteien und dem Schiedsrichter** begründet wird, **privatrechtlicher Natur** ist, daß darauf, sofern der Vertrag unter der Herrschaft des BGB. geschlossen ist, **die allgemeinen Vorschriften** dieses Gesetzbuchs **über Schuldverhältnisse — mit den aus der Eigenart des Vertrags sich ergebenden Einschränkungen — Anwendung** finden, daß **der Vertrag jedoch in keine der** durch das BGB. geregelten **Vertragskategorien** eingereiht, insbesondere nicht als Auftrag oder Dienst- oder Werkvertrag angesprochen werden kann, wenn auch, soweit nicht die Eigenart des Vertrags eine andere Beurteilung erheischt, Grundsätze von dem Auftrag und der Vollmacht zur Anwendung kommen können. Damit ist zwar die rechtliche Natur des Vertrags zwischen den Parteien und dem Schiedsrichter im allgemeinen bezeichnet, und in bezug auf die Verträge, welche die Schiedsrichter zwecks Ausführung des Schiedsvertrags im Namen der Parteien mit Dritten eingehen, ist klar ausgesprochen, daß auf deren Abschluß die Grundsätze der Vollmacht Anwendung finden; dagegen sind **bestimmte Grundsätze** für die Regelung der Rechtsbeziehungen zwischen den Parteien und dem Schiedsrichter **nicht gegeben, es ist nicht klargestellt,** nach welchen Rechtsgrundsätzen im einzelnen sich ihr Vertragsverhältnis richtet. Solche Grundsätze sollen nach der Ansicht des RG. aus der Eigenart des Vertrags abgeleitet und bestimmt werden, und danach sollen die entstehenden Rechtsfragen entschieden werden. **Die Eigenart des Vertrags** aber **sieht das RG. darin, daß die Parteien dem Schiedsrichter die Stellung des ordentlichen Richters gegen sich geben, ihn in die Stellung des vom Staate bestellten Richters über sich erheben.** Als Folge davon, daß die Rechtsgrundsätze für das Vertragsverhältnis nach dessen „Eigenart" zu bestimmen sind und daß die Anwendung bezw. Nichtanwendung der Vorschriften des BGB. von dieser Eigenart abhängig ist, muß sich eine gewisse Unsicherheit in bezug auf die Anwendung und Geltung der Rechtsgrundsätze

1) VII 29. 10. 12 JW. 13 S. 141 Z. 22 = Warn.Rspr. 13 Nr. 76.

des BGB. überhaupt ergeben; denn, je nach der Auffassung über die Gleichstellung des Schiedsrichters mit dem Staatsrichter kann der Umfang und das Maß dieser Gleichstellung weiter oder enger bemessen werden, und dementsprechend kann die für die Anwendung dieser Rechtsgrundsätze maßgebende Beurteilung schwanken. In der Annahme und in der Überspannung dieser Eigenart, welche in der Gleichstellung des Schiedsspruchs mit dem gerichtlichen Urteil ihre Grundlage hat, liegt die Erklärung für die m. E. unzureichende Bestimmung der rechtlichen Natur des Vertrags in der Rechtsprechung des RG. Sie bildet die Schranke, welche dem klaren Erkennen der das Vertragsverhältnis beherrschenden Grundsätze im einzelnen entgegensteht. Fällt diese Schranke, so ergibt sich die Möglichkeit, feste Regeln für das Verhältnis zu gewinnen.

Wie bereits in den §§ 1, 2 III und 4 I d. B. ausgeführt ist und wie die späteren Darlegungen bestätigen werden, besteht zwischen dem Schiedsspruch und dem gerichtlichen Urteil in bezug auf den Rechtsgrund ihrer Wirkungen und diese Wirkungen selbst ein sehr wesentlicher Unterschied. Der Spruch der Schiedsrichter hat nicht die Kraft eines rechtskräftigen Urteils, seine Wirkungen sind lediglich diejenigen eines Vergleichs und beschränken sich auf das, was dem Urteil und dem Vergleich in bezug auf Rechtswirkungen gemeinsam ist, abgesehen von der formalen Besonderheit der Klagen aus den §§ 1041 und 1042. Hiernach ist **die Gleichstellung des Schiedsspruchs mit dem Urteil, welche die Grundlage für die Annahme der Eigenart des Vertrags bildet, nicht gerechtfertigt.** Die Unhaltbarkeit dieser Annahme ergibt sich aber auch aus anderen Gründen.

Nach der Rechtsprechung des RG. gehört der Vertrag zwischen den Parteien und dem Schiedsrichter dem Privatrecht an, das dadurch begründete Rechtsverhältnis ist ein Schuldverhältnis privatrechtlicher Natur. Es kommen also für seine Beurteilung und Regelung die allgemeinen Grundsätze des Privatrechts zur Anwendung. Zu diesem gehört der in dem alten römischen Satz: **„Nemo plus juris transferre potest quam ipse habet“** enthaltene allgemeine Rechtsgrundsatz. Die diesbezügliche Vorschrift des Allgemeinen Landrechts für die preußischen Staaten: „Niemand aber kann dem Andern mehrere Rechte übertragen, als er selbst besitzt“. (§ 101 Einl. ALR.) hat allerdings mit dem Inkrafttreten des BGB. für das Gebiet des deutschen Privatrechts die formelle Gesetzeskraft verloren, da sie nicht durch eine Bestimmung in dem BGB. oder in dem Einführungsgesetz dazu aufrechterhalten worden ist (Art. 55 EG. BGB.). Die in dieser Vorschrift enthaltene allgemeine Rechtsregel ist jedoch in materieller Hinsicht, soweit nicht ihre Anwendung durch entgegenstehende Vorschriften, wie auf dem Gebiete des Sachenrechts ausgeschlossen ist, in Geltung und jedenfalls für das Recht der Schuldverhältnisse aus Verträgen maßgebend geblieben. Wendet man diesen Rechtssatz auf das Vertragsverhältnis zwischen den Parteien und dem Schiedsrichter an, so ergibt sich die rechtliche Unmöglichkeit einer Begründung der Stellung des Schiedsrichters, wie sie das RG. auffaßt. Denn, **wie können die Parteien dem Schiedsrichter das Amt und die Funktionen eines Richters und die Stellung des ordentlichen Richters gegen sich übertragen,** ihn in die Stellung des vom Staate bestellten Richters über sich erheben, **da** doch ganz gewiß **die Parteien die Stellung eines staatlichen Richters wohl niemals innehaben** und, wenn dies der Fall, nach Maßgabe der Grundsätze des öffentlichen Rechts gar nicht in der Lage sind, diese Stellung einem anderen zu übertragen? Und dabei führt das RG. selbst aus, das Maß der Befugnisse des Schiedsrichters ruhe auf dem Schiedsvertrage, der, wie oben zu I dargelegt, für das Verhältnis zwischen den Parteien und den Schiedsrichtern als Bestandteil des Schiedsrichtervertrags in Betracht kommt. Hieraus ergibt sich ein unlösbarer Widerspruch, wenn man an der Gleichstellung des Schiedsrichters mit dem ordentlichen Richter festhält.

Hierzu kommt, daß **der Schiedsrichter,** wenn auch das RG. von seinen „im Gesetze geregelten zum Teil öffentlichrechtlichen Funktionen (§ 1035, § 1036 ZPO.)" spricht [1]), **in keiner Beziehung die Befugnisse eines staatlichen Richters** hat **oder dessen Funktionen auszuüben in der Lage** ist. Das ihm durch § 1035 Abs. 1 beigelegte Recht, Zeugen und Sachverständige zu vernehmen, welche freiwillig vor ihm erscheinen, hätte er auch ohne diese Bestimmung; denn es ist überhaupt kein besonderes Recht, da jeder Privatmann nach seinem Belieben andere Personen, die dazu bereit sind, befragen kann (vgl. § 3 d. B.). In § 1035 Abs. 2 ist denn auch zur Klarstellung, daß dem Schiedsrichter die Befugnisse eines Richters nicht zustehen, bestimmt: „Zur Be-

1) VII 12. 11. 07 Bd. 67 S. 74.

eidigung eines Zeugen oder eines Sachverständigen und zur Abnahme eines Parteieides sind die Schiedsrichter nicht befugt." Das Gesetz trifft in geradezu peinlicher Weise Vorkehrung dagegen, daß der Schiedsrichter Befugnisse öffentlichrechtlicher Art ausübe. Wie in § 8 III d. V. bereits klargestellt ist, hat der Schiedsrichter nicht einmal diejenigen Befugnisse, welche den Parteien zustehen, obwohl diese ihn in die Stellung des staatlichen Richters über sich erheben. Denn in § 1036 Abs. 1 heißt es: „Eine von den Schiedsrichtern für erforderlich erachtete richterliche Handlung, zu deren Vornahme dieselben nicht befugt sind, ist auf Antrag einer Partei, sofern der Antrag für zulässig erachtet wird, von dem zuständigen Gerichte vorzunehmen." Also die Schiedsrichter selbst sind nicht berechtigt, „kraft ihres Amtes" Anträge an die ordentlichen Gerichte zu stellen; nur, wenn die Parteien das, was die Schiedsrichter für erforderlich erachten, zum Gegenstande ihres Antrags erheben, kann das Gericht darauf eingehen. Wenn es in der vorstehend wiedergegebenen Bestimmung heißt: „eine von den Schiedsrichtern für erforderlich erachtete richterliche Handlung, zu deren Vornahme dieselben nicht befugt sind", so wird hierdurch der Anschein erweckt, daß die Schiedsrichter überhaupt zu einer richterlichen Handlung befugt seien. Dies ist jedoch nicht der Fall; denn auch **die Erlassung des Schiedsspruchs ist,** wie die späteren Ausführungen ergeben werden, **keine richterliche Handlung.**

Aus alledem geht hervor, daß **die Annahme der Eigenart des Vertrags,** welche das RG. als für die Beurteilung des Verhältnisses zwischen den Parteien und dem Schiedsrichter maßgebend erachtet, **auf einer Fiktion** beruht. Eine Fiktion aber kann die wirkliche Rechtsnatur eines Vertrags nicht begründen. Hierfür kommt allein, soweit nicht Vorschriften zwingenden Charakters entgegenstehen, der Wille der Parteien in Betracht und der Zweck, den sie durch den Abschluß des Vertrags verfolgen. Dieser **Zweck ist,** wie unstreitig, **die Beseitigung einer Rechtsstreitigkeit durch Feststellung des streitigen Rechtsverhältnisses.** Die Feststellung aber erfolgt **nicht durch eine** dem gerichtlichen Urteil gleiche **Entscheidung** der Schiedsrichter in der Stellung staatlicher Richter, wie die herrschende Meinung behauptet, **sondern durch ein auf gütliche Beseitigung einer Rechtsstreitigkeit gerichtetes Geschäft"** [1]), wobei „die Schiedsrichter als die gütlichen Ver-

1) II 15. 5. 03 Bd. 55 S. 16.

mittler des Streits" [1]) mitwirken, durch eine vergleichsweise, rechtsgeschäftliche Feststellung mit für die Parteien verbindlicher Kraft. Der Wille der Parteien, die einen Schiedsvertrag schließen, geht m. E. und meinen Erfahrungen nach in der Regel dahin, ihren Streit durch Männer ihres Vertrauens nach billigem Ermessen schlichten, nicht aber dahin, ihn entscheiden zu lassen, wie dies durch Urteil des staatlichen Richters geschieht. Die Absicht der Parteien ist in den weitaus meisten Fällen nicht darauf gerichtet, dem Schiedsrichter die Stellung eines ordentlichen Richters gegen sich zu geben, ihn in die Stellung eines solchen über sich zu erheben. In der Begründung zum Entwurf der ZPO. heißt es hierüber:

„Die Parteien, indem sie auf die Entscheidung eines Schiedsgerichts krompromittieren, wollen den Schwierigkeiten und Verwickelungen entgehen, welche sich aus der Anwendung des positiven Rechts ergeben: sie wollen, daß unter ihnen Rechtens sei, was die Schiedsrichter nach ihrer gewissenhaften Überzeugung — ex aequo et bono — bestimmen werden. Sie werden daher regelmäßig die Schiedsrichter als die gütlichen Vermittler ihres Streits . . . betrachten und sie müssen diese Anschauung haben, wenn sie mit dem Schiedsrichteramt Personen betrauen, welche der Rechte nicht kundig sind. Der Zweck des Schiedsvertrages wird somit regelmäßig nur erreicht, wenn die Schiedsrichter nicht verpflichtet werden, sich bei ihrem Spruche nach den Bestimmungen des bürgerlichen Rechts zu richten". [2]).

Geht man hiervon aus, indem man die Fiktion von der Gleichstellung des Schiedsrichters mit dem Staatsrichter fallen läßt, und faßt man das Wesen des Schiedsvertrags so auf, wie in § 2 III d. V. am Schlusse dargelegt, so kommt man zu folgender Bestimmung des den Schiedsvertrag in sich aufnehmenden Vertrags zwischen den Parteien und dem Schiedsrichter:

Die Parteien übertragen dem Schiedsrichter das Recht, und dieser übernimmt die Pflicht, die Rechtsstreitigkeit zwischen den Parteien dadurch zu beseitigen,

1) Hahn I S. 494.
2) Hahn I S. 494.

daß er unparteiisch, d. h. nicht vom einseitigen Standpunkt einer Partei aus, sondern **unter Prüfung und Beurteilung des Streitfalls vom Standpunkte beider Parteien und unter Berücksichtigung und Abwägung der Interessen beider Teile, nach billigem Ermessen das festsetzt, was in bezug auf das streitige Rechtsverhältnis zwischen den Parteien Rechtens sein soll.**

Mit anderen Worten:

> Die Parteien beauftragen und ermächtigen den Schiedsrichter, das zu tun, was die Parteien selbst zu tun berechtigt sind, und was sie tun würden, wenn sie, wie der Schiedsrichter es soll, den Fall unparteiisch, d. h. auch vom Standpunkte des anderen Teils und unter Berücksichtigung der Interessen desselben beurteilten.

Auf Grund dieser Auffassung von dem Wesen des Schiedsrichtervertrags läßt sich seine rechtliche Natur ohne weiteres aus dem Recht der Schuldverhältnisse des BGB. klarstellen:

> **Gegenstand des Vertrags ist die Beseitigung der Rechtsstreitigkeit durch Erlassung des Schiedsspruchs, also ein durch Dienstleistungen des Schiedsrichters herbeizuführender Erfolg, die Besorgung eines Geschäfts, und zwar eines Rechtsgeschäfts für die Parteien, wozu diese dem Schiedsrichter den Auftrag erteilen, mit der gleichzeitigen Ermächtigung, bei der Ausführung dieses Auftrags eine jede Partei der anderen und Dritten gegenüber zu vertreten.**

Der Schiedsrichtervertrag enthält hiernach, wie eine Zerlegung in seine Elemente ergibt, **Tatbestände** mehrerer Verträge, und zwar **des Werkvertrags, des Auftrags und der Vollmacht;** infolgedessen ist er zu den sogenannten gemischten Verträgen zu rechnen. **Es ist jedoch ein einheitlicher Vertrag,** zur Erfüllung seines Tatbestands ist erforderlich, daß Tatbestände der vorbezeichneten Verträge gleichzeitig begründet werden; ihre Zusammenfassung erfolgt für einen einheitlichen Zweck, dessen Herbeiführung alle vertraglichen Festsetzungen und Leistungen zu dienen bestimmt ist.

Mit dem Fortfall der Eigenart des Vertrags, welche ihm das RG. beimißt, und mit seiner Unterordnung unter die durch das BGB. geregelten Vertragsarten, wenn auch unter Zusammenfassung von Tatbeständen mehrerer Verträge, entfällt die Notwendigkeit und die Zulässigkeit, aus der angenommenen Eigenart des Vertrags besondere Rechtsgrundsätze herzuleiten. **Die Rechtssätze für die Regelung des Verhältnisses zwischen den Parteien und den Schiedsrichtern sind den Vorschriften des BGB. über den Werkvertrag, den Auftrag und die Vollmacht zu entnehmen.**

In der Regel stellt sich der Schiedsrichtervertrag als Werkvertrag dar, und zwar als ein solcher, **auf den,** da er eine Geschäftsbesorgung zum Gegenstand hat, **gemäß § 675 BGB.,** neben den Vorschriften für den Werkvertrag in den §§ 631 ff. l. c., **auch eine Anzahl der für den Auftrag gegebenen Bestimmungen Anwendung findet und** außerdem, wie ja Auftrag und Vollmacht, wenn auch begrifflich durchaus verschieden, tatsächlich doch meist zusammenfallen, **die Rechtsgrundsätze der Stellvertretung auf Grund einer Vollmacht.** Damit ist aber nicht gesagt, daß für den Schiedsrichtervertrag alle von dem BGB. für den Werkvertrag gegebenen Vorschriften zur Anwendung kommen müssen. So mannigfach Gegenstand und Inhalt der Werkverträge sind und sein können, so verschieden gestaltet sich auch die Anwendung der gesetzlichen Vorschriften auf die einzelnen Vertragsverhältnisse, schon mit Rücksicht darauf, ob der Erfolg, dessen Herbeiführung den Gegenstand des Vertrags bildet, auf dem Gebiet des Sachenrechts liegt oder nicht. Nicht alle Werkverträge lassen sich über einen Leisten spannen, nicht alle Vorschriften des BGB. passen für jeden Werkvertrag, vielmehr bestimmt sich ihre Anwendbarkeit im einzelnen nach der Art des hervorzubringenden Erfolgs, nach dem Zweck des darüber geschlossenen Vertrags, nach dem Willen der Parteien. Begrifflich gehört und genügt zur Erfüllung des Tatbestandes des Werkvertrags gemäß § 631 BGB., daß eine Vereinbarung über die Herbeiführung eines Erfolgs durch Arbeits- oder Dienstleistungen — gleichviel welcher Art — und über die Entrichtung irgend einer Vergütung dafür getroffen wird. Im übrigen regeln sich die Rechte und Pflichten der Parteien nach der besonderen Natur des Rechtsverhältnisses zwischen ihnen, nach den von ihnen darüber getroffenen besonderen Vereinbarungen oder in Ermangelung von solchen nach dem, was für solche Fälle als verkehrsüblich gilt und was Treu und Glauben verlangt. Erst hiernach und, soweit nicht aus besonderen Umständen des Falls etwas anderes zu entnehmen ist, kommen die Vorschriften des BGB. über den Werkvertrag zur Anwendung; denn diese sind, abgesehen von den Bestimmungen in den §§ 631 und 632 über die wesentlichen Begriffsmerkmale des Werkvertrags und in § 637, sämtlich dispositiver Natur, d. h. ihre Anwendung ordnet sich dem jeweiligen Zweck des einzelnen Vertrags, dem Willen der Parteien unter. Daraus, daß die eine oder die andere gesetzliche Vorschrift auf das einzelne Vertragsverhältnis nicht zur Anwendung gelangen kann oder soll, folgt daher nicht, daß der zugrunde liegende Vertrag kein Werkvertrag ist.

Daß **der Schiedsrichtervertrag eine Geschäftsbesorgung im Sinne des § 675 BGB. zum Gegenstand** hat, ergibt eine Nachprüfung ihres begrifflichen Inhalts ohne weiteres. Das Merkmal, das die Leistungen des Auftrags, sowie der Dienst- und Werkverträge des § 675 von anderen rechtlich erheblichen Tätigkeiten zunächst unterscheidet, ist das **Handeln für einen andern**. Die Besorgung einer Angelegenheit für einen andern ist die Vornahme einer Tätigkeit, die an und für sich der Sorge dieses andern obliegen würde und in dessen Interessenbereich fällt, in seinem Interesse. Sie muß Gegenstand seiner Sorge sein, und diese Sorge muß ihm durch die Besorgung seitens des Handelnden abgenommen werden. Daß die Angelegenheit ein **Geschäft** sein muß, bedeutet einmal, daß ihr eine wirtschaftliche Beziehung anhaften, sodann daß eine **Tätigkeit** Gegenstand der Besorgung sein muß. Eine Tätigkeit, die keinen wirtschaftlichen Zweck, keinen Zusammenhang mit dem Vermögen hat, ist kein Geschäft. Im übrigen kann Gegenstand der Geschäftsbesorgung jede Tätigkeit rechtlicher und tatsächlicher Natur sein. Durch das Merkmal der Sorge für einen Andern, die zugleich eine Betätigung des Willens und der Überlegung einschließt, unterscheidet sich die Geschäftsbesorgung wesentlich von der bloßen Leistung von Diensten wirtschaftlicher Art, und dadurch sondern sich auch Dienst- und Werkverträge, die eine Geschäftsbesorgung zum Gegenstande haben, von anderen Dienst- und Werkverträgen. Dienste im engeren Sinne werden **an** einen andern geleistet, Geschäfte werden **für** ihn besorgt. Geschäftsbesorgung ist hiernach eine selbständige Tätigkeit wirtschaftlichen Charakters, die im Interesse eines andern vorgenommen wird. (Regelbeispiele der Geschäftsbesorgung sind die Tätigkeiten des Rechtsanwalts, des Notars, der bei der Aufnahme von Urkunden, wie bei der Vornahme von Tätigkeiten zur Ausführung von Hypotheken- und anderen Geschäften die Interessen beider Teile vertritt [RG. JW. 06 S. 714 Z. 12], des Liquidators einer offenen Handelsgesellschaft, wenn er nicht selbst Gesellschafter ist [Warn. 13 N. 160], des Kommissionärs und des Agenten, des Treuhänders [Warn. 09 N. 84; 13 N. 136] [1]).) Geht man von dieser Auffassung des Begriffs der Geschäftsbesorgung aus, so bedarf es keiner weiteren Begründung dafür, daß hiernach das, was in Gemäßheit des § 1025 die Parteien dem Schiedsrichter übertragen und dieser übernimmt, eine „Geschäftsbesorgung" darstellt, die Besorgung eines Geschäfts wirtschaftlichen Charakters, d. h. eines solchen, an dessen Erledigung die Parteien ein privatrechtliches Interesse haben [2]), für diese, und daß somit **der Schiedsrichtervertrag ein auftragsähnlicher Werkvertrag im Sinne des § 675 BGB.** ist. Nur ist zu beachten, daß dabei jeder Schiedsrichter das ihm aufgetragene Geschäft für **beide** Parteien besorgt oder vielmehr ein Geschäft für jede Partei der anderen gegenüber (vgl. die vorhergehenden Ausführungen), nicht bloß für die Partei, welche ihn ernannt hat, da er ja stets als von beiden Teilen zum Schiedsrichter bestellt gilt (vgl. § 10 I d. B.), und die Erlassung des Schiedsspruchs, welche die Beseitigung der Rechtsstreitigkeit zum Zweck hat, im Interesse beider Parteien vornimmt.

Die Rechtsnatur des Schiedsrichtervertrags als eines Werkvertrags ist — abgesehen von den Einwendungen dagegen aus seiner „Eigenart" — insbesondere deswegen bestritten, weil zu seinem Wesen nicht die Entrichtung einer Vergütung für die Tätigkeit des Schiedsrichters gehöre. Die Leistungen des Schiedsrichters sollen sich in der Regel als Gelegenheits- und Gefälligkeitsdienste darstellen, für die eine Entlohnung weder in Aussicht genommen, noch gewährt werde. Es mag sein, daß dies früher der Fall gewesen ist; für das Verkehrs- und Rechtsleben der Gegenwart gilt jedoch die Regel, daß, wie andere Geschäftsbesorger, Rechtsanwälte, Notare, Kommissionäre, Agenten usw., so auch die Schiedsrichter für ihre Dienstleistungen eine Vergütung verlangen und erhalten, die sogenannten Gelegenheits- oder nicht ständigen Schiedsgerichte unter der Bezeichnung als Honorar, die ständigen Schiedsgerichte als

1) Komm. Bd. I S. 615/6 Vorbem. Z. 2 zum 10. Titel: Auftrag.
2) V 11. 10. 05 Bd. 61 S. 341.

Gebühren. Wird auch mitunter bei der Übertragung und Übernahme der schiedsrichterlichen Tätigkeit eine ausdrückliche Vereinbarung über die Vergütung nicht getroffen, so gehen hierbei doch beide Teile regelmäßig von der Annahme aus, daß eine Vergütung zu gewähren sei. Hierauf kommt es aber in letzter Linie nicht an, sondern darauf, ob die Leistung den Umständen nach nur gegen eine Vergütung zu erwarten ist. Liegt eine Vereinbarung der Beteiligten über die Entgeltlichkeit der Leistung nicht vor, so bietet die ergänzende Norm die Vorschrift des § 632 BGB., welche lautet:

> „Eine Vergütung gilt als stillschweigend vereinbart, wenn die Herstellung des Werkes den Umständen nach nur gegen eine Vergütung zu erwarten ist."

Die Anwendung dieser Vorschrift erfordert keineswegs, wie schon ihr Wortlaut ergibt, den Nachweis des Vorhandenseins eines, wenn auch unausgesprochen gebliebenen Parteiwillens, vielmehr gilt die Entgeltlichkeit kraft Gesetzes als gewollt, wenn objektiv nach den Umständen des Falls die Herstellung des Werkes nur gegen eine Vergütung erwartet werden kann. Als solche Umstände kommen sowohl die persönlichen Verhältnisse der Beteiligten in Betracht, als auch solche allgemeiner Natur, wie insbesondere die Verkehrssitte, die Üblichkeit. Daß diese Üblichkeit beiden Teilen bekannt sei, ist für die Feststellung einer darauf gegründeten Vereinbarung nicht erforderlich [1]), vielmehr entscheidet die objektive Sachlage und nicht die Meinung der Parteien [2]). Geht man davon aus, daß die **Gewährung von Entgelt für die Tätigkeit des Schiedsrichters üblich**, die Erlassung des Schiedsspruchs also nur gegen eine Vergütung zu erwarten ist, so hat in Gemäßheit der Rechtsregel des § 632 BGB. **die Vergütung des Schiedsrichters** als **stillschweigend vereinbart** zu gelten. Damit ist die Rechtsnatur des Schiedsrichtervertrags als Werkvertrag aus objektiven Gründen auch in den Fällen gegeben, in denen eine Vergütung nicht besonders vereinbart ist.

Gelegentlich mögen die Leistungen des Schiedsrichters sich auch heute noch als reine Gefälligkeitsdienste darstellen, wenn der Schiedsrichter von vornherein oder nachträglich, ausdrücklich

1) VII 23. 12. 10 Warn.Rspr. 11 Nr. 113, insbesondere S. 122.
2) VII 7. 6. 12 Warn.Rspr. 12 Nr. 338.

oder stillschweigend auf eine Vergütung verzichtet. Es liegt dann eine Liberalität vor, für deren Gewährung besondere Gründe maßgebend sein können, etwa der Umstand, daß der Schiedsrichter ein Beamter ist, der für eine außerdienstliche Tätigkeit überhaupt keine Vergütung nehmen darf, oder vielleicht Umstände aus dem persönlichen Verhältnis zwischen Parteien und Schiedsrichter, wobei aber aus dem Verwandtschaftsverhältnis allein die Unentgeltlichkeit nicht entnommen werden kann [1]). **Die Regel,** welche sich auf die geltende Verkehrssitte gründet, **ist** jedoch **die Entgeltlichkeit der Schiedsrichtertätigkeit,** und nach dieser Regel bestimmt sich das Wesen eines Rechtsgeschäfts, nicht nach Einzel- oder Sonderfällen.

Ob die Vergütung für die schiedsrichterliche Tätigkeit hoch oder gering ist, wie letzteres bei ständigen Schiedsgerichten oft der Fall ist, oder welcher Art die Vergütung ist, ob sie in barem Gelde oder in anderen Vermögenswerten, so in Gegendienstleistungen besteht, ist unerheblich. Bei Vereinen, Verbänden, Berufs- und Erwerbs-Gemeinschaften kommt es vielfach vor, daß ihre Mitglieder und Angehörigen die Tätigkeit als Schiedsrichter ohne besondere Vergütung dafür ausüben. Das Entgelt hierfür ist in der ausdrücklich oder stillschweigend verbürgten Gegenseitigkeit zu finden, darin, daß die Mitglieder einander ihre Dienste als Schiedsrichter gegenseitig zu leisten versprechen, so daß die Dienste sich durch Gegendienste ausgleichen, oder darin, daß die Mitglieder, welche als Schiedsrichter tätig werden, dies in Erfüllung ihrer Mitgliedspflichten tun, während andererseits diejenigen, welche ihre Dienste in Anspruch nehmen, hiermit ein Mitgliedsrecht ausüben, so daß in ihrem beiderseitigen Verhältnis zum Verein der Ausgleich erfolgt.

Wird die Ausübung der schiedsrichterlichen Tätigkeit von vornherein unentgeltlich übertragen und übernommen, so ist nach der Systematik des BGB. **das Vorliegen eines** dem Werkvertrag verwandten **Auftrags anzunehmen,** worüber es in § 662 BGB. heißt:

„Durch die Annahme eines Auftrags verpflichtet sich der Beauftragte, ein ihm von dem Auftraggeber übertragenes Geschäft für diesen unentgeltlich zu besorgen."

---

1) VI 30. 6. 10 Bd. 74 S. 139 ff., insbesondere S. 140/41.

Die Unentgeltlichkeit ist das wesentlichste Merkmal, durch das sich der Auftrag vom Werkvertrag unterscheidet; im übrigen haben beide Vertragsarten viel Gemeinsames und unterstehen, soweit der Werkvertrag eine Geschäftsbesorgung zum Gegenstand hat, zum größten Teil denselben Rechtsregeln. Dementsprechend bestimmt § 675 BGB., daß auf einen Werkvertrag, der eine Geschäftsbesorgung zum Gegenstande hat, die meisten für den Auftrag geltenden Vorschriften entsprechende Anwendung finden. Der Umstand, daß § 675 seine Stelle in dem Titel vom Auftrage erhalten hat, dessen Bestimmungen gleich derjenigen des § 675 eine Geschäftsbesorgung zum Gegenstande haben, spricht deutlich dafür, daß der Begriff der Geschäftsbesorgung in § 675 denselben Inhalt haben soll, wie in dem Titel überhaupt. Daß § 675 auf die für den Auftrag gegebenen Bestimmungen zur entsprechenden Anwendung verweist, bedeutet hiernach, daß die entgeltlichen Verträge, welche dieselben Leistungen zum Gegenstande haben, wie der unentgeltliche Auftrag, in gewissen Beziehungen auch rechtlich diesem gleich behandelt werden sollen [1]). Im gewöhnlichen Verkehrsleben wird mit dem Begriff des Auftrags nicht das Merkmal der Unentgeltlichkeit verknüpft. Der Kaufmann erteilt dem Fabrikanten, der Bauherr dem Unternehmer, die Partei dem Rechtsanwalt, der Rechtsanwalt dem Gerichtsvollzieher einen Auftrag, ohne daß jemand von ihnen auf den Gedanken käme, die Ausführung des Auftrags werde unentgeltlich erfolgen. Auch in den Gesetzen, so in der ZPO. und sogar in dem BGB., wird von dem Auftrag ohne Beziehung auf die Unentgeltlichkeit gesprochen. Diese ist als Begriffsmerkmal des Auftrags durch das BGB. im Anschluß an die römische Mandatstheorie bestimmt worden, wonach der Satz gilt: mandatum nisi gratuitum nullum est. Hat sich aber bereits in der römisch-rechtlichen und späterhin in der gemeinrechtlichen Entwicklung des Rechtslebens immer mehr der Brauch herausgebildet, für Dienstleistungen auf Grund von Aufträgen Vergütung zu gewähren, so ist dies jetzt zur Regel geworden, mag man auch die Vergütung für Dienstleistungen höherer Art, insbesondere wissenschaftlichen und künstlerischen Charakters, nicht als Lohn, sondern als Honorar bezeichnen. Im heutigen Verkehrsleben nimmt der unentgeltliche Auftrag keinen

1) Komm. Bd. I S. 615 Vorbemerk. 2 z. 10. Titel: Auftrag.

breiten Raum mehr ein, den für ihn durch das BGB. gegebenen Rechtsregeln in den §§ 663 ff. ist erst durch ihre Inbezugnahme für Dienst- und Werkverträge in § 675 eine größere Bedeutung und ein weiteres Anwendungsgebiet verliehen worden [1]). **Auf Grund der Unterscheidung, die das BGB. macht, ist jedoch daran festzuhalten, daß der Schiedsrichtervertrag, wenn die Verpflichtung zur Erlassung des Schiedsspruchs unentgeltlich übernommen ist, die Natur des Auftrags (§ 662 BGB.), sonst die des Werkvertrags (§ 631 BGB.) hat** [2]).

Den Gegnern dieser Auffassung muß zugegeben werden, daß im Vordergrund des Rechtsverhältnisses zwischen den Parteien und dem Schiedsrichter stets die Verpflichtung des letzteren zur Entscheidung der Rechtsstreitigkeit steht und nicht die Verpflichtung der ersteren zur Gewährung einer Vergütung dafür. Hiermit steht jedoch das Wesen des Schiedsrichtervertrags auch dann im Einklang, wenn man ihn als Werkvertrag auffaßt; denn den Tatbestand eines jeden Werkvertrags füllt in der Hauptsache die Verpflichtung des Unternehmers zur Herbeiführung des versprochenen Erfolgs aus. Wenn weiterhin eingewendet wird, daß die Vorschriften des BGB. über den Werkvertrag dem Schiedsrichter gegenüber zum Teil hart und schroff seien, nicht nur hinsichtlich seiner Honoraransprüche, sondern auch wegen seiner Haftung für den Schiedsspruch, so ist zu berücksichtigen, daß, wie überhaupt nach dem BGB. keine Verpflichtung zur Übernahme eines angetragenen Werks oder Geschäfts besteht [3]), so auch für niemand ein Zwang zur Übernahme der Tätigkeit eines Schiedsrichters begründet ist (vgl. § 9 I 2 d. B.), daß also, wer eine solche Tätigkeit übernimmt, sich den für ihre Ausübung geltenden gesetzlichen Vorschriften freiwillig unterwirft. Wer sich ihnen nicht fügen will, kann nach seinem Belieben die Bedingungen bestimmen, unter denen er die Tätigkeit ausüben will, und von deren Annahme durch die Parteien die Übernahme des Schiedsrichteramts abhängig machen. Er kann auch im Wege der Vereinbarung dadurch, daß er von vornherein die Gewährung einer Vergütung für seine Tätigkeit ausschließt, die Geltung der Vorschriften des Werkvertrags für sein Verhältnis

---

1) Komm. Bd. I S. 615 Vorbem. 1 zum 10. Titel: Auftrag.
2) Petersen Bd. II S. 770 Anm. 4 zu § 1028.
3) Komm. Bd. I S. 593 Anm. 1 zu § 633 und S. 618 Anm. 3 zu § 663.

zu den Parteien beseitigen und dieses den für den unentgeltlichen Auftrag geltenden Bestimmungen unterstellen. Tut er dies nicht, so ist kein Grund ersichtlich, den Schiedsrichter günstiger zu stellen, als jeden anderen Geschäftsbesorger, und ihn von der Verantwortung für die Folgen seiner Handlungen und Unterlassungen zu entbinden, die sonst jeder, der auf dem Gebiete des Privatrechts tätig wird, sei es für sich oder einen anderen, auf sich zu nehmen hat. Müssen sich doch auch Künstler, Gelehrte, Schriftsteller usw. gefallen lassen, in bezug auf Verträge über ihre Leistungen, wie jeder andere Sterbliche, behandelt und den Rechtssätzen des Werkvertrags unterworfen zu werden, soweit sie nicht im Wege der Vereinbarung andere Bestimmungen treffen. Woher will der Schiedsrichter das Recht herleiten, sich von der Verantwortung für seine Handlungen zu befreien? Aus der sogenannten „Eigenart" seines Vertrags mit den Parteien kann er dies nicht; denn sie ist in dem Sinne, wie sie das RG. auffaßt, nicht begründet, wie bereits auseinandergesetzt ist. Akte der Staatshoheit übt der Schiedsrichter, wie das RG. selbst in ständiger Rechtsprechung ausgeführt hat, nicht aus, er bewegt sich vielmehr mit seiner Tätigkeit auf dem Boden des Privatrechts. Hier aber muß, wer sich als Schiedsrichter für seine Tätigkeit eine Vergütung gewähren läßt, soweit es dabei auf ihn ankommt, dafür sorgen, daß der Erfolg seiner Tätigkeit eintritt, um dessen Willen allein die Parteien ihm das Amt, das ist: nicht bloß das Recht, sondern auch die Pflicht zur vorschriftsmäßigen Erlassung eines den Streit zwischen ihnen zur Erledigung bringenden Schiedsspruchs übertragen haben. Wie oft gegen diese an und für sich selbstverständliche Pflicht auch von Schiedsrichtern, die sich für ihre Tätigkeit eine hohe Vergütung gewähren lassen, durch Außerachtlassung der erforderlichen Sorgfalt, aus Unkenntnis der gesetzlichen Bestimmungen und der Bedeutung der Vereinbarungen der Parteien gefehlt wird, entzieht sich einer allgemeinen Feststellung, da Unterlagen hierfür nicht vorhanden sind, auch kaum gewonnen werden können. Die durch die ordentlichen Gerichte zur Erörterung gelangenden Schiedssprüche, von denen festgestellt wird, daß sie überhaupt nicht Schiedssprüche im Sinne des Gesetzes oder ungültig sind, stellen nur einen Teil dieser Fälle dar. Meist fügen sich die Parteien dem Schiedsspruch und erfüllen ihn, wenn er ihnen in materieller Hinsicht einigermaßen das Richtige getroffen zu haben scheint, ohne Rücksicht auf seine formelle Gültigkeit, wohl auch aus oder in Unkenntnis der Bestimmungen hierüber. Wird aber nach einem vielleicht langwierigen und kostspieligen Verfahren vor dem Schiedsgericht im Nachverfahren vor dem ordentlichen Gericht der Spruch wegen Verletzung der Vorschriften über das Verfahren gemäß § 1041 aufgehoben oder festgestellt, daß mangels Erfüllung der gesetzlichen Formvorschriften (§ 1039) ein Schiedsspruch überhaupt nicht vorliege, und trifft die Schuld hieran den oder die Schiedsrichter, so kann die Entscheidung der Frage, wer nach Recht und Billigkeit die Folgen hiervon tragen soll, der schuldige Schiedsrichter oder die unschuldigen Parteien, nicht zweifelhaft sein. **Es entspricht** doch **dem Gebot der Gerechtigkeit, die Parteien vor** dem ihnen hierdurch entstehenden **Schaden zu bewahren, nicht aber, den Schiedsrichter gegen die Verantwortung und Haftung dafür zu schützen** und ihm vielleicht noch eine Vergütung für seine schadenbringende Tätigkeit zu gewähren oder zu belassen. **Das Interesse, dem das Schiedsverfahren dient** und das deshalb in erster Linie zu schützen ist, **ist dasjenige der Parteien,** nicht des Schiedsrichters, **der Schiedsrichter ist der Parteien wegen da, nicht umgekehrt.** Hauptgegenstand des Vertragsverhältnisses zwischen den Parteien und dem Schiedsrichter, Zweck und Ziel des Schiedsverfahrens ist die Erlassung eines vorschriftsmäßigen Schiedsspruchs; die Gewährung einer Vergütung an den Schiedsrichter davon abhängig zu machen, daß dies Ziel erreicht werde, ist gerechtfertigt, die Vergütung an den Schiedsrichter, welcher vorzuleisten hat, kommt erst in zweiter Linie in Betracht.

Allerdings wird dadurch, daß der Schiedsrichter als Geschäftsbesorger nach § 675 BGB. den Vorschriften über Auftrag und Werkvertrag unterstellt wird, der Nimbus zerstört, der nach der Rechtsprechung des RG. den Schiedsrichter und sein Amt umgibt. Allein es ist ein falscher Glanz, der dem Lichte der Wirklichkeit nicht standhält; denn der Schiedsrichter ist nicht Richter und in keiner Beziehung zur Ausübung staatlicher Hoheitsrechte befugt. Er bedarf auch nicht des falschen Scheins zur Ausübung der ihm zukommenden Rechte und Pflichten, seine Stellung ist durch den Schiedsrichtervertrag und die dafür in Betracht kommenden Vorschriften des BGB. fest begründet. Dadurch, daß der Schiedsrichter Geschäftsbesorger, Beauftragter und Bevollmächtigter der Parteien ist und nicht als ihr Richter erscheint, der über ihnen steht, wird die Erreichung des Vertragszwecks nicht im mindesten beeinträchtigt, und darauf kommt es doch an. Es ist auch kein Grund gegeben, aus dem der Schiedsrichter die Unterordnung seiner Tätigkeit unter die Regeln des Werkvertrags und des Auftrags als Minderbewertung anzusehen hätte. Meines Erachtens liegt in der Gleichstellung mit dem staatlichen Richter eher eine Überschätzung der Tätigkeit des Schiedsrichters und eine Herabminderung der Stellung des staatlichen Richters, als daß in der Auffassung des Schiedsrichters als Geschäftsbesorger dessen Herabwürdigung gesehen werden könnte. Darüber mehr auszuführen, muß ich mir hier versagen. Die Künstler und Gelehrten, die ihre Leistungen wohl ebenso hoch stellen als diejenigen des Richters und des Schiedsrichters müssen es sich, wie bereits vorher bemerkt, gefallen lassen, daß ihre Tätigkeit den Regeln des Werkvertrags unterstellt und sie als Unternehmer behandelt werden, und auch die Geschäftsbesorgung der Rechtsanwälte und Notare kann unter Umständen als Gegenstand eines Werkvertrags erscheinen.

In einem von dem RG. vor kurzem entschiedenen Falle [1]) war unter den Parteien ausgemacht, daß der Kläger in seiner Eigenschaft als Rechtsanwalt gegen Ersatz der ihm gesetzlich zustehenden Gebühren den bereits zwischen dem Beklagten und dem Chinesen T. C. T. schriftlich abgeschlossenen Vertrag über Ausbeutung einer Kohlengrube in die dem chinesischen Berggesetz vom 20. September 1907 entsprechende Gestalt bringen solle. Zu diesem Zweck sollte der Kläger auch mit dem deutschen Konsulat verhandeln. Hierzu hat das RG. ausgeführt: „Das vertragliche Verhältnis zwischen dem Rechtsanwalt und seinem Klienten ist regelmäßig ein Dienstvertrag nach § 611 ff. BGB. (RGZ. 57, 107) oder, wie sich die Entscheidung in RGSt. 39. 121 ausdrückt, ein Dienstvertrag, der zugleich eine Geschäftsbesorgung nach § 675 BGB. zum Gegenstand hat. Hier hat der unter den Parteien geschlossene Vertrag jedoch einen besonderen Inhalt. . . ." „Dieser Vertrag hatte den Charakter eines Werkvertrags nach §§ 631 ff., der zugleich eine Geschäftsbesorgung nach § 675 BGB. zum Gegenstand hatte. Der Kläger versprach einen bestimmten durch seine Arbeit zu erreichenden Erfolg, nämlich die Herstellung eines nach chinesischem Recht brauchbaren

1) III 17. 3. 14 JW. 14 S. 642 Z. 4.

Vertrags gegen Entrichtung der gesetzlichen Vergütung und die Besorgung der dazu nötigen Verhandlungen mit dem Deutschen Konsulat." Sind diese Ausführungen richtig, so ist danach ohne weiteres auch der Vertrag mit dem Schiedsrichter, der gegen Vergütung die Beseitigung einer Rechtsstreitigkeit zwischen den Parteien, nämlich die Erlassung eines den gesetzlichen Vorschriften entsprechenden Schiedsspruchs übernimmt, als ein Werkvertrag nach §§ 631 ff. BGB. zu erachten, der eine Geschäftsbesorgung gemäß § 675 l. c. zum Gegenstand hat. Auf die Entscheidung wird noch späterhin zurückzukommen sein, da das RG. auch die Anwendbarkeit der §§ 633 und 634 BGB. auf das Vertragsverhältnis zwischen dem Rechtsanwalt und seinem Klienten geprüft und bejaht hat.

In Frage kommen kann, wenn man den Schiedsrichter den Vorschriften über die Geschäftsbesorgung unterstellt, ob seine Tätigkeit, sofern sie des öfteren gegen Vergütung ausgeübt wird, sich als eine gewerbsmäßige darstellt. Tritt man der Auffassung des RG. über die Stellung des Schiedsrichters bei, so wird dessen Tätigkeit deswegen, weil sie gegen Entgelt und in der Absicht der Gewinnerzielung ausgeübt wird, ebensowenig als eine gewerbsmäßige zu erachten sein, wie diejenige eines Gelehrten oder eines Künstlers, der für seine Arbeiten Bezahlung fordert und nimmt. Denn, wie das die Gesamttätigkeit des Künstlers und des Gelehrten beherrschende Moment stets das künstlerische und das wissenschaftliche bleibt [1]), so würde die Gleichartigkeit der Tätigkeit des Schiedsrichters mit derjenigen des ordentlichen Richters, wenn man der Auffassung des RG. folgt, das überragende und ausschlaggebende Moment für die Bewertung seiner Tätigkeit bilden, durch das die Annahme ihrer Gewerbsmäßigkeit ausgeschlossen sein würde. **Sieht man von der Gleichstellung des Schiedsrichters mit dem ordentlichen Richter ab, so kann man** dazu gelangen, **die Tätigkeit eines Schiedsrichters als eine gewerbsmäßige** und ihn selbst als einen Gewerbetreibenden zu **betrachten,** sofern im übrigen die Voraussetzungen dafür gegeben sind. Als gewerbsmäßige Besorgung fremder Rechtsangelegenheiten kann alsdann die schiedsrichterliche Tätigkeit unter § 35 Abs. 3 GO. fallen, zumal für ihre Ausübung der Besitz wissenschaftlicher, technischer oder anderer Kenntnisse und Befähigungen

---

1) II 23. 12. 10 Bd. 75 S. 52/3.

nicht Voraussetzung ist und der Schiedsspruch als solcher nicht als wissenschaftliche, künstlerische oder technische Leistung in Betracht kommt, sondern als Rechtsgeschäft, während das Urteil des ordentlichen Richters, das ebenfalls keine wissenschaftliche Leistung als solche sein soll, einen Akt der Staatshoheit darstellt.

Die Befürchtung, daß **durch die Unterstellung des Schiedsrichters** unter die Grundsätze für die Haftung aus Vertragsverhältnissen im allgemeinen und **unter die Regeln des Werkvertrags** im besonderen die Entwicklung des Schiedsgerichtswesens beeinträchtigt werden würde, kann nicht als begründet erachtet werden; im Gegenteil, **eine Gesundung und Förderung des Schiedsgerichtswesens** wird die Folge sein. Denn, wenn diejenigen Persönlichkeiten, welche sich der vorschriftsmäßigen Erfüllung der Pflichten eines Schiedsrichters nicht gewachsen fühlen, in Zukunft die Übernahme des Amtes ablehnen, so liegt dies durchaus im Interesse der Parteien, des Rechtslebens im allgemeinen und des Schiedsgerichtswesens im besonderen. Wirkt außerdem die Anwendung strengerer Grundsätze auf die Ausübung der schiedsrichterlichen Tätigkeit, wie zu erwarten, dahin, daß die hiermit verbundenen Pflichten sortan mit der erforderlichen Sorgfalt erfüllt werden, so werden viele Mißstände aus dem Schiedsverfahren verschwinden, die jetzt vielfach erhobenen Klagen und Vorwürfe gegen das Verfahren werden zum großen Teil ihre Berechtigung verlieren.

In jedem Falle, gleichviel ob der Schiedsrichtervertrag als auftragsähnlicher Werkvertrag oder als unentgeltlicher Auftrag erscheint, **kommen auf das Vertragsverhältnis die Rechtsgrundsätze der Stellvertretung auf Grund einer Vollmacht** nach Maßgabe der §§ 164 ff. BGB. **zur Anwendung.** Wie der Gegenstand des Werkvertrags und des Auftrags, so bestimmt sich auch Inhalt und Umfang der Vertretungsmacht des Schiedsrichters in erster Linie nach dem Zweck und Inhalt des Schiedvertrags, der, wie zu I ausgeführt, durch den Abschluß des Schiedsrichtervertrags zu dessen wesentlichem Bestandteil wird, und erst in zweiter Linie nach den in dem letzteren Vertrage vereinbarten besonderen Vorschriften. In Betracht kommt jedoch — wie vorher S. 156 ff. auseinandergesetzt ist —, daß vom diesseitigen Standpunkt aus, im Gegensatz zum RG.[1]), nicht nur das Verhältnis der Parteien

1) III 4. 11. 10 Bd. 74 S. 323 ff.

und Schiedsrichter zu dritten Personen, sondern auch das innere Verhältnis der Parteien und Schiedsrichter zu einander von den Grundsätzen des Vollmachtsvertrags beherrscht wird. Die dem Schiedsrichter erteilte Vollmacht enthält hiernach nicht nur die Berechtigung, für die Parteien nach außen, mit Rechtswirkung für und gegen sie, aufzutreten und das zu tun, was ihm zur Durchführung des Schiedsverfahrens erforderlich erscheint, sondern **diese Vollmacht** umfaßt auch — und zwar in für das ganze Rechtsverhältnis grundlegender Bedeutung — das Verhältnis der Parteien zu einander und **ermächtigt den Schiedsrichter, jede Partei der anderen gegenüber zu vertreten und in Vertretung beider Parteien den Schiedsspruch zu erlassen, so daß sich der Schiedsspruch als eine rechtsgeschäftliche Willenserklärung beider Parteien darstellt, die ihre für sie verbindliche Kraft ihrem eigenen Willen entnimmt,** auf der von ihnen dem Schiedsrichter übertragenen rechtsgeschäftlichen Vertretungsmacht beruht und die sie infolgedessen insoweit für und gegen sich gelten lassen müssen, als der Schiedsrichter sich im Rahmen seiner Vertretungsmacht gehalten hat.

Die vom RG. gebilligte Auffassung, der Vertrag mit dem Schiedsrichter sei kein Vollmachtsvertrag, steht nicht im Einklang mit der in derselben Entscheidung wiedergegebenen, vom RG. nicht mißbilligten Ausführung des Berufungsgericht: daß nach dem Vertrage in Verbindung mit den Bestimmungen der ZPO. die Schiedsrichter in **jeder** Hinsicht im Namen aller Schiedsparteien handelten [1]). Die vom RG. für seine Stellungnahme angezogene Begründung: „weil das Moment der Vertretung da ausgeschlossen ist, wo die rechtliche Handlung, welche aufgetragen, eine solche ist, daß sie von dem Auftraggeber rechtlich überhaupt nicht vorgenommen werden kann" [2]), trifft nicht zu.

Der Schiedsrichtervertrag ist nicht lediglich, aber **auch** ein Vollmachtsvertrag zwecks Vertretung der Parteien nicht nur gegenüber Dritten, was das RG. ausdrücklich billigt, sondern auch gegenüber der anderen Partei. Ein solches Vollmachtsverhältnis, eine Vertretung beider Parteien durch einen Bevollmächtigten ist nach § 181 BGB. gestattet, wenn dies dem Willen der Parteien entspricht, was durch den Abschluß des Schieds-

1) III 4. 11. 10 Bd. 74 S. 322.
2) l. c. S. 323.

vertrags von vornherein festgestellt wird. Schon nach früherem Recht war der Abschluß eines Vertrags durch einen gemeinsamen Vertreter möglich und zulässig, wenn die beiden vertretenen Personen ein entgegengesetztes Interesse hatten. „Auch wenn," führt das RG. aus, „der Inhalt des abzuschließenden Vertrags durch den Willen des Vertreters erst bestimmt werden soll und die ins Auge gefaßten Vertragsbedingungen sich desto günstiger für den einen Teil gestalten, je ungünstiger sie für den anderen Teil sind, kann doch ein Punkt gefunden werden, in welchem diese Verschiedenheit sich in Übereinstimmung auflöst, nämlich wenn die Vertragsbedingungen als die unter den obwaltenden Umständen für jeden der beiden Teile erreichbar günstigsten erscheinen. Jeder der beiden Teile hat dies von seinem Standpunkte aus zu prüfen, und wenn die Parteien andere Personen mit dieser Prüfung betraut haben, so ist von diesen die Prüfung vorzunehmen. Treffen die Vertretungen in **einer** Person zusammen, so ist dieselbe wohl imstande, die Prüfung von den verschiedenen Standpunkten aus vorzunehmen und hierbei zu dem Ergebnis zu gelangen, daß gewisse Bedingungen als die erreichbar günstigsten dem Interesse beider Teile entsprechen. Nur wenn man von der für den wirklichen Verkehr nicht maßgebenden Anschauung ausginge, es sei die Aufgabe der mit dem Abschluß von Geschäften betrauten Personen, den anderen Teil zu übervorteilen, würde sich die Untunlichkeit des Abschlusses durch einen gemeinsamen Vertreter ergeben" [1]). Diese Ausführungen treffen auch für das Verhältnis zwischen dem Schiedsrichter und den Parteien zu und ergeben die Möglichkeit und Zulässigkeit des Vollmachtsvertrags zwischen dem Schiedsrichter und beiden Parteien. Der Einwand, daß die Vertretung der Parteien durch den Schiedsrichter deswegen ausgeschlossen sei, weil die Parteien die diesem aufgetragenen rechtlichen Handlungen selbst rechtlich nicht vornehmen können, greift nicht durch; denn der Schiedsrichter setzt nur das fest, was die Parteien selbst zu tun berechtigt sind, und sein Spruch ist kein Urteil, wie bereits vorher ausgeführt ist und weiterhin unten nachgewiesen werden wird [2]).

---

1) I 23. 11. 81 Bd. 6 S. 14, bestätigt durch I 18. 10. 82 Bd. 7 S. 119/120 und I 6. 11. 89 Bd. 24 S. 89/92.

2) Vergl. Daubenspeck: Die Schiedsgerichte für Regulierung der Bergschäden, Berlin 1883; Franz Vahlen S. 42 ff.

Das Wesen und die rechtliche Natur des Vertrags zwischen den Parteien und den Schiedsrichtern bedurfte einer eingehenden Erörterung und Klarstellung. Mögen die Ausführungen auch mehr dogmatischer Natur erscheinen, so ist doch ihr Ergebnis von erheblicher praktischer Bedeutung. Denn erst hierdurch ist die Möglichkeit gegeben, das Rechtsverhältnis zwischen den Parteien und dem Schiedsrichter in allen Beziehungen klar zu erkennen und richtig zu beurteilen. Darauf aber kommt es für das Verhalten der Parteien und des Schiedsrichters im Schiedsverfahren an, wenn alle Beteiligten richtig handeln wollen. In den Darlegungen der §§ 12 und 13 d. B. werden die einzelnen Fragen des Rechtsverhältnisses zwischen den Parteien und dem Schiedsrichter sowohl auf Grund der Rechtsprechung des RG., als auch vom Standpunkte der diesseitigen Auffassung erörtert werden, jedoch getrennt und so, daß, wer sich dem RG. in allen Punkten anschließen will, die dafür maßgebenden Grundsätze daraus ohne weiteres entnehmen kann. Wo nichts besonderes dazu bemerkt ist, stehen die Darlegungen mit der Rechtsprechung des RG. im Einklang, bezw. beruhen auf ihr.

III. Durch wen, in welcher Weise und wann hat der Abschluß des Vertrags zu erfolgen und kann er erfolgen?

Wie an und für sich **die Ernennung** eines jeden Schiedsrichters beiden Parteien zusteht und jede Ernennung als durch beide erfolgt gilt, gleichviel, wer sie vorgenommen hat (vgl. § 10 I d. B.), **so hat auch der Abschluß des Vertrags mit dem Schiedsrichter durch beide Parteien zu erfolgen,** da der Schiedsrichter zur Entscheidung des Rechtsstreits nur dann befugt ist, wenn ihm das Recht hierzu von beiden Parteien übertragen ist. Dies bedeutet **jedoch nicht,** daß **jedesmal beide Parteien** bei dem Vertragsschluß **mitzuwirken** haben, vielmehr kann dieser, wie die Ernennung des Schiedsrichters, auch durch eine Partei oder durch einen Dritten vollzogen werden. Wer namens der Parteien den Vertrag mit dem Schiedsrichter zu schließen befugt ist, richtet sich nach den Bestimmungen des Schiedsvertrags. Ist nichts anderes bestimmt, so gilt **derjenige, dem das Recht zur Ernennung** des Schiedsrichters **zusteht, auch** als **befugt, den Vertrag** mit ihm **abzuschließen,** und durch die Annahme der Ernennung seitens des

Schiedsrichters wird ein Vertragsverhältnis desselben nicht bloß gegenüber der ernennenden Partei, sondern auch gegenüber dem andern Teil begründet [1]). Die Ermächtigung der ernennenden Partei zum Vertragsschluß erstreckt sich jedoch nur darauf, mit dem Schiedsrichter „den **allgemeinen**, aus dem Begriffe und Zwecke des Schiedsgerichts sich ergebenden Inhalt" des Vertrags zu vereinbaren, wonach die Parteien sich dem Schiedsspruch in bezug auf das streitige Rechtsverhältnis unter Ausschluß des Rechtswegs unterwerfen und die Verpflichtung übernehmen alles zu tun, um dem Schiedsrichter die Fällung des Spruchs zu ermöglichen, während der Schiedsrichter sich verpflichtet, auf Grund der ihm durch den Vertrag gegebenen Befugnisse und innerhalb der ihm dadurch gezogenen Grenzen die Streitigkeit zwischen den Parteien zur Entscheidung zu bringen [2]). Darüber hinaus, zu besonderen Abmachungen bedarf es der Zustimmung beider Parteien, um sie dem Schiedsrichter gegenüber zu verpflichten. Mangels dieser Zustimmung, welche vorher oder nachher, ausdrücklich oder stillschweigend, d. h. durch die Vornahme von Handlungen, aus denen auf die Zustimmung zu schließen ist, erteilt werden kann, haftet dem Schiedsrichter aus den besonderen Abmachungen nur derjenige, der sie mit ihm getroffen hat, oder für den sie befugter Weise getroffen sind. So haftet dem Schiedsrichter aus der Vereinbarung eines Honorars, welches die angemessene oder übliche Vergütung übersteigt, für den überschießenden Betrag nur derjenige, welches das Honorar versprochen hat. Dies gilt in gleicher Weise für den Vertragsschluß durch eine Partei, wie durch einen Dritten.

Nimmt der Schiedsrichter die Ernennung an, stellt er jedoch Bedingungen, über welche der Schiedsvertrag nichts enthält, so gilt dies als Verweigerung der Übernahme des Schiedsrichteramts i. S. der §§ 1031 und 1033 Ziff. 1 [3]). Das BGB. bestimmt hierzu in § 150 Abs. 2:

> „Eine Annahme unter Erweiterungen, Einschränkungen oder sonstigen Änderungen gilt als Ablehnung verbunden mit einem neuen Antrage."

---

1) VII 29. 11. 04 Bd. 59 S. 251/2. — VII 3. 7. 06 Gruch. Bd. 51 S. 403/6.

2) III 4. 11. 10 Bd. 74 S. 322.

3) III 17. 1. 91 JW. 92 S. 15 Z. 15. — III 24. 2. 93 JW. 93 S. 200 Z. 18.

Die Fähigkeit zum Vertragsschluß fällt für die Parteien mit der Fähigkeit zum Abschluß des Schiedsvertrags zusammen [1]), hinsichtlich des Schiedsrichters mit der Fähigkeit, Schiedsrichter zu sein (vgl. § 7 II d. B.). Selbstverständlich kann, wie die Parteien, so auch der Schiedsrichter sich zum Abschluß des Vertrags eines Bevollmächtigten bedienen.

Sofern darüber nicht der Schiedsvertrag eine Vorschrift enthält, ist **die Beobachtung einer Form für den Abschluß des Vertrags,** der, wie zu II a. A. bemerkt, weder in der ZPO., noch im BGB. oder anderswo eine besondere Regelung erfahren hat und für den deshalb der allgemeine, das Vertragsrecht des BGB. beherrschende Grundsatz der Formfreiheit gilt, **nicht erforderlich.** Der Vertrag kann schriftlich, mündlich und auch mittels stillschweigender Willenserklärungen durch schlüssige Handlungen vereinbart werden, wie der Schiedsvertrag [2]). Hat der Schiedsrichter der ihn ernennenden Partei gegenüber sich irgendwie zustimmend geäußert, so kann dies für die Feststellung der Übernahme des Amts durch den Schiedsrichter genügen, da die ernennende Partei durch die Mitteilung der Ernennung dem Schiedsrichter auch namens und in Vertretung des anderen Teils das Angebot gemacht hat, an Stelle des Staatsgerichts den Spruch zu fällen und über den Streit beider zu entscheiden, und die Annahme des Angebots den Vertragsschluß zwischen beiden Parteien und dem Schiedsrichter vollendet [3]). Verhandeln die Parteien ohne Vorbehalt über ihre Streitigkeit vor jemandem als Schiedsrichter, obwohl seine Bestellung vorher noch nicht oder nicht vertragsmäßig erfolgt ist, so kann in dem widerspruchslosen Verhandeln der Parteien ihre stillschweigende Willenserklärung gefunden werden, sich in bezug auf die vorgetragene Streitigkeit der Entscheidung des Betreffenden als Schiedsrichter zu unterwerfen, und damit nicht nur der Abschluß eines Schiedsvertrags zwischen den Parteien selbst, sondern auch das Angebot ihrerseits zum Abschluß eines Vertrags gegenüber dem Schiedsrichter; und

---

1) Schiedsvertrag S. 40—42 § 9: Wer ist berechtigt, einen Schiedsvertrag abzuschließen?

2) VII 21. 11. 11 JW. 12 S. 132 Z. 3. — VII 19. 9. 12 JW. 12 S. 1062 Z. 6 = Warn.Rspr. 12 Nr. 468. — VII 8. 4. 13 JW. 13 S. 655 Z. 18. — VII 28. 11. 13 Warn.Rspr. 14 Nr. 69. — VII 1. 11. 12 VII 284 12. — VII 24. 1. 13 VII 428 12. — VII 14. 5. 09 Recht 09 Nr. 2162.

3) VII 29. 11. 04 Bd. 59 S. 251/2.

in der Entgegennahme der Erklärungen der Parteien und in dem Verhandeln darüber mit ihnen durch den Schiedsrichter kann die Annahme des Angebots der Parteien, also der Abschluß des Vertrags zwischen ihnen und dem Schiedsrichter liegen (§ 9 III d. B.). Erhält der Schiedsrichter die Mitteilung von seiner Ernennung und fordert er hierauf, ohne die Ernennung abzulehnen oder einen Vorbehalt zu machen, die Parteien auf, ihm eine Darstellung des Sach- und Streitstandes einzureichen, oder lädt er sie zu einem Termin, so kann in dieser Aufforderung oder Ladung die Annahme der Ernennung gefunden werden, derart, daß damit zwischen den Parteien und dem Schiedsrichter ein Vertrag mit dem allgemeinen aus dem Begriff und Zweck des Schiedsgerichts sich ergebenden Inhalt zustande gekommen ist.

Das bloße Schweigen auf die Mitteilung von der **Ernennung gilt nicht als Annahme,** auch wenn es sich dabei um Personen handelt, die zur Ausübung der Schiedsrichtertätigkeit öffentlich bestellt sind oder sich erboten haben. Solche Personen, deren Bestellung, um als öffentlich zu gelten, nicht notwendigerweise durch eine Behörde erfolgen muß, sondern auch in der Weise geschehen kann, daß ein gemeinnütziger Verband bekannt macht, daß diese Personen von Vereins wegen dem Publikum für die Dienste eines Schiedsrichters zur Verfügung ständen, sind zwar gemäß § 663 BGB., wenn sie eine Ernennung zum Schiedsrichter nicht annehmen, verpflichtet, die Ablehnung unverzüglich, d. h. ohne schuldhaftes Zögern anzuzeigen, die Unterlassung der Anzeige gilt jedoch nicht als Annahme, begründet vielmehr nur eine Schadensersatzpflicht [1]). Das Gleiche gilt gemäß § 663 Satz 2 BGB., wenn sich jemand den Parteien selbst gegenüber zur Ausübung schiedsrichterlicher Tätigkeit erboten hat und dieses Erbieten nur im allgemeinen, nicht in Beziehung auf einen bestimmten Streitfall oder einen bestimmten Schiedsvertrag erfolgt ist. In einem solchen Falle kommt durch die Mitteilung der Ernennung seitens der Parteien an den Schiedsrichter der Vertrag noch nicht zustande, die Ernennung bedarf hierzu der Annahme seitens des Ernannten [2]).

Begrifflich hat der Vertrag zwischen den Parteien und dem Schiedsrichter den Schiedsvertrag, zu dessen Ausführung er be-

1) Komm. Bd. I S. 618 Anm. 2 und 3 zu § 663.
2) Komm. Bd. I S. 618 Anm. 4 zu § 663.

stimmt ist, zur Voraussetzung, so daß die Vereinbarung des Schiedsrichtervertrags erst nach oder gleichzeitig mit dem Abschluß des Schiedsvertrags erfolgen könnte. Es ist jedoch in gleicher Weise, wie beim Schiedsvertrag, **der Abschluß eines bedingten Vertrags als zulässig** zu erachten, eines Vertrags, der in bezug auf den Eintritt seiner Wirksamkeit davon abhängig gemacht ist, daß zwischen den Parteien ein Schiedsvertrag zustande kommt (vgl. § 9 I a. E. d. B.). Wie aber ein Schiedsvertrag keine rechtliche Wirkung hat, wenn er nicht auf ein bestimmtes Rechtsverhältnis und die aus demselben entspringenden Rechtsstreitigkeiten sich bezieht (§ 1026), so ist auch zur Gültigkeit eines bedingten Schiedsrichtervertrags erforderlich, **daß er mit Bezugnahme auf eine bestimmte Rechtsstreitigkeit oder auf ein bestimmtes Rechtsverhältnis zwischen den Parteien und die aus demselben entspringenden Rechtsstreitigkeiten vereinbart wird.** Geschieht dies nicht, so kann zwar eine Vereinbarung vorliegen, die rechtsgültig ist und Rechtswirkungen insofern erzeugt, als daraus auf Übernahme oder Übertragung des Schiedsrichteramts in einer bestimmten Streitsache oder auf Schadenersatz wegen Nichtübernahme oder Nichtübertragung von einem Vertragsteil gegen den andern geklagt werden kann, ein Schiedsrichtervertrag ist eine solche Vereinbarung aber nicht, sondern nur ein **Vorvertrag**. Daß die Rechtsstreitigkeit oder das Rechtsverhältnis bereits entstanden ist, ist für die Gültigkeit des Schiedsrichtervertrags ebensowenig notwendig, wie für den Schiedsvertrag, nur muß die Streitigkeit oder das Rechtsverhältnis bestimmt, d. h. bereits individuell bestimmbar sein (§ 1026) [1]).

Was den Zeitpunkt anbetrifft, bis zu dem der Vertrag zu schließen ist, **so kann der Vertragsschluß** zwar, wie vorher ausgeführt ist, **mit dem Beginn des Schiedsverfahrens zusammenfallen, die Regel ist** jedoch, **daß er vorher erfolgt.** Denn, wie bereits wiederholt dargelegt, kann, solange nicht Schiedsrichter vorhanden sind, d. h. solange noch nicht ein Vertrag mit ihnen geschlossen ist, auch das Schiedsverfahren nicht stattfinden, wenigstens besteht bis zu dem Vertragsschluß für keinen Teil eine Verpflichtung, sich mit dem anderen in bezug auf das Verfahren einzulassen.

---

1) Schiedsvertrag § 6: Welcher Art muß eine Rechtsstreitigkeit sein, damit darüber ein Schiedsvertrag geschlossen werden kann? S. 25—27.

§ 12.

I. Welche Wirkungen hat der Abschluß des Schiedsrichtervertrags in bezug auf den Schiedsvertrag?

Die Wirkung des Vertragsschlusses besteht zunächst darin, daß die Person, welche dadurch die Entscheidung der Rechtsstreitigkeit zwischen den Parteien **übernommen hat, damit zum Schiedsrichter geworden ist, daß das Schiedsgericht eingesetzt ist,** so daß das Schiedsverfahren beginnen kann. **Sind** nach dem Schiedsvertrag oder gemäß § 1028 **mehrere Schiedsrichter zu bestellen, so muß der Vertrag mit allen geschlossen sein, damit das Verfahren stattfinden kann** (vgl. § 9 I 2 d. B.).

Außerdem erzeugt der Vertragsschluß eine Bindung der Parteien und des Schiedsrichters, die ihre Wirkung auf das gegenseitige Verhältnis in bezug auf den Schiedsvertrag äußert. **Parteien und Schiedsrichter werden dadurch an den** ein Bestandteil des Schiedsrichtervertrags werdenden **Schiedsvertrag dergestalt gebunden, daß fortan Abänderungen seines Inhalts nur unter Zustimmung aller Beteiligten erfolgen können.** Die Parteien begeben sich durch den Abschluß des Vertrags mit dem Schiedsrichter des Rechts zur Verfügung, wenn auch nicht über das streitige Rechtsverhältnis selbst, so doch über das Verfahren zu seiner Entscheidung, und zwar für die Dauer dieses Vertrags. Haben die Parteien in dem Vertrag mit dem Schiedsrichter diesem Anweisungen, Vorschriften über das von ihm einzuschlagende Verfahren gegeben, so darüber, auf welcher Grundlage und in welchem Umfange der Schiedsrichter das Sachverhältnis ermitteln, in welcher Weise und in welchem Umfange er die Parteien hören und zu den Beweisaufnahmen zuziehen soll, so werden solche Bestimmungen nicht bloß ein Teil des Schiedsrichtervertrags, sondern gleichzeitig auch Bestandteil des Schiedsvertrags, so daß die Parteien daran nicht bloß gegenüber dem Schiedsrichter, sondern auch gegen einander gebunden werden, wie wenn diese Bestimmungen von vornherein in dem Schiedsvertrage vereinbart worden wären. Die Parteien haben allerdings, auch wenn der Schiedsvertrag bereits bindend abgeschlossen ist, freie Hand, den Vertrag zu ergänzen oder abzuändern, und nachträgliche Bestimmungen haben gleiche Kraft, wie die in dem Schiedsvertrag selbst getroffenen [1]); diese Willkür der Parteien

1) VI 4. 1. 92 JW. 92 S. 95 Z. 9.

erhält jedoch eine zeitliche Grenze durch den Abschluß des Vertrags mit dem Schiedsrichter. Die Parteien sind zwar berechtigt, jederzeit im Wege der Vereinbarung mit einander den Schiedsvertrag aufzuheben [1]), so daß mit dessen Außerkrafttreten auch dem Receptum, dem Schiedsrichtervertrag, die Grundlage entzogen ist [2]), und jederzeit den mit dem Schiedsrichter geschlossenen Vertrag selbst zu kündigen, soweit sie sich nicht dieses Rechts vertraglich begeben haben; aber ändern können sie den Schiedsvertrag nach Abschluß ihres Vertrags mit dem Schiedsrichter ohne dessen Zustimmung nicht mehr, ebensowenig wie der Schiedsrichter von den Bestimmungen des einen Teil seines Vertrags mit den Parteien bildenden Schiedsvertrags abweichen, bezw. diesen ändern kann, wenn nicht die Parteien zustimmen. Daß die Zustimmung ausdrücklich erklärt wird, ist nicht erforderlich. Die Zustimmung des Schiedsrichters kann daraus entnommen werden, daß er der Abänderung des Schiedsvertrags entsprechend das Verfahren führt und seine Entscheidung erläßt [3]), und aus dem widerspruchslosen Verhandeln der Parteien zur Sache vor dem Schiedsrichter trotz Kenntnis der von diesem beschlossenen oder bereits vorgenommenen Abweichungen wird auf ihre Genehmigung geschlossen werden können [4]).

II. Welche Pflichten und Rechte werden durch den Vertragsschluß für den Schiedsrichter und die Parteien begründet?

Als Wirkung des Vertragsschlusses ergibt sich weiterhin die Begründung folgender Pflichten und Rechte zwischen dem Schiedsrichter und den Parteien:

A) nach Maßgabe der Rechtsprechung des RG.

Den Hauptinhalt des Schuldverhältnisses bildet, wie bereits in § 11 II d. B. ausgeführt, **die Pflicht des Schiedsrichters,**

1) Schiedsvertrag S. 55 § 12: Wodurch erlischt der Schiedsvertrag?
2) VII 29. 11. 04 Bd. 59 S. 250/1.
3) I 19. 10. 98 JW. 98 S. 663 Z. 22. — VII 19. 9. 12 JW. 12 S. 1062 Ziff. 6 = Warn.Rspr. 12 Nr. 468. — VII 1. 11. 12 VII 284 12.
4) VII 30. 1. 06 JW. 06 S. 176 Z. 25 = Bd. 62 S. 355.

auf Grund der ihm durch den Vertrag gegebenen Befugnisse und innerhalb der ihm dadurch gezogenen Grenzen **die Streitigkeit zwischen den Parteien zur Entscheidung zu bringen**[1]), die Parteien endgültig auseinanderzusetzen, eine die Streitigkeit in sachlicher Hinsicht vollständig erledigende Entscheidung zu erlassen[2]) und dadurch endgültig unter den Parteien festzusetzen, was Rechtens ist[3]). Für die Erlassung der Entscheidung, das ist des Schiedsspruchs, und ihre Vorbereitung hat der Schiedsrichter die durch das Gesetz und den Schiedsvertrag gegebenen Vorschriften zu beachten und zu erfüllen, widrigenfalls — bei einem Verstoß gegen § 1039 — ein Schiedsspruch im Rechtssinne überhaupt nicht vorliegen oder die Aufhebung des Spruchs gemäß § 1041 beantragt werden kann. Auch darf er weder eine geringere als die ihm tatsächlich gestellte Aufgabe lösen, d. h. eine Entscheidung fällen, die gegenüber dem Schiedsvertrag sich als eine Teilentscheidung darstellt, noch darf er über einen Streitpunkt oder Streitfall entscheiden, auf den der in dem Schiedsvertrag kundgegebene Vertragswille nicht bezogen werden kann, da sonst die Aufhebung des Spruchs wegen Unzulässigkeit des Verfahrens gemäß § 1041 Z. 1 erfolgen kann[4]). Das Nähere hierüber ist in dem Teil der Darstellung auszuführen, der das Schiedsverfahren im eigentlichen Sinne, insbesondere die Erlassung des Schiedsspruchs, behandelt (vgl. auch § 4 I und II d. B.).

Die von ihm übernommene Verpflichtung zur Erlassung des Schiedsspruchs **hat der Schiedsrichter persönlich zu erfüllen**; denn die Bestellung einer Person zum Schiedsrichter hat ein ganz besonderes Maß persönlichen Vertrauens zur Voraussetzung. Von der Persönlichkeit des gewählten Schiedsrichters, von seinem guten Willen, seinen Fähigkeiten und Erfahrungen, seinem praktischen Verständnis für den Streitfall und die Interessen der Parteien, von seiner Zuverlässigkeit und Unparteilichkeit hängt es in der Hauptsache ab, ob die Parteien das erreichen, was sie durch Einsetzung des Schiedsgerichts an Stelle des ordentlichen Gerichts erstreben. Der Schiedsrichter darf sich daher zur Erfüllung seiner Verpflichtung keines Stellvertreters

1) III 4. 11. 04 Bd. 74 S. 322.
2) III 26. 10. 86 JW. 86 S. 397 Z. 4. — II 18. 2. 96 JW. 96 S. 174 Z. 21.
3) VII 29. 11. 04 Bd. 59 S. 249.
4) IV 24. 1. 87 JW. 87 S. 68 Z. 15. — VII 30. 1. 06 Bd. 62 S. 355 = JW. 96 S. 176 Z. 25. — VII 3. 1. 13 Warn.Rspr. 13 Nr. 180.

bedienen, die Erlassung des Spruchs keinem anderen übertragen, es sei denn, daß ihm dies die Parteien gestattet hätten, in welchem Falle eine bedingte Ernennung des andern Schiedsrichters von den Parteien vereinbart sein würde, bedingt dadurch, daß der zuerst ernannte Schiedsrichter sein Amt niederlegt und als Dritter diese Ernennung vornimmt. Dagegen hängt es von dem freien Ermessen des Schiedsrichters ab, ob und inwieweit er sich in dem Verfahren der Unterstützung anderer Personen bedienen will, sei es als Schriftführer, sei es als Berater oder Auskunftsperson in juristischen und technischen Fragen oder als Gehilfe zur Nachprüfung von Rechnungen oder zu anderen Verrichtungen [1]), es sei denn, daß etwas anderes von den Parteien vereinbart ist. Die Verantwortung für die Handlungen und Maßnahmen seiner Hilfspersonen trägt der Schiedsrichter, er hat ihr Verschulden in gleichem Umfange zu vertreten, wie eigenes Verschulden, doch kann er gemäß § 278 BGB. diese Haftung durch Vereinbarung mit den Parteien ausschließen. Daß auch das Gesetz der Persönlichkeit des Schiedsrichters große Bedeutung beimißt, geht aus der Vorschrift des § 1033 Z. 1 hervor, wonach, wenn eine bestimmte Person in dem Schiedsvertrag zum Schiedsrichter ernannt ist und diese in Fortfall kommt, der Schiedsvertrag außer Kraft tritt, es sei denn, daß für den Fall durch eine Vereinbarung der Parteien Vorsorge getroffen ist [2]).

Verletzt der Schiedsrichter die von ihm durch den Vertragsschluß übernommenen Pflichten und entsteht einer Partei dadurch ein Schaden, so kann es an und für sich **nicht zweifelhaft sein, daß er** der Partei **für den Ersatz haftet.** Das BGB. bestimmt hierüber in § 276:

„Der Schuldner hat, sofern nicht ein anderes bestimmt ist, Vorsatz und Fahrlässigkeit zu vertreten. Fahrlässig handelt, wer die im Verkehr erforderliche Sorgfalt außer Acht läßt . . .

Die Haftung wegen Vorsatzes kann dem Schuldner nicht im voraus erlassen werden."

---

1) VII 1. 2. 01 Bd. 47 S. 426. — VII 19. 9. 12 JW. 12 S. 1062 Ziff. 6 = Warn.Rspr. 12 Nr. 468.
2) Hahn I S. 492.

Vorsätzlich verletzt seine Pflichten derjenige, welcher weiß, daß sein Handeln oder sein Unterlassen seiner Verpflichtung zuwiderläuft, der Erfolg also die Nichterfüllung der Verpflichtung ist, während fahrlässig handelt, wer bei Erfüllung seiner Pflichten nicht die im Verkehr erforderliche Sorgfalt anwendet. Zur Schadenshaftung wegen Vorsatz ist erforderlich und genügt, daß der Handelnde das Bewußtsein gehabt hat, der schädigende Erfolg werde eintreten, und daß er trotzdem die Handlung vorgenommen oder die Unterlassung begangen hat [1]). Die Haftung wegen Fahrlässigkeit setzt voraus, daß der Handelnde bei pflichtgemäßer Anwendung der erforderlichen Sorgfalt die schädlichen Folgen seines Tuns oder Unterlassens hätte voraussehen können, daß er aber solche Sorgfalt nicht angewendet hat [2]).

Daß der in § 276 Abs. 1 BGB. ausgesprochene Rechtssatz an und für sich auf den Schiedsrichter Anwendung zu finden hat, gibt auch **das** RG. zu (vgl. § 11 S. 150 d. B.), es **kommt** aber, **weil es von der Gleichstellung des Schiedsrichters mit dem ordentlichen Richter ausgeht, zu der Einschränkung der Verantwortlichkeit** des Schiedsrichters **auf die Haftung wegen Vorsatz.**

Was insbesondere die wichtige Frage der Haftung des Schiedsrichters für seinen Spruch anbetrifft, so hatte das RG. bereits für das frühere Recht ausgeführt, daß sich die Annahme einer solchen Haftung wegen Versehens, auch wegen groben Versehens, bei Abgabe des Spruchs mit der Stellung des Schiedsrichters nicht vertrage. Er solle und müsse, wie der Staatsrichter, möglichst unbefangen und frei von der Furcht, nach Abgabe des Schiedsspruchs wegen eines solchen Versehens in Anspruch genommen zu werden, seine Aufgabe erfüllen können. Die Reichsgesetze behandelten die richterlichen und die schiedsrichterlichen Funktionen in einigen wichtigen Beziehungen auf gleicher Linie (§§ 1041 Z. 6, 1032 Abs. 1 ZPO., §§ 334—336 StGB.). Hieraus folge, daß die Gesetze die Funktion des Schiedsrichters ähnlich wie diejenige des Richters betrachteten und unter staatlichen Schutz stellten. Diese Erwägungen nötigten zu der Annahme, daß ein Schiedsrichter in Beziehung auf seinen Spruch, wo nicht aus positiven gesetzlichen Bestimmungen eine weitergehende Haftung zu entnehmen sei, von der Partei nur unter der-

---

1) Komm. Bd. I S. 313 Anm. 2 zu § 276.
2) Komm. Bd. I S. 313 Anm. 3 zu § 276.

selben Voraussetzung in Anspruch genommen werden könnte, wie der Richter, im Gebiete des preußischen Rechts also nur dann, wenn er vorsätzlich das Recht gebeugt habe (vgl. Entsch. des RG. in Zivils. Bd. 38 S. 341). Es sei auch ohne weiteres davon auszugehen, daß die Parteien selbst da, wo ihnen nicht das maßgebende Landesrecht eine andere Auffassung an die Hand gäbe, nicht an ein höheres Maß von Verantwortlichkeit dächten [1]). In einer späteren Entscheidung [2]), die für ein unter der Herrschaft des BGB. begründetes Rechtsverhältnis ergangen ist, ist das RG., jedoch unter Zurückweisung einer analogen Ausdehnung der Vorschrift des § 839 Abs. 2 BGB. auf den Schiedsrichter, zu dem gleichen Ergebnis gelangt, mit der Begründung, die in § 11 S. 150/1 d. B. wiedergegeben ist. Folgt man der Auffassung des RG., so kann der Schiedsrichter von den Parteien für seinen Spruch nur verantwortlich gemacht werden, wenn ein arglistiges Verhalten des Schiedsrichters vorliegt, d. h. wegen vorsätzlicher Rechtsbeugung.

Über die Verpflichtung des Schiedsrichters zur Erlassung des Schiedsspruchs und über das Recht der Parteien, ihn hierzu anzuhalten, hat sich das RG. [3]) (vgl. hierzu den übrigen § 11 S. 149/50 d. B. wiedergegebenen Inhalt der Entscheidung) **folgendermaßen ausgesprochen:** Wer das ihm angetragene Amt eines Schiedsrichters nicht unentgeltlich übernommen hat, darf nicht einseitig und ohne besonderen Grund vom Vertrage sich lösen und die Fällung des Spruchs dergestalt vereiteln, daß höchstens ein Schadenersatzanspruch, aber keine Klage auf Erfüllung des sogenannten Rezeptums gegeben ist. Durch die Übernahme des Amtes sagt der Schiedsrichter zu, daß er mit seinem Spruch den Streit der Kompromittenten aus der Welt schaffen und endgültig unter ihnen festsetzen wolle, was Rechtens ist. Mit solcher Zusage ist unvereinbar, daß er sich vor Erledigung der Sache und ohne sie zu dem erstrebten Ende gebracht zu haben, willkürlich zurückziehen dürfe. Den Parteien des Kompromisses ist nicht damit gedient, daß der Schiedsrichter das Verfahren bis nahe dem Abschlusse führe, diesen selbst aber, wie es vorgekommen ist, durch Verweigerung der Vollziehung des bereits beschlossenen Spruchs

---

1) VI 21. 3. 98 Bd. 41 S. 252/7.
2) III 8. 2. 07 Bd. 65 S. 175/6.
3) VII 29. 11. 04 Bd. 59 S. 248/52.

oder gar der Mitwirkung zur Zustellung oder Hinterlegung des schon vollzogenen Spruchs vereitele (vgl. Entsch. d. RG.s in Zivils. Bd. 18 S. 369, Bd. 37 S. 412). Besteht, da das Rezeptum im BGB. eine besondere Regelung nicht erfahren hat, kein gesetzlicher Zwang, den § 671 BGB. unmittelbar auf das Rezeptum, sofern es unentgeltlich geschlossen ist, anzuwenden und gilt das Gleiche für den § 627 BGB., so ist kein Grund ersichtlich, weshalb es dem Schiedsrichter gestattet sein sollte, sich willkürlich der von ihm versprochenen Leistung zu entziehen und die Parteien auf den immerhin nicht zweifellosen Weg des Schadensersatzes zu verweisen. Die Regel ist, daß aus einem Schuldverhältnis der Anspruch auf die zugesagte Leistung erwächst (§§ 241, 242 BGB.), und dabei muß es, wo nicht besondere Vorschriften entgegenstehen, bewenden. Die ZPO. hat die Klage auf Erfüllung des Rezeptums nicht beseitigt, sondern nur Bestimmungen getroffen, welche es den Kompromittenten ermöglichen, auch ohne Prozeß mit dem Schiedsrichter zum Ende, d. i. zur Erledigung des Streites, zu kommen. Nach § 1033 Nr. 1 ZPO. tritt der Schiedsvertrag außer Kraft, wenn der **im Schiedsvertrag ernannte** Schiedsrichter stirbt oder aus einem anderen Grunde wegfällt oder die Übernahme des Schiedsrichteramts verweigert oder **von dem mit ihm geschlossenen Vertrage zurücktritt** oder die Erfüllung seiner Pflichten ungebührlich verzögert, und wenn nicht für den betreffenden Fall durch eine Vereinbarung der Parteien Vorsorge getroffen ist. Die Motive rechtfertigen die Bestimmung damit, daß, wenn der von den Parteien im Schiedsvertrag ernannte Schiedsrichter wegfalle, es der Parteiabsicht entspreche, wenn der Schiedsvertrag selbst außer Kraft trete. (Vgl. Motive S. 492 bei Hahn, Materialien zur ZPO. Bd. 1.) Ein zwingender Schluß auf die Absicht des Gesetzes, die Klage auf Erfüllung des Rezeptums zu beseitigen, ist aus dieser das Rechtsverhältnis des Schiedsrichters zu den Parteien nicht weiter erörternden Bemerkung nicht zu ziehen. Zuzugeben ist nur so viel, daß mit dem Außerkrafttreten des Schiedsvertrags auch dem Rezeptum der Boden entzogen ist, mag dieser Umstand auf das Gesetz oder die Parteiabrede zurückzuführen sein. Liegt der Fall des § 1033 Nr. 1 ZPO. nicht vor, ist der Schiedsrichter nicht in dem Schiedsvertrag ernannt und kommt daher der § 1031 ZPO. zur Anwendung, so ist damit ein Weg eröffnet, im Falle der Weigerung eines nicht im Kompromiß ernannten Schiedsrichters, sein Amt auszuführen, zu einem neuen Schiedsrichter zu gelangen, ohne daß die **Verpflichtung** bestände, gegen den vertragsbrüchigen Schiedsrichter zu klagen. Aber es ist doch damit **das Recht** zu solcher Klage auf Abgabe des Schiedsspruchs nicht verneint und es kann ihr mithin der Erfolg nicht etwa deshalb versagt werden, weil der Kläger einfacher, nämlich durch die Herbeiführung der Bestellung eines anderen Schiedsrichters, zum Ziele hätte gelangen können. Liegt einer Partei daran, daß der bisherige Schiedsrichter das Verfahren zum Abschluß bringe, so hat sie, wenn ihr die Gesetze mehrere Mittel zur Verwirklichung ihres Rechts an die Hand geben, unter ihnen die Wahl. Auch der Umstand, daß das der Klage stattgebende Urteil **vielleicht** nicht vollstreckungsfähig ist (§ 888 Abs. 2 ZPO.), hindert die Zulässigkeit der Klage nicht, wie gerade der § 888 Abs. 2 ZPO. ergibt, der ein Urteil auf Leistung von Diensten aus einem Dienstvertrage als möglich voraussetzt, ihm aber die Vollziehbarkeit abspricht. Man kann auch nicht sagen, daß es an einem Interesse fehle, ein nicht vollzugsfähiges Urteil zu erstreiten. Es kann für den Schadensersatzanspruch von Bedeutung sein; es kann auch die Folge haben, daß nunmehr der Schiedsrichter sich fügt und seines Amtes waltet. Die ZPO. bietet daher keine Handhabe, die Klagbarkeit des Rezeptums zu verneinen. **Das Recht, den Schiedsrichter zur Erfüllung seiner Verbindlichkeiten klagend anzuhalten, steht jeder Partei zu;** denn durch die Annahme des Schiedsrichteramts wird ein Vertragsverhältnis des Schiedsrichters nicht bloß gegenüber der ernennenden Partei, sondern auch gegenüber dem anderen Teil begründet, so daß die Verpflichtung zur Ausführung des Rezeptums **gegen beide Parteien** besteht [1]).

Für die Parteien entsteht durch den Abschluß des Vertrags gegenüber dem Schiedsrichter die Pflicht, alles zu tun, um dem Schiedsrichter die Fällung des Spruchs zu ermöglichen, und alle Kosten des Verfahrens zu tragen. Der Schiedsrichter erhält durch den Vertrag in Verbindung mit dem Schiedsvertrag, insoweit darin nicht Einschränkungen enthalten sind, die Ermächtigung, alle Ermittelungen, die er zur Fällung seines Schiedsspruchs für erforderlich hält, anzustellen, insbesondere Zeugen

---

1) VII 29. 11. 04 Bd. 59 S. 248/52. — VII 3. 7. 06 Gruch. Bd. 51 S. 403/6.

und Sachverständige zu vernehmen, während die Parteien die Verpflichtung übernehmen, die dadurch entstehenden Kosten zu tragen. Diese Verpflichtung trifft nicht nur diejenige Partei, auf Grund deren Antrags die Kosten verursachende Handlung vorgenommen ist, oder die sogenannte beweispflichtige Partei, sondern beide Parteien, die aus dem Schiedsvertrag und dem von ihnen über dessen Ausführung mit dem Schiedsrichter geschlossenen Vertrage gemäß § 427 BGB. als Gesamtschuldner haften. Der Schiedsrichter handelt auf Grund des Vertrags, den beide Parteien mit ihm geschlossen haben, in jeder Hinsicht im Namen beider Parteien, vor allem dann, wenn er in vertragliche Beziehungen zu dritten Personen tritt. Dies gilt auch den von ihm vernommenen Zeugen und Sachverständigen gegenüber, mit denen, da sie zur Abgabe des Zeugnisses oder Gutachtens nicht verpflichtet sind (vgl. § 1035), nur ein Vertragsverhältnis durch die Aufforderung des Schiedsgerichts zur Abgabe des Zeugnisses oder Gutachtens und durch die zustimmende Erklärung der Auskunftsperson begründet wird. Durch den Abschluß solcher Verträge entsteht, wenn nicht der Schiedsrichter in eigenem Namen kontrahiert, keine persönliche Verpflichtung für ihn zur Auszahlung der den Auskunftspersonen zukommenden Entschädigung, und ebensowenig für das Schiedsgericht als solches, da es gar keine rechtliche Persönlichkeit hat, sondern allein für die Parteien. Hat z. B. das Schiedsgericht unter Bezeichnung der Parteien einen Beweisbeschluß erlassen, demzufolge ein Sachverständiger ein schriftliches Gutachten abgeben soll, und hat der Sachverständige die Erstattung des Gutachtens auf Grund des ihm bekanntgegebenen Beschlusses übernommen, so hat der Sachverständige einen Anspruch auf Vergütung für sein Gutachten nicht gegen den Schiedsrichter erworben, der, als er den Sachverständigen um Erstattung des Gutachtens ersuchte, erkennbar im Namen der Parteien gehandelt hat, sondern nur gegen die Parteien, zwischen denen und ihm ein Vertrag zustandegekommen ist und die ihm infolgedessen für die Befriedigung seines Anspruchs nach § 427 BGB. als Gesamtschuldner aufzukommen haben. Der Schiedsrichter ist nicht verpflichtet, die Zuziehung der Zeugen und Sachverständigen von der vorgängigen Übernahme und Sicherstellung der Kosten durch die beweispflichtige Partei und geeignetenfalls durch beide Parteien abhängig machen; ebensowenig bedarf er einer besonderen Ermächtigung, um über einen etwaigen Kostenvorschuß hinaus die Parteien durch Verträge verpflichten zu können. Sache der Parteien ist es vielmehr, in dem Vertrage mit dem Schiedsrichter einen Betrag festzusetzen, der durch die Kosten der Beweisaufnahme nicht überschritten werden darf, oder überhaupt durch Vereinbarung mit dem Schiedsrichter diesem bindende Vorschriften für das von ihm einzuhaltende Verfahren zu geben. Soweit die Parteien solche Bestimmungen nicht treffen, ist der Schiedsrichter unbeschränkt (vgl. § 1034 Abs. 2, § 1035 ZPO., Entsch. des RG.s in Zivils. Bd. 47 S. 424), es müßte denn sein, daß er vorsätzlich durch Verursachung überflüssiger Kosten die Schiedsparteien schädigte, in welchem Falle er zum Schadensersatz verpflichtet wäre [1]).

Hat der Schiedsrichter sein Amt nicht unentgeltlich übernommen (§ 662 BGB.), **so kann er** von den Parteien **eine Vergütung für seine Tätigkeit beanspruchen,** deren Höhe mangels einer Vereinbarung darüber angemessen zu bestimmen ist, d. h. unter billiger Berücksichtigung der persönlichen Verhältnisse des Schiedsrichters, nach Umfang und Schwierigkeit der geforderten Leistungen [2]). Auch der Streitwert kann als allgemeiner Maßstab für die Höhe der Vergütung von wesentlicher Bedeutung sein [3]). Im Einklang hiermit steht die Bestimmung der Gebührenordnung der Architekten und Ingenieure von 1901 in § 4 Z. 24, welche lautet:

> „Gutachten, Schätzungen, **schiedsgerichtliche Arbeiten** . . . u. dgl. stehen außerhalb dieser Gebührenordnung und sind nach der darauf verwendeten geistigen Arbeit, nach der fachlichen Stellung des Beauftragten und nach der wirtschaftlichen Bedeutung der Frage zu bewerten."

Als Gerichtsgebühren können die Honoraransprüche des Schiedsrichters nicht behandelt werden. Die Bestimmungen des GKG. finden auf ihre Bemessung keine Anwendung, es sei denn, daß sich eine entsprechende Übung herausgebildet hätte und diese den Beteiligten bei dem Vertragsschluß bekannt gewesen wäre [2])

Treffen die Parteien mit dem Schiedsrichter Vereinbarungen über seine Vergütung, so haben sie hierin volle Freiheit, soweit

---

1) III 4. 11. 10 Bd. 74 S. 322/5.
2) IV 21. 9. 03 OLG. Bd. 13 S. 243.
3) VII 1. 6. 06 JW. 06 S. 477 Z. 40.

ihre Bestimmungen nicht gegen die guten Sitten und die öffentliche Ordnung verstoßen. Die Vereinbarung einer Vergütung nach Prozenten der Streitsumme vor Erlassung des Schiedsspruchs erscheint für den Schiedsrichter ebensowenig statthaft, wie die Ausbedingung einer Quote des Streitgegenstandes durch den Anwalt. Wenn der Ehrengerichtshof für deutsche Rechtsanwälte als Grund für die Unzulässigkeit eines solchen Vertrags angeführt hat, daß dadurch die Stellung des zur Teilnahme an der Rechtspflege berufenen Anwalts auf die eines Gesellschafters der Parteien herabgedrückt werde [1]), so muß dies umsomehr für den Schiedsrichter gelten, der sozusagen selbst die Rechtspflege, die gleiche Tätigkeit ausübt, wie der ordentliche Richter. Die vor Erlassung des Schiedsspruchs erfolgende Vereinbarung einer Vergütung zwischen dem Schiedsrichter und einer Partei nach Prozenten der von der letzteren zu erstreitenden Summe verstößt in jedem Falle gegen die guten Sitten und ist deshalb nichtig, sie kann auch den Tatbestand einer strafbaren Handlung nach § 334 StGB. für beide Teile enthalten.

Entsteht zwischen den Parteien und dem Schiedsrichter über die Zahlung der Vergütung Streit, so kann die Entscheidung darüber nicht der Schiedsrichter treffen. Er hat zwar regelmäßig auch die Frage zu entscheiden, wer von den Parteien die durch das Schiedsverfahren veranlaßten Kosten zu tragen hat; diese Kostenentscheidung aber kann, da sie auf Grund des Parteiwillens ergeht, eine Wirkung nur unter den Parteien selbst haben, nicht für Dritte, die nicht zu den Schiedsparteien gehören. Weder über den eigenen Honoraranspruch, noch über Ansprüche Dritter, z. B. der Parteivertreter, kann der Schiedsrichter entscheiden, er kann nur etwas festsetzen, was die Parteien unter sich vereinbaren könnten. Der Schiedsrichter steht im Vertragsverhältnis zu den Parteien, es kommt ihm nicht zu, die Höhe der ihm zu gewährenden Leistungen als Richter festzusetzen [2]), ganz abgesehen davon, daß der Schiedsrichter dabei als Richter in eigener Sache tätig sein würde, was unzulässig ist, da es gegen die guten Sitten und gegen die öffentliche Ordnung verstößt (vgl. § 7 II d. B.). Haben die Parteien und der Schiedsrichter die Festsetzung der Vergütung mit für alle Teile verbindlicher Kraft einem

1) Entsch. des Ehrengerichtshof für deutsche Rechtsanwälte Bd. 1 S. 150, 244, Bd. 5 S. 74, Bd. 7 S. 121.
2) IV 21. 9. 03 OLG. Bd. 13 S. 243.

Dritten übertragen, so erfolgt sie durch diesen (§§ 317—319 BGB.), anderenfalls im Wege des Prozesses durch das ordentliche Gericht, eventl. nach Anhörung von Sachverständigen. Ist Streit über die Höhe der Vergütung, weil eine Partei allein dem Schiedsrichter eine Vergütung versprochen hat, deren Höhe den dafür angemessenen Betrag übersteigt, so haftet insoweit, obwohl an und für sich beide Parteien dem Schiedsrichter zur Zahlung der Vergütung solidarisch verpflichtet sind, die andere Partei nur, wenn sie vorher oder nachher dazu ihre Zustimmung erteilt hat, die auch stillschweigend gegeben, aus Handlungen der Partei geschlossen werden kann (vgl. § 11 III d. B.).

Die vorher zum Teil wörtlich, zum Teil auszugsweise in bezug genommenen Entscheidungen ergeben, wie schon in § 11 II d. B. ausgeführt, daß das RG. das Verhältnis zwischen den Parteien und dem Schiedsrichter zwar als ein Vertragsverhältnis, als ein Schuldverhältnis auffaßt, das, sofern unter der Herrschaft des BGB. begründet, dessen Bestimmungen unterliegt, daß es jedoch ablehnt, das Vertragsverhältnis zu einer vom BGB. aufgestellten eigenen Art der Schuldverhältnisse in Beziehung zu setzen, und daß es auch nicht immer die Schlußfolgerungen zieht, die sich für das Vertragsverhältnis nach den allgemeinen Vorschriften des BGB. ergeben, jedenfalls nicht in bezug auf die Verantwortlichkeit des Schiedsrichters. Das RG. läßt diesen zwar für die Erfüllung des Vertrags, d. h. für die Erlassung des Schiedsspruchs haften, aber nur sehr bedingt und beschränkt, es erklärt eine Klage gegen ihn auf Erfüllung für zulässig, läßt es aber dahingestellt, ob ein deswegen gegen den Schiedsrichter ergehendes Urteil in Hinsicht auf § 888 Abs. 2 vollstreckungsfähig sei. Es spricht von Schadensersatzansprüchen gegen den Schiedsrichter, enthebt ihn jedoch für den Fall, daß die Parteien nicht etwas anderes vereinbart haben, der Haftung wegen fahrlässiger Verletzung seiner Vertragspflichten und läßt ihn nur wegen vorsätzlicher Rechtsbeugung bei Abgabe seines Spruchs haften. Eine solche Haftung hat wenig praktische Bedeutung; denn der für die Inanspruchnahme des Schiedsrichters aus diesem Grunde erforderliche Tatbestand ist in den seltensten Fällen zu erbringen. Es gehört dazu, wie zur Haftbarmachung des ordentlichen Richters [1]), die Behauptung und der

1) IV 18. 1. 97 Bd. 38 S. 339/42.

Nachweis, daß der Schiedsspruch gegenüber der Gegenpartei unrichtig sei und das wirkliche wahre Recht nicht feststelle, daß die Willensmeinung des Schiedsrichters mit seiner Willensäußerung im Widerspruch stehe und daß das von ihm gesprochene Recht nach seiner eigenen Meinung nicht das wirkliche, wahre Recht sei. Erst, wenn dies durch das Gericht festgestellt und damit der Nachweis erbracht ist, daß der Schiedsrichter eine Pflichtwidrigkeit begangen habe, welche ihn zum Schadensersatz verpflichtet, könnte der pflichtvergessene Schiedsrichter zum Ersatz des Schadens herangezogen werden, sofern und insoweit die Entstehung eines solchen durch seine pflichtwidrige Handlung, die Erlassung des bewußt unrichtigen Spruchs, nachgewiesen werden kann. Es liegt auf der Hand, daß hiernach eine Inanspruchnahme des Schiedsrichters für seinen Spruch überaus selten möglich sein wird, zumal der Schiedsrichter, sofern nicht Vereinbarungen der Parteien darüber vorliegen, nicht verpflichtet ist, bestimmte Rechtssätze des materiellen und des formellen Rechts — abgesehen von einigen Vorschriften der ZPO. für das Schiedsverfahren, die zwingenden Charakter haben — zur Anwendung zu bringen und sie der Erlassung seines Schiedsspruchs zugrunde zu legen (vgl. § 4 II d. B.),

Als Grund für die Einschränkung der Verantwortlichkeit des ordentlichen Richters ist vom RG. und in der Begründung des Entwurfs des BGB. angeführt, daß, wenn der Richter der Gefahr ausgesetzt wäre, wegen eines Versehens bei der Fällung seines Urteils zur Verantwortung gezogen zu werden, ihm die zur Ausübung seines Richteramts unumgänglich notwendige Unbefangenheit geraubt werde und er von vornherein ungeeignet sein würde, seines Amtes zu walten [1]). Eine ausgedehnte Verantwortlichkeit des Spruchrichters vertrage sich nicht mit der zur Aufrechterhaltung der Rechtsordnung unentbehrlichen Unabhängigkeit der Gerichte [2]). Dieser Grund trifft, wie das RG. selbst zugegeben hat, für die Befreiung des Schiedsrichters von der Haftung für Versehen bei der Erlassung seines Spruchs zweifellos nicht zu; denn für die Aufrechterhaltung unserer Rechtsordnung bedarf es der Einrichtung der Schiedsgerichte überhaupt nicht. Die Vorschrift in § 839 Abs. 2 BGB.,

1) IV 18. 1. 97 Bd. 38 S. 340/1.
2) Motive zum Entw. des BGB. Bd. 2 S. 824.

welche die Haftung des Beamten, der bei dem Urteil in einer Rechtssache seine Amtspflicht verletzt, auf den Fall vorsätzlicher Verletzung der Pflicht beschränkt, kann auf den Schiedsrichter, dem die Eigenschaft eines Beamten fehlt, auch nicht analog ausgedehnt werden. Wenn er auch zu der gleichen Tätigkeit, die der Staatsrichter wahrzunehmen hat, berufen und ebenso in strafrechtlicher Beziehung diesem gleichgestellt ist, so steht solcher Ausdehnung der Vorschrift doch ihr Wesen als Sondervorschrift entgegen, die zwecks Sicherung der zur Aufrechterhaltung der Rechtsordnung unentbehrlichen Unabhängigkeit der Gerichte getroffen, auf einem Prinzip beruht, das bei Ausrichtung der schiedsrichterlichen Tätigkeit nicht zutrifft [1]). Als Grund für die Einschränkung der Verantwortlichkeit des Schiedsrichters bleibt hiernach, wie sich aus dem bereits vorher mitgeteilten weiteren Inhalt der Entscheidung des RG. (S. 150/1) ergibt, lediglich die auf die Gleichstellung der Tätigkeit des Schiedsrichters mit derjenigen des ordentlichen Richters gegründete Annahme übrig, daß der Schiedsrichter nicht über die Grenzen hinaus haften wolle, die der Verantwortlichkeit des Staatsrichters gesetzlich gestellt seien, und daß ihm auch die Parteien eine weitergehende Haftung nicht ansinnen wollten. Fällt diese Gleichstellung (§ 11 II d. B.), so verliert damit auch die darauf gestützte Annahme einer Beschränkung der Verantwortlichkeit des Schiedsrichters ihre Begründung, und es sind für die Regelung seiner Vertretungspflicht die allgemeinen Rechtsgrundsätze des BGB. maßgebend, d. h. der Schiedsrichter haftet, wie jeder andere Schuldner aus einem Vertragsverhältnis, nicht bloß für Vorsatz, sondern auch für Fahrlässigkeit.

Folgt man dem RG. hinsichtlich der Beschränkung der Haftung des Schiedsrichters auf eine solche wegen Vorsatz und Arglist, so wird diese zwar in gleicher Weise für die Verletzung gesetzlicher Vorschriften **und** die Verstöße gegen Vereinbarungen der Parteien zu gelten haben, sie wird aber richtigerweise nicht in gleichem Maße auf die Verletzung der formellen, wie der materiellrechtlichen Bestimmungen zu beziehen und nur auf den **Inhalt** des Spruchs zu erstrecken sein, so daß der Schiedsrichter zwar nicht haftet, wenn er aus Fahrlässigkeit die Rechtsstreitigkeit falsch entschieden hat, daß jedoch die Beschränkung nicht gilt für Verstöße gegen formelle Vorschriften, z. B. gegen diejenigen

---

1) III 8. 2. 07 Bd. 65 S. 176.

des § 1039. Denn in dieser Beziehung kann kein Grund gefunden werden, den Schiedsrichter entgegen den allgemeinen Rechtsgrundsätzen zu befreien, da die Haftung für die Erfüllung der Formvorschriften nicht als eine Beeinträchtigung der Unbefangenheit des Schiedsrichters in bezug auf seine Entscheidung in Betracht kommen kann. Die Einschränkung der Verantwortlichkeit des Schiedsrichters wird auch nicht für ein vertragswidriges Verhalten Platz greifen dürfen, insoweit es nicht die Erlassung des Schiedsspruchs und seine Vorbereitung zum Gegenstand oder Zweck hat, sondern in der Unterlassung und Vereitelung des Spruchs besteht; sie wird nicht für die Verzögerung oder Verweigerung der Ausführung und die Niederlegung des Amts gelten dürfen. Ein Verhalten oder Verfahren des Schiedsrichters, welches der Verwirklichung des Vertragszwecks, der Erlassung des Schiedsspruchs entgegenwirkt, kann keinesfalls als in den Rahmen der Spruchtätigkeit des Schiedsrichters fallend erachtet werden, ebensowenig wie der Spruch eines Schiedsrichters, durch den er die Entscheidung zur Sache ablehnt, sich für unzuständig erklärt, ein Schiedsspruch ist [1]). Infolgedessen ist, auch wenn man sich auf den Standpunkt des RG. hinsichtlich der Haftung des Schiedsrichters für seine Spruchtätigkeit stellt, kein Grund ersichtlich, aus dem der Schiedsrichter in den vorbezeichneten Fällen vertragswidrigen Verhaltens von der Haftung für Fahrlässigkeit zu entbinden wäre.

Hält man mit dem RG. daran fest, daß der Schiedsrichter wegen Fahrlässigkeit bei Ausübung seiner Spruchtätigkeit überhaupt nicht hafte, so ist er damit jeder Verantwortung für seine Tätigkeit als Schiedsrichter und der Haftung für fahrlässige Verletzung aller hierauf bezüglichen Vertragspflichten enthoben, nicht bloß, soweit es sich um die Erlassung, sondern auch, soweit es sich um die Vorbereitung des Schiedsspruchs, die Anhörung der Parteien und die Ermittlung des Sachverhalts (§ 1034), handelt, kurz in bezug auf seine gesamte Tätigkeit, deren Ergebnis in der Erlassung des Schiedsspruchs zur Verwertung, zum Ausdruck und zum Abschluß gelangt. Die von dem Schiedsrichter beanspruchte Leistung ist das Urteil, welches das Ziel und Ergebnis seiner Wirksamkeit bildet [2]); die Tätigkeit des Schiedsrichters ist, dem Vertragszweck entsprechend, eine Spruch-

1) I 7. 2. 85 Bd. 13 S. 349/50. — VII 14. 10. 02 Bd. 52 S. 285/6.
2) VII 29. 11. 04 Bd. 59 S. 249.

tätigkeit, vom Beginn des Verfahrens bis zu seinem Abschluß dient sie lediglich **einem** Zweck, der Entscheidung des Rechtsstreits, und tritt den Parteien gegenüber als rechtlich erheblich nur in der Verwirklichung dieses Zwecks durch die Erlassung des Schiedsspruchs in Erscheinung. Wenn und insoweit ihr Ergebnis für den Schiedsspruch nicht berücksichtigt wird, ist es für die Parteien ohne Bedeutung und damit auch die Tätigkeit selbst. Soweit diese aber auf die Verwirklichung des Vertragszwecks gerichtet und für die Erlassung des Schiedsspruchs ursächlicher Natur ist, muß sie als eine in dem Schiedsspruch zusammengefaßte einheitliche und zusammengehörige angesehen und damit eine Haftung des Schiedsrichters wegen Fahrlässigkeit für die den Schiedsspruch vorbereitende Tätigkeit in gleicher Weise, wie für den Schiedsspruch selbst, als nicht begründet erachtet werden, wenn man die der Auffassung des RG. entsprechenden Schlüsse ziehen will. In Konsequenz dieser Auffassung läßt das RG. den Schiedsrichter den Parteien gegenüber für die Erstattung überflüssiger Kosten nur haften, wenn er durch Verursachung solcher die Parteien **vorsätzlich** geschädigt hat [1]).

B. Nach den Bestimmungen BGB. über die Geschäftsbesorgung auf Grund eines Werkvertrags.

Faßt man das, **was sich aus der Rechtsprechung des RG.** für die Beurteilung des Rechtsverhältnisses zwischen den Parteien und dem Schiedsrichter **ergibt, zusammen, so kommt man zu der Ansicht, daß das Verhältnis** hiernach **nicht nur einer klaren und bestimmten, sondern auch einer befriedigenden Regelung entbehrt.** Infolge der vom RG. aufgestellten Rechtsgrundsätze oder vielmehr infolge des Mangels fester Rechtssätze können gerade die wichtigsten Fragen nur auf Grund einer Fiktion oder durch Konstruktionen aus dieser Fiktion zur Beantwortung gelangen, und trotzdem bleiben Lücken. Der Grund hierfür, auf den bereits in § 11 II d. B. hingewiesen ist, liegt lediglich in der nicht gerechtfertigten Scheu des RG., den Schiedsrichter den Regeln des BGB. für den Werkvertrag und den Auftrag zu unterstellen, die auf ihn als Geschäftsbesorger zur Anwendung zu bringen sind, soweit nicht der Vertragszweck und der Wille der Parteien entgegenstehen. **Weist man dem Schieds-**

1) III 4. 11. 10 Bd. 74 S. 324.

richter den richtigen Platz in dem BGB. an, so lassen sich alle Fragen seines Verhältnisses zu den Parteien ohne Mühe und in einer den Interessen beider Teile gerecht werdenden Weise lösen.

Untersucht man zu diesem Zweck die Bestimmungen des BGB. über den Werkvertrag in den §§ 631 ff. und über den Auftrag in den §§ 662 ff. und prüft sie auf ihre Anwendbarkeit im einzelnen, so ist **zu beachten, daß die** in § 675 BGB. in bezug genommenen **Bestimmungen über den Auftrag** „entsprechend“, d. h. **nur anzuwenden sind, wenn und soweit sie auf das Rechtsverhältnis** zwischen den Parteien und dem Schiedsrichter **in der Gestaltung des einzelnen Falls anwendbar erscheinen** [1]), **und daß alle Vorschriften über den Werkvertrag, abgesehen von** den grundlegenden in **den §§ 631 und 632,** welche die gesetzlichen Begriffsmerkmale für die Bestimmung des Vertragsverhältnisses festsetzen, **und,** abgesehen von der Vorschrift in **§ 637,** wie bereits in § 11 II d. B. bemerkt, dispositiver Natur sind, d. h. **der Abänderung durch Vereinbarung der Parteien unterliegen.**

Zu berücksichtigen ist auch, daß **das Vertragsverhältnis** zwischen den Parteien und dem Schiedsrichter sich als **ein Schuldverhältnis mit einer Mehrheit von Schuldnern und Gläubigern** darstellt; nicht nur die Parteien sind Gesamtschuldner und Gesamtgläubiger, sondern auch die Schiedsrichter, wenn mehrere bestellt sind. **Es kommen dafür die in den §§ 420 ff. BGB. gegebenen Vorschriften zur Anwendung, soweit nicht etwas anderes vereinbart ist.** Hiernach sind die Parteien, entsprechend dem Wesen und Zweck des Schiedsrichtervertrags und des Schiedsvertrags, die von dem Schiedsrichter versprochene Leistung, die Erlassung des Schiedsspruchs zwar in der Weise zu fordern berechtigt, daß **jede** Partei dieselbe fordern, auch für sich allein Klage darauf erheben kann [2]), daß aber die Leistung nur an beide Parteien gefordert werden kann, daß der Schiedsrichter nur einmal den Schiedsspruch zu erlassen hat (§ 432 BGB.). Da die Erlassung des Schiedsspruchs eine unteilbare Leistung darstellt, so haften, wenn mehrere Schiedsrichter bestellt sind, diese dafür, gemäß § 431 BGB. als Gesamtschuldner. Für

---

1) Komm. Bd. I S. 627 Anm. 4 zu § 675.

2) VII 29. 11. 04 Bd. 59 S. 251/2. — VII 3. 7. 06 Gruch. Bd. 51 S. 403/6.

die Zahlung der Vergütung haften jedem Schiedsrichter die Parteien nach § 427 BGB. als Gesamtschuldner.

Die Parteien des Werkvertrags bezeichnet das Gesetz als „Besteller" und als „Unternehmer". **Als Besteller kommen** für dn Schiedsrichtervertrag **die Schiedsparteien in Betracht,** und zwar stets beide Parteien jedem Schiedsrichter gegenüber, gleichviel, welche Partei ihn ernannt hat (§ 11 I und III d. V.), **und als Unternehmer jeder Schiedsrichter. Das bestellte Werk ist der Schiedsspruch.** Die Anwendung der technischen Bezeichnungen „Unternehmer", „Besteller" und „Werk" auf die Personen und den Gegenstand des Schiedsrichtervertrags mag als befremdlich erscheinen, sie erfolgt jedoch in gleicher Weise, wie für das Vertragsverhältnis des Handwerkers und des gewöhnlichen Arbeiters, so auch für das Verhältnis zwischen dem Künstler, dem Gelehrten, dem Zivilingenieur und den Personen, für die der Gelehrte die Ausarbeitung eines wissenschaftlichen Buchs, der Künstler die Herstellung eines Kunstwerks, der Ingenieur die Ausarbeitung eines Projekts gegen Vergütung übernommen hat.

Die Einwendung des Kammergerichts [1]), als Werkvertrag, der die Herbeiführung eines Erfolgs zum Gegenstand habe, sei der Vertrag zwischen dem Schiedsrichter und den Parteien deshalb nicht anzusehen, weil die Parteien nach dem Wesen des Schiedsvertrags berechtigt seien, ihren Streit unter Umgehung des Schiedsrichters durch Vergleich, Verzicht usw. zu erledigen (§§ 1025 ff. ZPO.), und die Herbeiführung eines Erfolgs unter allen Umständen nicht mit dem Schiedsrichter vereinbart sei, ist verfehlt. Der Zweck des Schiedsvertrags, wie des Vergleichs, ist gemäß § 1025 ZPO. und § 779 BGB. die Beseitigung des Streits oder der Ungewißheit der Parteien über ein Rechtsverhältnis, und die Herbeiführung dieses Erfolgs mittels Erlassung eines Schiedsspruchs ist Gegenstand des Vertrags zwischen den Parteien und dem Schiedsrichter. Wird dieser Erfolg auf eine andere Weise, z. B. durch einen direkten Vergleich zwischen den Parteien herbeigeführt, so ist, wie der Schiedsvertrag, so auch der zu seiner Ausführung geschlossene Vertrag mit dem Schiedsrichter gegenstandslos, seine Erfüllung unmöglich geworden. Daraus kann aber nichts gegen die rechtliche Natur des Schiedsrichtervertrags als Werkvertrag hergeleitet werden. Im Gegen-

1) Deutsche Tiefbau-Zeitung 1913 S. 282/4.

teil, gerade die jederzeitige Kündbarkeit dieses Vertrags durch die Parteien bis zur Erlassung des Schiedsspruchs spricht dafür, sie ist ein Merkmal, das der Werkvertrag gemäß § 649 BGB. hat.

Daß, in welcher Weise und aus welchen Gründen für den Schiedsrichtervertrag die Begriffsmerkmale des § 631 BGB. gegeben sind, ist bereits in § 11 II d. B. dargelegt; es ist jedoch zu beachten, daß, während es in der Regel für die Ausführung des Werkvertrags nicht darauf ankommt, ob diese durch den Unternehmer selbst, d. h. in Person, erfolgt, für die Übertragung der Beseitigung der Rechtsstreitigkeit durch Erlassung des Schiedsspruchs an den Schiedsrichter gerade seine Persönlichkeit von wesentlicher Bedeutung ist und daß deshalb **die Erlassung des Schiedsspruchs nur durch den Schiedsrichter persönlich** erfolgen darf (vgl. S. 180/1). Auch in anderen Fällen, so bei Verträgen mit Künstlern, auf deren persönliche Leistungsfähigkeit es ankommt, wird die Ausführung des übertragenen Werks durch einen andern nach dem Inhalt des Vertrags und nach dem Willen der Parteien als ausgeschlossen zu erachten sein [1]).

Auch die Voraussetzungen des § 632 Abs. 1 sind bereits in § 11 II d. B. erörtert. Zu **§ 632 Abs. 2** BGB. ist — im Anschluß an die Ausführungen über **die Bemessung der Vergütung für den Schiedsrichter** in dem vorhergehenden Abschnitt — zu bemerken, daß, wenn die Höhe der Vergütung nicht bestimmt ist und sich jemand für ihre Bestimmung auf **eine Taxe oder die Üblichkeit** beruft, er deren Vorhandensein zu beweisen hat, während dem Inanspruchgenommenen, welcher behauptet, daß eine geringere Vergütung vereinbart sei, der Beweis hierfür obliegt. Taxen sind privatrechtliche Vorschriften, durch welche der Preis von Waren oder die Vergütung von Leistungen für den Fall, daß eine Vereinbarung darüber nicht getroffen wird, oder auch unter Einschränkung der Vertragsfreiheit mit verbindlicher Kraft für die Vertragschließenden festgesetzt ist. Solche Vorschriften sind, soweit sie in Landesgesetzen enthalten waren, gemäß Art. 55 des EG. BGB. mit dessen Inkrafttreten bis auf eine hier nicht interessierende Ausnahme zur Aufhebung gelangt, da sie nicht besonders aufrecht erhalten sind [2]). Die von privaten Vereinen und Verbänden aufgestellten Gebührenordnungen sind, da sie

---

1) Komm Bd. I S. 591 Anm. 1 Abs. 2 zu § 631.
2) III 27. 3. 08 Bd. 68 S. 196/202.

eines amtlichen Charakters entbehren, nicht Taxen, es handelt sich dabei um Regeln, die auf privaten Ermittlungen beruhen, nicht um zwingende Rechtsregeln. Es können aber auf Grund derselben berechnete Honorare und Preise, wenn solche Normen im geschäftlichen Verkehr allgemein anerkannt sind und auch von Behörden bei Honorarvereinbarungen zugrunde gelegt werden, als **üblich** gelten. Beim Mangel besonderer Preisvereinbarung können daher die Sätze solcher Normen nicht nur als Anhalt für die Abschätzung des angemessenen Betrags eines Honorars dienen, sondern geradezu maßgebend sein[1]). Taxen, durch welche die Vergütung für die Ausübung der Tätigkeit als Schiedsrichter bestimmt ist, sind mir nicht bekannt geworden, auch habe ich nicht feststellen können, daß gewisse Sätze oder Preise für die schiedsrichterliche Tätigkeit, sei es an bestimmten Orten oder in bestimmten Personenkreisen, als üblich zu erachten sind. Soweit Gebührenordnungen für Schiedsrichter von Vereinen und Verbänden aufgestellt sind, sind sie, wie diejenigen des Deutschen Beton-Vereins EV. noch nicht so lange Zeit, so oft und in einem solchen Umfange zur Anwendung gelangt, daß man ihre Sätze als die übliche Vergütung für Schiedsrichter ansprechen könnte. Dasselbe gilt von den Vorschriften, die der Herr Minister der öffentlichen Arbeiten für Preußen durch seinen Erlaß vom 22. März 1912 über die Bemessung der Vergütung für die Obmänner und die von der Verwaltung ernannten Schiedsrichter gegeben hat. In der Gebührenordnung des Deutschen Beton-Vereins, welche mit einer Schiedsgerichtsordnung auf Beschluß der Hauptversammlung dieses Vereins vom 11. März 1909 herausgegeben ist, heißt es:

„Die Schiedsrichter erhalten entsprechend Satz 25 der Gebührenordnung der Architekten und Ingenieure vom Jahre 1901 eine Vergütung für die aufgewendete Zeit, u. zw.:

für die erste Stunde 20 M.,
für jede weitere Stunde 5 M.

Der Gebührensatz von 20 M. darf in jeder Sache nur einmal berechnet werden.

---

1) VI 6. 3. 02 JW. 02 S. 441. — VII 22. 1. 07 JW. 07 S. 175 Z. 13.

Für Reisen werden außerdem vergütet:

ein Tagegeld von 30 M.

und die Auslagen für Fahrten und Gepäckbeförderung, sowie sonstige unpersönliche Ausgaben.

Das Tagegeld kommt auch für Teile eines Tages voll in Ansatz, kann jedoch für einen Kalendertag nur einmal berechnet werden.

Für Nachtfahrten wird die I. Klasse, für Tagfahrten die II. Klasse erstattet.

Die Leistungen von Gehilfen werden deren Stellung entsprechend berechnet und vergütet.

Auslagen für Porti, Telegramme oder dergl. werden in der aufgewendeten Höhe zurückerstattet."

Der Erlaß vom 22. März 1912 bestimmt unter III

zu 12: „Für den Obmann ist bestimmt, daß ihm von den Parteien eine unter billiger Berücksichtigung des Umfangs und der Schwierigkeit seiner Arbeit sowie seiner persönlichen Verhältnisse zu bemessende Vergütung, höchstens aber ein Stundensatz für die auf die Arbeit verwendete Zeit, und zwar für die erste Stunde 20 Mk., für jede weitere Stunde 5 Mk. (unter Zusammenrechnung der einzelnen, auf die Tätigkeit verwendeten Zeitabschnitte zu einem Zeitraum), dazu bei Reisen eine besondere Reisevergütung in Höhe der gesetzlichen Tagegelder und Fahrkosten der Beamten der 4. und 5. Rangklasse gewährt werden soll. Sofern an den Reisetagen Arbeit in der Sache selbst geleistet worden ist (Verhandlungen usw.), ist diese Zeit dem mit den obigen Stundensätzen zu belegenden Zeitraum zuzurechnen. Die Höhe der Vergütung des Obmanns hat bei etwaigen Meinungsverschiedenheiten der Landgerichtspräsident auf Grundlage der obigen Normen und nach Maßgabe der weiter in den Bedingungen getroffenen Vorschriften sowohl dem Obmann als auch den Parteien gegenüber endgültig festzusetzen.

zu 13: Dem von der Verwaltung zu ernennenden Schiedsrichter ist dieselbe Vergütung zuzusichern, wie dies für den Obmann allgemein bestimmt ist."

Liegt über die Höhe der Vergütung für den Schiedsrichter **weder eine ausdrückliche, noch eine stillschweigende Vereinbarung vor, kann auch nicht** eine Willenseinigung **über einen bestimmten Maßstab für ihre Berechnung** festgestellt werden [1]), **so ist eine Vergütung von angemessener Höhe zu entrichten,** für deren Bestimmung Umstände mannigfacher Art in Betracht kommen können: die persönlichen Verhältnisse des Schiedsrichters, seine sachliche Stellung, das Maß der für seine Leistungen erforderlichen Vorbildung und der für diese Leistungen aufgewendeten geistigen Arbeit, der Umfang und die Schwierigkeit der geforderten Leistungen, der Zeitaufwand, die Höhe der Auslagen, die wirtschaftliche Bedeutung des zu entscheidenden Streits, der Streitwert. **Für diesen Fall greifen die Bestimmungen in den §§ 316 und 315 BGB. Platz,** welche lauten:

§ 316: Ist der Umfang der für eine Leistung versprochenen Gegenleistung nicht bestimmt, so steht die Bestimmung im Zweifel demjenigen Teile zu, welcher die Gegenleistung zu fordern hat.

§ 315: Soll die Leistung durch einen der Vertragsschließenden bestimmt werden, so ist im Zweifel anzunehmen, daß die Bestimmung nach billigem Ermessen zu treffen ist.

Die Bestimmung erfolgt durch Erklärung gegenüber dem anderen Teile.

Soll die Bestimmung nach billigem Ermessen erfolgen, so ist die getroffene Bestimmung für den anderen Teil nur verbindlich, wenn sie der Billigkeit entspricht. Entspricht sie nicht der Billigkeit, so wird die Bestimmung durch Urteil getroffen; das Gleiche gilt, wenn die Bestimmung verzögert wird."

Steht hiernach die Bestimmung der Höhe der Vergütung für seine Tätigkeit dem Schiedsrichter zu, so daß er sie mit für die Parteien verbindlicher Kraft einseitig treffen kann, so darf doch diese Bestimmung nur auf der Grundlage billigen Ermessens erfolgen, die Vergütung muß angemessen sein. „Billiges Ermessen" und „sachverständiges Ermessen" haben inhaltlich gleiche Be-

---

1) VII 24. 6. 02 JW. 02 Beil. S. 253 Nr. 162.

deutung [1]). Entspricht die Bestimmung des Schiedsrichters über die Höhe seiner Vergütung nicht der Billigkeit, so ist sie wirkungslos. Darüber, ob dies der Fall ist, hat, wenn zwischen dem Schiedsrichter und den Parteien Streit entstanden ist, das ordentliche Gericht zu entscheiden, das, wenn es die Bestimmung nicht als billig befindet, die Höhe der Vergütung selbst (rechtsbegründend) festzusetzen hat [2]). **Die Billigkeit seiner Bestimmung, sowie sein Bestimmungsrecht hat der Schiedsrichter zu beweisen** [3]). Er hat, wenn er eine Vergütung von angemessener Höhe fordert und eine Partei behauptet, es sei eine geringere Vergütung vereinbart, die Unrichtigkeit dieser Behauptung nachzuweisen. „Der Kläger," hat das RG. ausgeführt [4]), „der seinen Anspruch auf einen Vertrag gründet, hat dessen Inhalt zu beweisen, wenn ihn der Beklagte bestreitet oder eine abweichende Darstellung davon gibt; insbesondere hat er diejenigen Tatumstände zu beweisen, die das Gesetz als **wesentliche Erfordernisse** des betreffenden Vertrages bezeichnet. Darauf beruht es, daß, wer auf Grund eines Vertrages eine **angemessene** Vergütung oder einen **angemessenen** Preis fordert, dem Einwande des Beklagten gegenüber, daß eine geringere Vergütung oder ein geringerer Preis **vereinbart** worden sei, nachweisen muß, daß eine solche Vereinbarung nicht getroffen worden ist. Denn zum rechtsbegründenden Tatbestand eines Vertrages, auf Grund dessen eine ihrem Umfang nach **angemessene** Leistung gefordert wird, gehört, daß die Bestimmung dieses Umfangs nach dem Vertrage dem billigen Ermessen des Fordernden hat überlassen sein sollen (§ 316 BGB.). Ein so gestalteter Vertrag ist wesentlich verschieden von einem Vertrage, durch den die Vergütung ihrer Höhe nach **vereinbart** worden ist. Das Recht, den Umfang einer geschuldeten Leistung nach billigem Ermessen zu bestimmen, steht dem Gläubiger nur zu, entweder wenn dieses Recht ihm ausdrücklich eingeräumt, oder wenn der Vertrag unter Nichtbestimmung jenes Umfangs abgeschlossen worden ist. Eines oder das andere hat er als Grundlage des von ihm geltend gemachten Anspruchs zu beweisen, wenn der Schuldner die Vereinbarung einer geringeren Vergütung behauptet; denn damit wird verneint, daß dem Gläubiger jenes Recht entstanden ist . . ."

1) Komm. Bd. I S. 346 Anm. 1 zu § 319 BGB.
2) Komm. Bd. I S. 344 Anm. 4 zu § 315.
3) Ebenda Anm. 5 zu § 315.
4) VI 28. 1. 04 Bd. 57 S. 48/49.

Über den **Zeitpunkt der Fälligkeit der Vergütung** bestimmt das BGB. in § 641 Abs. 1:

„Die Vergütung ist bei der Abnahme des Werkes zu entrichten."

und über die Abnahme des Werks in § 640 Abs. 1:

„Der Besteller ist verpflichtet, das vertragsmäßig hergestellte Werk abzunehmen, sofern nicht nach der Beschaffenheit des Werkes die Abnahme ausgeschlossen ist."

§ 646 bestimmt weiterhin:

„Ist nach der Beschaffenheit des Werkes die Abnahme ausgeschlossen, so tritt in den Fällen der §§ 638, 641, 644, 645 an die Stelle der Abnahme die Vollendung des Werkes."

Hiernach fällt die Verpflichtung des Bestellers zur Entrichtung der Vergütung mit seiner Verpflichtung zur Abnahme zusammen und ist letztere begründet, sobald das Werk vertragsmäßig hergestellt ist; ist aber eine Abnahme, d. h. eine Annahme des Werks als Erfüllung nach seiner Beschaffenheit ausgeschlossen, fehlt dem Werke die zur Abnahme erforderliche materielle Beschaffenheit und Körperlichkeit [1]), wie dies für den Schiedsspruch zutrifft, so tritt als Zeitpunkt für die Fälligkeit der Vergütung an Stelle der Abnahme die Vollendung, das ist: die vertragsmäßige Herstellung des Werks. Auf das Verhältnis zwischen dem Schiedsrichter und den Parteien angewendet, bedeutet dies: **Der Schiedsrichter ist berechtigt, sein Honorar zu verlangen, sobald er den Schiedsspruch erlassen,** sobald er die letzte der nach § 1039 hierzu erforderlichen Handlungen bewirkt, die Urschrift des Schiedsspruchs mit den über die Zustellung der Ausfertigungen an die Parteien aufgenommenen Originalurkunden des Gerichtsvollziehers bei der Gerichtsschreiberei des zuständigen Gerichts niedergelegt hat. Erst dann hat der Schiedsrichter seine Verpflichtungen aus dem von ihm mit den Parteien geschlossenen Vertrage erfüllt, erst dann haben auch die Parteien ihrerseits zu erfüllen und die vereinbarte Vergütung zu entrichten. Diese Regelung entspringt dem den Werkvertrag beherrschenden Grundsatz, daß der Unternehmer vorzuleisten hat, und entspricht auch dem Wesen des Vertrags, wonach es für die Erfüllung dar-

---

1) Komm. Bd. I S. 598 Anm. 3 zu § 640.

auf ankommt, daß der den Gegenstand des Vertrags bildende Erfolg herbeigeführt wird, so daß erst, wenn dieser Erfolg eingetreten, die Verpflichtung des Unternehmers aus dem Vertrage erfüllt und damit auch für den Besteller die Verpflichtung zur Erfüllung begründet ist.

In § 641 Abs. 1 BGB. ist weiterhin bestimmt:

> „Ist das Werk in Teilen abzunehmen und die Vergütung für die einzelnen Teile bestimmt, so ist die Vergütung für jeden Teil bei dessen Abnahme zu entrichten."

Diese Bestimmung kann — mit der Maßgabe, daß an die Stelle der Abnahme die Vollendung des Werks, die Erlassung des Schiedsspruchs tritt — nur dann auf das Verhältnis zwischen den Parteien und dem Schiedsrichter Anwendung finden, wenn von ihnen eine Vereinbarung dahin getroffen ist, daß der Schiedsrichter Teilschiedssprüche erlassen solle oder dürfe und nach Erlassung eines jeden Teilspruchs das ihm dafür zukommende Honorar erhalten solle. Ohne eine solche Vereinbarung, die auch stillschweigend erfolgen kann, hat der Schiedsrichter einen Anspruch auf Zahlung der Vergütung erst, wenn er das ihm übertragene Geschäft vollständig ausgeführt, die ihm überwiesene Rechtsstreitigkeit in ihrem ganzen Umfange entschieden hat.

Die Bestimmung in § 641 Abs. 2 BGB.:

> „Eine in Geld festgesetzte Vergütung hat der Besteller von der Abnahme des Werkes an zu verzinsen, sofern nicht die Vergütung gestundet ist."

gilt ohne weiteres auch für das Honorar des Schiedsrichters. Gemäß § 246 BGB. sind 4 vom Hundert für das Jahr zu entrichten, sofern nicht ein anderes bestimmt ist. Ob, wenn die Parteien und der Schiedsrichter Kaufleute oder als solche zu behandeln sind, gemäß § 352 Abs. 1 HGB. 5 vom Hundert für das Jahr zu entrichten sind, hängt davon ab, ob die Erlassung des Schiedsspruchs für alle Teile als Handelsgeschäft gemäß §§ 343 ff. zu erachten ist.

Ist das Werk nicht vertragsmäßig hergestellt, **der Schiedsspruch nicht oder nicht vorschriftsmäßig erlassen, so entfällt die Verpflichtung der Parteien zur Entrichtung der vereinbarten Vergütung** (§ 644 Satz 1 BGB.), es sei denn, daß etwas anderes vereinbart ist oder der Nichterlassung oder der vorschriftswidrigen Erlassung des Schiedsspruchs ein Umstand zugrunde liegt, der von den Parteien zu vertreten ist (§§ 645, 324 BGB.), oder daß von diesen der Vertrag gekündigt ist (§ 649 BGB.). Das Nähere hierüber soll weiterhin unten und in § 13 II B d. B. ausgeführt werden.

Der Unternehmer ist nicht verpflichtet, das Werk aus der Hand zu geben, bevor er die Gegenleistung empfangen hat, zur Ausfolgung des Werkes ist er nur Zug um Zug gegen Entrichtung der Gegenleistung verpflichtet [1]; auch hat er gemäß **§ 647** BGB. für seine Forderungen aus dem Vertrag an den von ihm hergestellten Sachen des Bestellers ein Pfandrecht. Diese Rechtssätze können jedoch **auf den Schiedsrichtervertrag keine Anwendung** finden. Einmal stellt der Schiedsspruch keine Sache, keinen körperlichen Gegenstand (§ 90 BGB.) dar, an dem ein Pfandrecht begründet werden könnte. Sodann aber kommt, wenn man das den Schiedsspruch enthaltende Schriftstück als Sache in Anspruch nehmen wollte, in Betracht, daß der Schiedsrichter erst das Werk vollendet, seine Verpflichtung aus dem Vertrage erfüllt und damit die Verpflichtung der Parteien zur Zahlung des Honorars begründet und fällig gemacht hat, wenn er das den Schiedsspruch enthaltende Schriftstück bei dem Gericht niedergelegt, also aus der Hand gegeben hat, so daß, selbst wenn man ein Pfandrecht des Schiedsrichters an dem Schriftstück konstruieren wollte, dies dem Schiedsrichter nichts helfen würde, da die Forderung, zu deren Sicherung es dienen soll, erst in dem Zeitpunkt entsteht, in dem der Schiedsrichter das Schriftstück nicht mehr in seinem Besitz hat, und aus diesem Grunde ein Pfandrecht überhaupt nicht zur Entstehung gelangen kann. Die Bestimmung des § 1204 Abs. 2 BGB. kann darauf deswegen nicht Anwendung finden, weil das Pfandrecht aus § 647 l. c. sich als „ein kraft Gesetzes entstandenes" darstellt, auf das wohl gemäß § 1257 l. c. die Vorschriften über den Inhalt des durch Rechtsgeschäft bestellten Pfandrechts entsprechende Anwendung finden, nicht aber diejenigen über die Begründung eines solchen Pfandrechts.

Dagegen steht dem Schiedsrichter wegen seines nach oder durch Niederlegung des Spruchs fällig gewordenen **Honorars** gemäß § 273 BGB. **gegen die Parteien ein Zurückbehaltungsrecht an allen Gegenständen zu, die er** in seiner Eigenschaft als Schiedsrichter **von ihnen erhalten hat,** d. h. er kann die Herausgabe aller

1) Motive zum BGB. Bd. II S. 492.

ihm für das Schiedsverfahren von den oder für die Parteien übergebenen oder sonst mit ihrem Wissen und Willen in seinen Besitz gelangten Urkunden, Akten, Zeichnungen u. dgl. verweigern, bis ihm das gebührende Honorar gezahlt wird und zwar gegenüber jeder Partei, gleichviel von welcher die Gegenstände herrühren, da ihm beide Parteien gemäß § 427 BGB. für die Zahlung als Gesamtschuldner haften. **Außerdem kann der Schiedsrichter** zu seiner Sicherung gemäß § 669 BGB. für die zur Ausführung des ihm übertragenen Geschäfts erforderlichen Aufwendungen von beiden Parteien als den Auftraggebern **Vorschuß einfordern.** Unter Aufwendungen fällt in erster Linie die Verausgabung von Geld, dann auch die Übernahme von Verbindlichkeiten gegen Dritte, so gegen Zeugen und Sachverständige, dagegen nicht die Aufwendung eigener Arbeitskraft; denn diese hat der Schiedsrichter den Parteien durch seinen Vertrag mit ihnen für dessen Zwecke zur Verfügung gestellt. Auch der Verlust an Verdienst während der der Ausführung des Geschäfts gewidmeten Zeit gilt nicht als Aufwendung; denn mit der Arbeitskraft ist auch die Arbeitszeit als in den Dienst des Geschäfts gestellt zu erachten [1]). **Erforderlich** sind die Aufwendungen, welche nach der Sachlage geboten sind, d. h. wenn es darüber zu einem Streit zwischen dem Schiedsrichter und den Parteien kommt, diejenigen, welche der ordentliche Richter für erforderlich erachtet. Die Verweigerung des verlangten Vorschusses berechtigt den Schiedsrichter nicht nur, von der Führung oder Fortführung des Verfahrens abzustehen, sondern gibt ihm auch ein Klagerecht auf die Leistung des Vorschusses. Doch besteht für den Schiedsrichter nach § 666 BGB. die Pflicht, den Parteien die Notwendigkeit des Vorschusses rechtzeitig mitzuteilen und zu begründen [2]). Macht der Schiedsrichter zum Zwecke der Vorbereitung und der Erlassung des Schiedsspruchs Aufwendungen, die er den Umständen nach für erforderlich halten darf, so sind die Parteien zum Ersatze verpflichtet (§ 670 BGB.).

Alle Fragen der Bezahlung des Honorars und der Leistung von Vorschüssen können im Wege der Vereinbarung zwischen dem Schiedsrichter und den Parteien anders geregelt werden, als vorstehend auf Grund der gesetzlichen Bestimmungen dargelegt ist: Die Parteien können sich verpflichten, das Honorar im voraus

1) Komm. Bd. I S. 622 Anm. 2 zu § 670.
2) Komm. Bd. I S. 622 Anm. 3 zu § 669.

zu zahlen, der Schiedsrichter kann die Verpflichtung übernehmen, alle Auslagen aus eigener Tasche zu machen usw.

Für die Verpflichtung des Unternehmers **zur Herstellung des Werks kommen** in erster Linie **die Vorschriften in den §§ 633 bis 639 BGB. in Betracht.** Ihre Anwendung auf das Verhältnis zwischen dem Schiedsrichter und den Parteien führt, abgesehen von wenigen Ausnahmen, zu durchaus praktischen Ergebnissen, welche auch der Besonderheit dieses Vertragsverhältnisses gerecht werden.

Der Schiedsrichter, der es unternimmt, eine Rechtsstreitigkeit zwischen den Parteien durch Erlassung eines Schiedsspruchs zu beseitigen, **hat seinen Schiedsspruch so zu erlassen, daß dadurch die Rechtsstreitigkeit vollständig beseitigt wird, daß der Spruch den Vorschriften entspricht,** die für seine Erlassung durch den Schiedsvertrag und das Gesetz gegeben sind und deren Befolgung der Schiedsrichter durch Übernahme der Tätigkeit zugesichert hat; **er hat dafür aufzukommen, daß der Spruch nicht mit Fehlern behaftet ist,** die seinen Wert in bezug auf die Beseitigung der Rechtsstreitigkeit oder seine Tauglichkeit zu dem gewöhnlichen oder nach dem Vertrage vorausgesetzten Gebrauch, z. B. zur Vollstreckbarkeitserklärung, aufheben oder mindern (§ 633 Abs. 1 BGB.). **Ist der Schiedsspruch nicht von dieser Beschaffenheit, so können die Parteien die Beseitigung des Mangels verlangen** (§ 633 Abs. 2 Satz 1), d. h. die Herstellung des vertragsmäßigen Zustandes [1]), die Erlassung eines den Vorschriften des Vertrags und des Gesetzes entsprechenden Schiedsspruchs. Ein Mangel des Schiedsspruchs kann materieller und formeller Natur sein. Er kann u. a. darin bestehen, daß der Schiedsrichter über die Rechtsstreitigkeit nicht vollständig, d. h. nicht in ihrem ganzen Umfange entschieden hat, daß er z. B. nicht eine Entscheidung über die Kosten gefällt hat. Der Schiedsrichter hat in diesem Falle auf Verlangen der Parteien oder einer von ihnen einen Ergänzungsspruch zu erlassen [2]). Würde er dies nicht tun, so bliebe der Schiedsspruch mit einem Fehler behaftet, der seinen Wert oder seine Tauglichkeit, wenn nicht aufheben, so doch mindern würde. Ein Mangel des Schiedsspruchs kann auch in formeller Hinsicht vorliegen, so, wenn nicht alle Vorschriften des § 1039 in bezug auf die schriftliche Ausfertigung, die Unterzeichnung, Zustellung

1) Komm. Bd. I S. 593 Anm. 2 zu § 633.
2) VII 1. 2. 01 Bd. 47 S. 430.

und Niederlegung des Spruchs erfüllt sind. Einen solchen Mangel hat der Schiedsrichter auf Verlangen der Parteien durch Nachholung der Formalitäten zu beseitigen. Tut er dies nicht, so liegt ein Schiedsspruch im Rechtssinne überhaupt nicht vor, der Wert und die Tauglichkeit des Spruchs ist aufgehoben oder vielmehr überhaupt nicht entstanden.

An und für sich können die Parteien auch die Beseitigung unerheblicher Mängel verlangen. **Der Schiedsrichter ist** jedoch **berechtigt, die Beseitigung eines Mangels zu verweigern, wenn sie einen unverhältnismäßigen Aufwand erfordert** (§ 633 Abs. 2 S. 2). **Abgesehen hiervon wird das Recht** der Parteien, **die Beseitigung von Mängeln zu verlangen,** und die Pflicht des Schiedsrichters, diesem Verlangen nachzukommen, **durch die Erlassung des Schiedsspruchs eingeschränkt.** Ist ein den formellen Vorschriften entsprechender Schiedsspruch erlassen worden, so kann, auch wenn dieser Spruch erhebliche Mängel aufweist, wenn Verstöße gegen wesentliche Bestimmungen des Verfahrens oder Grundlagen desselben, welche die Parteien ausdrücklich für das Schiedsgericht vereinbart haben, vorliegen oder wenn, ohne daß dies der Fall ist, durch den Spruch nach Meinung einer Partei oder beider die Rechtsstreitigkeit falsch entschieden ist, die Abstellung der Mängel — es sei denn, daß es sich nur um eine Vervollständigung und Ergänzung durch Erlassung eines Nachtragsspruchs handelt — von dem Schiedsrichter nicht mehr verlangt werden. Hierfür wäre die Wiedereröffnung des Schiedsverfahrens und die Erlassung eines neuen, mangelfreien Spruchs erforderlich, dazu aber kann der Schiedsrichter nicht angehalten werden, wenn er sich nicht besonders dazu verpflichtet hat. Denn mangels einer dahingehenden ausdrücklichen Vorschrift des BGB. hat der Besteller nicht das Recht, an Stelle des mangelhaften Werks die Herstellung eines **neuen** mangelfreien Werks zu verlangen. Auch aus allgemeinen Erwägungen kann die Annahme eines solchen Rechts des Bestellers beim Werkvertrag nicht gerechtfertigt werden [1]). Aus der besonderen Gestaltung des Rechtsverhältnisses, welches durch den Schiedsrichtervertrag begründet wird, aus der Abhängigkeit dieses Vertrags von dem Schiedsvertrag folgt ebenfalls, daß ein neuer Schiedsspruch nicht verlangt werden kann. Denn, hat der Schiedsrichter mit

1) VII 18. 3. 04 Bd. 57 S. 275/7.

seinem Spruch eine endgültige Entscheidung geben wollen und gegeben, und ist der Spruch ordnungsmäßig abgefaßt, zugestellt und niedergelegt, so hat damit das Schiedsverfahren seine endgültige Erledigung gefunden und kann, auch wenn der Spruch aufgehoben wird, nicht von neuem eröffnet werden, da der Schiedsvertrag erloschen ist [1]).

In § 633 Abs. 3 BGB. ist bestimmt, daß, wenn der Unternehmer mit der Beseitigung des Mangels im Verzuge ist, d. h. wenn er die Beseitigung, zu der er verpflichtet ist, nicht vornimmt, obwohl er hierzu durch Mahnung des Bestellers aufgefordert ist (§ 284 Abs. 1 BGB.) und obwohl die Beseitigung nicht infolge eines Umstandes unterbleibt, den er nicht zu vertreten hat (§ 285 BGB.), der Besteller den Mangel selbst beseitigen und den Ersatz der erforderlichen Aufwendungen von dem Unternehmer verlangen kann. **Ein Fall für die Anwendung des § 633 Abs. 3 auf den Schiedsrichtervertrag kann kaum gegeben sein,** da der Spruch nur von dem Schiedsrichter selbst erlassen werden kann und infolgedessen auch Mängel desselben die Parteien weder selbst, noch durch andere beseitigen können. Dies wird aber auch für das Vertragsverhältnis zwischen dem Verleger und einem Komponisten oder einem Gelehrten zutreffen, wenn es sich um deren persönliche Leistungen handelt, ohne daß deswegen das Rechtsverhältnis den Regeln des Werkvertrags zu entziehen wäre.

Zur Beseitigung eines Mangels der in § 633 BGB. bezeichneten Art **können die Parteien dem Schiedsrichter eine angemessene Frist mit der Erklärung bestimmen, daß sie diese Beseitigung nach Ablauf der Frist ablehnten.** Zeigt sich schon vor der Ablieferung des Werks, das ist: vor der Erlassung des Schiedsspruchs ein Mangel des Verfahrens, so können die Parteien die Frist sofort bestimmen; die Frist muß so bemessen werden, daß sie, wenn für die Erlassung des Schiedsspruchs eine Frist vereinbart ist, nicht vor dieser Frist abläuft. **Nach dem Ablauf der Frist können die Parteien Rückgängigmachung des Vertrags mit dem Schiedsrichter** (Wandelung) **oder Herabsetzung seiner Vergütung** (Minderung) **verlangen, wenn nicht der Mangel rechtzeitig beseitigt worden ist; der Anspruch auf Beseitigung des Mangels ist ausgeschlossen** (§ 634 Abs. 1 BGB.). Der Bestimmung einer Frist bedarf es nicht, wenn die Beseitigung des

1) **Schiedsvertrag § 12: Wodurch erlischt der Schiedsvertrag? S. 54.**

Mangels unmöglich ist oder von dem Schiedsrichter verweigert wird oder wenn die sofortige Geltendmachung des Anspruchs auf Rückgängigmachung des Vertrags oder Herabsetzung der Vergütung durch ein besonderes Interesse der Parteien gerechtfertigt wird (§ 634 Abs. 2 BGB.). Die Rückgängigmachung des Vertrags ist ausgeschlossen, wenn der Mangel den Wert oder die Tauglichkeit des Schiedsspruchs nur unerheblich mindert (§ 634 Abs. 3). Auf die Wandelung und die Minderung finden die für den Kauf geltenden Vorschriften der §§ 465 bis 467, 469 bis 475 entsprechende Anwendung (§ 634 Abs. 4), also nur, soweit die Anwendung statthaft erscheint.

Die Geltung der Bestimmungen des § 634 Abs. 1—3 BGB. für das Vertragsverhältnis zwischen den Parteien und dem Schiedsrichter kann nur dazu dienen, das Verfahren zu beschleunigen und, wenn der Schiedsrichter seinen Pflichten nicht nachkommen will oder dazu außer Stande ist, die Lösung des Vertrags mit ihm zu erleichtern und den Parteien die vollkommene Freiheit der Verfügung über die Rechtsstreitigkeit, soweit diese noch nicht durch den Spruch des Schiedsrichters beseitigt ist, zurückzugeben. Eine Herabsetzung der Vergütung für den Fall, daß der Vertrag bestehen bleibt und der Schiedsspruch nur unerhebliche Mängel aufweist, so die Nichtberücksichtigung eines geringfügigen Streitpunktes, wird selten praktisch werden.

Beruht der Mangel des Schiedsspruchs auf einem Umstande, den der Schiedsrichter zu vertreten hat — die Anwendung der Bestimmungen des § 634 BGB. setzt ein Verschulden des Schiedsrichters nicht voraus —, **so können die Parteien** gemäß § 635 BGB. statt der Wandelung oder der Minderung **Schadensersatz wegen Nichterfüllung verlangen**. Auch für die Geltendmachung dieses Schadensersatzanspruchs ist das Setzen einer angemessenen Frist mit der Erklärung, daß die Beseitigung des Mangels nach Ablauf der Frist abgelehnt werde (§ 634 Abs. 1 BGB.), erforderlich, es sei denn, daß einer der in § 634 Abs. 2 BGB. gedachten Ausnahmefälle vorliege [1]). Ein Verschulden der Hilfspersonen, deren sich der Schiedsrichter bedient, hat er gemäß § 278 BGB. in gleichem Umfange zu vertreten, wie eigenes Verschulden [2]). Der Anspruch aus § 635 BGB. umfaßt jedoch nur den Schaden,

1) VII 2. 10. 03 Bd. 56 S. 81/3.
2) VII 1. 12. 05 Bd. 62 S. 120/1.

der sich auf einen Mangel des Schiedsspruchs selbst gründet und der diesem **unmittelbar** anhaftet, nicht aber die übrigen Fälle, in denen für die Parteien gegen den schuldhaften Schiedsrichter ein vertraglicher Schadensersatzanspruch Platz greift, so, wenn es sich um eine durch positives Zuwiderhandeln gegen die vertragsmäßige Sorgfalt bei der Vorbereitung oder bei der Erlassung des Schiedsspruchs begangene Vertragsverletzung handelt [1]). Aus dem Rahmen des § 635 BGB. fällt heraus ein Schaden, der nicht aus der mangelhaften Beschaffenheit des Schiedsspruchs selbst entspringt, sondern in seiner späteren Benutzung und in einem damit verknüpften besonderen Ereignisse seinen Grund hat, für dessen Entstehung es also noch des Hinzutritts eines besonderen, selbständigen Ereignisses bedarf [2]). Ein Fall des § 635 BGB. würde vorliegen, wenn für die Erlassung des Schiedsspruchs nicht die Vorschriften des § 1039 beobachtet wären, so daß überhaupt kein Schiedsspruch im Rechtssinne vorhanden wäre; und ein Fall der zweiten Art würde gegeben sein, wenn für den Schiedsspruch zwar die Vorschriften des § 1039 erfüllt wären, in einem Prozeß gemäß § 1041 oder § 1042 jedoch durch Urteil des ordentlichen Gerichts wegen Verletzung wesentlicher Bestimmungen des Schiedsverfahrens oder Grundlagen hierfür, welche die Parteien ausdrücklich vereinbart haben, die Aufhebung des Schiedsspruchs oder die Versagung des Vollstreckungsurteils dafür ausgesprochen worden wäre.

Wird der Schiedsspruch ganz oder, wenn nach den Vereinbarungen mit den Parteien die Erlassung von Teilschiedssprüchen zulässig ist, zum Teil **nicht rechtzeitig erlassen, so finden gemäß § 636 BGB. die für die Wandelung geltenden Vorschriften** des § 634 Abs. 1—3 **entsprechende Anwendung; an die Stelle des Anspruchs auf Wandelung tritt das Recht der Parteien,** nach § 327 BGB. **von dem Vertrage mit dem Schiedsrichter zurückzutreten.** Die im Falle des Verzugs des Schiedsrichters den Parteien zustehenden Rechte bleiben unberührt. Bestreitet der Schiedsrichter die Zulässigkeit des erklärten Rücktritts, weil er den Schiedsspruch rechtzeitig erlassen habe, so trifft ihn die Beweislast. Wird der Schiedsspruch nicht rechtzeitig erlassen, so stehen den Parteien nach den allgemeinen Vorschriften des

1) VII 1. 12. 05 Bd. 62 S. 120/2. — VII 10. 7. 06 Bd. 64 S. 42/4. — VI 15. 4. 07 Bd. 66 S. 16/7.
2) Komm. Bd. I S. 595 Anm. 3 zu § 635.

BGB. folgende Rechtsbehelfe zu: Sie können die Klage auf Vertragserfüllung, d. h. auf Erlassung des Schiedsspruchs, und, wenn der Schiedsrichter hierzu rechtskräftig verurteilt und die ihm zur Erlassung des Spruchs bestimmte Frist ergebnislos abgelaufen ist, gemäß § 283 BGB. auf Schadensersatz wegen Nichterfüllung gegen den Schiedsrichter anstrengen. Sie können dem Schiedsrichter die vereinbarte Vergütung verweigern, seine Klage hierauf abwarten und dann die Einrede des nicht erfüllten Vertrags erheben. Sie können aber auch ihre Ansprüche aus einem Verzuge des Schiedsrichters geltend machen, d. h. wenn ein solcher nach Maßgabe der §§ 284 ff. oder des § 326 BGB. begründet ist, den Ersatz des ihnen durch den Verzug entstandenen Schadens trotz Erfüllung oder Schadensersatz wegen Nichterfüllung verlangen. Hierzu tritt gemäß § 636 BGB. ein Rücktrittsrecht, das erfolglose Fristsetzung nach § 634, aber nicht, wie die Geltendmachung der Rechte aus § 326 BGB., ein Verschulden des Schiedsrichters zur Voraussetzung hat. Auch diese Bestimmung erscheint in bezug auf den Schiedsrichtervertrag durchaus zweckmäßig, sie widerstreitet keineswegs seinem Wesen. Es entspricht auch den allgemeinen Regeln über die Beweislast, daß, wenn der Schiedsrichter behauptet, er habe den Schiedsspruch rechtzeitig erlassen, dies von ihm zu beweisen ist, während die Parteien, welche sich auf die Erklärung ihres Rücktritts berufen, die Voraussetzungen hierfür, die Bestimmung und den erfolglosen Ablauf der Frist, sowie die Erklärung ihres Rücktritts oder, wenn sie diesen auf § 633 Abs. 2 BGB. stützen, die Voraussetzungen hierfür nachzuweisen haben.

Nach § 637 BGB. ist eine Vereinbarung, durch welche die Verpflichtung des Schiedsrichters, einen Mangel des Schiedsspruchs **zu vertreten, erlassen oder beschränkt wird, nichtig, wenn der Schiedsrichter den Mangel arglistig verschweigt.** Diese Vorschrift ist ebenso gerechtfertigt, wie diejenige des § 276 Abs. 2 BGB., wonach die Haftung wegen Vorsatzes dem Schiedsrichter nicht im voraus erlassen werden kann. Abgesehen hiervon kann in dem Vertrage zwischen den Parteien und dem Schiedsrichter dessen Haftung für Mängel des Schiedsspruchs und für die Folgen eines Verschuldens des Schiedsrichters bei Erfüllung seiner Vertragspflichten in beliebiger Weise geregelt werden. Von allen Bestimmungen des BGB. über den Werkvertrag ist, wie bereits wiederholt bemerkt, abgesehen von denjenigen in den

§§ 631, 632, nur die Vorschrift des § 637 zwingendes Recht, d. h. sie kann durch Vereinbarung nicht aufgehoben oder abgeändert werden.

Die kurze Verjährung des § 638 BGB., welche nicht nur für die Herstellung einer Sache, sondern auch für Leistungen nicht körperlicher Art Platz greift und deren Frist, außer bei Arbeiten an einem Grundstück und bei Bauwerken, 6 Monate beträgt, **gilt auch für die Ansprüche der Parteien auf Beseitigung eines Mangels des Schiedsspruchs, sowie für die ihnen wegen des Mangels zustehenden Ansprüche auf Wandelung, Minderung oder Schadensersatz,** sofern nicht der Schiedsrichter den Mangel arglistig verschwiegen hat. Die Verjährung beginnt mit der Niederlegung des Schiedsspruchs, da bei unkörperlichen Leistungen an Stelle der Abnahme die Vollendung tritt, wie bereits vorher S. 201 auseinandergesetzt. Die Verjährungsfrist kann durch Vertrag verlängert werden (§ 638 Abs. 2 BGB.), auch kann vereinbart werden, daß der Schiedsrichter für die Brauchbarkeit seines Spruchs Garantie übernehme.

Auf die Verjährung der in § 638 bezeichneten Ansprüche der Parteien finden gemäß § 639 Abs. 1 BGB. die für die Verjährung der Ansprüche des Käufers geltenden Vorschriften des § 477 Abs. 2 und 3 und der §§ 478, 479 BGB. entsprechende Anwendung, d. h. sie sind anzuwenden, sofern und soweit ihre Anwendung statthaft erscheint. Eine hiernach in Frage kommende gerichtliche Beweisaufnahme zur Sicherung des Beweises für die Mangelhaftigkeit des Schiedsspruchs hat nicht viel praktische Bedeutung, da die Beweisaufnahme sich nur auf Mängel erstrecken kann, die dem Schiedsspruch unmittelbar anhaften und solche sich regelmäßig bereits durch Einsichtnahme in die bei Gericht niedergelegten Urschriften des Spruchs und der beigefügten Zustellungsurkunden feststellen lassen. Wichtiger ist die Bestimmung des § 478 BGB., wonach, wenn die Parteien oder eine von ihnen den Mangel dem Schiedsrichter angezeigt oder die Anzeige an ihn abgesandt haben, bevor der Anspruch auf Wandelung oder auf Minderung verjährt war, von ihnen auch nach Vollendung der Verjährung die Zahlung der Vergütung an den Schiedsrichter insoweit verweigert werden kann, als sie auf Grund der Wandelung oder der Minderung dazu berechtigt sein würden. Desgleichen die Bestimmung des § 479 BGB., wonach der Anspruch auf Schadensersatz nach der

Vollendung der Verjährung nur aufgerechnet werden kann, wenn von den Parteien eine der in § 478 bezeichneten Handlungen vorgenommen ist, es sei denn, daß der Schiedsrichter den Mangel arglistig verschwiegen hat, in welchem Falle die Beschränkung nicht eintritt. Schon durch rechtzeitige Anzeige des Mangels also können sich die Parteien die Befugnis zur Verweigerung der Vergütung, soweit sie auf Grund der Wandelung oder der Minderung dazu befugt sein würden, sowie zur Aufrechnung des Schadensersatzanspruchs auch für die Zeit nach der Vollendung der Verjährung erhalten [1]).

Unterzieht sich der Schiedsrichter im Einverständnis mit den Parteien der Prüfung des Vorhandenseins des Mangels oder der Beseitigung des Mangels, so ist gemäß § 639 Abs. 2 BGB. die Verjährung solange gehemmt, bis der Schiedsrichter das Ergebnis der Prüfung den Parteien mitteilt oder ihnen gegenüber den Mangel für beseitigt erklärt oder die Fortsetzung der Beseitigung verweigert. Die Wirkung der Hemmung besteht nach § 205 BGB. darin, daß der Zeitraum, während dessen die Verjährung gehemmt ist, in die Verjährungsfrist nicht eingerechnet wird.

Die Verjährung nach § 638 BGB. umfaßt nur die Ansprüche, welche sich auf einen Mangel nach § 633, d. h. auf einen solchen gründen, der dem Spruch unmittelbar anhaftet (vgl. S. 208 u. 209 zu § 635), nicht aber die Ansprüche auf Ersatz des Schadens, der mit der Mangelhaftigkeit des Schiedsspruchs nur in **mittelbarem** Zusammenhang steht oder durch **positives** Zuwiderhandeln gegen die pflichtmäßige Sorgfalt bei der Vorbereitung oder Erlassung des nicht zur Erlassung gelangten Spruchs entstanden ist. Diese Ansprüche unterliegen der in § 195 BGB. bestimmten regelmäßigen Verjährungsfrist von 30 Jahren [2]). Sind die Parteien mit der Einschränkung der Haftung des Schiedsrichteers nach § 638 BGB. nicht einverstanden, so können sie in dem Vertrag mit ihm andere Bestimmungen treffen.

Die Unzulässigkeit der Unterordnung des Vertragsverhältnisses unter die Regeln des Werkvertrags ist u. a. damit begründet worden, daß die Vorschriften über die Mängelhaftung auf das

1) Komm. Bd. I S. 598 Anm. 2 zu § 639.

2) VII 1. 12. 05 Bd. 62 S. 121/2. — VII 10. 7. 06 Bd. 64 S. 43/4. — VI 15. 4. 07 Bd. 66 S. 15/7. — VII 3. 2. 11 Warn.Rspr. 11 Nr. 168.

Verhältnis zwischen den Parteien und dem Schiedsrichter keinesfalls zur Anwendung kommen könnten. In vorstehendem ist gezeigt worden, daß dies sehr wohl möglich ist und zu vernünftigen und praktischen Ergebnissen führt. **Das RG. hat für Vertragsverhältnisse durchaus ähnlicher Art die Anwendbarkeit der §§ 633 ff. BGB. ausdrücklich bejaht.** In dem bereits vorher (§ 11 II d. B.) erörterten Falle, in dem ein Rechtsanwalt gegen Vergütung es übernommen hatte, einen Vertrag über die Ausbeutung einer Kohlengrube in eine dem chinesischen Berggesetz entsprechende Gestalt zu bringen und zu diesem Zweck mit dem deutschen Konsulat zu verhandeln, hat das RG. — nach der Feststellung, daß der darüber geschlossene Vertrag ein Werkvertrag gewesen sei, der zugleich eine Geschäftsbesorgung nach § 675 BGB. zum Gegenstand gehabt hätte — ausgeführt, daß hierauf das Recht des BGB. unbeschränkt anzuwenden sei und demgemäß auch dessen Vorschriften in den §§ 633 und 634. Das Vorbringen des beklagten Mandanten, der behauptet habe, das von dem Kläger, dem Rechtsanwalt, abgelieferte Werk sei wegen juristischer Verstöße unbrauchbar und wertlos, enthalte die Einrede der Wandelung nach § 634 BGB. Diese Einrede sei nicht begründet. Dem vom Kläger gelieferten Werke hafte kein Fehler an (wird ausgeführt). Aus dem Erörterten folge, daß der Wandelungseinrede des Beklagten jede Unterlage fehle. Der Beklagte vermöchte wegen Fehlerhaftigkeit des vom Kläger gelieferten Werks auch die Preisminderungseinrede zu erheben (§ 634 BGB.). Allein auch ihr gebreche es an der Voraussetzung, daß nämlich ein nach § 633 BGB. fehlerhaftes Werk zur Ablieferung gekommen sei [1]). In einem anderen Falle, in dem die Erben eines Kreistaxators auf Ersatz des Schadens in Anspruch genommen wurden, der aus einer von dem Erblasser fahrlässigerweise unrichtig aufgestellten Grundstückstaxe entstanden sein sollte, war von der Revision gegen die Anwendung der §§ 635 und 638 BGB. eingewendet, der Erblasser sei als angestellter und vereidigter Kreistaxator öffentlicher Beamter oder doch jedenfalls eine zur Ausübung eines Berufs öffentlich bestellte und verpflichtete Person gewesen, es stehe danach bei dem mit ihm abgeschlossenen Vertrage nicht ein Werkvertrag in Frage, vielmehr handele es sich um einen Vertrag eigener Art. „Es ist nun aber nicht einzusehen," bemerkt hierzu

1) III 17. 3. 14 JW. 14 S. 642 Z. 4.

das RG., „weshalb dem Zustandekommen eines Werkvertrags die hervorgehobene Eigenschaft des Erblassers der Beklagten entgegenstand, der sich nach den Angaben der Klägerin verpflichtete, dieser seine Dienste und Sachkenntnisse durch Entwerfung einer Taxe zur Verfügung zu stellen und somit einen bestimmten Arbeitserfolg zu bewirken, der sich in dem anzufertigenden Taxationsinstrument verkörperte" [1]).

Daß, wenn man die vom RG. angenommene Eigenart des Schiedsrichtervertrags fallen läßt, der Schiedsrichter, wie jeder andere aus einem Vertragsverhältnis verpflichtete Schuldner, den allgemeinen Rechtsgrundsätzen des BGB. über die Haftung wegen Vorsatz und Fahrlässigkeit unterworfen ist und seiner Vertretungspflicht durch das Gesetz Schranken nicht gesetzt sind, ist bereits vorher zu A auseinandergesetzt worden und von dem RG. nicht bestritten [2]). **Unterstellt man den Schiedsrichter den Regeln des Werkvertrags** und damit ohne Einschränkung den Vorschriften des BGB. überhaupt, **so erledigt sich** damit auch **die wichtige Frage nach der Haftung des Schiedsrichters für die Richtigkeit seines Spruchs** ohne jede Schwierigkeit. Liegt ein Verschulden des Schiedsrichters an der Mangelhaftigkeit des Spruchs vor, so haftet er für den Schaden, der dadurch entsteht, daß sein Spruch unrichtig ist, auch wenn diese Unrichtigkeit nur auf Fahrlässigkeit beruht, nach § 276 BGB. ohne weiteres. Die Gefahren, die dem Schiedsrichter hieraus erwachsen können, sind jedoch nicht so groß, wie sie scheinen. Gegen ungerechte und unbillige Zumutungen wird der Schiedsrichter einmal durch Rechtsregel des § 242 BGB. geschützt, wonach er nur verpflichtet ist, seine Leistung so zu bewirken, wie Treu und Glauben mit Rücksicht auf die Verkehrssitte es erfordern; sodann durch die Vorschrift des § 254 BGB., wonach, wenn an der Entstehung des Schadens ein Verschulden des Beschädigten mitgewirkt hat, die Verpflichtung zum Ersatz, sowie der Umfang des zu leistenden Ersatzes von den Umständen, insbesondere davon abhängt, inwieweit der Schaden vorwiegend von dem einen oder dem anderen Teil verursacht worden ist. Ist z. B. einem Ingenieur die Entscheidung einer Rechtsstreitigkeit übertragen, für die schwierige Rechtsfragen zu beantworten sind, und wird behauptet, daß der Schiedsrichter die Rechtsfragen falsch

---

1) VII 10. 7. 06 Bd. 64 S. 42/3.
2) III 8 2. 07 Bd. 65 S. 175/6.

entschieden habe, so kommt es darauf an, wem an dem dadurch entstandenen Schaden ein überwiegendes Verschulden zur Last fällt. Haben die Parteien, obwohl sie wußten oder wissen mußten, daß der Schiedsrichter rechtsunkundig sei, ihm den Schiedsspruch übertragen und hat der Schiedsrichter die Erlassung des Spruchs übernommen, ohne sich der hiermit verbundenen Schwierigkeiten bewußt zu sein, so kann unter diesen Umständen die Entscheidung durchaus zugunsten des Schiedsrichters ausfallen. Dazu kommt, daß in der Regel der Schiedsrichter an Vorschriften des positiven Rechts nicht gebunden ist, sondern lediglich nach seiner gewissenhaften Überzeugung als der gütliche Vermittler des Streits seinen Spruch zu fällen hat [1]), so daß, wenn nicht Verstöße gegen ausdrückliche Bestimmungen wesentlicher Art des Schiedsvertrags oder des Gesetzes gleichzeitig zur Feststellung gelangen, das Ergebnis einer Nachprüfung des Schiedsspruchs in bezug auf seine sachliche Richtigkeit und die Haftung des Schiedsrichters dafür wohl in den meisten Fällen negativ ausfallen wird [2]). Die Anstrengung von Prozessen gegen den Schiedsrichter wegen falscher Entscheidung des Streits wird deshalb, auch wenn seine Haftung wegen Fahrlässigkeit bejaht wird, sich in engen Grenzen halten, der Schiedsrichter gegen unbillige Inanspruchnahme geschützt sein und nur dann zur Verantwortung gezogen werden können, wenn sein Verschulden offenbar ist, sich mehr oder weniger als grobe Fahrlässigkeit darstellt. Daß in diesem Falle der schuldige Schiedsrichter den durch seine Handlungsweise entstandenen Schaden zu tragen hat, nicht die unschuldigen Parteien, erscheint, wie bereits früher bemerkt, als ein Ergebnis, das den Anforderungen von Recht und Billigkeit durchaus entspricht. Will der Schiedsrichter eine solche Haftung nicht übernehmen, so kann er sie durch Vereinbarung mit den Parteien ausschließen (§§ 276, 637 BGB.).

Die Vorschriften des § 640 BGB. über die Abnahme finden gemäß § 641, wie S. 201 d. B. bemerkt, auf das Verhältnis zwischen den Parteien und dem Schiedsrichter keine Anwendung. Die Bestimmungen des § 641 über die Entrichtung der Vergütung an den Schiedsrichter sind bereits vorher S. 201/2 d. B. erörtert.

Die §§ 642 und 643 BGB. regeln die Schadensersatzpflicht des Bestellers und das Rücktrittsrecht des Unternehmers bei An-

1) Hahn I S. 494.
2) I 27. 10. 97 JW. 97 S. 632 Ziff. 14.

nahmeverzug des Bestellers. Für das Verhältnis zwischen den Parteien und dem Schiedsrichter gilt hiernach folgendes: **Ist für die Erlassung des Schiedsspruchs eine Handlung der Parteien** oder einer von ihnen **erforderlich, so kann der Schiedsrichter, wenn die Partei, welche die Handlung vorzunehmen hat und vornehmen kann, durch ihr Unterlassen in Verzug kommt, eine angemessene Entschädigung verlangen.** In § 642 Abs. 1 heißt es hierüber wörtlich: „wenn der Besteller durch das Unterlassen der Handlung **in Verzug der Annahme kommt.**" „Verzug der Annahme" ist ein technischer Ausdruck. Zur Erläuterung ist auf die §§ 293 ff. BGB. zurückzugreifen, aus denen sich die Voraussetzungen des Annahmeverzugs ergeben. § 293 BGB. lautet:

> „Der Gläubiger kommt in Verzug, wenn er die ihm angebotene Leistung nicht annimmt."

und § 295:

> „Ein wörtliches Angebot des Schuldners genügt, wenn der Gläubiger ihm erklärt hat, daß er die Leistung nicht annehmen werde, oder wenn zur Bewirkung der Leistung eine Handlung des Gläubigers erforderlich ist, insbesondere wenn der Gläubiger die geschuldete Sache abzuholen hat. **Dem Angebote der Leistung steht die Aufforderung an den Gläubiger gleich, die erforderliche Handlung vorzunehmen.**"

Hieraus ergibt sich, daß, wenn der Schiedsrichter an die dafür in Betracht kommende Partei oder an beide Parteien die Aufforderung zur Vornahme der erforderlichen Handlung gerichtet hat, die Handlung aber unterlassen wird, die Parteien in Verzug geraten. An und für sich gibt es allerdings ebensowenig ein Angebot, wie eine Annahme der Leistung des Schiedsrichters durch die Parteien (S. 201 d. B.). Durch die Bestimmung im letzten Satze des § 295 BGB. werden jedoch die Voraussetzungen gegeben, unter denen die Parteien so zu behandeln sind, wie wenn sie dem Schiedsrichter gegenüber in Annahmeverzug geraten wären, so daß dieser, wie in den §§ 642, 643 BGB. bestimmt, vorgehen kann. Die bei der oder für die Erlassung des Schiedsspruchs erforderlichen Handlungen der Parteien können bestehen: in dem Abgeben von Erklärungen, in dem Vorlegen von Urkunden, in der Benennung von Zeugen, in Anträgen an das Gericht gemäß § 1036 Abs. 1, in der Leistung von Vorschüssen, kurz in allem, was erforderlich ist, um dem Schiedsrichter die Erlassung des Schiedsspruchs zu ermöglichen, soweit nicht der Schiedsrichter selbst zu den Handlungen verpflichtet ist. Auf die Vornahme dieser Handlungen hat zwar der Schiedsrichter kein Klagerecht gegen die Parteien, er kann aber von ihnen, wenn gegen sie die Voraussetzungen des Gläubigerverzugs gemäß §§ 293 ff. BGB. vorliegen, gemäß § 642 BGB. eine Entschädigung verlangen, deren Höhe sich einerseits nach der Dauer des Verzugs und nach der Höhe der vereinbarten Vergütung, andererseits nach demjenigen bestimmt, was der Schiedsrichter infolge des Verzugs an Aufwendungen erspart oder durch anderweitige Verwendung seiner Arbeitskraft erwerben kann (§ 642 Abs. 2 BGB.) oder nach Lage seiner Verhältnisse erwerben könnte, nicht aber nach dem, was zu erwerben er „böswillig" unterlassen hat, wie in § 649 BGB. bestimmt.

Der Schiedsrichter ist im Falle des § 642 BGB. auch berechtigt, den Parteien zur Nachholung der Handlung eine angemessene Frist mit der Erklärung zu bestimmen, daß er den Vertrag kündige, wenn die Handlung nicht bis zum Ablauf der Frist vorgenommen werde. Der Vertrag gilt als aufgehoben, wenn nicht die Nachholung bis zum Ablauf der Frist erfolgt (§ 643 BGB.). Hierauf soll noch weiterhin unten und in § 13 I B. d. B. zurückgekommen werden.

Die Bestimmungen in den §§ 642 und 643 BGB. erscheinen in Anwendung auf das Verhältnis zwischen den Parteien und dem Schiedsrichter durchaus zweckentsprechend und geeignet, den letzteren auf einwandfreie Weise aus der unbequemen Lage zu befreien, in die er durch Verschleppungen seitens der Parteien geraten kann, und ihn vor Schädigungen hierdurch zu bewahren. Daneben bleiben ihm noch die aus den allgemeinen Vorschriften des BGB. sich ergebenden Ansprüche gegen die Parteien auf Vergütung, sowie wegen Annahmeverzugs, vertraglichen Verschuldens, Unmöglichkeit der Leistung, desgleichen die Einrede des nicht erfüllten Vertrags [1]).

In **§ 644 Abs. 1 BGB.** ist bestimmt:

„Der Unternehmer trägt die Gefahr bis zur Abnahme des Werkes."

---

1) **Komm. Bd. I S. 599 Anm. 2 zu § 642.**

Dieser Grundsatz, der nur gilt, wenn die Parteien nicht etwas anderes bestimmt haben, und der darauf beruht, daß der Unternehmer vorzuleisten und eine Vergütung nur für den Erfolg seiner Leistung zu fordern hat, bedeutet in der Anwendung auf den Schiedsrichter, daß die Parteien ihm, wenn es nicht zur Erlassung des Schiedsspruchs kommt, nichts zu zahlen haben, mag die Vorbereitung des Spruchs auch soweit gediehen sein, daß nur noch eine Formalität, so die Niederlegung bei Gericht, zu erfüllen ist. Ehe nicht die letzte für die Erlassung des Schiedsspruchs erforderliche Handlung vorgenommen, ist das Werk nicht fertiggestellt, die Vergütung nicht verdient; denn nicht für die Arbeitsleistung als solche, sondern für ihren Erfolg wollen die Parteien dem Schiedsrichter die Vergütung zahlen, wie bereits S. 201/2 ausgeführt. **Doch kann der Schiedsrichter, wenn die Erlassung des Schiedsspruchs unterbleibt, ohne daß ihn ein Verschulden trifft,** von den Parteien gemäß § 670 BGB. wenigstens **den Ersatz seiner Auslagen verlangen.**

Kommen die Parteien in Verzug der Annahme, nehmen sie, wie vorher auseinandergesetzt, auf die Aufforderung des Schiedsrichters eine zur Erlassung des Schiedsspruchs erforderliche Handlung nicht vor, so geht gemäß § 644 Abs. 1 Satz 2 BGB. die Gefahr auf sie über, **der Schiedsrichter kann, wenn es** deswegen nicht zur Erlassung des Schiedsspruchs, vielmehr **gemäß § 643 BGB. zur Aufhebung des Vertrags kommt, einen der geleisteten Arbeit entsprechenden Teil der Vergütung und Ersatz der in der Vergütung nicht inbegriffenen Auslagen verlangen** (§ 645 Abs. 1 BGB.). **Das Gleiche gilt, wenn die Erlassung des Schiedsspruchs infolge der Beschaffenheit der dem Schiedsrichter überwiesenen Streitigkeit oder infolge einer von den Parteien für ihre Entscheidung erteilten Anweisung nicht erfolgen kann, ohne daß ein Umstand mitgewirkt hat, den der Schiedsrichter zu vertreten hat.** Eine weitergehende Haftung der Parteien wegen Verschuldens bleibt unberührt (§ 645 Abs. 2 BGB.). In Geltung bleiben auch die allgemeinen Vorschriften der §§ 323 bis 325 BGB. über die Auseinandersetzung zwischen den Vertragsparteien bei Eintritt der Unmöglichkeit der Leistung auf seiten eines Teiles. Hierauf soll in § 13 II A. und B. d. B. zurückgekommen werden.

Die §§ 646 und 647 BGB. sind bereits vorher S. 201 u. 203 d. B. besprochen; § 648 scheidet aus der Erörterung aus, da er nur für Bauwerke in Betracht kommt, ebenso § 651, da er nur für

Werklieferungsverträge gilt, nicht aber für Werkverträge, welche die Herbeiführung immaterieller Erfolge betreffen, also auch nicht für Geschäftsbesorgungen.

Die Bestimmung des § 649 BGB., wonach die Parteien bis zur Erlassung des Schiedsspruchs **jederzeit den Vertrag mit dem Schiedsrichter kündigen können, entspricht** der herrschenden Meinung und **der Rechtsprechung des RG.** Näheres soll darüber in § 13 I B. d. B. ausgeführt werden.

Ist dem Vertrage über die Erlassung des Schiedsspruchs **ein Kostenanschlag zugrunde gelegt** worden, ist in dem Vertrag mit dem Schiedsrichter ein Betrag festgesetzt, der durch die Kosten des Schiedsverfahrens nicht überschritten werden soll, **jedoch ohne daß der Schiedsrichter die Gewähr** für die Richtigkeit dieser Kostenbemessung **übernommen hat, und ergibt sich, daß die Erlassung des Schiedsspruchs nicht ohne eine wesentliche Überschreitung** des festgesetzten Kostenbetrags **ausführbar ist, so steht dem Schiedsrichter, wenn die Parteien den Vertrag** mit ihm **aus diesem Grunde kündigen, nur der Anspruch gemäß § 645 Abs. 1 BGB.** auf einen der geleisteten Arbeit entsprechenden Teil der Vergütung und Ersatz der hierin nicht inbegriffenen Auslagen **zu** (§ 650 Abs. 1 BGB.), **während im Falle der Kündigung durch die Parteien gemäß § 649 BGB. der Schiedsrichter berechtigt ist, die vereinbarte Vergütung zu verlangen** und sich nur dasjenige anrechnen lassen muß, was er infolge der Aufhebung des Vertrags an Aufwendungen erspart oder durch anderweitige Verwendung seiner Arbeitskraft erwirbt oder zu erwerben böswillig unterläßt. Ist eine Überschreitung des festgesetzten Kostenbetrags zu erwarten, so hat der Schiedsrichter gemäß § 650 Abs. 2 BGB. den Parteien unverzüglich Anzeige zu machen; unterläßt er die Anzeige, so macht er sich schadensersatzpflichtig. Die Schadensersatzpflicht tritt jedoch nicht ein, wenn die Parteien in anderer Weise Kenntnis von der zu erwartenden Kostenüberschreitung erhalten haben. Kündigen die Parteien trotz dieser Kenntnis den Vertrag mit dem Schiedsrichter nicht, so bleibt dieser zur Beendigung des Schiedsverfahrens, zur Erlassung des Schiedsspruchs verpflichtet; er hat aber, wenn er den Parteien auch angezeigt hat, daß mit Rücksicht auf eine zu erwartende Vermehrung oder Erschwerung seiner Leistungen oder aus anderen Gründen er voraussichtlich eine höhere, als die vereinbarte Vergütung fordern werde, Anspruch nicht bloß auf Erstattung der Kosten, soweit diese den festgesetzten Betrag überschreiten, sondern auch auf eine der Vermehrung oder Erschwerung seiner Leistungen angemessene Erhöhung der vereinbarten Vergütung, es sei denn, daß er die Gewähr für die Richtigkeit der Kostenfestsetzung übernommen hat, in welchem Falle er den Schaden trägt. Liegt ein Verschulden des Schiedsrichters an der Kostenüberschreitung vor, so gelten die allgemeinen Grundsätze [1]). Auf die Vorschriften der §§ 649, 650 BGB. soll noch in § 13 I B und II B d. B. zurückgekommen werden.

Aus der vorstehenden Erörterung geht meiner Auffassung nach hervor, daß die Vorschriften des BGB. über den Werkvertrag auf das Verhältnis zwischen dem Schiedsrichter und den Parteien angewendet werden können, ohne daß damit dem Sinn und Zweck dieser Vorschriften Zwang angetan oder die Erreichung des Zwecks des Schiedsrichtervertrags irgendwie beeinträchtigt wird; den Interessen beider Teile wird dabei m. E. in ausreichendem Maße Rechnung getragen. Wesentlich erscheint mir nur eine Abweichung, die sich auf Grund der Vorschriften des BGB. gegenüber der Darstellung auf Grund der Rechtsprechung des RG. ergibt, nämlich diejenige in bezug auf die Kündigungsbefugnis des Schiedsrichters. Hierauf wird noch in § 13 I B d. B. eingegangen werden.

Nimmt man der Vollständigkeit halber **auch eine Nachprüfung der Anwendbarkeit der in § 675 BGB. angezogenen Vorschriften über den Auftrag** auf das Rechtsverhältnis zwischen dem Schiedsrichter und den Parteien **vor, so ergibt sich folgendes:** § 663 ist bereits vorher (S. 176 d. B.) erörtert worden, das Gleiche trifft für die §§ 669 und 670 BGB. (S. 204 d. B.) zu. Nach § 665 BGB. ist der Beauftragte berechtigt, von den Weisungen des Auftraggebers abzuweichen, wenn er den Umständen nach annehmen darf, daß der Auftraggeber bei Kenntnis der Sachlage die Abweichung billigen werde. Doch hat der Beauftragte vor der Abweichung dem Auftraggeber Anzeige zu machen und dessen Entschließung abzuwarten, wenn nicht mit dem Aufschub Gefahr verbunden ist. Hierzu ist zu bemerken, daß als Auftraggeber stets beide Parteien in Betracht kommen und als ihre Weisungen ihre Vereinbarungen in dem Schiedsvertrage und in dem Vertrage mit dem Schiedsrichter. Will der Schiedsrichter

---

1) Komm. Bd. I S. 604 Anm. 1 u. 2 zu § 650.

sich hiermit in Widerspruch setzen, d. h. diesen Vereinbarungen, an die er sich durch seinen Vertrag mit den Parteien gebunden hat, zuwiderhandeln, so darf er dies nicht ohne ihre Zustimmung tun. Das bloße Stillschweigen der Parteien auf die Anzeige des Schiedsrichters von der Abweichung ist im allgemeinen nicht als Zustimmung zu erachten[1]). Die unstatthafte Abweichung von den Weisungen der Parteien ist Vertragsverschulden und macht den Schiedsrichter für allen, auch den zufällig daraus entstandenen Schaden haftbar. Die Parteien brauchen das Geschäft nicht als für sie erfolgt gelten zu lassen. Ist die vertragsmäßige Ausführung noch möglich, so können die Parteien diese verlangen[2]); sie ist natürlich nur möglich, solange noch nicht ein das Schiedsverfahren abschließender Schiedsspruch gemäß § 1039 erlassen ist. Darauf, ob die Abweichung den Parteien Vorteil bringt, kommt es, wenn sie nicht dazu ihre Zustimmung erteilen, nicht an. Ist der Schiedsrichter von den Vereinbarungen mit den Parteien ohne deren vorherige Zustimmung abgewichen, weil mit dem Aufschub Gefahr verbunden war, z. B. weil der Verlust eines Beweismittels zu befürchten war, wie des Zeugnisses einer Person infolge deren lebensgefährlicher Erkrankung, so darf er das Ergebnis der Abweichung ohne Zustimmung der Parteien der Erlassung des Schiedsspruchs doch nicht zugrunde legen, wenn die Vereinbarung der Parteien, von der er abgewichen ist, nach ihrem Willen als eine wesentliche Vorschrift für das Verfahren oder als Grundlage desselben anzusehen ist.

Nach § 666 BGB. ist der Beauftragte verpflichtet, dem Auftraggeber die erforderlichen Nachrichten zu geben, auf Verlangen über den Stand des Geschäfts Auskunft zu erteilen und nach der Ausführung des Auftrags Rechenschaft abzulegen. Zu der Anwendung dieser Vorschrift auf den Schiedsrichter hat das RG. kurz bemerkt: „Von einer Rechenschafts- oder Auskunftspflicht im Sinne des § 666 BGB. (vgl. § 675 BGB.) ist keine Rede"[3]). Vom Standpunkte des RG., welches dem Schiedsrichter eine Stellung **über** den Parteien zuweist, ist diese Auffassung verständlich. Sie ist jedoch nicht zu halten, wenn man die vom RG. angenommene „Eigenart" des Schiedsrichtervertrags

1) Komm. Bd. I S. 620 Anm. 5 zu § 665. — II 28. 2. 05 Bd. 60 S. 188.
2) Komm. Bd. I S. 620 Anm. 3 zu § 665.
3) VII 29. 11. 04 Bd. 59 S. 249.

fallen läßt. Art und Umfang der Auskunfts- und Rechenschaftspflicht richtet sich nach der besonderen Art des aufgetragenen Geschäfts und nach den darüber getroffenen Vereinbarungen oder nach den dafür geltenden gesetzlichen Sondervorschriften. So wird die Pflicht des Schiedsrichters zur Ablegung der Rechenschaft über die Ausführung des Geschäfts, d. h. über die Beseitigung der Rechtsstreitigkeit, durch die Vorschriften der ZPO. über die Erlassung des Schiedsspruchs bestimmt und begrenzt. Hat der Schiedsrichter einen den Vorschriften des § 1039 und des § 1041 Abs. 1 Ziff. 5 entsprechenden Spruch erlassen, so hat er seiner Rechenschaftspflicht in dieser Beziehung genügt. Außerdem kann der Schiedsrichter zur Rechnungslegung gemäß § 259 BGB. verpflichtet sein, so, wenn er anläßlich seiner Geschäftsführung als Schiedsrichter Einnahmen und Ausgaben gehabt, von den Parteien Vorschüsse erhoben und Verauslagungen für sie gemacht hat. Die Pflicht des Schiedsrichters, den Parteien auf ihr Verlangen Auskunft über den Stand des Schiedsverfahrens zu geben, ist selbstverständlich, und auch seine Pflicht — ohne Aufforderung —, den Parteien „die erforderlichen Nachrichten" darüber zu geben, insbesondere über Hindernisse und Erschwernisse des Verfahrens, ist begründet, zumal dann, wenn mit Rücksicht hierauf der Schiedsrichter Vorschüsse, den Ersatz von Aufwendungen oder eine Erhöhung der Vergütung fordern will (§§ 669, 670, 650 BGB.).

Daß der Schiedsrichter alles, was er zur Ausführung des Auftrags erhält und was er aus der Geschäftsbesorgung erlangt, den Parteien herauszugeben (§ 667 BGB.) und daß er, wenn er Geld, das er den Parteien herauszugeben oder für sie zu verwenden hat, für sich verwendet, das Geld von der Zeit der Verwendung an zu verzinsen hat (§ 668 BGB.), bedarf keiner weiteren Rechtfertigung. Herauszugeben hat der Schiedsrichter alles, was er von den oder für die Parteien für die Zwecke des Schiedsverfahrens erhalten hat: Geld, Urkunden, Karten, Zeichnungen, Gerätschaften usw. Die Herausgabepflicht erstreckt sich jedoch nicht auf diejenigen Teile seiner Akten, die seine eigenen Arbeiten und Briefschaften enthalten [1]). Sie wird auch bezüglich derjenigen Gegenstände zu verneinen sein, die der Schiedsrichter von Dritten erhalten und zu deren Herausgabe an die Dritten

---

1) Komm. Bd. I S. 621 Anm. 4 zu § 667.

er sich persönlich, ausdrücklich oder stillschweigend, verpflichtet hat. Soweit der Schiedsrichter zur Herausgabe verpflichtet ist, ist er auch zur Zurückbehaltung wegen seiner fälligen Ansprüche gemäß § 273 BGB. berechtigt (S. 203/4 d. B.). Für die Höhe des Zinssatzes bei der Verzinsung des Geldes der Parteien durch den Schiedsrichter gilt das Gleiche, wie bei der Verzinsung des fälligen Honorars des Schiedsrichters durch die Parteien (vgl. S. 202 d. B.).

Auch die vorstehend erörterten Vorschriften aus dem Auftrag enthalten, wie ihre Nachprüfung ergeben hat, keine Bestimmung, deren Anwendung auf den Schiedsrichtervertrag dessen Wesen widerspräche oder gegen einen Vertragsteil unbillig erschiene. Diese Vorschriften treten ergänzend neben diejenigen über den Werkvertrag. Ihr Einfluß auf die Gestaltung des Rechtsverhältnisses aus dem Schiedsrichtervertrage ist nicht so wesentlich, wie die Geltung der Vorschriften über den Werkvertrag. Infolgedessen ist deren Darstellung auch vorangesetzt.

Die Vorschriften der §§ 672 bis 674 BGB. über das Erlöschen des Auftrags sollen in § 13 I B 5 d. B. erörtert werden.

In den vorstehenden Darlegungen konnten natürlich bei weitem nicht alle Fragen bezüglich der Rechte und Pflichten aus dem Verhältnis zwischen dem Schiedsrichter und den Parteien nach den Vorschriften des BGB. über den Werkvertrag und über den Auftrag erörtert oder beantwortet werden, sie konnten zum großen Teil nur gestreift werden. Andernfalls hätte eine vollständige Darstellung der Vorschriften des Werkvertrags und des Auftrags gegeben werden müssen, was über den Rahmen dieses Buchs hinausgegangen wäre. Schon jetzt ist, veranlaßt durch die Absicht, soweit als möglich eine Klarstellung zu geben, die Erörterung des Schiedsrichtervertrags und der Pflichten und Rechte hieraus ziemlich umfangreich geworden. Zur Ergänzung sei auf die Ausführungen in dem von Reichsgerichtsräten herausgegebenen Kommentar zum BGB. und auf Staudingers Kommentar hierzu verwiesen, auf die wiederholt Bezug genommen ist. Wer sich schnell und zuverlässig unterrichten will, findet hier meist auf seine Fragen die Antwort, die er sucht, wenn auch nicht immer, wie dies wohl für jeden Kommentar zutrifft.

§ 13.

I. Wodurch erlischt das Vertragsverhältnis zwischen dem Schiedsrichter und den Parteien?

A) Nach der Rechtsprechung des RG.

Die Umstände, durch welche das Vertragsverhältnis zwischen dem Schiedsrichter und den Parteien erlischt, können sowohl sachlicher als persönlicher Natur sein, sie können sich aus dem an den Schiedsrichter erteilten Auftrag, aus dem Gegenstand der ihm gestellten Aufgabe und aus der Persönlichkeit des Schiedsrichters ergeben. Sie können durch Handlungen beider Teile, des Schiedsrichters und der Parteien, herbeigeführt werden und unabhängig von dem Willen der Beteiligten eintreten.

1. **Naturgemäß erlischt das Vertragsverhältnis durch Erfüllung, dadurch, daß der Schiedsrichter** den ihm erteilten Auftrag ausführt, d. h. **den Schiedsspruch erläßt, durch den die Rechtsstreitigkeit beseitigt wird, und dadurch, daß die Parteien dem Schiedsrichter die ihm gebührende Vergütung entrichten.** In formeller Hinsicht kommt für die Erfüllung durch den Schiedsrichter in Betracht, daß der Schiedsspruch erst dann erlassen ist, wenn sämtliche Vorschriften aus § 1039 erfüllt sind, und zwar von sämtlichen Schiedsrichtern, wenn mehrere bestellt sind. Hiernach erfordert die Erlassung des Schiedsspruchs zu ihrer Gültigkeit und Wirksamkeit, daß der Spruch unter Angabe des Tages der Abfassung von **sämtlichen** Schiedsrichtern unterschrieben, den Parteien in je einer von **sämtlichen** Schiedsrichtern unterschriebenen Ausfertigung (nicht Abschrift) zugestellt und unter Beifügung der über die Zustellung aufgenommenen (Original-) Urkunden auf der Gerichtsschreiberei des zuständigen Gerichts niedergelegt wird. Von diesen Vorschriften ist, da das Gesetz selbst zwischen ihnen nicht unterscheidet, eine so wesentlich als die andere, auf ihre Befolgung können die Parteien nicht verzichten, ihre genaue Einhaltung ist unerläßlich und von Amts wegen von jedem Gericht zu prüfen, vor dem eine Wirkung aus dem Schiedsspruch geltend gemacht wird. Solange eine der vorgeschriebenen Förmlichkeiten nicht erfüllt ist, liegt ein gültiger und wirksamer Schiedsspruch nicht vor, haben die Schiedsrichter ihre Aufgabe nicht erledigt, ist das Schiedsverfahren nicht beendet [1]). In welcher Weise die einzelnen Förmlichkeiten zu er-

1) I 15. 11. 81 Bd. 5 S. 400/3. — I 11. 2. 88 JW. 88 S. 119 Z. 6. — II 23. 10. 96 Bd. 38 S. 394/6 = JW. 96 S. 659 Z. 17. — VII 29. 10. 01

füllen sind, wann ihnen genügt ist, das ist nicht hier zu erörtern, sondern bei den Darlegungen über die Erlassung des Schiedsspruchs.

In sachlicher Beziehung hat der Schiedsrichter seine Aufgabe nicht eher gelöst, als bis er dieselbe erschöpft, d. h. über den ganzen ihm zugewiesenen Streitstoff entschieden und die Parteien endgültig auseinandergesetzt hat, wie bereits in § 12 II A. d. B. ausgeführt ist. Steht der den Schiedsvertrag und das Schiedsverfahren beherrschende Parteiwille nicht entgegen, so ist der Schiedsrichter berechtigt, die Lösung seiner Aufgabe in verschiedene Teile zu zerlegen und Teilschiedssprüche zu erlassen, er hat jedoch, wenn er von diesem Recht Gebrauch gemacht oder versehentlich in seinem Spruch über einen Teil der Streitigkeit nicht entschieden, einen Anspruch übergangen hat, nicht nur das Recht, sondern auch die Pflicht, das Verfahren zum Zwecke der Ergänzung des Schiedsspruchs fortzusetzen und einen neuen Spruch zu erlassen, und zwar so lange und so oft, bis er die ihm durch den Schiedsvertrag gestellte Aufgabe völlig gelöst hat [1]). Dies gilt auch für die Kostenfrage, wenn über dieselbe nicht gleichzeitig in dem über die Hauptsache ergangenen Spruch entschieden ist, es sei denn, daß die Parteien etwas anderes vereinbart haben [2]). Selbstverständlich sind die durch § 1039 vorgeschriebenen Formalitäten auch für alle nachträglichen Schiedssprüche zu erfüllen.

Haben die Parteien vereinbart, daß alle aus einem bestimmten Rechtsverhältnis entspringenden Rechtsstreitigkeiten durch ein aus bestimmten Personen bestehendes Schiedsgericht entschieden werden sollen, wie dies durch die Einfügung der Schiedsklausel in Kauf-, Lieferungs-, Werk- usw.-Verträge oft geschieht, so hat das Schiedsgericht, wenn der Vertragsschluß mit den dafür bestellten Personen dementsprechend erfolgt ist, seine Aufgabe nicht erledigt, das darüber zwischen den Parteien und dem Schieds-

---

Bd. 49 S. 409/11 = JW. 01 S. 843 Z. 24. — VII 22. 11. 07 JW. 08 S. 15 Z. 17 = Warn.Rspr. 08 Nr. 270. — VII 5. 11. 09 JW. 09 S. 732 Z. 34 = Warn.Rspr. 10 Nr. 81. — VII 21. 1. 10 JW. 10 S. 192 Z. 21 = Warn.Rspr. 10 Nr. 184. — VII 28. 2. 11 JW. 11 S. 459, Z. 37.

1) III 26. 10. 86 JW. 86 S. 397 Z. 4. — II 18. 2. 96 JW. 96 S. 174 Z 21. — VII 30. 1. 06 Bd. 62 S. 355 = JW. 06 S. 176 Z. 25. — VII 28. 1. 08 Bd. 69 S. 56 = JW. 08 S. 243 Z. 17. — VII 7. 12. 09 JW. 10 S. 70 Z. 25.

2) VII 8. 11. 04 Bd. 59 S. 149/50 = JW. 05 S. 25 Z. 30. — VII 21. 9. 03 OLG. Bd. 13 S. 243.

richter begründete Vertragsverhältnis erlischt nicht, bevor nicht über sämtliche bereits vorhandenen und in Zukunft noch entstehenden Streitigkeiten aus dem Vertrage entschieden ist oder diese Streitigkeiten in anderer Weise beseitigt sind oder feststeht, daß solche nicht mehr entstehen können. Solange die Schiedsrichter über eine Streitigkeit oder einen Streitpunkt nicht entschieden oder eine Formalität hierfür nicht erfüllt haben, kurz, solange sie noch irgend eine schiedsrichterliche Tätigkeit auszuüben haben, sind sie den Parteien verpflichtet und können zur Erfüllung ihrer Pflichten angehalten werden, wie in § 12 II A d. B. auseinandergesetzt ist.

2. **Das Erlöschen des Schiedsrichtervertrags kann, wenn er unter einer Bedingung geschlossen** ist, auch **dadurch eintreten, daß die Bedingung ausfällt oder** daß sie **erfüllt wird.** Ist der Vertrag unter der Bedingung abgeschlossen, daß ein bestimmtes Ereignis eintrete, ist beispielsweise vereinbart worden, daß alle aus einem bestimmten Werkvertrag in Zukunft entstehenden Streitigkeiten durch Schiedsrichter entschieden werden sollen, ist die Wirksamkeit des Vertrags also von der Entstehung solcher Streitigkeiten abhängig gemacht und bis zu ihrer Entstehung aufgeschoben, so hört der dadurch geschaffene Schwebezustand auf, die Gebundenheit der Parteien endigt und der bedingte Vertrag erlischt, wenn das als Bedingung festgesetzte Ereignis ausfällt, wenn in dem als Beispiel gewählten Falle feststeht, daß Streitigkeiten aus dem fraglichen Werkvertrag nicht mehr entstehen können, weil dieser inzwischen erloschen ist. Ist der Vertrag unter der Bedingung geschlossen, daß ein bestimmtes Ereignis nicht eintrete, ist z. B. für die Gültigkeit des Schiedsvertrags zur Bedingung gemacht, daß die Parteien sich nicht innerhalb einer bestimmten Frist über die zwischen ihnen schwebende Rechtsstreitigkeit einigten, so erlischt der Vertrag, wenn innerhalb der Frist zwischen den Parteien ein Vergleich zustande kommt, also das als Bedingung gesetzte Ereignis eintritt. In dem ersteren Falle spricht man von einer aufschiebenden, in dem letzteren von einer auflösenden Bedingung (vgl. § 158—162 BGB.).

Ist für die Erlassung des Schiedsspruchs, also für die Dauer des Vertrags mit dem Schiedsrichter **ein Zeitpunkt oder eine Frist bestimmt** worden, **so erlischt der Vertrag mit Eintritt dieses Zeitpunkts oder mit Ablauf der Frist, wenn nicht bis dahin der Schiedsspruch erlassen ist** und der Vertrag hierdurch seine Erfüllung gefunden, das Vertragsverhältnis sein natürliches Ende erreicht hat (vgl. § 163 BGB.).

3. **Durch Vereinbarung** zwischen dem Schiedsrichter und den Parteien **kann der Vertrag aufgehoben werden,** und zwar ohne Beobachtung einer Form durch ausdrückliche oder stillschweigende Willenserklärungen. Es bedarf jedoch hierzu mangels anderweitiger Vereinbarung der Zustimmung beider Parteien, nicht bloß derjenigen, welche den Schiedsrichter ernannt hat, da der Schiedsrichter, wie in § 12 II A. d. B. ausgeführt, durch seine Bestellung in ein Vertragsverhältnis zu beiden Parteien tritt, das infolgedessen auch nur durch Mitwirkung, beziehentlich in Übereinstimmung beider Parteien gelöst werden kann [1]).

4. **Der Vertrag kann auch einseitig,** sowohl durch den Schiedsrichter, als auch durch die Parteien **gelöst werden, seitens des Schiedsrichters jedoch nur, wenn ein rechtfertigender Grund vorliegt. Solche Gründe entnimmt das RG. insbesondere der Eigenart des Vertrags,** die es erfordere, daß der Schiedsrichter frei und unbefangen sei, wie der ordentliche Richter.

a) **Was** zunächst **die Lösung des Vertrags durch den Schiedsrichter anbetrifft,** vom RG. als **Rücktritt oder** als **Amtsniederlegung** bezeichnet, **so hat das RG. hierzu ausgeführt:** Die Möglichkeit, daß der Schiedsrichter durch die Besorgnis persönlicher Nachteile, welche die Ausübung seiner schiedsrichterlichen Tätigkeit ihm bringen könnte, in seinem Urteil beeinflußt werden kann, muß genügen, um ihn von der Verpflichtung zu dieser Tätigkeit zu entbinden. Es kann dem Schiedsrichter, mag ihm ein Entgelt für die Ausübung des Amts gewährt werden oder nicht, nicht zugemutet werden, sich einem Konflikt zwischen der Pflicht zur unparteiischen Ausübung des Richteramts und der Wahrnehmung seiner persönlichen Interessen auszusetzen. Es kann auch nicht, um den Rücktritt des Schiedsrichters zu rechtfertigen, erfordert werden, daß ein solcher Konflikt tatsächlich, auch nach der Meinung Dritter, gegeben ist. Es genügt, daß der Schiedsrichter selbst in der Durchführung des übernommenen Amts eine Gefährdung seiner persönlichen Interessen erblickt, um ihm die volle für sein Amt erforderliche Unabhängigkeit und Unbefangenheit zu entziehen und ihn zur Niederlegung des Amts zu berech-

---

1) III 20. 1. 99 JW. 99 S. 165 Z. 14. — VII 29. 11. 04 Bd. 59 S. 251/2. — VII 3. 7. 06 Gruch. Bd. 51 S. 403/6.

tigen [1]). Der Schiedsrichter darf zwar, nachdem er mit der Übernahme seines Amts zugesagt hat, den Streit der Kompromittenten durch seinen Spruch zu entscheiden, diese Zusage willkürlich nicht zurücknehmen. Für die Prüfung aber, ob der Rücktritt des Schiedsrichters ein berechtigter ist, kommen nicht allein die Vorschriften des bürgerlichen Rechts über den Rücktritt von Verträgen überhaupt in Betracht. Das Rezeptum, welches im BGB. eine Regelung nicht erfahren hat, erfordert vielmehr auch in dieser Hinsicht eine seinem eigenartigen Charakter entsprechende Beurteilung. Durch das Rezeptum erhält der Schiedsrichter den Parteien gegenüber eine Stellung und Funktionen, die denen eines vom Staate bestellten Richters gleichartig sind. Er muß deshalb frei und unabhängig, wie der Staatsrichter, der Streitsache gegenüber stehen . . . **Bei nicht mehr bestehender Unabhängigkeit und Freiheit ist der Schiedsrichter der Erfüllung der beides voraussetzenden Verpflichtung aus dem Rezeptum enthoben** [2]). Die tatsächlichen Voraussetzungen eines solchen Rücktrittsrechts hat das RG. in einem Falle darin gesehen, daß von einer Partei, wenn auch nur in bedingter Form, Mißtrauen gegen die Unparteilichkeit des Schiedsrichters geäußert war, dieser durch die Fortführung des Verfahrens und durch seinen Spruch das ihm geschäftlich wertvolle Vertrauen in den Kreisen dieser Partei zu verlieren fürchtete und sich deswegen nicht mehr unbefangen und frei fühlte [3]). In einem anderen Falle war — in Gemäßheit des zwischen den Parteien geschlossenen Vertrags — ein Beamter von seinem Vorgesetzten, der hierbei den Parteien gegenüber als Dritter fungierte, zum Schiedsrichter ernannt worden, hatte dieses Amt auch angenommen und seine Tätigkeit als Schiedsrichter ausgeübt, vor Erlassung des Schiedsspruchs jedoch sein Amt niedergelegt, da sein Vorgesetzter seine Ernennung zum Schiedsrichter zurückgenommen hatte. Hier war die Berechtigung des Schiedsrichters zum Rücktritt nicht aus seinem Verhältnis zu den Streitteilen entnommen, sondern aus seiner Stellung als Beamter hergeleitet, mit der Begründung, daß er, wenn er das Verfahren, trotzdem sein Vorgesetzter die Ernennung zum Schiedsrichter zurückgenommen habe, fortsetzen wollte, er damit gegen den Willen dieses Vorgesetzten handeln

---

1) III 12. 10. 09 JW. 09 S. 694 Z. 28.
2) VII 29. 10. 12 JW. 13 S. 141 Z. 22 = Warn.Rspr. 13 Nr. 76.
3) III 12. 10. 09 JW. 09 S. 694 Z. 28.

und dadurch seine Amtspflicht verletzen würde. Das Berufungsgericht war mit Rücksicht hierauf zu der Schlußfolgerung gekommen, daß ein Mann in seiner Lage die Unbefangenheit und Freiheit, die das Schiedsrichteramt verlange, nicht mehr habe, und daß deshalb sein Rücktritt berechtigt sei. Das RG. hat hierin einen Rechtsirrtum nicht gefunden, vielmehr dazu bemerkt, die Auffassung des Berufungsgerichts entspräche der Eigenart des Rezeptums [1]).

Folgt man der Rechtsprechung des RG., so ist nicht bloß die Befürchtung wirtschaftlicher oder dienstlicher Nachteile geeignet, für den Schiedsrichter ein Rücktrittsrecht zu begründen, sondern auch die Möglichkeit und die Befürchtung einer Gefährdung anderer Interessen, sofern der Schiedsrichter sich hierdurch in seiner Unbefangenheit und Unabhängigkeit beeinträchtigt fühlt, mag es sich dabei um Standesinteressen, solche kollegialer, gesellschaftlicher, familiärer Art usw. handeln. **Auch** jede Äußerung eines Mißtrauens oder eines Mangels an Vertrauen seitens der Partei, z. B. **jede Ablehnung kann vom Standpunkt des RG. aus als ein ausreichender Grund zur Amtsniederlegung seitens des Schiedsrichters angesehen werden**[2]). Teilt man nicht die Auffassung des RG. von der Gleichstellung des Schiedsrichters mit dem ordentlichen Richter, so wird man geneigt sein, **hierin eine Überspannung der Rücksichtnahme auf das Freiheits- und Unabhängigkeitsgefühl des Schiedsrichters** zu erblicken. **Es darf nicht verkannt werden, daß** in letzter Linie **den maßgebenden Grund für die Ausgestaltung des Rücktrittsrechts des Schiedsrichters** nicht dessen Interesse **zu bilden hat,** sondern **das Interesse der Parteien,** das allerdings die Sicherung der Unparteilichkeit des Schiedsrichters erfordert, aber doch nur, soweit die Parteien selbst dies verlangen, nicht gegen ihren Willen. Würden die ordentlichen Richter für sich in Anspruch nehmen, in gleichem Umfange, wie es dem Schiedsrichter gestattet ist, in bezug auf die Gefährdung ihrer Freiheit und Unabhängigkeit Bedenken zu hegen und sich danach als befangen, also als nicht zur Ausübung der richterlichen Tätigkeit fähig oder geeignet zu betrachten, so würden viele Richterstellen neu geschaffen werden müssen, um stets geeignete Ersatzrichter zur Stelle zu haben.

Als **weitere Gründe,** die den Schiedsrichter zur Nieder-

1) VII 29. 10. 12 JW. 13 S. 141 Z. 22 = Warn.Rspr. 13 Nr. 76.
2) III 12. 10. 09 JW. 09 S. 694 Z. 28.

legung seines Amts berechtigen, **sind Ehrverletzung seitens der Parteien und ihre Weigerung zu erachten, Handlungen zu bewirken, deren Vornahme der Schiedsrichter** zwecks Erlassung des Schiedsspruchs für erforderlich hält und **verlangt,** so: die Weigerung, Erklärungen abzugeben, Urkunden einzureichen, Zeugen zu gestellen, Anträge auf Vornahme richterlicher Handlungen gemäß § 1036 zu stellen und dergl.; denn es kann dem Schiedsrichter nicht zugemutet werden, ein Vertrauensverhältnis fortzusetzen, nachdem die Parteien ihm ihre Mißachtung kundgegeben haben, oder einen Schiedsspruch zu erlassen, für den ihm infolge der Weigerung der Parteien eine ausreichende Grundlage fehlt.

b) **Die Eigenart des Vertrags bedingt,** wie für den Schiedsrichter, so **auch für die Parteien ein weitgehendes Recht zu seiner Lösung,** dessen Ausübung durch die Parteien meist **Kündigung** genannt wird. Die besondere Vertrauensstellung, welche die Parteien dem Schiedsrichter durch seine Ernennung einräumen, erfordert, daß der Schiedsrichter des ihm geschenkten Vertrauens nicht nur würdig ist, sondern auch den Parteien so erscheint. Liegt, wenn auch nur nach der subjektiven Auffassung der Parteien, ein Grund vor, der geeignet ist, Mißtrauen gegen die Unparteilichkeit des Schiedsrichters zu rechtfertigen, erscheint derselbe sonach als befangen, so können die Parteien ihn, wie in §§ 14 ff. auseinanderzusetzen ist, ablehnen und demgemäß den Vertrag mit ihm zur Auflösung bringen. **Alle Umstände,** die **zur Ablehnung** des Schiedsrichters berechtigen, **sind auch Gründe zur Kündigung;** denn der Vertragsschluß mit dem Schiedsrichter erfolgt, wie seine Ernennung, unter der Voraussetzung und unter der Bedingung, daß kein Ablehnungsgrund gegen ihn vorliege, selbstverständlich mit der auch für die Ablehnung geltenden Einschränkung, daß in bezug auf solche Gründe, welche bei der Ernennung oder bei dem Vertragsschluß bekannt waren, ein Verzicht auf die Geltendmachung anzunehmen ist. **Sind die Parteien über die Kündigung einig, so bedarf diese** zu ihrer Wirkung gegenüber dem Schiedsrichter **nicht eines rechtfertigenden Grundes.** Die Frage, ob ein solcher vorhanden ist, kann aber für die Ansprüche des Schiedsrichters gegen die Parteien auf Vergütung oder Schadensersatz erheblich werden.

Für die Lösung des Vertrags bedarf es, sofern nicht dieser selbst etwas anderes bestimmt, **für beide Teile keiner Form,** sie kann ausdrücklich und auch durch schlüssige Handlungen erfolgen. Der Rücktritt des Schiedsrichters kann darin gefunden werden, daß er die zur Erlassung des Schiedsspruchs erforderlichen Handlungen nicht vornimmt oder verhindert, z. B. darin, daß er die Unterzeichnung des bereits beschlossenen Spruchs oder die Mitwirkung bei dessen Zustellung oder Hinterlegung verweigert, oder daß er nach Fällung und Unterzeichnung, aber vor Zustellung und Hinterlegung des Spruchs den in der Unterzeichnung liegenden Auftrag zur Zustellung und Hinterlegung an die anderen Schiedsrichter widerruft[1]). Weigerung der Ausführung des Amts und Rücktritt fallen hierbei zusammen, die Weigerung bedeutet den Rücktritt.

Die Erklärung des Rücktritts durch den Schiedsrichter hat beiden Parteien gegenüber zu erfolgen, da der Schiedsrichter durch den Vertrag beiden verpflichtet ist, und wird gemäß § 130 BGB. in dem Zeitpunkt wirksam, in dem sie beiden zugegangen ist. Hierfür ist jedoch nicht erforderlich, daß der Rücktritt von dem Schiedsrichter beiden Parteien unmittelbar erklärt wird; es kann die Erklärung an eine Partei genügen, wenn diese sie an die andere Partei weitergibt. Die Partei, welche die Erklärung von dem Schiedsrichter unmittelbar entgegennimmt und an die andere Partei übermittelt, ist in diesem Falle eine Mittelsperson, ein Bote, dessen der Schiedsrichter sich auf seine Gefahr bedient (vgl. hierzu § 5 II c d. B.). Notwendig ist nur, daß beide Parteien zuverlässige Kenntnis von dem Rücktritt erhalten.

Das den Parteien zustehende Kündigungsrecht kann von ihnen, wenn nichts anderes vereinbart ist, **nur gemeinsam ausgeübt werden,** nur durch Mitwirkung, beziehentlich in Übereinstimmung beider Parteien, da der Schiedsrichter durch die Annahme der Ernennung zu beiden in ein Vertragsverhältnis getreten ist. Eine nur von einer Partei ausgehende Kündigung gegenüber dem Schiedsrichter bringt den Vertrag mit diesem nicht zum Erlöschen. Durch eine solche Kündigung wird der Schiedsrichter nicht gehindert, sein Amt ferner auszuüben und den Schiedsspruch zu erlassen[2]). **Nur dann ist eine einseitige,** gegen den Willen der anderen Partei erfolgende **Kündigung**

---

1) II 13. 4. 87 Bd. 18 S. 370/1.

1) III 20. 1. 99 JW. 99 S. 165 Z. 14. — VI 19. 9. 95 JW. 95 S. 479 Z. 11. — VII 29. 11. 04 Bd. 59 S. 251/2. — VII 3. 7. 06 Gruch. Bd. 51 S. 403 ff.

gültig, wenn sie sich gleichzeitig als Ablehnung des Schiedsrichters **darstellt,** d. h. auf einem Grunde beruht, der zu seiner Ablehnung berechtigt. Zwischen der Ablehnung des Schiedsrichters und der Kündigung des Vertrags mit ihm seitens einer Partei besteht aber, abgesehen von der Verschiedenheit ihrer Voraussetzungen, ihrer Wirkungen und des Zeitpunkts ihres Eintritts (vgl. § 16 II d. V.), auch insofern ein Unterschied, als gemäß § 130 BGB. erstere zunächst der anderen Partei und letztere dem Schiedsrichter gegenüber zu erklären ist. Soll die Ablehnung gleichzeitig gegen den Schiedsrichter die Auflösung des Vertrags mit ihm herbeiführen, so ist die Erklärung der anderen Partei **und** dem Schiedsrichter gegenüber abzugeben (vgl. hierzu § 16 I d. V.).

Vorstehend ist unterschiedslos die Lösung des Vertrags durch die Parteien als Kündigung und diejenige durch den Schiedsrichter als Rücktritt bezeichnet. Diese Bezeichnung entspricht nicht der Ausdrucksweise und den Vorschriften des BGB. Hiernach ist der Rücktritt von einem Vertrage nur gegeben, wenn das Recht dazu auf dem Gesetz beruht oder durch den Vertrag vorbehalten ist [1]). Aus dem Gesetz, d. h. aus dem BGB. wird sich in den meisten Fällen, in denen davon die Rede ist, ein Rücktrittsrecht für den Schiedsrichter nicht begründen lassen; in diesen Fällen könnte die Ausübung eines solchen Rechts also nur in Frage kommen, wenn es der Schiedsrichter in dem Vertrage mit den Parteien sich vorbehalten hätte. Vorbehalten im Sinne des Gesetzes aber ist ein Rücktrittsrecht nur dann, wenn der Vorbehalt zum Vertragsinhalt erhoben worden ist [2]), und dies wird seitens des Schiedsrichters bei seinen Vereinbarungen mit den Parteien meist nicht ausbedungen sein. Das RG. kennt allerdings bei Verträgen, die ein besonderes persönliches Vertrauensverhältnis voraussetzen, ein Rücktrittsrecht aus dem Grunde, daß der eine Vertragsteil durch sein illoyales Verhalten das gegenseitige Vertrauensverhältnis zerstört, und sieht ein so begründetes Rücktrittsrecht als vertragsmäßig vorbehalten an [3]); das Vertragsverhältnis zwischen dem Schiedsrichter und den Parteien aber setzt zwar ein besonderes Vertrauen der Parteien zu dem Schiedsrichter, jedoch nicht umgekehrt ein solches Vertrauen des

1) Komm. Bd. I S. 376 Anm. 1 zu § 346. — V 7. 6. 02 Bd. 52 S. 10/11.

2) II 9. 1. 06 Bd. 62 S. 267/8.

3) Komm. Bd. I S. 376 Anm. 2 zu § 346.

Schiedsrichters zu den Parteien voraus. Infolgedessen kann nach Maßgabe der Vorschriften des BGB. weniger von einem Rücktrittsrecht des Schiedsrichters die Rede sein, als von einem solchen der Parteien. Das RG. spricht trotzdem, auch in Entscheidungen, die nach dem Inkrafttreten des BGB. für Fälle unter dessen Herrschaft ergangen sind, allgemein von einem Rücktrittsrecht des Schiedsrichters, und zwar anscheinend ohne Rücksicht darauf, daß **nach dem Recht des BGB. der Rücktritt und die Kündigung** sowohl nach ihrem Begriff, als auch nach ihren Voraussetzungen und Wirkungen **durchaus verschieden voneinander** sind. Denn der Rücktritt hebt den Vertrag von Anfang an (ex tunc), also auch seine Wirkungen für die Vergangenheit auf, während die Kündigung, wie der Widerruf, nur für die Zeit von der Erklärung ab (ex nunc), also für die Zukunft wirkt und das Rechtsverhältnis für die Vergangenheit unberührt läßt. Gemeinsam ist dem Rücktritt und der Kündigung, daß, wenn auf der einen oder der anderen Seite mehrere Personen beteiligt sind, das Rücktrittsrecht, wie das Kündigungsrecht, nur von allen und gegen alle ausgeübt werden kann (vgl. § 356 BGB.). Dies gilt für und gegen die Parteien in jedem Falle. Sind jedoch mehrere Schiedsrichter bestellt, so kann diese Vorschrift für und gegen die Schiedsrichter nur zur Anwendung kommen, wenn diese das Schiedsrichteramt zur gemeinschaftlichen Ausübung durch den Vertrag derart übernommen haben, daß die Bestellung eines jeden Schiedsrichters diejenige des anderen bedingt und daß nur die so bestellten Schiedsrichter in ihrer durch den Vertrag bestimmten Zusammensetzung den Schiedsspruch zu erlassen haben. In allen anderen Fällen kann die Kündigung und die Erklärung des Rücktritts an jeden und von jedem Schiedsrichter für sich und besonders erfolgen.

5. **Der Vertrag erlischt dadurch, daß seine Erfüllung unmöglich wird,** d. h. wenn der Fall eintritt, daß die Erfüllung von niemand, nicht bloß von den dafür in Frage kommenden Vertragsparteien bewirkt werden kann, also, wenn die Erfüllung aus sachlichen oder rechtlichen Gründen ausgeschlossen ist [1]). **Dieser Fall ist gegeben, wenn der Schiedsvertrag erloschen ist;** denn entsprechend dem Abhängigkeitsverhältnis, in dem der Schiedsrichtervertrag zu dem Schiedsvertrag steht (§ 11 I d. V.), be-

---

1) Komm. Bd. I S. 309 Anm. 2 zu § 275.

wirken die Umstände, aus denen der Schiedsvertrag erlischt [1]), den Eintritt der Unmöglichkeit der Erfüllung des zur Ausführung des Schiedsvertrags geschlossenen Vertrags und bringen damit auch diesen zum Erlöschen. Solche Umstände sind, abgesehen von der Erlassung des Schiedsspruchs, welche in gleicher Weise eine Erfüllung des Schiedsvertrags, wie des Schiedsrichtervertrags enthält (vgl. zu 1.) und welche, wie den Schiedsvertrag, so auch den Schiedsrichtervertrag endgültig erledigt, auch wenn der Schiedsspruch nachträglich aufgehoben wird [2]):

a) Die Aufhebung des Schiedsvertrags durch Vereinbarung der Parteien.

b) Die rechtskräftige Entscheidung über die Streitsache durch das ordentliche Gericht, die aber eine, wenn auch stillschweigende, Vereinbarung der Parteien über die Aufhebung des Schiedsvertrags, einen beiderseitigen Verzicht auf die Einrede daraus zur Voraussetzung hat.

c) Die Erledigung des dem Schiedsvertrag zugrunde liegenden Rechtsverhältnisses durch Erfüllung oder Erlaß der streitigen Verpflichtungen.

d) Der Fortfall des Hauptvertrags, dessen unselbständigen Bestandteil der Schiedsvertrag bildet.

e) Der berechtigte Rücktritt einer Partei von dem Schiedsvertrag.

f) Ablauf der Zeit, für deren Dauer der Schiedsvertrag geschlossen ist, Eintritt oder Nichteintritt des Ereignisses, von dem die Wirksamkeit des Schiedsvertrags abhängig gemacht ist.

g) Unmöglichkeit der Erfüllung des Schiedsvertrags.

Für den Eintritt der Unmöglichkeit der Erfüllung des Schiedsrichtervertrags **kommen auch Umstände in Betracht, welche in der Person des Schiedsrichters oder der Parteien ihre Begründung haben oder aus ihren Handlungen herrühren.**

---

1) Schiedsvertrag S. 54—61 § 12: Wodurch erlischt der Schiedsvertrag?

2) I 6. 10. 88 JW. 88 S. 409 Z. 12. — I 30. 11. 89 JW. 89 S. 527 Z. 3. — I 6. 4. 98 Bd. 41 S. 398/9 = JW. 98 S. 358 Z. 32. — VI 18. 12. 99 JW. 00 S. 72 Z. 7. — VII 13. 11. 03 JW. 04 S. 43 Z. 12. — VII 3. 7. 06 Gruch. Bd. 51 S. 403 ff. — VII 22. 11. 07 JW. 08 S. 15 Z. 17 = Warn.Rspr. 08 Nr. 270. — VII 28. 1. 08 Bd. 69 S. 54 = JW. 08 S. 243 Z. 17. — VII 28. 10. 10 Warn.Rspr. 11 Nr. 143.

Einer nach Abschluß des Vertrags eintretenden Unmöglichkeit steht gemäß § 275 Abs. 2 BGB. das nachträglich eintretende Unvermögen des Schuldners zur Erfüllung gleich, d. h. die subjektive Unmöglichkeit, welche vorliegt, wenn die Leistung nicht überhaupt, sondern nur dem dazu verpflichteten Schuldner nach seinen eigenen, besonderen Verhältnissen nicht möglich ist, mag das Unvermögen durch äußere Umstände oder durch eigene Tätigkeit des Schuldners herbeigeführt worden sein. Ein solches Unvermögen liegt jedoch nicht schon vor, wenn die Leistung zufolge nachträglicher Vorgänge nur unter größeren Schwierigkeiten, insbesondere mit erheblich höheren Aufwendungen, möglich ist. Die Erfüllung muß vielmehr mit so außergewöhnlichen Schwierigkeiten oder mit so großen Aufwendungen verbunden sein, daß dem Schuldner die Leistung nach Treu und Glauben mit Rücksicht auf die Verkehrssitte nicht zugemutet werden kann (§ 242 BGB.) und daß diese Schwierigkeiten nach der Auffassung des Verkehrs der Unmöglichkeit der Leistung gleichgeachtet werden [1]). Man wird aber in dieser Beziehung nicht zu strenge Anforderungen an den Schiedsrichter stellen dürfen, dem vom RG. ein so weitgehendes Recht zum Rücktritt vom Vertrage gegeben ist (vgl. die Ausführungen zu 4 a). Eine Unmöglichkeit der Erfüllung auf seiten der Parteien kann dadurch eintreten, daß sie zur Leistung von Vorschüssen oder zur Zahlung der vereinbarten Vergütung oder zur Erstattung von Auslagen unvermögend werden, ferner dadurch, daß sie zur Begründung ihrer Ansprüche in bezug genommene Urkunden nicht einreichen können, weil sie verloren gegangen sind u. dergl. **Als Umstände, deren Eintritt** in der Person der Vertragsparteien **die Unmöglichkeit der Erfüllung** und damit das Erlöschen des Vertrags **zur Folge haben kann, kommen insbesondere in Betracht: Tod, Geschäftsunfähigkeit, Konkurs.**

Der Tod des Schiedsrichters bringt den Vertrag mit ihm zum Erlöschen, da es sich bei der Erlassung des Schiedsspruchs um eine höchst persönliche Leistung handelt, in bezug auf welche ebensowenig, wie eine Stellvertretung unter Lebenden, eine Nachfolge durch den Erben als zulässig zu erachten ist. **Der Eintritt der Geschäftsunfähigkeit des Schiedsrichters** hat eben-

---

1) II 23. 2 04 Bd. 57 S. 118/9. — III 21. 12. 06 Bd. 65 S. 34/5. — Komm. I S. 309 Anm. 2 u. S. 311 Anm. 5 zu § 275.

falls zur Folge, daß der Vertrag mit ihm erlischt; denn der Schiedsrichter verliert dadurch eine Eigenschaft, die, wie in § 7 II d. B. auseinandergesetzt ist, eine unbedingt erforderliche Voraussetzung für die Ausübung der Schiedsrichtertätigkeit bildet. Eine nachträgliche Beschränkung der Geschäftsfähigkeit des Schiedsrichters hat an und für sich keinen Einfluß auf das Vertragsverhältnis, doch kann der Schiedsrichter nunmehr gemäß § 1032 Abs. 3 abgelehnt werden, da er infolge der Beschränkung, welche für die wegen Geistesschwäche, wegen Verschwendung oder wegen Trunksucht entmündigten oder nach § 1906 BGB. unter vorläufige Vormundschaft gestellten Personen eintritt, gemäß § 114 BGB. in Ansehung der Geschäftsfähigkeit einem Minderjährigen gleichsteht. **Der Konkurs des Schiedsrichters** führt nicht von Rechts wegen die Auflösung des Vertrags herbei. Einmal kann, da der Schiedsrichter niemals in eigener Sache entscheiden darf, die ihm überwiesene Streitsache nicht sein zur Konkursmasse gehörendes Vermögen betreffen, sodann aber verliert der Schiedsrichter als Gemeinschuldner keineswegs ohne weiteres die Befähigung zur Ausübung der Schiedsrichtertätigkeit. Durch die, wie vor, so nach der Eröffnung des Konkursverfahrens den Parteien zustehende freie und jederzeitige Lösbarkeit des Vertragsverhältnisses mittels Kündigung und Ablehnung wird dem Umstande, daß dieses Verhältnis ein Vertrauensverhältnis ist, ausreichend Rechnung getragen. Der Eintritt des Konkursverwalters in den Vertrag gemäß § 17 KO. ist ausgeschlossen, da das dem Schiedsrichter aufgetragene Geschäft, die Erlassung des Schiedsspruchs, nicht in einer vertretbaren, auch durch einen anderen als den Schiedsrichter persönlich zu bewirkenden Leistung besteht. Der Anspruch auf Ersatz von Aufwendungen und Gewährung einer Vergütung für die Mühewaltung, die der Schiedsrichter vor dem Konkurse gemacht bezw. gehabt hat, gehört gemäß § 1 KO. zu seiner Konkursmasse, sofern und soweit die Vergütung bereits verdient war, der Anspruch auf Vorschuß, Bezahlung der Aufwendungen und der Mühewaltung nach der Konkurseröffnung nicht [1]).

Durch den **Tod einer Partei** wird der Vertrag mit dem Schiedsrichter ebensowenig aufgehoben, wie der Schiedsver-

1) Jäger Bd. I S. 258/9 Anm. 13—16 zu § 23 KO.

trag [1]), beide Verträge wirken auch für und gegen den Sonderrechtsnachfolger, wenn nicht ein gegenteiliger Wille der Parteien anzunehmen ist [2]). Auf die Wirksamkeit des Schiedsrichtervertrags, wie des Schiedsvertrags, ist es auch **ohne Einfluß, wenn eine der Parteien** nach Vertragsschluß **geschäftsunfähig oder in ihrer Geschäftsfähigkeit beschränkt wird** (§ 130 Abs. 2 BGB.). Gerät eine **Partei in Konkurs,** so erlischt dadurch nach der herrschenden Meinung der Schiedsvertrag nicht ohne weiteres, wohl aber könnte man dies für den Vertrag mit dem Schiedsrichter annehmen, wenn der ihm zur Entscheidung übertragene Streit sich auf das zur Konkursmasse gehörige Vermögen der Partei bezieht. Es kommt hierfür § 23 KO. in Betracht, welcher lautet:

> „Ein von dem Gemeinschuldner erteilter Auftrag erlischt durch die Eröffnung des Verfahrens, es sei denn, daß der Auftrag sich nicht auf das zur Konkursmasse gehörige Vermögen bezieht. Erlischt der Auftrag, so finden die Vorschriften des § 672 Satz 2 und des § 674 des Bürgerlichen Gesetzbuchs entsprechende Anwendung.
>
> Das Gleiche gilt, wenn sich jemand durch einen Dienstvertrag oder einen Werkvertrag verpflichtet hat, ein ihm von dem Gemeinschuldner übertragenes Geschäft für diesen zu besorgen."

Der Hauptzweck dieser Vorschrift ist der, die ordnungsmäßige Verwaltung und Verwertung der Masse durch den Konkursverwalter sicherzustellen. Infolgedessen hat jeder, der vom nachmaligen Gemeinschuldner mit der Verfügung über einen zur Masse gehörigen Gegenstand oder auch nur mit der Geschäftsbesorgung in Ansehung eines solchen Gegenstands betraut ist, vom Augenblick der Konkurseröffnung ab grundsätzlich seine Tätigkeit einzustellen. Diesem Schutzzweck entsprechend ist die Vorschrift des § 23 zwingend: Die Parteien des Geschäftsbesorgungsvertrags sind außer stande, das an den Konkurs des Geschäftsherrn geknüpfte Erlöschen des Vertrags auszuschließen oder einzuschränken [3]). Dieser Grundsatz würde an und für sich

---

1) Der Schiedsvertrag § 12: Wodurch erlischt der Schiedsvertrag? S. 60.

2) VII 8. 12. 03 Bd. 56 S. 183 = JW. 04 S. 72 Ziff. 45. — VII. 14. 10. 13 JW. 14 S. 90 Ziff. 20.

3) Jäger Bd. I S. 252 Anm. 1 zu § 23 KO.

auch für den Fall gelten, daß man als Gegenstand des Schiedsrichtervertrags nicht eine Geschäftsbesorgung ansieht, den Vertrag vielmehr außerhalb der Grundsätze des Auftrags und des Werkvertrags stellt und ihn auf seine „Eigenart" einschränkt. Denn auch in der Überweisung der „Entscheidung" über eine Streitsache an eine Privatperson als Schiedsrichter liegt die Übertragung der Verfügung darüber, die, wenn die Streitsache zur Konkursmasse gehört, mit der Eröffnung des Konkursverfahrens gemäß § 6 KO. dem Konkursverwalter zufällt, so daß der Vertrag darüber mit dem Schiedsrichter erlöschen würde. Infolgedessen würde der durch die Konkurseröffnung in Fortfall gekommene Schiedsrichter neu zu bestellen oder an seiner Stelle ein anderer zu wählen sein, event. müßte auch ein neuer Schiedsvertrag geschlossen werden (§ 1033 Ziff. 1), wenn der Schiedsspruch erlassen werden soll. Außerdem könnte noch fraglich sein, ob nur der Vertrag mit demjenigen Schiedsrichter erlischt, der von der Partei bestellt ist, über deren Vermögen das Konkursverfahren eröffnet ist, oder auch der Vertrag mit dem Schiedsrichter, der ausdrücklich von beiden Parteien gemeinsam oder von der anderen Partei oder von einem Dritten bestellt ist. Geht man mit dem RG. davon aus, daß **jeder** Schiedsrichter ohne Unterschied als von beiden Parteien bestellt gilt und zu beiden in ein Vertragsverhältnis tritt, so daß keine Partei, es sei denn im Wege des Ablehnungsverfahrens, einseitig das Vertragsverhältnis lösen kann, berücksichtigt man, daß beide Parteien durch den Schiedsvertrag sich einander gegenseitig verpflichten, ihre Rechtsstreitigkeit durch den Schiedsrichter entscheiden zu lassen und daß es sich hierbei nicht um die Besorgung eines bloß von dem Gemeinschuldner aufgetragenen Geschäfts für diesen handelt, so kann man — auf Grund der Bindung der Parteien durch den Schiedsvertrag, die auch der Konkursverwalter gegen sich gelten lassen muß [1]) — die Geltung des § 23 KO. für den Schiedsrichtervertrag und damit dessen Erlöschen infolge der Eröffnung des Konkursverfahrens über das Vermögen einer Partei, gleichviel welcher, verneinen. Dagegen ist die Anwendbarkeit des § 17 KO. auf den Schiedsrichtervertrag, da dieser ein zweiseitiger oder, wie das BGB. sagt, gegenseitiger Vertrag auch nach der Rechtsprechung des RG.

1) Jäger Bd. II S. 218 Anm. 6 zu § 146.

ist, ohne weiteres zu bejahen. Hieraus folgt, daß wenn nicht bei der Konkurseröffnung der Vertrag von dem einen oder dem anderen Teile vollständig erfüllt ist, dem Konkursverwalter die Entscheidung darüber zusteht, ob er in den Vertrag eintreten will oder nicht. Die Ansprüche des Schiedsrichters auf Ersatz von Aufwendungen und Vergütung bis zur Konkurseröffnung sind, sofern der Konkursverwalter nicht in den Vertrag eintritt, einschließlich der Schadensersatzansprüche nicht bevorrechtigte Konkursforderungen, für den Fall seines Eintritts Masseschulden gemäß § 59 Nr. 1 KO.

In allen Fällen, in denen der Schiedsrichtervertrag zum Erlöschen gelangt, **erlischt** mit ihm **gleichzeitig** und ohne weiteres gemäß § 168 BGB. **die dem Schiedsrichter** durch den Vertragsschluß für das Schiedsverfahren **seitens der Parteien erteilte Vollmacht zu ihrer Vertretung Dritten gegenüber.**

B) Nach den Bestimmungen des BGB. über die Geschäftsbesorgung auf Grund eines Werkvertrags.

Die Prüfung des Vertragsverhältnisses **auf Grund der Vorschriften** des BGB. **über den Werkvertrag und den Auftrag** gemäß § 675 **ergibt für die Erlöschungsgründe der Erfüllung, der Aufhebung durch Nichteintritt oder Eintritt der Bedingung oder durch Zeitablauf und durch Vereinbarung das Gleiche, wie vorstehend in Abschnitt A. zu 1—3** ausgeführt worden ist. **Zu 4., hinsichtlich des Rechts zum Rücktritt und zur Kündigung, gestaltet sich die Rechtslage** jedoch **anders.**

Was zunächst den Schiedsrichter anbetrifft, so hat er lediglich ein Kündigungsrecht nach Maßgabe der §§ 643, 642 BGB. für den Fall, daß eine von ihm für die Erlassung des Schiedsspruchs erforderte Handlung der Parteien trotz Fristsetzung für ihre Nachholung nicht vorgenommen wird, wie bereits in § 12 II B. d. B. auseinandergesetzt ist. Dagegen fehlt ihm, da die Bestimmungen des § 671 über die Widerruflichkeit des Auftrags gemäß § 675 BGB. auf die Geschäftsbesorgung kraft Werkvertrags keine Anwendung finden, das Kündigungsrecht, welches das RG. auf die „Eigenart" des Schiedsrichtervertrags gründet und das in seiner weitgehenden Ausgestaltung einem jederzeitigen Kündigungsrecht nahekommt. Wer das Fehlen dieses Kündigungsrechts als eine Lücke empfindet, hat zu beachten, daß dafür, wie bereits vorher zu A. 4a bemerkt, weniger eine Rücksichtnahme auf das Interesse des Schiedsrichters, als auf dasjenige der Parteien in Betracht zu kommen hat und daß der Zweck einer Sicherung der Parteien gegen Gefährdungen der Unparteilichkeit des Schiedsrichters auch nach den Vorschriften des BGB., allerdings auf einem anderen Wege erreicht werden kann. Die Pflicht des Schiedsrichters aus § 666 BGB., den Parteien auch ohne Aufforderung die erforderlichen Nachrichten zu geben, bezieht sich u. a. auf der Ausführung des Geschäfts entgegentretende Hindernisse (vgl. § 12 II B. d. B.), und hierzu gehören auch Umstände, in bezug auf die Person des Schiedsrichters, durch welche dessen Unparteilichkeit und damit die Vertragsmäßigkeit des von ihm zu erlassenden Schiedsspruchs gefährdet wird. In Erfüllung dieser Pflicht hat der Schiedsrichter, sobald er sich nicht mehr frei und unbefangen fühlt, dies ohne Verzug unter Angabe der dafür in Betracht kommenden Tatsachen den Parteien anzuzeigen. Gewinnen diese aus dem Sachverhalt auf Grund eigener Prüfung die Auffassung, daß der Schiedsrichter nicht mehr als unbefangen anzusehen sei, so können sie ihm ohne weiteres das Vertragsverhältnis gemäß § 649 BGB. kündigen. Erachtet nur eine Partei den Schiedsrichter für befangen, so kann sie ihn ablehnen. Damit wird allerdings die Entscheidung in die Hand der Parteien, nicht des Schiedsrichters gelegt. Dies entspricht aber auch der Natur des Rechtsverhältnisses, dessen wesentlichen Inhalt und Zweck die Befriedigung des Interesses der Parteien an der Beseitigung der Rechtsstreitigkeit in einer ihrem Willen entsprechenden Weise bildet.

Das den Parteien nach der Rechtsprechung des RG. zustehende jederzeitige Kündigungsrecht ist ihnen durch die Bestimmung des § 649 BGB. gesichert. Hierzu treten das Recht auf Wandelung, d. h. auf Rückgängigmachung des Vertrags gemäß § 634 wegen Unterlassung der Mängelbeseitigung durch den Schiedsrichter und das Recht zum Rücktritt vom Vertrage wegen nicht rechtzeitiger Erlassung des Schiedsspruchs nach Maßgabe des § 636 BGB. Der Unterschied zwischen Wandelung und Rücktritt besteht darin, daß erstere gemäß § 465 BGB. sich in Form eines Vertrags, d. h. dadurch vollzieht, daß der Schiedsrichter sich auf Verlangen der Parteien damit einverstanden erklärt oder dazu rechtskräftig verurteilt wird, während zu dem Rücktritt nach § 349 BGB. nur die einseitige Erklärung der

Parteien gegenüber dem Schiedsrichter erforderlich ist. Die Ausübung der Rechte zur Kündigung, zur Wandelung und zum Rücktritt gemäß §§ 649, 634 und 636 BGB. hat ein Verschulden des Schiedsrichters nicht zur Voraussetzung. Liegt ein solches vor, so haben die Parteien auch die Rechte aus § 326 BGB. Die Ausübung des Rechts zum Rücktritt steht, wie diejenige des Kündigungsrechts, nur beiden Parteien gemeinsam zu (vgl. § 356 BGB. und § 13 I A., 4 b d. B.).

Zu 5. gilt hinsichtlich des Erlöschens des Vertrags infolge Unmöglichkeit der Erfüllung im wesentlichen das Gleiche, wie in Abschnitt A ausgeführt, jedoch mit der Maßgabe, daß, wenn man die „Eigenart" des Vertrags, wie sie das RG. versteht, fallen läßt, an die Erfüllung des Tatbestands des Unvermögens auf Seiten des Schiedsrichters strengere Anforderungen zu stellen sind. Für das Erlöschen des Vertrags durch Tod und Eintritt der Geschäftsunfähigkeit kommen die Vorschriften der §§ 672 und 673 BGB. in Betracht, wonach im Zweifel, d. h. falls nicht ein anderer Parteiwille (ausdrücklich oder stillschweigend) erhellt [1]), durch den Tod oder den Eintritt der Geschäftsunfähigkeit des Auftraggebers der Auftrag nicht erlischt, wogegen der Tod des Beauftragten im Zweifel das Erlöschen zur Folge hat. Das Erlöschen des Auftrags infolge des Eintritts der Geschäftsunfähigkeit des Beauftragten ist im Gesetz nicht erwähnt, ergibt sich jedoch daraus, daß die Ausführung des Auftrags, da sie eine rechtsgeschäftliche Tätigkeit voraussetzt, dem geschäftsunfähigen Schiedsrichter nicht mehr möglich ist [2]). Erlischt — wenn dies vereinbart ist — der Auftrag durch den Tod oder den Eintritt der Geschäftsunfähigkeit des Auftraggebers, so hat der Beauftragte gemäß § 672 BGB., wenn mit dem Aufschube Gefahr verbunden ist, die Besorgung des übertragenen Geschäfts fortzusetzen, bis der Erbe oder der gesetzliche Vertreter des Auftraggebers anderweitig Fürsorge treffen kann; der Auftrag gilt insoweit als fortbestehend. Erlischt der Auftrag durch den Tod des Beauftragten, so hat nach § 673 BGB. der Erbe des Beauftragten den Tod dem Auftraggeber unverzüglich anzuzeigen und, wenn mit dem Aufschube Gefahr verbunden ist, die Besorgung des übertragenen Geschäfts fortzusetzen, bis der Auftraggeber ander-

1) Komm. Bd. I S. 624 Anm. 2 zu § 672.
2) Komm. Bd. I S. 625 Anm. 2 zu § 673.

weitig Fürsorge treffen kann; eine Fortsetzung der Tätigkeit des Schiedsrichters durch dessen Erben wird jedoch, da die Erlassung des Schiedsspruchs eine höchst persönliche, nicht vertretbare Leistung des Schiedsrichters ist, nur insoweit erfolgen können, als der Schiedsrichter sich für seine Tätigkeit der Mitwirkung von Hilfspersonen zu bedienen berechtigt gewesen wäre. Auch in diesem Falle gilt insoweit der Auftrag für fortbestehend.

Bezüglich der Wirkungen des Konkurses über das Vermögen des Schiedsrichters gilt das Gleiche, wie zu I A 5 ausgeführt. Dagegen ist für den Fall des Konkurses einer Partei durch die Unterstellung des Vertrags unter § 675 BGB. ohne weiteres die Anwendung des § 23 KO. gegeben. Da nach der Ansicht des Verfassers (vgl. § 2 III a. E. d. B.) auch der Schiedsvertrag ein gegenseitiger Vertrag ist, gilt außerdem für diesen, wie für den Schiedsrichtervertrag, § 17 KO.

In allen Fällen, in denen der Auftrag in anderer Weise als durch Widerruf erlischt, gilt er gemäß § 674 BGB. zugunsten des Beauftragten gleichwohl als fortbestehend, bis der Beauftragte von dem Erlöschen Kenntnis erlangt oder das Erlöschen kennen muß. Die Anwendung dieser Vorschrift auf das Verhältnis zwischen dem Schiedsrichter und den Parteien entspricht dem Interesse beider Teile.

II. Welche Wirkungen treten dadurch ein?

A) Nach der Rechtsprechung des RG.

Die Wirkungen, die **durch Erlöschen des Schiedsrichtervertrags** für den Schiedsrichter und die Parteien eintreten, **richten sich nach dem Grunde des Erlöschens.**

1. Ist der Vertrag beiderseitig erfüllt, hat der Schiedsrichter einen vorschriftsmäßigen Schiedsspruch erlassen und hierdurch die Rechtsstreitigkeit in vollem Umfange beseitigt, haben die Parteien dem Schiedsrichter die vereinbarte Vergütung und seine Auslagen für das Schiedsverfahren bezahlt und ihn von den für das Verfahren übernommenen Verpflichtungen befreit, so haben beide Teile ihre Schuldverbindlichkeiten gegeneinander aus dem Vertragsverhältnis getilgt und das erhalten, was sie danach voneinander zu fordern berechtigt waren. Das Vertragsverhältnis hat also seine bestimmungsmäßige Erledigung er-

fahren und ist mit der Wirkung erloschen, daß kein Vertragsteil etwas dem anderen zu leisten oder von ihm zu fordern hat. Ob allerdings diese Lösung der Vertragsparteien voneinander eine vollständige und restlose ist, hängt davon ab, ob außer den zur Tilgung gelangten Erfüllungsansprüchen ein Teil gegen den anderen noch Schadensersatzansprüche, insbesondere wegen Verzugs, hat. Auch kann, wenn mehrere Schiedsrichter tätig gewesen sind, noch eine Auseinandersetzung zwischen ihnen wegen der dem einzelnen Schiedsrichter zustehenden Anteile an Vergütung und Auslagen nötig werden und ebenso eine solche unter den Schiedsparteien wegen der Erstattung von Auslagen, Vorschüssen und anderen Zahlungen an den oder die Schiedsrichter oder an Dritte für das Schiedsverfahren.

2. Erlischt der Vertrag durch Nichteintritt oder Eintritt einer Bedingung oder durch Zeitablauf, so gelten für die Auseinandersetzung, in Ermangelung von Vereinbarungen darüber, die Bestimmungen der §§ 158—163 BGB. Als Folge des Wegfalls eines nicht in dem Schiedsvertrag ernannten Schiedsrichters kann sich die Notwendigkeit der Bestellung eines anderen Schiedsrichters ergeben (§ 1031) oder, falls der Schiedsrichter in dem Schiedsvertrag ernannt ist, das Außerkrafttreten dieses Vertrags, wenn nicht für diesen Fall durch eine Vereinbarung der Parteien Vorsorge getroffen ist (§ 1033 Ziffer 1).

3. Wird der Vertrag durch eine Vereinbarung aufgehoben, so bestimmen sich Rechte und Pflichten der Vertragsteile und ihre Auseinandersetzung nach dieser Vereinbarung. Hinsichtlich der Notwendigkeit der Ernennung eines anderen Schiedsrichters und des Außerkrafttretens des Schiedsvertrags gilt das Gleiche wie zu 2.

4. Die Folgen des Rücktritts und der Kündigung sind verschieden, je nachdem die Lösung des Vertrags seitens des Schiedsrichters oder seitens der Parteien erfolgt. In dem letzteren Falle gelangt der Vertrag ohne weiteres zur Aufhebung, so daß dem Schiedsrichter nur der Anspruch auf Vergütung für seine bisherigen Leistungen, Ersatz der Auslagen und event. Schadensersatz verbleibt; in dem ersteren jedoch nur, wenn ein den Rücktritt des Schiedsrichters rechtfertigender wichtiger Grund vorliegt oder wenn die Parteien mit dem Rücktritt einverstanden sind. Ein Schiedsrichter, der ohne rechtfertigenden Grund die Ausführung seines Amts verweigert oder von dem mit ihm geschlossenen Vertrage zurücktritt, kann von jeder Partei durch Klage zur Erlassung des Schiedsspruchs angehalten werden; abgesehen davon, daß er den Parteien für den Ersatz des ihnen durch sein Verhalten entstehenden Schadens haftet, wie bereits in § 12 II A d. B. ausgeführt ist. Doch besteht für keine der Parteien die Pflicht, gegen den Schiedsrichter, der sich der übernommenen Verpflichtung mit Unrecht entzieht, Klage zu erheben und auf diese Weise die Erfüllung der Verpflichtung zu erzwingen. Die bloße Tatsache des Rücktritts, gleichviel ob der Schiedsrichter hierzu befugt war oder nicht, berechtigt die Parteien, wenn es sich um einen im Schiedsvertrag ernannten Schiedsrichter handelt, den Schiedsvertrag gemäß § 1033 Ziff. 1 für kraftlos anzusehen und sich nun an die Gerichte zu wenden oder, wenn der Schiedsrichter nicht im Schiedsvertrag ernannt ist und ein Fall des § 1031 vorliegt, einen anderen Schiedsrichter zu bestellen [1]). Eine auf arglistiges Zusammenwirken mit einer Partei zurückzuführende Weigerung des Schiedsrichters entbindet weder diesen vom Vertrage, noch gibt sie der Partei das Recht zur Ernennung eines anderen Schiedsrichters gemäß § 1031 [2]).

Daß die Kündigung einer Partei den Vertrag nur dann aufhebt, wenn die andere Partei mit der Aufhebung einverstanden ist oder die Kündigung sich gleichzeitig als Ablehnung des Schiedsrichters darstellt, ist bereits vorher zu I A. 4 b ausgeführt. Auch die Ernennung eines neuen Schiedsrichters seitens der an und für sich dazu befugten Partei hat diese Wirkung nur dann, wenn sie sich als eine nach den gesetzlichen oder vertraglichen Vorschriften berechtigte darstellt; nicht jede willkürliche, auch unbefugte Ernennung eines neuen Schiedsrichters bringt das Amt des bisherigen Schiedsrichters zum Erlöschen [2]).

5. Auch nach der Rechtsprechung des RG. ist der Vertrag der Parteien mit dem Schiedsrichter ein gegenseitiger Vertrag. Es erscheint deshalb, auch wenn man sonst der Auffassung des RG. über die „Eigenart" des Vertrags folgt und damit die Unterordnung des Vertrags unter eine der vom BGB. aufgestellten Arten der Schuldverhältnisse verneint, zulässig, auf ihn, wenn auch mit Einschränkung der Haftung des Schiedsrichters auf Vor-

1) II 13. 4. 87 Bd. 18 S. 370/2. — VII 29. 11. 04 Bd. 59 S. 249/51. — VII 3. 7. 06 Gruch. Bd. 51 S. 403 ff.

2) III 20. 1. 99 JW. 99 S. 165 Z. 14.

satz, die allgemeinen Vorschriften des BGB. über die Wirkungen des Eintritts der Unmöglichkeit der Erfüllung aus einem gegenseitigen Vertrage in den §§ 323—325 BGB. zur Anwendung zu bringen. Vorweg ist zu bemerken, daß im Falle der Unmöglichkeit der Erfüllung, mag sie aus objektiven oder subjektiven Gründen eintreten, das durch den Vertrag begründete Schuldverhältnis nicht immer und nicht vollständig vernichtet wird, daß es vielmehr, wenn auch ein Anspruch auf Erfüllung ausgeschlossen ist, noch Schadensersatzansprüche erzeugen kann[1]). Hierfür kommt es darauf an, ob die Unmöglichkeit der Erfüllung, das Unvermögen zur Leistung verschuldet ist oder nicht, ob die Unmöglichkeit durch einen Umstand herbeigeführt ist, den der eine oder der andere Teil gemäß §§ 276 ff. BGB. zu vertreten hat, oder durch einen Zufall.

Hat keiner von beiden Teilen die Unmöglichkeit der Leistung zu vertreten, so werden gemäß § 323 BGB. beide von der Leistung frei; denn auch derjenige Teil, dessen Leistung unmöglich und der damit von ihr frei geworden ist, verliert seinen Anspruch auf die an sich möglich gebliebene Gegenleistung. Der Zufall wirkt hier also für und gegen beide Teile[2]). Soweit eine hiernach nicht geschuldete Leistung bereits bewirkt ist, kann das Geleistete nach den Vorschriften über die Herausgabe einer ungerechtfertigten Bereicherung zurückgefordert werden (§ 323 Abs. 3 BGB.); die Ausgleichung hat alsdann in Gemäßheit der §§ 812 ff. BGB. zu erfolgen. Wird dem Schiedsrichter z. B. infolge schwerer, nicht von ihm verschuldeter Erkrankung die Erlassung des Schiedsspruchs, welche ohne Verzug erfolgen soll, unmöglich, so wird er von der Verpflichtung dazu frei und verliert seinen Anspruch auf Vergütung dafür, während die Parteien ihren Anspruch auf Erlassung des Schiedsspruchs verlieren und von der Verpflichtung zur Zahlung einer Vergütung frei werden. Die Vorschüsse auf die Vergütung oder für Auslagen hat der Schiedsrichter zurückzuerstatten, soweit er sie nicht für das Schiedsverfahren verbraucht hat (§ 818 Abs. 3 BGB.). Nur in einem Falle erlischt mit der Unmöglichkeit der Erfüllung durch den einen Teil infolge Zufalls nicht der Anspruch des anderen Teils auf die Gegenleistung. Werden nachträglich die Parteien

1) Komm. Bd. I S. 308/9 Anm. 1 zu § 275.
2) Komm. Bd. I S. 352 Anm. 2 zu § 323.

mittelos, also zur Zahlung der Vergütung oder zur Leistung von Vorschüssen, Erstattung von Auslagen u. dgl. unvermögend, so wird zwar der Schiedsrichter von der Verpflichtung zur Erlassung des Schiedsspruchs frei, er behält aber seinen Anspruch gegen die Parteien auf Zahlung der Vergütung für seine Leistungen bezw. auf Leistung von Schadensersatz, und zwar nicht nur in dem Falle, daß die Parteien unmittelbar Geld zu leisten hatten, sondern auch dann, wenn der Grund für die Unmöglichkeit ihrer Leistungen darin bestand, daß ihnen die zur Beschaffung der Leistungen, z. B. zur Gestellung von Sachverständigen oder Beibringung von Gutachten erforderlichen Geldmittel fehlten. Denn gemäß § 279 BGB. können die Parteien sich nicht darauf berufen, daß sie ohne ihr Verschulden unvermögend geworden seien, das erforderliche Geld zu beschaffen [1]).

Wird dem Schiedsrichter die Erlassung des Schiedsspruchs infolge eines Umstandes, den eine Partei oder beide zu vertreten haben, unmöglich, so z. B. dadurch, daß die Parteien das Abgeben von Erklärungen, die Einreichung von Urkunden oder die Benennung von Zeugen verweigern, welche der Schiedsrichter erfordert hat und deren er für die Ermittlung des Sachverhalts bedarf, so behält er seinen Anspruch auf Vergütung. Er muß sich jedoch dasjenige anrechnen lassen, was er infolge Befreiung von der Leistung erspart oder durch anderweitige Verwendung seiner Arbeitskraft erwirbt oder zu erwerben böswillig unterläßt, wie § 324 Abs. 1 BGB. bestimmt. Absatz 2 dieses Paragraphen hat für den Schiedsrichtervertrag keine praktische Bedeutung, wenn man ihn nicht den Regeln des Werkvertrags und damit durchweg den Vorschriften des BGB. unterstellt (vgl. die Ausführungen zu den §§ 642 und 643 BGB. in § 12 II B d. B.). Ebensowenig, wenn auch aus anderen Gründen, nämlich, weil er wohl kaum eintreten wird, der Fall, daß den Parteien oder einer von ihnen die Erfüllung des Vertrags, die Zahlung der Vergütung, von Vorschüssen oder Auslagen an den Schiedsrichter infolge eines Umstandes, den dieser zu vertreten hat, unmöglich wird.

Wird die Erlassung des Schiedsspruchs infolge eines Umstandes, den der Schiedsrichter zu vertreten hat, unmöglich, hat z. B. der Schiedsrichter die ihm von den Parteien ein-

1) V 8. 2. 11 Bd. 75 S. 336/8.

gereichten Urkunden, aus denen sich die Entscheidung des Rechtsstreits ergibt, verloren, läßt sich ihr Inhalt nicht mehr feststellen, kann er aber für die Entscheidung nicht entbehrt werden, so können die Parteien Schadensersatz wegen Nichterfüllung verlangen oder von dem Vertrage zurücktreten (§ 325 Abs. 1 BGB.). Erklären die Parteien den Rücktritt, so verlieren sie den Anspruch auf Erfüllung, wie auf Schadensersatz. Der Rücktritt und der aus dem Vertrag entspringende Schadensersatz wegen Nichterfüllung schließen sich aus [1]. Im Falle des Rücktritts entsteht auf beiden Seiten nur der Anspruch auf Wiederherstellung des früheren Zustandes, jeder hat dem anderen das zurückzugeben, was er von ihm erhalten hat [2] (vgl. § 346 BGB. und die Bemerkungen dazu II B 4). Wählen die Parteien den Schadensersatz wegen Nichterfüllung des Vertrags, so erklären sie damit nicht dessen Aufhebung, sondern machen ihr Interesse an der Erfüllung des Vertrags geltend, bei dem sie damit stehen bleiben.

Eine Haftung für das Unmöglichwerden der Leistung kann ausgeschlossen sein, wenn der Betreffende zu seinem Verhalten berechtigt war und es unter den obwaltenden Umständen an dem Merkmal der objektiven Rechtswidrigkeit fehlte [3]. Hierunter ist auch der Fall zu rechnen, daß dem Schiedsrichter infolge Abschlusses eines Vergleichs der Parteien über den dem Vertrage zugrunde liegenden Rechtsstreit oder infolge Bezahlung oder Erlaß der strittigen Schuld durch die eine oder die andere Partei die Erlassung des Schiedsspruchs unmöglich gemacht wird. Denn durch den Abschluß des Schiedsvertrags und des Vertrags mit dem Schiedsrichter haben die Parteien nicht das Recht verloren, ihren Rechtsstreit anders als im Wege des Schiedsverfahrens zu beseitigen, so daß sie objektiv dazu berechtigt geblieben sind. Haben sie auch dem Schiedsrichter durch den Abschluß des Vertrags mit ihm das Recht zur Beseitigung der Rechtsstreitigkeit übertragen, so können sie ihm doch dieses Recht jederzeit entziehen, und das tun sie, wenn sie den Rechtsstreit auf anderem Wege zur Erledigung bringen; sie haften dem Schiedsrichter aber für die Vergütung seiner Leistungen und Auslagen. Hat ihnen dagegen zu ihrer Handlungsweise der Schiedsrichter

1) II 20. 6. 05 Bd. 61 S. 130.
2) Komm. Bd. I S. 356 Anm. 1 Abs. 4 zu § 325.
3) Komm. Bd. I S. 353/4 Anm. 1 zu § 324.

selbst, z. B. durch ungebührliche Verzögerung des Verfahrens Anlaß gegeben, so sind sie von jeder Haftung frei. Denn bei der Beantwortung der Frage, welche der Vertragsparteien im Einzelfall die bezüglich einer Vertragsleistung eingetretene Unmöglichkeit zu vertreten habe, ist nicht ausschließlich die diese Unmöglichkeit unmittelbar bewirkende Tatsache, sondern es sind die gesamten Umstände des Falls, also auch solche Tatsachen zu berücksichtigen, welche diese Unmöglichkeit mittelbar herbeigeführt haben. Wenn sich bei Betrachtung der ganzen Sachlage ergibt, daß der Vertragsschließende, welcher die die Unmöglichkeit der Leistung unmittelbar bewirkende Handlung vorgenommen hat, hierzu durch das vertragswidrige Verhalten des anderen Teils derart veranlaßt worden ist, sodaß diese Handlung nach Treu und Glauben als durch die Umstände gerechtfertigt erscheint, so hat nicht der erstere, sondern der letztere, dessen vertragswidriges Verhalten als wirkende Ursache der eingetretenen Unmöglichkeit anzusehen ist, diese Unmöglichkeit gemäß § 325 BGB. zu vertreten [1]).

B) Nach den Bestimmungen des BGB. über die Geschäftsbesorgung auf Grund eines Werkvertrags?

Die Unterordnung des Schiedsrichtervertrags unter die Grundsätze des BGB. für die Geschäftsbesorgung auf Grund eines Werkvertrags führt hinsichtlich der Wirkungen der Erlöschungsgründe zu 1—3 nicht zu anderen Ergebnissen, als vorher ausgeführt. **Für die Wirkungen der Kündigung und des Rücktritts vom Vertrage zu 4. trifft dies** jedoch infolge der Sondervorschriften, die für den Werkvertrag gelten, **nicht in allen Punkten zu.**

Kündigt der Schiedsrichter gemäß §§ 643, 642 BGB., so gilt der Vertrag als aufgehoben, der Schiedsrichter wird von der Verpflichtung zur Erlassung des Schiedsspruchs frei, er kann aber nach § 645 Abs. 1 l. c. einen der geleisteten Arbeit entsprechenden Teil der Vergütung und Ersatz der in der Vergütung nicht inbegriffenen Auslagen verlangen, selbstverständlich auch, obwohl dies nicht besonders ausgesprochen ist, Befreiung von den für das Schiedsverfahren durch ihn übernommenen Verpflichtungen Dritten gegenüber. Trifft die Parteien ein Verschulden an der

1) II 14. 6. 10 Warn.Rspr. 10 Nr. 323.

Aufhebung des Vertrags (§ 645 Abs. 2 BGB.), so kann der Schiedsrichter verlangen, daß seine Vergütung nach § 324 BGB. berechnet werde, d. h. daß ihm die volle Vergütung abzüglich dessen gezahlt werde, was er infolge der Befreiung von der Erlassung des Schiedsspruchs durch anderweitige Verwendung seiner Arbeitskraft erwirbt oder zu erwerben böswillig unterläßt. Der Schiedsrichter steht sich also bei einem Verschulden der Parteien besser.

Kündigen die Parteien, so wird der Schiedsrichter ebenfalls von der Verpflichtung zur Erlassung des Schiedsspruchs frei und ist gemäß § 649 BGB. berechtigt, die vereinbarte Vergütung zu verlangen, er muß sich jedoch dasjenige anrechnen lassen, was er infolge der Aufhebung des Vertrags an Aufwendungen erspart oder durch anderweitige Verwendung seiner Arbeitskraft erwirbt oder zu erwerben böswillig unterläßt. Erfolgt die Kündigung, weil eine wesentliche Überschreitung des dem Vertrag zugrunde gelegten Kostenanschlags zu erwarten ist, so steht dem Schiedsrichter gemäß § 650 BGB. nur der in § 645 Abs. 1 bestimmte Anspruch zu, er ist also durch die Kündigung aus diesem Grunde schlechter gestellt.

Einen Anspruch auf Schadensersatz kann der Schiedsrichter bei der Kündigung durch die Parteien in keinem Falle erheben, da diese jederzeit zur Kündigung berechtigt sind, ohne Rücksicht darauf, ob ein rechtfertigender Grund vorliegt oder nicht, so daß ein Verschulden der Parteien an der Aufhebung des Vertrags, wenn man hiernach überhaupt davon sprechen kann, keine Bedeutung und keine Wirkung haben kann. Erfolgt die Kündigung infolge eines Umstandes, den der Schiedsrichter zu vertreten hat, z. B. wegen Verschleppung des Verfahrens durch ihn, so haftet der Schiedsrichter den Parteien für sein Verschulden, diese werden nicht nur von der Zahlung der Vergütung an ihn frei, sondern können ihn auch auf Ersatz des ihnen durch sein schuldhaftes Verhalten entstandenen Schadens in Anspruch nehmen (vgl. § 325 BGB. und die Ausführungen in dem vorhergehenden Abschnitt A zu 5.).

Wandeln die Parteien gemäß § 634 BGB. den Vertrag, machen sie ihn rückgängig, so finden auf die Auseinandersetzung zwischen ihnen und dem Schiedsrichter nach § 467 BGB. die Vorschriften dieses Gesetzes über das **vertragsmäßige** Rücktrittsrecht in den §§ 346—348, 350—354, 356 entsprechende Anwendung, d. h. sie gelangen zur Anwendung, soweit dies nach Lage des Falls statthaft erscheint. Die Wirkung des Rücktritts (vgl. dazu die Ausführungen II A 5), der nicht ein Verschulden seitens eines Teils zur Voraussetzung hat, besteht gemäß § 346 BGB. darin, daß der Schiedsrichter und die Parteien die Verpflichtung überkommen, einander die empfangenen Leistungen zurückzugewähren und, soweit es sich um Dienstleistungen handelt, deren Rückgewährung natürlich ausgeschlossen ist, ihren Wert, oder, falls im Vertrage die Vergütung dafür bestimmt ist, den entsprechenden Betrag zu erstatten. Hierfür ist jedoch zu beachten, daß, wenn die Wandelung, was nach § 634 Abs. 1 BGB. zulässig ist, bereits vor Erlassung des Schiedsspruchs erfolgt, die Leistungen des Schiedsrichters mangels des für ihre Bewertung vorausgesetzten Erfolgs für die Parteien wertlos sein können und daß dies auch dann der Fall sein kann, wenn der Schiedsspruch zwar erlassen, aber mit einem Mangel behaftet ist.

Treten die Parteien in Gemäßheit des § 636 in Verbindung mit § 327 BGB. von dem Vertrage zurück, so finden auf die Auseinandersetzung hiernach ebenfalls die Vorschriften über das vertragsmäßige Rücktrittsrecht entsprechende Anwendung, jedoch mit der Maßgabe, daß, wenn der Rücktritt wegen eines Umstandes erfolgt, den der Schiedsrichter nicht zu vertreten hat, dieser nur nach den Vorschriften über die Herausgabe einer ungerechtfertigten Bereicherung haftet, d. h. daß seine Verpflichtung zur Herausgabe des Empfangenen sich nach § 818 BGB. bemißt, während im Falle des Verschuldens des Schiedsrichters die den Parteien gemäß § 636 Abs. 1 Satz 2 BGB. zustehenden weitergehenden Rechte auf Schadensersatz unberührt bleiben.

Zu 5. gilt bezüglich der Wirkungen des Eintritts der Unmöglichkeit der Leistung durch Zufall (§ 323 BGB.), Verschulden des Forderungsberechtigten (§ 324 BGB.) oder des Leistungsverpflichteten (§ 325 BGB.), **das Gleiche, wie in Abschnitt A ausgeführt, jedoch mit** den aus der Anwendung der Bestimmungen des BGB. über den Werkvertrag und damit aus der Geltung der Vorschriften des Rechts der Schuldverhältnisse überhaupt sich ergebenden **Modifikationen.** So ist hiernach die Vorschrift in § 324 Abs. 2 BGB. für den Schiedsrichter von praktischer Bedeutung. Denn, wenn gemäß den §§ 293, 295 Satz 2 BGB. die Parteien dadurch, daß sie eine von dem Schiedsrichter zwecks Erlassung des Schiedsspruchs erforderte Handlung nicht vornehmen, in Annahmeverzug geraten, hat der Schiedsrichter während des Verzugs der Parteien gemäß § 300 Abs. 1 BGB. nur Vorsatz und grobe Fahrlässigkeit zu vertreten. Er behält somit seinen Anspruch auf Vergütung gemäß § 324 Abs. 1 BGB., auch wenn während dieses Verzugs ihm die Erlassung des Schiedsspruchs infolge eigener einfacher Fahrlässigkeit, die er gemäß § 300 Absatz 1 nicht zu vertreten hat, unmöglich wird [1]). Wesentlich ist der Unterschied, der sich daraus ergibt, daß der Schiedsrichter wegen Fahrlässigkeit haftet.

Auch in diesem Paragraphen sind nicht alle interessierenden Fragen erörtert worden, viele konnten nur kurz behandelt werden, um nicht den Umfang dieses Buchs übermäßig anwachsen zu lassen. Jedenfalls aber haben auch die vorstehenden Ausführungen gezeigt, daß eine Anwendung der Vorschriften des BGB. aus dem Rechte der Schuldverhältnisse im allgemeinen und über den Werkvertrag und den Auftrag im besonderen zu einer vernünftigen und zweckentsprechenden Regelung des Vertragsverhältnisses zwischen dem Schiedsrichter und den Parteien führt. Wenn die Anwendung der Vorschriften über die Wandelung, ebenso wie derjenigen über die Minderung (vgl. § 12 II B d. B.), für die Praxis keine große Bedeutung hat, so erklärt sich dies einmal aus der Ausgestaltung, welche diese Rechtseinrichtungen durch das Gesetz überhaupt erfahren haben, sodann aber daraus, daß, worauf in § 11 II und § 12 II B d. B. wiederholt hingewiesen ist, die Anwendbarkeit der einzelnen Vorschriften über den Werkvertrag sich nach der besonderen Gestaltung eines jeden einzelnen Rechtsverhältnisses bestimmt.

C.

Was gilt für die Beseitigung der Ernennung und die Abberufung des Schiedsrichters?

Stellt sich vor Einleitung des Schiedsverfahrens oder während desselben nach der Meinung beider Parteien oder auch nur einer **heraus, daß eine zum Schiedsrichter ernannte Persön-**

1) Komm. Bd. I S. 354 Anm. 2 zu § 324.

lichkeit, sei es aus gesetzlichen Gründen oder in Gemäßheit der Bestimmungen des Schiedsvertrags, **unfähig ist, Schiedsrichter zu sein** (vgl. §§ 7 II und 14 I d. B.), **so gibt es,** je nach den besonderen Umständen des einzelnen Falls, **verschiedene Wege, um zu verhindern, daß von dem unfähigen Schiedsrichter der Schiedsspruch erlassen werde** (vgl. § 7 III d. B.). Diese Wege sind folgende:

1. **Der Widerruf der Ernennung durch Vereinbarung der Parteien** miteinander.
2. **Die Ablehnung des Schiedsrichters.**
3. **Die Kündigung des mit ihm geschlossenen Vertrags.**
4. **Der Antrag auf Entscheidung, daß der Schiedsvertrag erloschen sei.**
5. **Die Klage auf Unzulässigkeit des Schiedsverfahrens.**

1. Ist mit dem Schiedsrichter ein Vertrag noch nicht geschlossen, so können die Parteien seine Ernennung beseitigen, indem sie ihren Fortfall vereinbaren (vgl. § 10 IV b d. B.). Liegt bereits ein Vertragsschluß vor, so muß außerdem die Kündigung gegenüber dem Schiedsrichter erfolgen (vgl. zu 3).

2. Die Ablehnung ist zulässig sowohl für den Fall, daß der Ernannte die Ernennung noch nicht angenommen hat, als auch dann, wenn dies bereits geschehen ist.

3. Die Kündigung des Vertrags mit dem Schiedsrichter kann natürlich erst erfolgen, wenn der Vertragsschluß bereits vorhergegangen ist. Das Nähere über die Kündigung ist im § 13 I A 4 b d. B. auseinandergesetzt.

Der Antrag zu **4** und die Klage zu **5** sind nur zulässig, wenn es sich um einen im Schiedsvertrag ernannten Schiedsrichter handelt und nicht für seinen Wegfall durch eine Vereinbarung der Parteien Vorsorge getroffen ist (§ 1033 Ziff. 1).

Die Wirkung der Rechtsbehelfe zu 1 bis 3 ist zunächst der Wegfall des Schiedsrichters, und die Folge davon das Außerkrafttreten des Schiedsvertrags, wenn der Schiedsrichter in diesem Vertrag ernannt und nicht für seinen Wegfall durch Vereinbarung der Parteien Vorsorge getroffen war, oder die Notwendigkeit der Ernennung eines anderen Schiedsrichters. Das Außerkrafttreten des Schiedsvertrags ist somit nicht der notwendige Zweck dieser Rechtsbehelfe und kann es in den meisten Fällen, in denen der Schiedsrichter nicht im Schiedsvertrag ernannt ist, überhaupt nicht sein. Der Zweck eines Verfahrens nach Ziffer 4 oder Ziffer 5 dagegen ist stets und von vornherein die Feststellung des Erlöschens des Schiedsvertrags, der Wegfall des Schiedsrichters dient nur zur Begründung dafür (vgl. §§ 7 III und 10 V a. E. d. B.).

Die Zulässigkeit einer Vereinbarung der Parteien über den Fortfall des zwar von ihnen ernannten, aber nicht bestellten Schiedsrichters bedarf keiner Erläuterung. Die Voraussetzungen und Wirkungen der Kündigung des Schiedsrichtervertrags und auch des Erlöschens dieses Vertrags, also des Wegfalls eines bereits bestellten Schiedsrichters aus anderen Gründen, sind in dem § 13 d. B. ausführlich erörtert. Das Verfahren zur Herbeiführung einer Entscheidung über das Erlöschen des Schiedsvertrags gemäß § 1045 ist bereits in § 8 III d. B. dargestellt. Die Unzulässigkeit des Schiedsverfahrens ist mittels Klage bei dem ordentlichen Gericht geltend zu machen, das Verfahren deswegen findet im ordentlichen Prozeß und außerhalb des Schiedsverfahrens statt, zu dem es nicht gehört (vgl. § 7 III und § 8 I d. B.). Für die Zwecke des Schiedsverfahrens bedarf es daher nur noch der Darstellung der Ablehnung, ihrer Voraussetzungen und Wirkungen, die in den nachfolgenden Paragraphen gegeben werden soll.

Die Möglichkeit, den einen oder den anderen Weg zu wählen, besteht nur solange, als nicht der Schiedsspruch erlassen ist. Mit dem Zeitpunkt, in dem ein den Vorschriften des § 1039 entsprechender Schiedsspruch vorliegt, kann es sich nicht mehr darum handeln, den unfähigen Schiedsrichter zu beseitigen, sondern nur darum, den Eintritt der Folgen seiner Tätigkeit zu verhüten oder zu beseitigen. Den Weg hierfür gibt die Aufhebung des Schiedsspruchs gemäß § 1041, welche den einzigen gegen einen Schiedsspruch zulässigen Rechtsbehelf darstellt und mittels besonderer Klage bei dem ordentlichen Gericht herbeizuführen ist.

§ 14.

I. Was bedeutet die Ablehnung eines Schiedsrichters?

Wie bereits in § 7 II d. B. auseinandergesetzt, bestimmt die ZPO. nicht, wer Schiedsrichter sein kann oder wer hiervon ausgeschlossen ist. Sie gibt in § 1032 nur Umstände als Gründe an, aus denen ein Schiedsrichter abgelehnt werden kann. Was bedeutet nun eine solche Ablehnung?

Um die Erklärung hierfür zu finden, ist es zunächst erforderlich, kurz die Gründe und den Zweck der Ablehnung klarzustellen. Wie in § 7 II d. V. näher dargelegt, ergibt sich aus allgemeinen Rechtsgrundsätzen, daß eine Person, um Schiedsrichter sein zu können, gewisse Eigenschaften haben muß und gewisse Eigenschaften nicht haben darf. Einerseits darf der Schiedsrichter nicht geschäftsunfähig sein; denn er muß einer vernünftigen Überlegung und Willenserklärung fähig sein. Andererseits darf er nicht Partei sein; denn er muß, wie der ordentliche Richter, imstande sein, die ihm unterbreitete Rechtsstreitigkeit unparteiisch, vom Standpunkte beider Parteien aus, zu beurteilen. Nach diesen Erfordernissen hinsichtlich der persönlichen Eigenschaften und der Beziehungen des Schiedsrichters zur Streitigkeit bestimmen sich die Gründe, aus denen eine Person von der Übernahme und Ausübung der Schiedsrichtertätigkeit kraft Gesetzes ausgeschlossen ist (§ 7 II a d. V.). Es folgen daraus aber auch die Gründe, welche die ZPO. für die Ablehnung eines Schiedsrichters in § 1032 gibt. Die Ablehnung von Frauen, Minderjährigen, Tauben und Stummen (§ 1032 Abs. 3) ohne weitere Begründung ist von dem Gesetzgeber — der Entwurf stammt aus dem Jahre 1872 — gestattet, weil er davon ausging, daß diese Personen wegen minderer Geschäftsfähigkeit und wegen Mangel an Fähigkeit zu einer vernünftigen Überlegung und Willenserklärung überhaupt nicht geeignete Schiedsrichter seien. Die Zulassung derselben Gründe, welche zur Ablehnung eines Richters berechtigen (§§ 1032 Abs. 1, 42 und 41), bezweckt die Sicherung der Unparteilichkeit des Schiedsrichters, welche die notwendige Voraussetzung für eine gerechte Entscheidung ist. Es ist deshalb nicht bloß die Ablehnung der Personen gestattet, welche zu der den Gegenstand des Schiedsverfahrens bildenden Streitsache oder zu den Parteien in den Beziehungen stehen, die in § 41 aufgeführt sind, sondern auch derjenigen, gegen deren Unparteilichkeit Mißtrauen aus anderen Gründen gerechtfertigt ist. Unter diese anderen Gründe ist auch die Aberkennung der bürgerlichen Ehrenrechte zu rechnen (§ 1032 Abs. 3). Der Umstand, daß ein nicht in dem Schiedsvertrag ernannter Schiedsrichter die Erfüllung seiner Pflichten ungebührlich verzögert, ist wohl nur versehentlich in § 1032 Abs. 2 als Ablehnungsgrund aufgeführt worden, da bereits in § 1031 die Verweigerung der Ausführung des Schiedsrichteramts durch einen nicht im Schiedsvertrag ernannten Schiedsrichter als Grund des Wegfalls eines Schiedsrichters bezeichnet ist, der Verweigerung die ungebührliche Verzögerung im tatsächlichen Ergebnis gleichkommt und die Ablehnung nur einen der Gründe für den Wegfall eines Schiedsrichters nach § 1031 darstellt.

Aus dem Tatbestand der Ablehnungsgründe, mit Ausnahme desjenigen in § 1032 Abs. 2, der nicht darunter gehört, **geht hervor, daß die Zulassung der Ablehnung den Zweck verfolgt, die Parteien dagegen zu sichern, daß unfähige oder ungeeignete Personen das Amt eines Schiedsrichters ausüben. Geht man davon aus, daß die Ernennung eines Schiedsrichters einen wesentlichen Bestandteil des Schiedsvertrags bildet** (§§ 2 III und 10 I d. V.), da es in der Hauptsache von der Persönlichkeit des Schiedsrichters abhängt, ob die Parteien das durch das Schiedsverfahren erstrebte Ziel erreichen, **und daß alle von der ZPO. für das Schiedsverfahren gegebenen Vorschriften,** also auch diejenigen über die Ablehnung **als Bestandteil des Schiedsvertrags anzusehen sind** (§§ 3 und 4 I d. V.), **so hat als bei dem Abschluß des Schiedsvertrags,** wenn nicht ausdrücklich, so doch stillschweigend vorausgesetzt und demgemäß **vereinbart zu gelten, daß bezüglich der Person des Schiedsrichters nicht Ablehnungsgründe vorliegen, bezw. vorliegen dürfen. Mit Rücksicht hierauf und auf den Zweck der Ablehnung stellt sich diese als die Erklärung dar, daß die zum Schiedsrichter ernannte Person Eigenschaften nicht habe oder habe, deren Besitz oder Nichtvorhandensein** durch den Schiedsvertrag vorausgesetzt, also **vereinbart sei,** und daß diese Person deshalb nicht Schiedsrichter sein könne; oder mit anderen Worten: **als die Bemängelung der Vertragsmäßigkeit des Schiedsrichters und die Zurücknahme seiner Ernennung deswegen.** Da jeder Schiedsrichter, gleichviel durch wen seine Ernennung erfolgt, als von beiden Parteien ernannt gilt (§ 10 I d. V.), so erklärt sich die Ablehnung zwanglos **als Anfechtung, als Erklärung der Nichtigkeit der Ernennung des Schiedsrichters wegen Irrtums über seine** ausdrücklich oder stillschweigend vorausgesetzten **Eigenschaften,** welcher Irrtum auf seiten der ablehnenden Partei auch dann vorliegt und die Ablehnung begründet, wenn die Ernennung des Schiedsrichters nicht durch die ablehnende Partei, sondern durch die andere oder einen Dritten erfolgt ist.

Das RG. versteht unter „Ablehnung" nur denjenigen Widerspruch gegen die Mitwirkung von Schiedsrichtern, von dem der § 1032 handelt, also nur die Ablehnung aus einem der in den §§ 41 und 42 aufgeführten Gründe [1]). Diese Auslegung, welche das RG. bei Prüfung der Anwendbarkeit des Verfahrens nach § 1045 gegeben hat, erscheint gerade mit Rücksicht hierauf zu eng; denn das Ablehnungsverfahren kann und muß (vgl. § 7 III d. B.) vor dem Schiedsverfahren und während desselben auch zur Beseitigung eines Schiedsrichters aus einem nicht im § 1032 oder in den §§ 41 und 42 erwähnten Umstande zur Anwendung kommen, so wenn es sich um einen nicht im Schiedsvertrag ernannten geschäftsunfähigen Schiedsrichter handelt. Abgesehen davon, daß der Mangel der Geschäftsfähigkeit als Ablehnungsgrund, wie vorher ausgeführt, auch der Ablehnung der Frauen, Minderjährigen, Tauben und Stummen zugrunde liegt, ist für die Beseitigung eines geschäftsunfähigen Schiedsrichters ein anderer Weg als derjenige der Ablehnung und des Verfahrens nach § 1045 nicht gegeben, wenn hierfür nicht einer der vorstehend in C zu 1 und 3—5 besprochenen Wege gewählt werden kann. Hierzu kommt, daß die Parteien, wie später auseinanderzusetzen ist, als Gründe für die Ablehnung eines Schiedsrichters auch Umstände vereinbaren können, die nicht in § 1032 aufgeführt sind, und daß, wenn die Auslegung des RG. zutreffend wäre, auch für die Geltendmachung solcher Ablehnungsgründe das Verfahren gemäß § 1045 ausgeschlossen sein würde. Es entspricht der Absicht des Gesetzgebers, daß für alle diese Fälle zur Erledigung eines Streits darüber nicht der umständliche Weg des ordentlichen Prozeßverfahrens einzuschlagen ist, der bis zum 1. Januar 1900 allein zulässig war, sondern der Weg des einfacheren Beschlußverfahrens gemäß § 1045, welcher durch die Novelle zur ZPO. vom 17. Mai 1898 eingeführt worden ist [2]).

Von der Ablehnung unterscheidet das RG. die Bekämpfung der Ernennung eines Schiedsrichters [3]). Den Grund für diese Unterscheidung könnte man darin finden, daß es sich bei der Bekämpfung der Ernennung darum handle, daß der Schiedsrichter bestimmte Eigenschaften nicht habe, deren Vorhandensein die

1) VII 23. 11. 00 Bd. 47 S. 401.
2) Die Mat. z. ZPO., Berlin, Carl Heymanns Verlag 1898 S. 289.
3) VII 23. 11. 00 Bd. 47 S. 401/2.

Parteien als Voraussetzung für die Ernennung zum Schiedsrichter vereinbart haben — die ZPO. enthält darüber keine Bestimmung —, während die Ablehnung darauf beruhe, daß der Schiedsrichter bestimmte Eigenschaften oder Beziehungen zur Streitsache habe, deren Nichtvorhandensein die Parteien als Voraussetzung für die Ernennung stillschweigend dadurch vereinbart haben, daß sie keine Abänderung der Bestimmungen des § 1032 getroffen haben. Aber, auch wenn man dementsprechend zwischen gesetzlichen und vereinbarten Erfordernissen hinsichtlich der Persönlichkeit des Schiedsrichters unterscheiden will, so verfolgt doch die Bekämpfung der Ernennung und die Ablehnung eines Schiedsrichters sachlich denselben Zweck, nämlich die Beseitigung des Schiedsrichters wegen Unfähigkeit oder Untauglichkeit, und es findet dafür das gleiche Verfahren gemäß § 1045 Anwendung. **Gleichviel, wie man den Begriff der Ablehnung und ihren Umfang bestimmt, in jedem Falle stellt sie eine dem Privatrecht angehörende Willenserklärung dar, ein einseitiges Rechtsgeschäft im Sinne des BGB.**, welches zur Erfüllung seines Tatbestands und zur Hervorbingung der dadurch bezweckten Rechtswirkung nur der Erklärung seitens einer Partei und zwar der ablehnenden bedarf, wie in § 16 I d. B. des näheren ausgeführt werden soll. Sie muß, um den bezweckten Rechtserfolg hervorzubringen, der Partei, der gegenüber sie wirken soll, zugehen, **sie gehört** also zu **den sogenannten „empfangsbedürftigen" Willenserklärungen.**

II. a) Wem steht das Recht zur Ablehnung zu?

a) In § 42 Abs. 3 ist bestimmt:

„Das Ablehnungsrecht steht in jedem Falle beiden Parteien zu."

Hieraus ergibt sich zunächst, daß das Ablehnungsrecht **nur den Parteien** zusteht, **nicht einem Dritten,** etwa dem Bevollmächtigten einer Partei kraft eigenen Rechts oder einem anderen Schiedsrichter, **es sei denn, daß eine Partei oder beide einem Dritten die Ermächtigung zur Ablehnung** an ihrer Stelle **erteilt haben,** was in gleicher Weise für zulässig zu erachten ist, wie die Ermächtigung eines Dritten zur Ernennung und zur Entscheidung über die Ernennung eines Schiedsrichters. Aus der angezogenen Gesetzesbestimmung folgt weiterhin, daß zur Ablehnung auch diejenige Partei berechtigt ist, welche den Schiedsrichter ernannt hat, aber, wie demnächst auszuführen ist, nur aus Gründen, die ihr nachträglich bekannt geworden sind, da in der Ernennung trotz Kenntnis von Ablehnungsgründen ein Verzicht auf die bekannten Ablehnungsgründe liegt. Eine Vereinbarung der Parteien dahin, daß einer von ihnen allein das Recht zur Ablehnung zustehen solle, ist als zulässig zu erachten, und zwar aus denselben Gründen, wie die Ermächtigung einer Partei zur Ernennung aller Schiedsrichter (vgl. § 10 II b 1 d. V.), d. h. deswegen, weil, soweit nicht gesetzliche Vorschriften zwingenden Rechts entgegenstehen, die Ernennung und Ablehnung der Schiedsrichter von den Parteien nach ihrem Belieben geregelt werden kann und die ZPO. Vorschriften zwingenden Charakters dafür überhaupt nicht gibt (vgl. § 10 II b und III 5 d. V.).

Soll die Ablehnung eines Schiedsrichters durch einen Dritten erfolgen, so wird meist, auch vom RG., von einer Übertragung des Rechts zur Ablehnung gesprochen, ebenso wie dies bei der Ernennung des Schiedsrichters durch einen Dritten geschieht. Es handelt sich jedoch weder bei der Übertragung der Ernennung an einen Dritten um die Abtretung des Rechts zum Abschluß des Schiedsvertrags, zu dessen Wesen und Zustandekommen die Ernennung des Schiedsrichters gehört, noch bei der Übertragung der Ablehnung an einen Dritten um die Abtretung des Rechts auf die Anfechtung des Schiedsvertrags oder eines Teiles desselben, als welche sich die Ablehnung des Schiedsrichters darstellt, sondern um die Erteilung einer Ermächtigung zur Ernennung oder zur Ablehnung des Schiedsrichters (vgl. § 10 I und II b 2 d. V.). Die Zulässigkeit einer solchen Ermächtigung zur Geltendmachung eines Rechts des Ermächtigenden durch den Ermächtigten in eigenem Namen ist vom RG. sowohl nach früherem, wie nach geltendem Recht wiederholt anerkannt worden. Sie ergibt sich aus den, soweit nicht besondere gesetzliche Vorschriften entgegenstehen, geltenden Grundsätzen der Vertragsfreiheit [1]).

b) Kann darauf verzichtet, kann das Recht übertragen werden?

b) **Auf das Recht zur Ablehnung kann**, worauf bereits vorher kurz hingewiesen **ist, von den Parteien verzichtet werden,**

1) V 27. 4. 10 Bd. 73 S. 307/9 und § 6 III a. E. d. V.

sowohl **von vornherein bei Abschluß des Schiedsvertrags,** als auch **nachträglich,** nicht nur **ausdrücklich,** sondern auch **stillschweigend,** d. h. durch schlüssige Handlungen. § 43, der gemäß § 1032 auch für die Ablehnung eines Schiedsrichters gilt, besagt hierüber:

> „Eine Partei kann einen Richter wegen Besorgnis der Befangenheit nicht mehr ablehnen, wenn sie bei demselben, ohne den ihr bekannten Ablehnungsgrund geltend zu machen, in eine Verhandlung sich eingelassen oder Anträge gestellt hat."

Das Gesetz sieht also darin, daß eine Partei bei dem Richter sich in eine Verhandlung einläßt oder Anträge stellt, die stillschweigende Erklärung eines Verzichts auf den ihr bekannten Ablehnungsgrund. Es geht dabei von dem Gedanken aus, daß eine Partei, die einmal dem Richter durch Verhandlung oder Stellung eines Antrags bei ihm ihr Vertrauen ausgedrückt habe, mit sich selbst in Widerspruch kommen würde, wenn sie hinterher einen ihr schon damals bekannt gewesenen Ablehnungsgrund geltend machte. Voraussetzung für die Annahme des stillschweigenden Verzichts ist also, daß in dem von der Partei gestellten Antrag der Ausdruck des Vertrauens zu dem Richter zu sehen ist, die Unterwerfung der Partei unter die Entscheidung des Gerichts und damit der Ausdruck des Vertrauens in die dasselbe bildenden Richter. Nicht jeder Antrag einer Partei in dem Verfahren vor den ordentlichen Gerichten stellt eine solche Unterwerfung und damit einen stillschweigenden Verzicht auf das Ablehnungsrecht dar. Vereinbaren z. B. die Parteien die Aufhebung eines Termins und beantragen sie Anberaumung eines neuen Termins, so enthält dieser Antrag nicht den Ausdruck eines Vertrauens in die Unbefangenheit des Richters, der den Termin anzusetzen hat, weil diese formale Tätigkeit des Vorsitzenden weder auf die Entscheidung in der Hauptsache, noch auf den Gang des Prozesses einen ins Gewicht fallenden Einfluß auszuüben vermag, zumal ein solcher Antrag nur als eine Aufforderung an den Richter angesehen werden könnte, zu tun, was seines Amtes sei [1]). Mit anderen Worten: Anträge, denen der Richter auf Grund zwingender Vorschriften ohne sachliche Nachprüfung entsprechen muß, wie bei der Bestimmung eines Termins auf einer Ladung gemäß § 216 Abs. 2, können nicht zur Annahme eines

1) V 9. 11. 95 Bd. 36 S. 378/81.

stillschweigenden Verzichts auf ein Recht zur Ablehnung des Richters, welcher den Termin anberaumt hat, verwertet werden. Solche Anträge kommen aber für das Schiedsverfahren nicht in Betracht, und eine Unterscheidung in bezug auf die Wirkung der einzelnen Anträge ist dafür nicht gerechtfertigt; denn dieses Verfahren wird, in Ermangelung einer Vereinbarung der Parteien darüber, gemäß § 1034 von den Schiedsrichtern **nach freiem Ermessen** bestimmt. Infolgedessen wendet sich jeder Antrag, den eine Partei bei dem Schiedsgericht stellt, an dieses freie Ermessen und stellt eine Unterwerfung unter die Entscheidung der das Schiedsgericht bildenden Schiedsrichter dar. Jeder Antrag an einen Schiedsrichter enthält also den Ausdruck des Vertrauens zu ihm und zieht damit den Verlust des Rechts zu seiner Ablehnung aus einem bei der Antragstellung bekannten Grunde nach sich, es sei denn, daß dies durch die Vereinbarungen der Parteien, die, wie zu I bemerkt, über die Voraussetzungen für das Ablehnungsrecht und seine Ausübung frei verfügen können, ausgeschlossen ist.

Zu dem gleichen Ergebnis, wie auf Grund der Vorschrift des § 43, gelangt man unter Anwendung der Bestimmung in § 144 BGB., welche lautet:

> „Die Anfechtung ist ausgeschlossen, wenn das anfechtbare Rechtsgeschäft von dem Anfechtungsberechtigten bestätigt wird.
>
> Die Bestätigung bedarf nicht der für das Rechtsgeschäft bestimmten Form."

In dem Verhandeln und in dem Stellen von Anträgen bei dem ablehnbaren Schiedsrichter liegt die Bestätigung seiner Ernennung, die auch durch schlüssige Handlungen erklärt werden kann und die zu ihrer Gültigkeit keiner empfangsbedürftigen, d. h. dem anderen Teil gegenüber abzugebenden Willenserklärung bedarf [1]).

Das RG. hat über die Zulässigkeit des Verzichts auf Ablehnungsgründe und über die Zulässigkeit der Übertragung des Ablehnungsrechts folgendes ausgeführt:

Wie der Gesetzgeber mit Rücksicht auf die Natur des Schiedsgerichts und in Ermangelung eines staatlichen Interesses für die

---

1) V 20. 5. 08 Bd. 68 S. 399/400

passive Wahlfähigkeit zum Schiedsrichter besondere Beschränkungen nicht aufgestellt hat, vielmehr den Parteien freie Hand gelassen hat, welchen Persönlichkeiten sie die Entscheidung ihres Streits anvertrauen wollen, so hat er es auch dem freien Willen der Parteien überlassen, ob sie einen Schiedsrichter ablehnen wollen oder nicht [1]).

Aus der Natur des Schiedsvertrags ergibt sich, daß durch den Parteiwillen ein bereits vorhandener und den Parteien bekannter Umstand, der nach dem Gesetz eine Ablehnung rechtfertigen würde, dieser seiner Wirkung entkleidet werden kann. Ist z. B. nach den Satzungen eines Vereins die Wählbarkeit der Vereinsmitglieder zu Mitgliedern von Schiedsgerichten vorgesehen, so ist in dem Beitritt zu dem Verein und der Unterwerfung unter seine Satzungen eine Einwilligung dahin zu finden, daß ausschließlich aus der Vereinsmitgliedschaft ein Ablehnungsrecht nicht herzuleiten ist [2]). Ist ein Schiedsrichter in dem Schiedsvertrag ernannt worden, so können Umstände, die sich aus dem Beruf oder der sonstigen Stellung des Schiedsrichters mit Notwendigkeit ergeben, nicht als Ablehnungsgründe geltend gemacht werden. Diese Auffassung wird dem Willen der Parteien, die den Schiedsvertrag geschlossen haben, regelmäßig entsprechen. Denn in der Übertragung des Schiedsrichteramts an eine bestimmte Persönlichkeit ist präsumtiv die Erklärung zu finden, daß die Befürchtung mangelnder Unbefangenheit, die an sich vielleicht begründet erscheinen könnte, durch das der Person des erwählten Schiedsrichters geschenkte Vertrauen überwogen werde. Voraussetzung ist dabei, daß es sich um Tatsachen und Verhältnisse handelt, die bei der Ernennung des Schiedsrichters bereits vorhanden und den Beteiligten bekannt waren oder deren späteres Eintreten doch damals schon vorauszusehen war. Alsdann aber sind die kompromittierenden Parteien an den Schiedsvertrag insoweit gebunden, daß sie derartige Umstände nicht nachträglich als Ablehnungsgründe des im Vertrag ernannten Schiedsrichters verwerten können [3]). Haben z. B. die Parteien die Entscheidung aller aus einem Bauvertrag zwischen ihnen entstehenden Streitigkeiten den bauleitenden Architekten als den

---

1) Hahn I S. 492. — VII 20. 5. 10 Warn.Rspr. 10 Nr. 304.
2) VII 30. 5. 02 Bd. 51 S. 393.
3) I 8. 4. 96 JW. 96 S. 283 Z. 15.

vertragsmäßig bestellten Schiedsrichtern übertragen, so können die aus der Stellung der Architekten zu einer Partei als Bauherr sich ergebenden wirtschaftlichen und rechtlichen Beziehungen nachträglich als Ablehnungsgründe gegen die Schiedsrichter nicht verwertet werden [1]).

Es ist Sache der Parteien, wem sie das Vertrauen entgegenbringen wollen, ihren Streit an Stelle der Staatsgerichte zu entscheiden. Darum können sie auch, wenn in dem Schiedsvertrag eine Bestimmung über die Person der Schiedsrichter nicht getroffen ist und es zum Ernennungsverfahren kommt, auf das Recht der Ablehnung der ernannten Schiedsrichter nachträglich verzichten, ausdrücklich oder stillschweigend, indem sie sich trotz Kenntnis von dem Mangel in der Person des Schiedsrichters in eine Verhandlung vor ihm einlassen [2]). Allerdings ist der Rechtssatz, daß durch die Antragstellung einer Partei beim Schiedsrichter der ihr bekannte Ablehnungsgrund seine Bedeutung verliere, **so allgemein** aus dem **Wortlaut** der ZPO. nicht ohne weiteres zu entnehmen; denn aus § 1032 Abs. 1 in Verbindung mit § 43 des Gesetzes ergibt sich zunächst nur, daß ein Schiedsrichter **wegen Besorgnis der Befangenheit** in dem fraglichen Falle nicht mehr abgelehnt werden kann, während in § 42 Abs. 1, 2 in Ansehung der eigentlichen Richter grundsätzlich unterschieden ist zwischen Ablehnung in Fällen der gesetzlichen Ausschließung eines Richters und Ablehnung wegen Besorgnis der Befangenheit; die richterliche **Inhabilität** kann eben durch das Verhalten der Parteien auch nicht nach § 43 geheilt werden. Wenn also auch als richtig unterstellt wird, daß in Ansehung eines **Schiedsrichters** die der richterlichen Inhabilität entsprechenden Umstände nur als **Ablehnungsgründe** dienen können, so bleibt doch zunächst der Zweifel, ob man eine **solche** Ablehnung dann als Ablehnung wegen **Besorgnis der Befangenheit** bezeichnen dürfe. Jedoch muß es für dem **Sinn** der ZPO. gemäß erachtet werden, unter der unterstellten Voraussetzung **jedes** der Partei bekannte Ablehnungsrecht durch Einlassung auf eine Verhandlung bei dem Schiedsrichter oder durch einen an denselben gerichteten Antrag verloren gehen zu lassen. Das Gesetz würde eben nur seine Ausdrucksweise in dieser Beziehung nicht genau genug erwogen haben [3]).

1) VII 25. 6. 09 JW. 09 S. 452 Z. 4.
2) VII 3. 2. 03 Bd. 53 S. 389/90.
3) VI 15. 6. 99 Bd. 44 S. 392.

Voraussetzung für die Annahme oder den Eintritt eines Verzichts ist in jedem Falle die Kenntnis der Ablehnungsgründe zur Zeit der Vornahme der Handlung, aus der der Verzicht geschlossen wird. Verzichten und verzichten wollen kann man nur auf ein Recht, das man kennt, dessen Daseins man sich wenigstens als einer Möglichkeit bewußt ist. Darauf, ob die Partei erst nachträglich erfahren hat, daß ein bestimmter Umstand ihr ein Recht zur Ablehnung gebe, kommt es nicht an. Maßgebend ist die Kenntnis von dem Ablehnungsgrunde, d. h. von der Tatsache, welche zur Ablehnung berechtigt [1]). Ist der Verzicht auf das Ablehnungsrecht einmal erklärt, sei es ausdrücklich oder stillschweigend, so kann er nicht widerrufen werden [2]) (vgl. § 16 III d. B.).

Ist das Ablehnungsrecht verzichtbar, so ist auch kein Grund ersichtlich, aus welchem es den Parteien verwehrt sein sollte, im Schiedsvertrage, kraft dessen das Recht der Ernennung einem Dritten übertragen ist, der Geltendmachung von Ablehnungsgründen zu entsagen, die nicht als solche von dem Dritten anerkannt werden, also zu vereinbaren, daß über ein Ablehnungsgesuch der Dritte zu entscheiden habe. Daß ein **stillschweigender** Verzicht auf unbekannte Ablehnungsgründe nicht denkbar ist, beweist nicht das gleiche für den ausdrücklichen Verzicht, der von **vornherein** die Ernennung des Schiedsrichters auch beim Vorhandensein etwaiger Ablehnungsgründe gelten läßt. Ein solcher Verzicht erscheint — wofern nur nicht die Vereinbarung gegen zwingendes Recht verstößt oder als unsittlich nichtig ist — durchaus statthaft. Ihm gegenüber ist die Übertragung der Entscheidung über ein Ablehnungsgesuch auf den zur Auswahl der Schiedsrichter berufenen Dritten das mindere. Mit einer solchen Vereinbarung wird nicht das Ablehnungsverfahren abweichend von den Grundsätzen der ZPO. gestaltet, sondern es wird dadurch gegenstandslos. Nach dem maßgebenden Parteiwillen befindet der Dritte endgültig über die Befähigung des Schiedsrichters [3]), auch wenn ihm nicht gleichzeitig die Ernennung, sondern nur die Entscheidung über die Ablehnung übertragen ist [4]) (vgl. § 16 II d. B.).

---

1) VII 24. 6. 04 JW. 04 S. 495 Z. 23.
2) V 9. 11. 95 Bd. 36 S. 379/80.
3) VII 3. 2. 03 Bd. 53 S. 389/90.
4) VII 20. 5. 10 Warn.Rspr. 10 Nr. 304.

III. Unterliegt jeder Schiedsrichter der Ablehnung?

Der Ablehnung unterliegt jeder Schiedsrichter, gleichviel, ob er in dem Schiedsvertrag ernannt ist oder nicht, wenn auch, wie vorher zu II ausgeführt, Umstände, die bei der Ernennung bekannt waren oder sich aus der bekannten Stellung des Schiedsrichters mit Notwendigkeit ergeben, nachträglich nicht als Ablehnungsgründe geltend gemacht werden können. Auch macht es keinen Unterschied, ob der Schiedsrichter durch die Parteien selbst oder durch das Gericht oder durch einen Dritten ernannt worden ist (vgl. zu I), es sei denn, daß die Parteien dem Dritten nicht bloß die Ernennung des Schiedsrichters, sondern auch die Entscheidung über eine etwaige Ablehnung übertragen haben, so daß der Dritte endgültig über die Ernennung des Schiedsrichters befindet (vgl. II b a. E.). Infolgedessen unterliegt mangels einer anderweiten Vereinbarung der Parteien auch der von den Schiedsrichtern gewählte Obmann der Ablehnung (§ 10 II b 2 d. B.).

§ 15.

Aus welchen Gründen kann ein Schiedsrichter abgelehnt werden?

I. Was bestimmt hierüber das Gesetz?

1. **Die Gründe,** aus denen ein Schiedsrichter abgelehnt werden kann, **sind gemäß § 1032 Abs. 1 zunächst dieselben, welche zur Ablehnung eines Richters berechtigen und in den §§ 41 und 42 aufgeführt sind.**

a) § 41 lautet:

„Ein Richter ist von der Ausübung des Richteramts kraft Gesetzes ausgeschlossen:

1. in Sachen, in welchen er selbst Partei ist, oder in Ansehung welcher er zu einer Partei in dem Verhältnisse eines Mitberechtigten, Mitverpflichteten oder Regreßpflichtigen steht;

2. in Sachen seiner Ehefrau, auch wenn die Ehe nicht mehr besteht;

3. in Sachen einer Person, mit welcher er in gerader Linie verwandt, verschwägert oder durch Adoption verbunden, in der Seitenlinie bis zum dritten Grade verwandt oder bis zum zweiten Grade verschwägert ist, auch wenn die Ehe, durch welche die Schwägerschaft begründet ist, nicht mehr besteht;

4. in Sachen, in welchen er als Prozeßbevollmächtigter oder Beistand einer Partei bestellt oder als gesetzlicher Vertreter einer Partei aufzutreten berechtigt ist oder gewesen ist;

5. in Sachen, in welchen er als Zeuge oder Sachverständiger vernommen ist;

6. in Sachen, in welchen er in einer früheren Instanz oder im schiedsrichterlichen Verfahren bei der Erlassung der angefochtenen Entscheidung mitgewirkt hat, sofern es sich nicht um die Tätigkeit eines beauftragten oder ersuchten Richters handelt."

Hierzu ist im einzelnen folgendes zu bemerken:

Zu **Ziffer 1**. Was unter **Partei** zu verstehen und wer im Schiedsverfahren als Partei anzusehen ist, das ist bereits in § 6 I d. B. auseinandergesetzt. Eine Partei darf nicht Schiedsrichter sein, da sie sonst in die Lage kommen würde, über ihre eigenen Ansprüche zu entscheiden. Der Schiedsrichter darf aus dem gleichen Grunde auch nicht zu einer Partei in dem Verhältnis eines Mitberechtigten, Mitverpflichteten oder Regreßpflichtigen stehen. Die Mitbeteiligung an dem Verfahren im Sinne des § 41 Ziffer 1 muß jedoch eine unmittelbare, d. h. derart sein, daß der Schiedsrichter für seine Person in die Lage kommen kann, sei es als mitberechtigt zu klagen, sei es als mitverpflichtet (Mitschuldner, Bürge) oder als regreßpflichtig verklagt zu werden [1]). Daß der Schiedsrichter sich in dieser Eigenschaft an dem Verfahren bereits beteiligt, d. h. selbst Ansprüche erhoben oder Anträge gestellt hat, ist zur Begründung seiner Ablehnung nicht erforderlich. Ist der Schiedsrichter Gläubiger oder Schuldner einer Partei, so begründet dies nicht seine Ablehnung gemäß § 41 Ziff. 1, kann sie aber gemäß § 42 Abs. 1 und 2 rechtfertigen. Das Gleiche gilt von dem bloßen Interesse am Ausgange des Rechtsstreits, mag es auch ein erhebliches sein [2]).

Ziffer 2. Aus welchem Grunde die **Ehe** nicht mehr besteht, ob sie durch den Tod gelöst oder durch gerichtliches Urteil ge-

1) und 2) II 28. 4. 82 Bd. 7 S. 311/3.

trennt, als ungültig oder nichtig erklärt worden ist, darauf kommt es nicht an. Ein Verlöbnis mit einer der Parteien kann zur Begründung der Ablehnung nur wegen Besorgnis der Befangenheit in Frage kommen, ist aber nicht ein Ablehnungsgrund gemäß § 41.

Ziffer 3. Ob bezw. in welchem Grade **Verwandtschaft** oder **Schwägerschaft** vorliegt, bestimmt sich nach den Vorschriften des BGB. in den §§ 1589, 1590, 1705. Hiernach besteht für die Verwandtschaft zur mütterlichen Linie kein Unterschied zwischen der ehelichen und der unehelichen Abstammung, dagegen ist das uneheliche Kind weder mit seinem Vater verwandt, noch mit dessen Verwandten. Ein solches Verwandtschaftsverhältnis kann jedoch nachträglich gemäß § 1719 ff. BGB. durch Verheiratung des Vaters mit der Mutter entstehen. Durch Ehelichkeitserklärung und durch Annahme an Kindesstatt, Adoption, erlangt das Kind die rechtliche Stellung eines ehelichen Kindes des Vaters bezw. des Annehmenden. Die Wirkungen der Ehelichkeitserklärung, wie der Adoption erstrecken sich auch auf Abkömmlinge des Kindes, dagegen nicht auf die Verwandten des Vaters und des Annehmenden (§§ 1736, 1737, 1757, 1762, 1763 BGB.). Hiernach kommen für die Ablehnung gemäß § 41 Ziffer 3 eine Adoption und eine Ehelichkeitserklärung nur insoweit in Betracht, als dadurch zwischen dem Schiedsrichter und einer Partei ein Kindschaftsverhältnis begründet ist.

Wenn hier von dem Verwandtschafts- oder Schwägerschaftsverhältnis nicht zu einer „Partei", sondern zu einer „Person" gesprochen wird, in deren Sache die Ausübung des Richteramts in Frage steht, so ist der Grund dafür, aus dem hier nicht der Ausdruck „Partei" gebraucht ist, wohl darin zu finden, daß ein solches Verhältnis nicht zu einer Partei schlechthin, als welche auch eine juristische Person in Frage kommt, bestehen kann, sondern nur zu einer physischen Person. Voraussetzung für die Anwendung der Bestimmung aber ist natürlich, daß eine physische Person Partei ist.

Ziffer 4. Aus dem Gebrauch des Wortes **„Prozeßbevollmächtigter"** folgt nicht, daß die Anwendung der Vorschrift nur dann Platz greift, wenn der Bevollmächtigte durch Erteilung einer Prozeßvollmacht nach Maßgabe der Bestimmungen der ZPO. in den §§ 80 ff. bestellt ist. Auf das Schiedsverfahren, welches kein Prozeß ist (vgl. § 1 III d. B.), finden diese Vorschriften, wenn nicht von den Parteien vereinbart, nicht Anwendung (§§ 3 und 4 d. B.). Für die Bestellung eines Bevollmächtigten in diesem Verfahren greifen die allgemeinen für die Vertretung im bürgerlichen Recht gegebenen Vorschriften Platz [1]). Wegen Erteilung der Vollmacht, Form, Umfang und Geltung vgl. die Ausführungen in § 6 III d. B.

Wer als **Beistand** einer Partei zu erachten ist, bestimmt die ZPO. nicht. Sie sagt hierüber in § 90 nur, daß, insoweit eine Vertretung durch Anwälte nicht geboten sei, eine Partei mit jeder prozeßfähigen Person als Beistand erscheinen könne und daß das von dem Beistand Vorgetragene als von der Partei vorgetragen gelte, insoweit es nicht von dieser sofort widerrufen oder berichtigt werde. Auch das BGB., in dessen Familienrecht, insbesondere bei der Führung der Vormundschaft durch die Mutter, der Beistand eine Bedeutung hat, das aber zu Begriffsbestimmungen ebensowenig neigt, wie die ZPO., enthält keine Vorschrift, wer ein Beistand im Sinne des Gesetzes oder was ein Beistand sei. Im Schiedsverfahren, für das die einschränkenden Bestimmungen der ZPO. in § 90 nicht gelten, ist als Beistand jede Person anzusehen, die eine Partei — ohne ihr Vollmacht zur Vertretung zu erteilen — zur Unterstützung bei Wahrnehmung ihrer Rechte, insbesondere bei der Abgabe von Erklärungen, sei es auf mündlichem oder schriftlichem Wege, in einem Termin vor dem Schiedsgericht oder außerhalb eines solchen, zuzieht, mag es sich dabei um Ausführungen rechtlicher, technischer oder rein tatsächlicher Natur handeln.

Wer als **gesetzlicher Vertreter** einer Partei anzusehen ist, richtet sich nach den Vorschriften des bürgerlichen Rechts, wofür auf die Ausführungen in § 6 II d. B. zu verweisen ist.

Daß der Schiedsrichter in dem Schiedsverfahren bereits als Prozeßbevollmächtigter, Beistand oder gesetzlicher Vertreter für eine Partei tätig gewesen ist, gehört nicht zur Begründung seiner Ablehnung. Nach dem Wortlaut des Gesetzes genügt hierfür, daß er zum Prozeßbevollmächtigten oder Beistand bestellt, als solcher von der Partei dem Schiedsgericht oder der anderen Partei bezeichnet worden ist oder daß er gesetzlicher Vertreter einer Partei ist oder gewesen ist.

Ziffer 5. Darauf, ob die **Zeugenaussage** oder das **Gutachten** in dem Schiedsverfahren zur Berücksichtigung gelangt,

1) VII 25. 10. 10 Warn.Rspr. 10 Nr. 482.

für die Erlassung des Schiedsspruchs voraussichtlich herangezogen wird oder nicht, kommt es nicht an. Es genügt zur Ablehnung die einfache Tatsache der Vernehmung des Schiedsrichters als Zeuge oder Sachverständiger. Ob die Vernehmung durch das ordentliche Gericht gemäß §§ 1036, 1035 Abs. 2 oder durch Schiedsrichter gemäß § 1035 Abs. 1 erfolgt ist, macht keinen Unterschied, nur muß sie in demselben Schiedsverfahren stattgefunden haben, für welches der Schiedsrichter als solcher tätig sein soll, oder doch in einem Verfahren, welches dieselbe Rechtsstreitigkeit zwischen denselben Parteien betrifft, wie das Schiedsverfahren. Dies trifft z. B. für die Vernehmung in einem Beweissicherungsverfahren gemäß §§ 485 ff. in bezug auf die Rechtsstreitigkeit zu, deren Entscheidung durch die Erlassung des Schiedsspruchs erfolgen soll, und auch für die Vernehmung in einem Verfahren betreffend einen Arrest oder eine einstweilige Verfügung gemäß §§ 916 ff. in Bezug auf die Rechtsstreitigkeit, welche den Gegenstand des Schiedsverfahrens bildet.

Ziffer 6. Die **Mitwirkung bei der Erlassung einer Entscheidung in einer früheren Instanz des Schiedsverfahrens** kann, da das Gesetz selbst Rechtsmittel für dieses Verfahren nicht gibt, solche aber auch nicht verbietet, nur in Frage kommen, wenn von den Parteien für das Schiedsverfahren ausdrücklich ein Instanzenzug vereinbart ist, derart, daß gegen die Entscheidung des ersten Schiedsgerichts eine Berufung an ein anderes oder darüber hinaus gegen des letzteren Entscheidung sogar eine Berufung an ein drittes Schiedsgericht zulässig sein solle usw.; denn in der Vereinbarung von Schiedsgerichtsinstanzen ist der Willkür der Parteien eine Grenze durch das Gesetz nicht gezogen. In solchen Fällen ist, mangels einer anderweiten Vereinbarung, als Wille der Parteien anzusehen, daß die Nachprüfung der angefochtenen Entscheidung durch andere Personen erfolgen solle, als diejenigen, welche diese Entscheidung oder eine der angefochtenen voraufgegangene, für die Nachprüfung ebenfalls in Frage kommende Entscheidung in demselben Verfahren erlassen haben. Infolgedessen ist die Ablehnung eines Schiedsrichters, der bei der Erlassung einer solchen früheren Entscheidung mitgewirkt hat, ohne weitere Begründung als zulässig zu erachten.

Hierunter fallen nicht Fälle, in denen die Fortsetzung des Schiedsverfahrens erforderlich wird, weil der von den Schiedsrichtern erlassene Spruch nicht den Erfordernissen des § 1039 entspricht, nicht einen Schiedsspruch im Sinne des Gesetzes darstellt und infolgedessen nicht das Schiedsverfahren zum Abschluß gebracht hat; und auch nicht diejenigen Fälle, in denen zwar das Verfahren durch einen vorschriftsmäßigen Spruch seine Erledigung gefunden hat, dieser Spruch aber gemäß § 1041 zur Aufhebung gelangt ist und nunmehr abermals ein Schiedsverfahren stattfindet, sei es auf Grund einer von vornherein im Schiedsvertrag getroffenen Vereinbarung oder auf Grund eines neuen Schiedsvertrags. Denn in den ersteren Fällen liegt eine Entscheidung überhaupt noch nicht vor, so daß auch die Mitwirkung an der Erlassung einer solchen nicht in Frage kommen kann; in den anderen Fällen aber handelt es sich, auch wenn das zweite Schiedsverfahren auf Grund einer Bestimmung desselben Schiedsvertrags eröffnet wird, der dem ersten zugrunde gelegen hat, um ein ganz neues Verfahren, für welches das erste, das durch den aufgehobenen Spruch zum Abschluß gelangt ist, nicht als frühere Instanz in Betracht kommen kann.

Fraglich kann sein, ob ein Schiedsrichter, der an der Erlassung des die Aufhebung des früheren Schiedsspruchs aussprechenden Urteils als ordentlicher Richter mitgewirkt hat, deswegen in dem neuen Schiedsverfahren, das die Erlassung eines neuen Schiedsspruchs zum Gegenstand hat, abgelehnt werden kann. Diese Frage dürfte zu verneinen sein; denn es handelt sich hierbei weder um eine Nachprüfung des Aufhebungsurteils, das, ehe das neue Schiedsverfahren beginnen kann, rechtskräftig geworden sein muß, noch um eine solche des aufgehobenen Schiedsspruchs, der durch dieses Urteil endgültig abgetan ist, sondern um die Erlassung eines neuen Schiedsspruchs in einem neuen Verfahren. Es kann also gemäß § 41 Ziffer 6 ein Schiedsrichter nur abgelehnt werden, wenn er an der Erlassung eines früheren, in demselben Schiedsverfahren erlassenen und im schiedsrichterlichen Instanzenzuge zur Aufhebung gelangten Spruchs mitgewirkt hat, über dessen Aufrechterhaltung, Aufhebung oder Abänderung er entscheiden soll.

Klarzustellen dürfte noch sein, was als Mitwirkung an der Erlassung eines Spruchs anzusehen ist. Nach § 1039 ist unter Mitwirkung an der Erlassung eines Schiedsspruchs die Unterzeichnung der Urschrift und der Ausfertigungen für die Parteien, die Zustellung an die Parteien und die Niederlegung der Urschrift bei der Gerichtsschreiberei des zuständigen Gerichts zu verstehen. Dies gilt aber nur für denjenigen Spruch, der das Schiedsverfahren zum Abschluß bringt und damit der Anfechtung im Schiedsverfahren entzogen wird [1]). Wie etwa vorhergehende Entscheidungen des Schiedsgerichts zu behandeln, welche Formalitäten dafür zu erfüllen sind, richtet sich nach den darüber von den Parteien getroffenen Vereinbarungen. Hiernach ist auch die Frage zu beantworten, ob und wann die Mitwirkung des Schiedsrichters an einem solchen Spruch vorliegt. Haben die Parteien darüber nichts bestimmt, so ist darunter — analog der Mitwirkung eines ordentlichen Richters bei der Erlassung eines Urteils [2]) — die Mitwirkung an der Feststellung des Inhalts des Spruchs zu verstehen, mag diese Feststellung und demgemäß die Mitwirkung daran auf schriftlichem oder mündlichem Wege erfolgen. Die Beteiligung an der Abstimmung darüber dürfte genügen und, mangels einer anderweiten Vereinbarung der Parteien, eine Beteiligung an der schriftlichen oder mündlichen Bekanntgabe des Spruchs an die Parteien nicht erforderlich sein. Immer aber muß die Mitwirkung an einem Spruch vorliegen, über dessen Aufrechterhaltung, Aufhebung oder Abänderung der Schiedsrichter entscheiden soll, dessen Ablehnung in Frage kommt; die Mitwirkung bei der Erlassung einer anderen Entscheidung oder eine sonstige Tätigkeit als Schiedsrichter reicht zur Begründung der Ablehnung gemäß § 41 Ziffer 6 nicht aus.

In allen Fällen der Ablehnung **zu 1—6 muß es sich um dieselbe Sache handeln,** d. h. um einen Rechtsstreit **mit denselben Personen** als Parteien **und mit demselben Streitgegenstand,** in dem der Schiedsrichter seinen Spruch erlassen soll und in dem er Partei, Ehemann, Verwandter, Verschwägerter, Prozeßbevollmächtigter, Beistand oder gesetzlicher Vertreter einer Partei, Zeuge oder Sachverständiger oder Schiedsrichter ist oder gewesen ist. Zur Begründung der Ablehnung genügt die Angabe einer der unter den Ziffern 1—6 aufgeführten Tatsachen, und diese Begründung greift ohne weiteres durch, wenn das Gericht, das gemäß § 1045 darüber zu entscheiden hat, oder der Dritte, dem durch Vereinbarung der Parteien die Entscheidung übertragen ist (vgl. § 14 II d. B.), die darüber aufgestellten Behauptungen als wahr erachtet.

---

1) VII 20. 5. 10 JW. 10 S. 714 Z. 23. — VII 25. 10. 10 Bd. 74 S. 307/8. — VII 16. 11. 11 Bd. 77 S. 315/7.
2) III 25. 4. 90 Bd. 26 S. 384/5.

b) **Gemäß § 42 Abs. 1 kann,** wie der ordentliche Richter, so auch **der Schiedsrichter** nicht nur in den vorher erörterten Fällen des § 41, sondern **auch wegen Besorgnis der Befangenheit abgelehnt werden.** Im Abs. 2 des § 42 heißt es darüber:

„Wegen Besorgnis der Befangenheit findet die Ablehnung statt, wenn ein Grund vorliegt, welcher geeignet ist, Mißtrauen gegen die Unparteilichkeit eines Richters zu rechtfertigen."

Darüber, wann Befangenheit zu besorgen sei, können allgemeine Grundsätze nicht aufgestellt werden: vielmehr ist dies im einzelnen Falle aus den Umständen zu entnehmen, gehört also wesentlich der tatsächlichen Beurteilung an, in ähnlicher Weise, wie dies z. B. betreffs des Vorhandenseins wichtiger Gründe zur Auflösung einer Handelsgesellschaft oder zur Entlassung eines Handlungsgehilfen der Fall ist [1]). Infolgedessen ist, wenn die Ablehnung auf die Besorgnis der Befangenheit gestützt wird, **stets und im besonderen zu prüfen, ob die** zur Begründung der Ablehnung **vorgebrachten Tatsachen ein Mißtrauen in Bezug auf** die Unbefangenheit, **die Unparteilichkeit des Schiedsrichters rechtfertigen,** und zwar sind **hierfür alle Umstände zu berücksichtigen.** Das bloße Mißtrauen einer Partei kann die Ablehnung nicht begründen [2]), doch muß hierzu, wie in Bezug auf einen Sachverständigen, so auch hinsichtlich eines Schiedsrichters zur Ablehnung schon ein Grund genügen, der geeignet ist, Mißtrauen auf Seiten einer Partei gegen die Unparteilichkeit des Schiedsrichters zu rechtfertigen, d. h. ein subjektives Mißtrauen dieser Art bei der ablehnenden Partei als gerechtfertigt erscheinen zu lassen [3]). Natürlich müssen es vernünftige Gründe sein, die für die Annahme vorgebracht werden, daß die Partei Befangenheit des Schiedsrichters zu befürchten habe. Der Nachweis der Parteilichkeit ist nicht erforderlich, meist auch kaum zu führen. Es kommt nicht darauf an, ob die Parteilichkeit bei dem Schiedsrichter wirklich besteht, sondern ob Umstände vorliegen, welche geeignet sind, Mißtrauen gegen die Unparteilichkeit des Schiedsrichters zu rechtfertigen, ein mehreres verlangt das Gesetz nicht [4]).

---

1) I 7. 7. 84 JW. 84 S. 211 Z. 3.
2) III 16. 1. 99 JW. 99 S. 87 Nr. 2.
3) VI 6. 6. 10 JW 10 S. 710 Z. 15 = Warn.Rspr. 10 Nr. 302.
4) I 27. 9. 99 JW. 99 S. 726 Z. 1. — VII 30. 5. 02 JW. 02 S. 392

Als solche Umstände kommen hauptsächlich in Betracht die persönlichen Beziehungen des Schiedsrichters zu einer Partei (Verwandtschaft und Schwägerschaft außerhalb der in § 41 Z. 3 angegebenen Grade, Freundschaft, Interessengemeinschaft) oder solche zur Sache (eigenes Interesse am Ausgange des Rechtsstreits) und seine bisherige Stellungnahme zu der Rechtsstreitigkeit [1]). Immer aber müssen diese Umstände unter Berücksichtigung der ganzen Sachlage als so erheblich erscheinen, daß dadurch das Mißtrauen gegen die Unparteilichkeit des Schiedsrichters gerechtfertigt wird. **Die Rechtsprechung des RG. gibt** für die zutreffende Beurteilung solcher Umstände **nur Anhaltspunkte, keine festen Regeln,** derselbe Umstand kann in dem einen Fall zur Begründung der Ablehnung ausreichen, in dem anderen nicht. Bei der Prüfung der Erheblichkeit der Umstände ist auch in Rücksicht zu ziehen, ob der abgelehnte Schiedsrichter der einzige ist, so daß die Entscheidung der Rechtsstreitigkeit durch ihn allein zu erfolgen hat, oder nur einer von mehreren, und ob es sich in diesem Falle um den Obmann handelt, dem bei Meinungsverschiedenheiten der anderen Schiedsrichter die Entscheidung im Ergebnis anheimfällt; denn an die Unbefangenheit eines einzigen Schiedsrichters und des Obmanns sind strengere Anforderungen zu stellen [2]). Der Umstand, daß der Obmann Freund und Gesinnungsgenosse des Klägers war, ist in einem vom RG. nachgeprüften Fall nicht als ein ausreichender Grund zur Ablehnung wegen Besorgnis der Befangenheit angesehen worden [3]).

Zur Beleuchtung der für die Begründung der Ablehnung **maßgebenden Gesichtspunkte und zwecks zutreffender Bewertung der** hierfür **vorgebrachten Tatsachen** im einzelnen **können,** wie bereits vorher geschehen, **Entscheidungen herangezogen werden, welche** nicht **Fälle der Ablehnung** des Schiedsrichters oder des ordentlichen Richters, sondern **des Sachverständigen betreffen,** da für diesen als Gehilfen dees Richters gemäß § 406 Abs. 1, abgesehen davon, daß die frühere Vernehmung des Sachverständigen

Z. 6. — VII 8. 1. 09 Warn.Rspr. 09 Nr. 250. — VII 28. 6. 10. — VII 243. 10 Deutsche Tiefbau-Zeitung 10. Jahrgang Nr. 18 S. 256.

1) VII 12. 6. 08 Bd. 69 S. 169/70.

2) VII 12. 6. 08 Bd. 69 S. 169/70. — VII 28. 6. 10 Deutsche Tiefbau-Zeitung 10. Jahrgang Nr. 18 S. 256.

3) VII 1. 2. 01 Bd. 47 S. 427.

als Zeugen nicht zur Ablehnung berechtigt, dieselben Ablehnungsgründe gelten, wie für den ordentlichen Richter.

Daß der Schiedrichter sich in einem **Dienst- oder Abhängigkeitsverhältnis zu einer Partei** befindet, ist als ein genügender Grund zur Besorgnis der Befangenheit zu erachten [1]). Ein derartiges Verhältnis ist aber bei einem im übrigen wirtschaftlich unabhängigen Arzt nicht schon deshalb als vorhanden anzunehmen, weil er die Stellung eines Vertrauensarztes der in Anspruch genommenen Versicherungsgesellschaft einnimmt [2]). Die Tatsache, daß ein solches Verhältnis früher bestanden hat, kann in Verbindung mit anderen Umständen erheblich werden. So ist das Mißtrauen in die Unparteilichkeit des Abgelehnten als gerechtfertigt erklärt worden, weil er früher Angestellter der einen Partei und für diese in einer Reihe von streitigen Geschäften tätig gewesen ist, über die er urteilen sollte und durch die angeblich die andere Partei übervorteilt worden war [3]). Eine **Geschäftsverbindung** mit einer Partei kann unter Umständen einen Ablehnungsgrund bilden; die Tatsache aber, daß der Abgelehnte mit der Klägerin in der Weise in Geschäftsverbindung steht, daß er vielleicht alle Jahre eine Violine im Preise von Mk. 800 oder Mk. 1200,— oder auch wohl einmal noch teurere Geigen von der Klägerin gegen bar bezogen hat, ist, zumal er die Inhaber der klagenden Firma zwar seit Jahren kennt, freundschaftliche Beziehungen außer dem erwähnten geschäftlichen Verkehr aber nicht bestehen, für sich allein nicht als geeignet erachtet worden, Zweifel in seine Unbefangenheit zu setzen [4]). Dagegen ist in einer Patentstreitsache ein solches Mißtrauen als gerechtfertigt erachtet worden, weil der Abgelehnte nicht nur **Konkurrent** des Klägers in Knopfverschlüssen war, sondern selbst Knopfverschlüsse fabrizierte und vertrieb, die den patentierten des Klägers im Prinzip ganz ähnlich waren und mit denen er dem Kläger die schärfste Konkurrenz zu machen suchte, so daß es als auf der Hand liegend angesehen wurde, daß, wenn sein eigenes Fabrikat dem des Klägers gleiche, die Frage, die er entscheiden sollte, sein eigenstes Interesse berührte [5]). In der Streitsache eines mit dem Rechte

1) VI 22. 6. 99 JW. 99 S. 487 Z. 16.
2) VII 12. 6. 08 Bd. 69 S. 169.
3) I 26. 2. 98 JW. 98 S. 220 Z. 10.
4) II 22. 9. 08 Warn.Rspr. 09 Nr. 51.
5) I 16. 9. 99 JW. 99 S. 672 Z. 3.

einer juristischen Persönlichkeit nicht ausgestatteten Vereins ist gemäß § 41 Z. 1 durch die **Vereinsmitgliedschaft des Schiedsrichters** für sich allein die Ablehnung hinreichend begründet, auch wenn es sich um einen weit ausgedehnten Verein mit großer Mitgliederzahl handelt, welcher ein von dem seiner Mitglieder verschiedenes Vermögen besitzt [1]). Hat dagegen der beteiligte Verein die Rechte einer juristischen Person, handelt es sich z. B. um eine Aktiengesellschaft, so genügt die Beteiligung des Schiedsrichters daran oder der Umstand, daß er Gläubiger des Vereins ist, nicht ohne weiteres, um die Besorgnis seiner Befangenheit zu rechtfertigen. Sein Interesse am Ausgange des Rechtsstreits muß ein erhebliches sein, was angenommen werden kann, wenn er eine große Anzahl von Aktien besitzt oder hohe Forderungen gegen den Verein hat, deren Wert oder Sicherheit durch den günstigen oder ungünstigen Ausgang des Rechtsstreits stark beeinflußt werden kann [2]). **Die Ablehnung des Mitglieds einer Stadtverordnetenversammlung in der Streitsache einer Stadt** im Geltungsbereich der Städteordnung für die sechs östlichen Provinzen der Preußischen Monarchie mit der Begründung, daß von ihm ein völlig unbefangenes Urteil in der die Stadt angehenden Rechtssache nicht zu erwarten sei, ist nicht bloß subjektiv, sondern auch objektiv als durch die Beziehungen der Versammlung und folgeweise ihrer Mitglieder zu dem Rechtsstreit begründet erachtet worden. Denn im Geltungsbereich der Städteordnung für die bezeichneten Provinzen vom 30. Mai 1853 sei zwar die Stadtverordnetenversammlung zur Vertretung der Stadtgemeinde nicht berufen, aber sie habe über alle Gemeindeangelegenheiten zu beschließen, soweit sie nicht ausschließlich dem Magistrat überwiesen seien, und sie kontrolliere die Verwaltung (§§ 35, 37). Insbesondere unterliege ihrer Beschlußfassung die Frage, ob eine Klage für die Stadtgemeinde anzustellen und ob die Einlassung auf eine solche geboten sei. Es stehe ihr also eine Einwirkung auf die von der Stadt zu führenden Prozesse zu, vermöge deren sie als beteiligt bei der Prozeßführung gelten müsse [3]).

Nach § 41 Z. 4 ist die Ablehnung einer Person, welche in derselben Sache, in der der Schiedsspruch erfolgen soll, als

---

1) § 7 IIa d. B., a. M. — VII 30. 5. 02 Bd. 51 S. 393/4.
2) II 28. 4. 92 Bd. 7 S. 311/3.
3) VII 23. 4. 07 Bd. 66 S. 53/4.

Prozeßbevollmächtigter oder Beistand einer Partei bestellt ist oder gewesen ist, ohne weiteres begründet. Aber, auch wenn der zum Schiedsrichter Ernannte früher in einer anderen ähnlich liegenden Sache **Parteivertreter** gewesen ist, kann die Ablehnung gerechtfertigt sein [1]). Ist ein zum Schiedsrichter ernannter Rechtsanwalt Associé des von einer Partei als Rechtsbeistand oder Prozeßbevollmächtigter für dieselbe Sache bestellten Rechtsanwalts, haben beide Rechtsanwälte sich zur gemeinsamen Betreibung der Rechtsanwaltschaft verbunden, so wird ein derartiges Gesellschaftsverhältnis in der Regel die Ablehnung des zum Schiedsrichter ernannten Rechtsanwalts wegen Besorgnis der Befangenheit rechtfertigen [2]). Ist der Schiedsrichter derjenige Anwalt, an den sich die Partei, welche ihn bestellt hat, in ihren Rechtsangelegenheiten gewöhnlich wendet, dem sie also besonderes Vertrauen schenkt, so wird, auch wenn die Partei sich bis dahin an ihn als Anwalt für die betreffende Sache nicht gewendet hat, dieses Verhältnis doch ein Mißtrauen in die Unbefangenheit des Schiedsrichters als gerechtfertigt erscheinen lassen, und zwar ein subjektives Mißtrauen auf Seiten der anderen Partei [3]). Auch in dem Falle, daß von einer Partei ein Anwalt zum Schiedsrichter bestellt wird, der gewöhnlich die andere Partei berät oder vertritt, kann bei dieser Partei die Besorgnis mangelnder Unbefangenheit mit Rücksicht auf die Befürchtung begründet erscheinen, daß der Schiedsrichter, um vermeintlich unparteiisch zu sein, gegen die sonst von ihm vertretene Partei zu weit gehen werde [4]). Darin, daß der Schiedsrichter sich in einer anderen, anscheinend auf dasselbe Rechtsverhältnis zurückzuführenden Sache **bereits eine den Interessen der einen Partei entgegengesetzte Meinung gebildet** und ihr entschiedenen Ausdruck verliehen hatte, hat das RG. einen objektiven Grund zum Mißtrauen in die Unparteilichkeit des Schiedsrichters nicht gefunden und bemerkt, daß derselbe deswegen ebenso wenig abgelehnt werden könne, wie der staatliche Richter etwa deshalb, weil er sich zu einer bestimmten Rechtsansicht bekannt habe [5]). „Keiner der

1) I 7. 7. 84 JW. 84 S. 211 Z. 3.
2) I 20. 9. 93 JW. 93 S. 459 ff.
3) Nur gestreift, nicht entschieden durch I 20. 9. 93 JW. 93 S. 459 ff.
4) Nur gestreift, nicht entschieden durch VII 24. 6. 04 JW. 04 S. 495 Z. 23.
5) VII 5. 4. 04 JW. 04 S. 241 Z. 21.

Vertragsparteien kann," sagt das RG. in einem eine Kommission von Schiedsgutachtern betreffenden Falle, „die Berufung eines bestimmten Sachverständigen schon deshalb verschränkt werden, weil bereits bekannt ist, daß der Sachverständige **eine dem Berufenden günstige Auffassung** vertritt und sie **bereits im Interesse des Berufenden kundgegeben** hat. Gerade zur Ausgleichung der Gegensätze in der Auffassung der von beiden Gegnern berufenen Sachverständigen ist ihr Zusammenwirken in der Kommission bestimmt. Erweist sich eine solche Ausgleichung als nicht erreichbar, so fällt die Entscheidung dem . . . von beiden Sachverständigen zu wählenden Obmanne zu. **Zu einem Obmann** aber, der bei einander widersprechenden Gutachten der beiden von den streitenden Parteien berufenen Sachverständigen die Entscheidung regelmäßig allein an seiner Hand hat, ohne dabei durch einen ihm gleichgeordneten Sachverständigen kontrolliert zu werden, **eignet sich . . . nur eine bei dem Streite der Parteien bisher nicht beteiligte, ihm völlig unbefangen gegenüberstehende** Person. Auf denselben Standpunkt hat sich der erkennende Senat auch in dem Urteil vom 6. Dezember 1904 Rep. VII 218/04 gestellt, auf dessen eingehende Begründung hier Bezug genommen wird" [1]. „Ebensowenig", führt das RG. in Bezug auf die Ablehnung eines Schiedsrichters aus, „ist dem Berufungsrichter ein Vorwurf zu machen, wenn er eine **Besorgnis der Befangenheit aus den Tatsachen nicht** entnimmt, **daß der Schiedsrichter K. das Schiedsrichteramt gewerbsmäßig betreiben soll und** daß **er, ebenso wie der Kläger dem** über ganz Deutschland verbreiteten, aus zahlreichen Mitgliedern bestehenden **Verbande deutscher Tiefbauunternehmer angehört.** Mag auch aus dem letzteren Umstande eine gewisse Geneigtheit, die Interessen der Tiefbauunternehmer im besonderen Grade zu schützen, entnommen werden können, so macht doch eine solche Subjektivität den Schiedsrichter noch nicht ungeeignet zu seinem Amt. Sie wird dadurch ausgeglichen, daß auch der Gegner regelmäßig einen Schiedsrichter wählen wird, der nach seiner Annahme sein, des Wählenden, Interesse mit besonderem Verständnis und Eifer vertreten wird, und daß bei Meinungsverschiedenheit der gewählten Schiedsrichter, von denen jeder die für die eigene Partei sprechenden Umstände scharf hervorheben und dadurch zur Klärung

---

1) VII 12. 6. 08 Bd. 69 S. 169/70.

der Sachlage beitragen wird, die Entscheidung im Ergebnis dem Obmann anheimfällt (vgl. das Urteil des erkennenden Satzes vom 6. Dezember 1904 VII 218/04). **Zum Obmann freilich darf nur eine Persönlichkeit gewählt werden, die den Interessen beider Parteien völlig unbeteiligt gegenübersteht**; Obmann aber ist K. hier nicht gewesen" [1]).

In einer größeren Anzahl von Entscheidungen, welche die Ablehnung von Sachverständigen betreffen, die hier im einzelnen zu erörtern aber zu weit führen würde, hat das RG. ausgesprochen, daß grundsätzlich die **frühere Erstattung eines Gutachtens** über die strittige Frage **für eine Partei,** insbesondere **gegen Entgelt,** zur Ablehnung wegen Besorgnis der Befangenheit ausreiche [2]), daß aber auch in solchen Fällen durch die Vertrauenswürdigkeit der Persönlichkeit des Sachverständigen das Mißtrauen gegen seine Unparteilichkeit entkräftet werden könne [3]); daß die vorher erfolgte **einseitige Einziehung von Erkundigungen von einer Partei** und der Versuch der vergleichsweisen Erledigung des Streits durch den Sachverständigen geeignet sei, Mißtrauen in seine Unbefangenheit zu rechtfertigen [4]) und dgl.

Die Durchsicht und Prüfung aller Entscheidungen ergibt, wie bereits vorher bemerkt, daß **feste Regeln dafür, wann** durch die eine oder die andere Tatsache **das Mißtrauen** gegen die Unparteilichkeit des Abgelehnten als **gerechtfertigt,** seine Ablehnung deswegen als begründet zu erachten ist, **nicht** aufgestellt werden können, daß vielmehr in jedem einzelnen Falle **alle** Umstände des besonderen Falls zur Prüfung und Beurteilung heranzuziehen sind und je nach Bewandtnis dieser Umstände, nach ihrer Bedeutung und ihrem Verhältnis zueinander die Entscheidung zu treffen ist. Hält man daran fest, daß jeder Schiedsrichter, gleichviel wer seine Ernennung bewirkt hat, als von beiden Parteien ernannt zu erachten ist, so wird man verschiedenen Entscheidungen nicht bei-

---

1) VII 28. 6. 10 Deutsche Tiefbau-Zeitung 10. Jahrg. Nr. 18 S. 256.

2) I 27. 11. 97 JW. 98 S. 8 Z. 18. — I 3. 3. 02 JW. 02 S. 216. Z. 16. — I 1. 10. 02 JW. 02 S. 545 Z. 8. — V 11. 1. 08 Warn.Rspr. 08 Nr. 258.

3) I 3. 3. 02 JW. 02 S. 216 Z. 16. — V 30. 11. 07 Warn.Rspr. 08 Nr. 99.

4) III 30. 1. 03 JW. 03 S. 97 Z. 2. — VII 18. 9. 08 Warn.Rspr. 09 Nr. 49.

treten können; so wird man nicht der Auffassung zustimmen können, daß das Vorhandensein einer bestimmten, den Interessen der einen Partei entgegengesetzten Rechtsauffassung und Beurteilung des Sachverhalts dieser Partei keinen Grund zum Mißtrauen in die Unparteilichkeit des Schiedsrichters gebe. Man wird der Partei nicht zumuten können, daß sie zu einem solchen Schiedsrichter, der mit einer bestimmten, bereits vorher gefaßten und geäußerten Meinung an die Streitsache herantritt, das für die Berufung eines Schiedsrichters maßgebende Vertrauen haben solle, er könne und werde den Rechtsstreit vom Standpunkt beider Parteien aus beurteilen.

2. **Nach § 1032 Abs. 2 kann ein Schiedsrichter, der nicht im Schiedsvertrag ernannt ist, abgelehnt werden, wenn er die Erfüllung seiner Pflichten ungebührlich verzögert.** Voraussetzung für die Geltendmachung dieses Ablehnungsgrundes ist somit, daß die Ernennung des Schiedsrichters nicht im Schiedsvertrag erfolgt ist. Ob die Ernennung von vornherein bereits bei dem Abschluß des Schiedsvertrags oder durch eine nachträgliche Bestimmung dazu erfolgt ist, hat für die vertragsmäßige Natur der Ernennung keine Bedeutung [1]). Die Pflichten des Schiedsrichters, deren Verzögerung in Frage kommt, bestehen in der Hauptsache in der Erlassung des Schiedsspruchs und in der Vorbereitung desselben durch Anhörung der Parteien und Ermittelung des ihrem Streit zugrunde liegenden Sachverhältnisses gemäß §§ 1039 und 1034 (vgl. § 12 II A d. B.). Die Fassung: „Wenn ein . . . Schiedsrichter die Erfüllung seiner Pflichten ungebührlich verzögert . . ." besagt, daß die Unterlassung einer einzelnen in Erfüllung dieser Pflichten vorzunehmenden Handlung nicht ohne weiteres zur Ablehnung berechtigt, daß vielmehr — wenn auch ausnahmsweise ein einzelner schwerwiegender Fall, wie die Nichtunterzeichnung des von den anderen Schiedsrichtern bereits unterschriebenen Schiedsspruchs, ausreichen kann — zur Begründung der Ablehnung in der Regel eine Mehrheit von Fällen, wiederholte Unterlassung pflichtgemäß vorzunehmender Handlungen zu erfordern ist und daß der Unterlassung eine Verzögerung, d. h. ein schuldhaftes Verhalten des Schiedsrichters, zugrunde liegen muß, und zwar eine Verzögerung, die über die Gebühr hinausgeht. Ein Grund zur Ablehnung ist sonach nicht

1) VI 4. 1. 92 JW. 92 S. 95 Z. 9.

gegeben, wenn den Schiedsrichter keine Schuld an der Unterlassung trifft, die Erfüllung seiner Pflichten infolge eines Umstandes unterbleibt, den er nicht zu vertreten hat (§ 285 BGB.), sondern ein anderer oder überhaupt niemand; auch ist die Ablehnung, selbst wenn ein Verschulden des Schiedsrichters vorliegt, so lange nicht begründet, als die Verzögerung nicht als eine ungebührliche zu erachten ist. Ob, um den Schiedsrichter in Verzug zu setzen, eine Mahnung, sei es seitens einer Partei als des Gläubigers in bezug auf die von dem Schiedsrichter vorzunehmende Handlung (§ 284 BGB.), sei es seitens eines anderen Schiedsrichters als des Mitverpflichteten, erforderlich oder möglich ist, richtet sich nach der Auffassung von dem Wesen und Inhalt des Schiedsrichtervertrags (vgl. §§ 11 II und 12 II d. B.) und nach den Umständen des einzelnen Falls. Mangels einer Vereinbarung der Parteien darüber haben die Schiedsrichter das Verfahren nach freiem Ermessen zu bestimmen (§ 1034 Abs. 2), die Parteien können ihnen nachträglich darüber Vorschriften nicht machen, ihnen aber wohl Mahnungen in bezug darauf erteilen, auch wenn man der Auffassung des RG. über die Gleichstellung des Schiedsrichters mit dem ordentlichen Richter folgt. Handelt es sich nur noch um die Vornahme einzelner Handlungen zwecks Abschlusses des Schiedsverfahrens, wie um die Unterzeichnung, Zustellung oder Niederlegung des Schiedsspruchs, so dürfte eine Mahnung wohl in jedem Falle zulässig und zweckmäßig sein. Ob die Verzögerung als eine „ungebührliche" zu erachten, ist nach den besonderen Umständen des einzelnen Falls zu beurteilen, nach der Bedeutung der unterlassenen Handlungen für die Erlassung des Schiedsspruchs, nach der Dringlichkeit dieser Erlassung für eine Partei oder beide, nach der Dauer der Verzögerung, danach, ob die eine Dringlichkeit bedingenden Umstände dem Schiedsrichter bekannt waren, ob er mit bezug hierauf besonders gemahnt ist usw. Der Richter hat alle ihm bekanntgewordenen Umstände des einzelnen Falls zu prüfen und je nach Bewandtnis dieser Umstände über die Berechtigung zur Ablehnung gemäß § 1032 Abs. 2 nach freiem Ermessen zu entscheiden.

In der Regel wird die ungebührliche Verzögerung der Erfüllung der Pflichten seitens des Schiedsrichters, wie bereits § 14 I d. B. bemerkt, eine Art der Verweigerung der Ausführung des Schiedsrichteramts darstellen, die ja nicht ausdrücklich mit

Worten erklärt werden muß, sondern auch aus anderen Tatsachen gefolgert werden kann, welche den Schluß auf den Willen, die Tätigkeit des Schiedsrichters nicht auszuüben, rechtfertigen. Eine solche Weigerung kann darin gefunden werden, daß der Schiedsrichter für die Ausübung seiner Tätigkeit Bedingungen stellt, über die der Schiedsrichtervertrag nichts enthält [1]), sie kann darin liegen, daß der Schiedsrichter überhaupt nichts tut oder daß er das von ihm begonnene Verfahren nicht zu Ende führt, den bereits beschlossenen Spruch nicht vollzieht, an der Zustellung oder Hinterlegung des schon vollzogenen Spruchs nicht mitwirkt oder den Auftrag an die anderen Schiedsrichter zur Zustellung und Hinterlegung, der aus seiner Unterschrift des Spruchs gefolgert werden kann, widerruft. Wird die Weigerung aufrecht erhalten, so stellt sie sich als Rücktritt vom Schiedsrichtervertrage dar [2]). Die Grenzen zwischen der Verzögerung und der Verweigerung der Ausführung, sowie zwischen dieser Verweigerung und der Niederlegung des Amts sind sehr flüssig. Je nach dem Grade der Beharrlichkeit der Unterlassung oder der Bedeutung der unterlassenen Handlung kann die Unterlassung verschieden ausgelegt werden. Liegt für sie ein rechtfertigender Grund nicht vor und fällt dem Schiedsrichter ein Verschulden, das auf Vorsatz beruht, zur Last, so haftet er für den durch sein Verhalten entstehenden Schaden den Parteien, auch nach der Rechtsprechung des RG. [3]) (vgl. § 12 II A und B d. B.).

3. „Frauen, Minderjährige, Taube, Stumme und Personen, welchen die bürgerlichen Ehrenrechte aberkannt sind, können abgelehnt werden,"

wie § 1032 Abs. 3 bestimmt, und zwar ohne daß es hierfür einer weiteren Begründung bedarf als der Behauptung und, im Bestreitungsfalle, des Nachweises, daß die abgelehnte Person Frau, minderjährig, taub usw. sei. Eine derartige Bestimmung ist für die Begründung der Ausschließung oder Ablehnung des ordentlichen Richters entbehrlich; denn nach den geltenden gesetzlichen Vorschriften können die bezeichneten Personen die Befähigung

---

1) III 17. 1. 92 JW. 92 S. 15 Z. 15. — III 24. 2. 93 JW. 93 S. 200 Z. 18.
2) II 13. 4. 87 Bd. 18 S. 370/1. — I 15. 1. 96 Bd. 37 S. 414/5.
3) III 8. 2. 07 Bd. 65 S. 175/6.

zum Richteramt nicht erlangen, bezw. verlieren sie, wenn sie dieselbe gehabt haben, infolge ihrer Gebrechen oder ihrer Bestrafung, so daß ihre Betätigung als ordentlicher Richter überhaupt nicht in Frage kommen kann. Dagegen erschien in bezug auf den Schiedsrichter, für dessen Befähigung gesetzliche Vorschriften aus den bereits wiederholt erörterten Gründen nicht gegeben sind, die Einfügung einer besonderen Bestimmung gemäß Abs. 3 des § 1032 erforderlich.

In der Kommission des Reichstags, welcher der unter dem 17. Mai 1898 zum Gesetz erhobene Entwurf eines Gesetzes betreffend Änderungen der ZPO. zur Vorberatung überwiesen war, war beantragt worden, in der vorstehenden Bestimmung das Wort „Frauen“ zu streichen, und zur Begründung dafür von dem Antragsteller angeführt, es sei nicht einzusehen, warum die Frau nicht in gleicher Weise wie der Mann als zum Schiedsrichter qualifiziert erscheine, zumal sie doch vielfach selbständig ein Gewerbe betreibe. Ein Vertreter der verbündeten Regierungen hatte erwidert: Es handele sich lediglich darum, ob eine Frau dem anderen Teil als Schiedsrichter aufgezwungen werden könne; für eine Änderung des Gesetzes nach dieser Richtung liege ein Anlaß nicht vor, wenn man auch zugeben könne, daß viele Frauen sich zu dem Amte eines Schiedsrichters eignen mögen. Der Antrag ist darauf mit großer Mehrheit abgelehnt worden [1]).

Die Bestimmungen über die Minderjährigen sind bereits in § 6 I d. B. erörtert. Minderjährige unter sieben Jahren sind hiernach von der Tätigkeit des Schiedsrichters überhaupt ausgeschlossen; Minderjährige über sieben Jahren sind nicht von vornherein unfähig, Schiedsrichter zu sein, sie können aber abgelehnt werden. Ihnen stehen gleich die wegen Geistesschwäche, wegen Verschwendung oder wegen Trunksucht Entmündigten oder nach § 1906 BGB. unter vorläufige Vormundschaft gestellten Personen; auch diese können ohne weitere Begründung abgelehnt werden. Denn, wenn auch die in § 1032 Abs. 3 aufgeführten Umstände in gewissem Sinne absolute Ablehnungsgründe darstellen und nicht ausdehnend ausgelegt werden dürfen, so ist doch für die Ablehnbarkeit der in § 114 BGB. bezeichneten Personen der gleiche Grund maßgebend, wie für die Ablehnung der Minder-

---

1) Die Materialien zur ZPO. Carl Heymanns Verlag 1898 S. 798/9.

jährigen, nämlich die Rücksicht auf ihre mindere Geschäftsfähigkeit; außerdem aber spricht dafür die positive Vorschrift des § 114 BGB.

Ob die Aberkennung der bürgerlichen Ehrenrechte die Ablehnung nur für die Dauer der im Urteil bestimmten Zeit begründet oder darüber hinaus für immer, kann nicht in Gemäßheit des § 34 RStrGB. entschieden werden; denn das Amt eines Schiedsrichters ist nicht ein öffentliches Amt im Sinne des § 34 Z. 3 l. c. Sieht man in der Aberkennung der bürgerlichen Ehrenrechte einen Grund, der ein Mißtrauen in die Unparteilichkeit rechtfertigt, wie die in § 41 aufgeführten Umstände (vgl. 14 I d. B.), so ist die Ablehnbarkeit gemäß § 1032 Abs. 3 nicht auf die in dem Strafurteil für den Verlust der bürgerlichen Ehrenrechte festgesetzte Zeitdauer zu beschränken.

II. Was können die Parteien darüber vereinbaren?

In den Darlegungen zu I und II sind im einzelnen die Gründe erörtert worden, welche das Gesetz in dem § 1032 in Verbindung mit den §§ 41 und 42 für die Ablehnung des Schiedsrichters gibt. **Außer den gesetzlichen können die Parteien** durch den Schiedsvertrag **nach ihrem Belieben andere Gründe für die Ablehnung des Schiedsrichters festsetzen.** Sie können vereinbaren, daß bestimmte Personen oder Personen mit bestimmten Eigenschaften oder mit bestimmten Beziehungen zu den Parteien oder anderen Personen oder zu der Streitsache von der Ernennung zum Schiedsrichter ausgeschlossen sein sollen, so daß, wenn trotzdem ein solche Person ernannt wird, ihre Ablehnung in Gemäßheit der Vereinbarung gerechtfertigt ist, auch wenn keiner der vom Gesetz dafür gegebenen Gründe vorliegt (§ 14 I d. B.). Die Parteien können vereinbaren, daß niemand namens Müller, Schulz, Lehmann oder Meier in Berlin, daß kein Jurist, kein Richter oder Rechtsanwalt, kein Professor an einer deutschen Hochschule Schiedsrichter werden dürfe, kein Berufsgenosse einer Partei oder eines anderen Schiedsrichters, niemand, welcher derselben Gemeinde oder einer gleichen anderen Gemeinschaft angehöre, wie eine Partei, ein Parteivertreter oder ein anderer Schiedsrichter; niemand, der mit dem der Rechtsstreitigkeit zugrunde liegenden Sachverhältnis in irgendeiner Weise vorher befaßt gewesen sei usw. (vgl. § 7 II b d. B.). Der Willkür der Parteien sind in dieser Beziehung keine anderen Schranken gesetzt als hinsichtlich der Ernennung der Schiedsrichter. Die gesetzlichen Bestimmungen über die Ablehnung stellen, abgesehen von denjenigen in § 41 Z. 1 (vgl. § 7 II d. B.), nur dispositives Recht dar, d. h. solches, welches von den Parteien abgeändert, aufgehoben oder ergänzt werden kann, also nur dann und insoweit gilt, als die Parteien nicht etwas anderes bestimmen. Die Bestimmungen der ZPO. sind in keiner Weise abschließend, weder in bezug auf die Ernennung, noch in bezug auf die Ablehnung der Schiedsrichter [1]) (vgl. § 7 II und § 14 I d. B.). Infolgedessen ist auch die Beschränkung der Anwendbarkeit des Verfahrens nach § 1045 auf die Fälle der Ablehnung aus den Gründen, welche dafür in dem § 1032 angegeben sind, nicht gerechtfertigt (vgl. § 14 I d. B.).

§ 16.

1. Durch wen, wem gegenüber, wie und wann hat die Ablehnung zu erfolgen?

Die Ablehnung des Schiedsrichters **hat durch eine Partei zu erfolgen oder durch denjenigen, der zur Ausübung des Rechts von einer Partei oder von beiden ermächtigt worden ist** (vgl. § 14 II d. B.). Die Ermächtigung zur Ernennung schließt das Recht zur Ablehnung nicht ohne weiteres in sich. Geschieht die Ablehnung durch einen Dritten als Bevollmächtigten einer Partei, so ist, da die Ablehnung zu den sogenannten einseitigen Rechtsgeschäften gehört (§ 14 I a. E. d. B.), die Vorschrift des § 174 BGB. zu beachten (vgl. § 6 III d. B.).

Wem gegenüber und wie die Ablehnung zu erklären ist, darüber enthält die ZPO. keine Bestimmungen, da § 44 auf das Schiedsverfahren keine Anwendung findet. Wenn auch gemäß § 1032 Abs. 1 auf die Ablehnung eines Schiedsrichters die Vorschriften zur Anwendung gelangen, durch welche die Gründe und Voraussetzungen der Ablehnung bezw. Ausschließung eines Richters festgesetzt sind, also die Bestimmungen in den §§ 41—43,

1) VII 30. 5. 02 Bd. 51 S. 393/4.

so gilt dies doch nicht von denjenigen Vorschriften, welche durch die ZPO. für das Verfahren im Falle der Ablehnung eines Richters gegeben sind; diese sind nicht, auch nicht entsprechend, auf den Fall der Ablehnung des Schiedsrichters anwendbar [1]). Denn weder in § 1032, noch in den anderen Bestimmungen über das Schiedsverfahren findet sich eine diesbezügliche Vorschrift, auch nicht ein Hinweis durch stillschweigende Inbezugnahme. Grundsätzlich aber sind auf das Schiedsverfahren nur diejenigen Vorschriften der ZPO. anzuwenden, welche dafür in den §§ 1025 ff. gegeben oder in bezug genommen sind (vgl. §§ 1 I, 3 und 4 I d. B.). Infolgedessen scheiden für das Schiedsverfahren von den Vorschriften über die Ausschließung und Ablehnung von Gerichtspersonen in Buch 1 Abschn. 1 Titel IV die in den §§ 44 ff. enthaltenen aus, darunter die Bestimmung des § 44 Abs. 4 über die Glaubhaftmachung; auch sie gelangt, da sie zu den Vorschriften über das Verfahren vor den ordentlichen Gerichten gehört, für das Schiedsverfahren nur zur Anwendung, wenn und soweit dies vereinbart ist.

Die Ablehnung vollzieht sich nach den Vorschriften des bürgerlichen Rechts. Da sie sich als Anfechtung des die Ernennung des Schiedsrichters enthaltenden Teils des Schiedsvertrags darstellt, so hat sie gemäß § 143 BGB. **durch Erklärung seitens der ablehnenden Partei gegenüber der anderen** zu erfolgen, es sei denn, daß etwas anderes vereinbart wäre, z. B. daß die Ablehnung gegenüber einem Dritten zu erklären sei, der über ihre Begründung zu entscheiden hat. Die Erklärung der Ablehnung gegenüber dem abgelehnten Schiedsrichter ist für ihre Rechtswirksamkeit nicht erforderlich. Ist dagegen mit diesem bereits der Vertrag über die Ausübung seiner Tätigkeit geschlossen worden, so ist die Ablehnung zweckmäßigerweise auch ihm gegenüber zu erklären, sie stellt sich dann gleichzeitig als Anfechtung des Schiedsrichtervertrags dar und bringt diesen zur sofortigen Auflösung (vgl. zu III). In jedem Falle empfiehlt es sich, von der Ablehnung nicht nur dem abgelehnten, sondern auch, wenn mehrere Schiedsrichter bestellt sind, den anderen Kenntnis zu geben, damit einerseits der Abgelehnte sich zwecks Klarstellung dazu äußern kann, andererseits die Schiedsrichter insgesamt, wenn das Verfahren

---

1) I 7. 2. 85 Bd. 13 S. 350/1. — VII 17. 12. 07 Warn.Rspr. 08 Nr. 269.

bereits begonnen hat, sich pflichtmäßig darüber schlüssig machen können, ob sie das Verfahren fortsetzen sollen oder nicht (§ 1037) [1]). Zur Rechtswirksamkeit der Ablehnung gehört jedoch, wie nochmals hervorzuheben ist, ihre Mitteilung an die Schiedsrichter nicht. Bringen diese, ohne Kenntnis von der Ablehnung oder ohne Rücksicht darauf, das Verfahren zum Abschluß, ehe sich die Parteien über die Begründung der Ablehnung verständigt haben oder ehe darüber die Entscheidung des ordentlichen Gerichts gemäß § 1045 oder des dazu berufenen Dritten ergangen ist, so ist der unter Mitwirkung des abgelehnten Schiedsrichters erlassene Schiedsspruch keineswegs auf alle Fälle unwirksam, er ist aber in bezug auf seine Gültigkeit, wenn diese nachträglich in einem Verfahren gemäß § 1041 Z. 1 oder § 1042 Abs. 2 unter Berufung auf die Ablehnung angefochten wird, davon abhängig, ob die Ablehnung als begründet erachtet wird oder nicht [2]).

Was den **Inhalt der Ablehnungserklärung** betrifft, so ist es nicht erforderlich, daß darin der Ausdruck „Ablehnung" gebraucht oder ausdrücklich gesagt wird, der Schiedsrichter X. werde abgelehnt; vielmehr genügt jede Fassung, aus der unzweideutig hervorgeht, der Ablehnende sei nicht damit einverstanden, daß X. Schiedsrichter sei. Es genügt, wenn sich aus der Erklärung der Wille des Erklärenden ergibt, daß die Ernennung des Schiedsrichters nicht gelten, sondern unwirksam sein solle. Wendungen wie: Ich erkenne den X. als Schiedsrichter nicht an, ich weise den X. als Schiedsrichter zurück, ich widerspreche seiner Ernennung oder ich widerrufe seine Ernennung, dürften als ausreichend anzusehen sein. Zu der Ablehnung gehört nicht, daß in der Erklärung auch der Grund dafür angegeben werde, sei es durch Inbezugnahme der die Ablehnung rechtfertigenden Vorschriften des Gesetzes oder des Schiedsvertrags, oder durch Anführung der konkreten Tatsachen, auf welche die Ablehnung gestützt werden soll [3]). Es empfiehlt sich jedoch durchaus, bereits in der Erklärung der Ablehnung die ihr zugrunde liegenden Tatsachen anzugeben, damit die andere Partei in die Lage versetzt werde, sich über die Begründung der Ablehnung zu unter-

---

1) I 7. 2. 85 Bd. 13 S. 350.
2) VII 4. 12. 08 JW. 09 S. 55 Z. 24. — VII 16. 10. 13 JW. 14 S. 103 Z. 33.
3) II 4. 6. 01 Bd. 48 S. 211. — I 12. 1. 07. Bd. 65 S. 88/9.

richten und sich ihre Ansicht zu bilden, so daß sie sich hinsichtlich der hiernach event. ihr zufallenden Ernennung eines anderen Schiedsrichters oder in bezug auf die Berechtigung der ablehnenden Partei zu einer solchen Ernennung schlüssig machen kann. Denn, wenn es wegen der Begründung der Ablehnung oder wegen der Ernennung eines anderen Schiedsrichters zwischen den Parteien zu einem Streit kommt und die andere Partei, nachdem ihr der Ablehnungsgrund bekannt gegeben ist, diesen als gerechtfertigt anerkennt, so hat die ablehnende Partei jedenfalls alle durch den Streit und die infolgedessen eingetretene Verzögerung des Schiedsverfahrens entstandenen Kosten und Schäden zu tragen, welche durch die rechtzeitige Mitteilung des Ablehnungsgrundes vermieden worden wären. Die bloße Mitteilung der Tatsachen, welche die Ablehnung eines Schiedsrichters zu begründen geeignet sind, ohne die Erklärung, daß der Schiedsrichter abgelehnt werde — gleichviel in welcher Fassung —, kann nicht als zur Erfüllung des Tatbestandes der Ablehnung ausreichend, nicht als Erklärung der Ablehnung — wenigstens nicht in der Regel — erachtet werden. Doch kann es wohl auch Fälle geben, in denen aus der bloßen Mitteilung der die Ablehnung begründenden Tatsachen in Verbindung mit anderen Umständen in Gemäßheit des § 133 BGB. mit Sicherheit auf den Willen, den Schiedsrichter abzulehnen, zu schließen und demgemäß aus der Mitteilung des Ablehnungsgrundes an die andere Partei auch die Erklärung der Ablehnung selbst zu entnehmen ist [1]).

Wie für alle Willenserklärungen, für die das BGB. nicht Formvorschriften gegeben hat, gilt auch **für die Ablehnung der Grundsatz der Formfreiheit,** die Wahl der Form für die Erklärung steht im Belieben des Ablehnenden. Ist durch Vereinbarung zwischen den Parteien eine bestimmte Form vorgeschrieben, sei es für die Erklärung selbst, sei es für ihre Übermittlung an den andern Teil, z. B. durch Einschreibebrief oder mittels Zustellung durch den Gerichtsvollzieher, so ist diese Form zu beachten. Das Nähere hierüber, sowie über die Folgen der Nichtbeachtung solcher Formvorschriften ist in § 5 II und a. E. d. B. ausgeführt worden.

---

1) Staudinger Bd. I S. 440/1. — III Z. 7 Abs. 2 der Einleitung vor § 116.

Eine ausdrückliche Bestimmung über den Zeitpunkt, zu welchem oder über eine Frist, innerhalb deren die Ablehnung zu erklären ist, **ist** durch die ZPO. **nicht gegeben.** Aus § 43, der für die Ablehnung, nicht bloß wegen Besorgnis der Befangenheit, sondern auch aus jedem anderen Grunde gilt (vgl. § 14 II b d. B.), ergibt sich jedoch eine zeitliche Beschränkung für die Geltendmachung des Ablehnungsrechts insofern, als danach die Partei, welche einen Ablehnungsgrund zu haben glaubt, diesen geltend machen muß, ehe sie bei dem Schiedsrichter in eine Verhandlung sich einläßt oder Anträge stellt, widrigenfalls sie das Recht zu seiner Ablehnung aus dem ihr bekannten Grunde verliert. Faßt man die Ablehnung des Schiedsrichters als Anfechtung des Schiedsvertrags oder einer Bestimmung desselben auf, so ist die für den Zeitpunkt der Erklärung der Ablehnung maßgebende Bestimmung aus § 121 BGB. zu entnehmen, worin es heißt:

> „Die Anfechtung muß . . . . . ohne schuldhaftes Zögern (unverzüglich) erfolgen, nachdem der Anfechtungsberechtigte von dem Anfechtungsgrunde Kenntnis erlangt hat."

Da jedoch, insoweit die Anwendung der Vorschriften der ZPO. über das Schiedsverfahren und der dafür in Betracht kommenden Bestimmungen des BGB. nicht zu dem gleichen Ergebnis führt, die Vorschriften der ZPO. als der lex specialis vorgehen, so ist die durch § 121 BGB. begründete Verpflichtung zur unverzüglichen Ablehnung als durch § 43 ZPO. dahin eingeschränkt zu erachten, daß ein schuldhaftes Zögern nicht vorliegt, wenn die Ablehnung bis zur Einlassung bei dem Schiedsrichter erfolgt.

Für die zeitliche Bestimmung der Kenntnis von dem Ablehnungsgrunde und damit des Eintritts der Verpflichtung zur Erklärung der Ablehnung ist der Zeitpunkt maßgebend, zu welchem der zur Ablehnung Berechtigte die gewisse oder doch die zuverlässige Kenntnis erhalten hat, daß Tatsachen vorliegen, die einen Ablehnungsgrund darstellen. Solange Zweifel darüber vorhanden, d. h. gerechtfertigt sind, kann die Kenntnis nicht als erlangt angesehen werden.

Eine sowohl sachliche, als auch zeitliche Beschränkung für die Geltendmachung der Ablehnung ergibt sich daraus, daß sie das Bestehen eines Schiedsvertrags voraussetzt. Ohne Schiedsvertrag gibt es keinen Schiedsrichter und auch keine Ablehnung eines solchen, vor Abschluß des Schiedsvertrags und nach seinem Erlöschen kann daher die Ablehnung eines Schiedsrichters gar nicht in Frage kommen.

Daß das Schiedsverfahren bereits eröffnet ist, bildet nicht eine Voraussetzung für die Ablehnung. Bei den ordentlichen Gerichten kann allerdings vor Eintritt der Rechtshängigkeit ein Ablehnungsgesuch nicht gestellt werden, da bis dahin der Gegenstand des Rechtsstreits noch nicht genau genug bestimmt ist, um übersehen zu können, ob z. B. Besorgnis der Befangenheit gegenüber dem Richter vorliegt. Ferner ist es vor jenem Zeitpunkt auch noch unsicher, ob es überhaupt zu einem Rechtsstreit kommt. Die Gerichte sind nicht berufen, Entscheidungen über mögliche Fälle zu treffen. Diese Gesichtspunkte treffen aber auf Schiedsrichter nicht zu, sie können daher im voraus abgelehnt werden. Die ablehnende Partei kann auch vor Beginn des Schiedsverfahrens in Gemäßheit des § 1045 vorgehen, indem sie beantragt, die Ablehnung als begründet zu erklären, umsomehr, wenn die bereits erklärte Ablehnung von der anderen Seite nicht anerkannt ist. Das zur Entscheidung über das Ablehnungsgesuch angerufene Gericht hat in solchen Fällen zu prüfen, ob der Streitstoff schon so präzisiert erscheint, um das Vorliegen einer Befangenheit bei dem abgelehnten Richter beurteilen zu können, ferner ob Grund für die Annahme, daß es zu dem Rechtsstreit kommt [1]).

Ist der Schiedsvertrag erloschen, z. B. dadurch, daß das Schiedsverfahren infolge ordnungsmäßiger Erlassung des Schiedsspruchs zum Abschluß gelangt ist, so ist die Ablehnung eines Schiedsrichters nicht mehr zulässig. Sie muß, wenn nicht bereits vorher möglich, erfolgen, solange das Schiedsverfahren noch schwebt, solange der Schiedsrichter, gegen den ein Ablehnungsgrund vorliegt, noch tätig zu sein berufen ist. Ist seine Funktion für die vor ihm verhandelte Sache dadurch erloschen, daß er den Schiedsspruch erlassen hat, so kann der Natur der Sache nach von seiner Ablehnung nicht mehr die Rede sein. Ist die Ablehnung während des Verfahrens unterblieben, so ist das Recht hierzu endgültig verloren; das unbenutzt gebliebene

---

1) VII 13. 10. 03 JW. 03 S. 401 Z. 14.

bloße Ablehnungsrecht kann begrifflich keinesfalls mehr nachträglich, nach Erlassung des Schiedsspruchs, für dessen Anfechtung verwertet werden. Hierfür kommt es nicht in Betracht, daß der Partei der Ablehnungsgrund erst später bekannt geworden ist. Die ZPO. eröffnet keinen Weg, einen Schiedsspruch aus dem Grund anzufechten, weil die Partei, nachdem derselbe erlassen ist, eine Tatsache erfahren hat, welche ihr, wenn sie dieselbe früher gekannt, Veranlassung gegeben hätte, den Schiedsrichter wegen Besorgnis der Befangenheit abzulehnen [1]).

Etwas anderes ist es, wenn der Schiedsrichter kraft Gesetzes von der Ausübung der schiedsrichterlichen Tätigkeit ausgeschlossen war, da er geschäftsunfähig oder Partei war. In diesem Falle schadet weder die Einlassung oder Antragstellung der Partei bei dem Schiedsrichter, noch die Unterlassung der Ablehnung während des Verfahrens. Ein Schiedsspruch, an dessen Erlassung ein solcher Schiedsrichter mitgewirkt hat, ist und bleibt anfechtbar, auch wenn die Ablehnung des Schiedsrichters überhaupt nicht erfolgt ist. Die Aufhebung des Schiedsspruchs kann gemäß § 1041 Z. 1 verlangt werden, da ein Schiedsverfahren mit einem kraft Gesetzes ausgeschlossenen Schiedsrichter unzulässig ist, und zwar aus Gründen der öffentlichen Ordnung, auf deren Geltendmachung die Parteien nicht verzichten können. Das RG. hat allerdings ausgesprochen, daß das Gesetz, d. h. die ZPO., keinen Anhalt für die Annahme zweier Arten von Ablehnungsrecht von verschiedener Stärke gewähre und daß es die Möglichkeit, ein Schiedsrichter könnte kraft Gesetzes von der Ausübung seines Amtes ausgeschlossen sein, nirgends erwähne [2]); es ist jedoch bereits in § 7 II und III d. B. eingehend dargelegt worden, daß der Ausschluß gewisser Personen von der Tätigkeit als Schiedsrichter sich aus allgemeinen Rechtsgrundsätzen zwingenden Charakters ergibt.

II. Welche Wirkungen hat die Ablehnung und wann treten sie ein?

Die Wirkung der Ablehnung besteht darin, daß die Ernennung des abgelehnten Schiedsrichters als nicht erfolgt gilt, **von vornherein nichtig ist.** § 142 Abs. 1 BGB. bestimmt hierzu:

1) I 20. 9. 93 JW. 93 S. 459ff. — VI 15. 6. 99 Bd. 44 S. 391/3 = JW. 99 S. 538 Z. 24. — I 27. 9. 99 JW. 99 S. 726 Z. 1.
2) VI 15. 6. 99 Bd. 44 S. 393.

„Wird ein anfechtbares Rechtsgeschäft angefochten, so ist es als von Anfang an nichtig anzusehen.“

Aus dem Begriff der Nichtigkeit folgt, daß das nichtige Rechtsgeschäft für und gegen jeden rechtlich nicht vorhanden ist. Die Anfechtung wirkt grundsätzlich gegen jedermann, die Rechtslage ist so zu beurteilen, als sei die Ernennung des abgelehnten Schiedsrichters gar nicht vorgenommen worden [1]). Diese Wirkung der Nichtigkeit tritt jedoch nur ein, wenn die Anfechtung **berechtigt** ist, nur eine solche beseitigt das angefochtene Rechtsgeschäft [2]). Handelt es sich um die Anfechtung eines Teils eines Vertrags, wie bei der Ablehnung des Schiedsrichters, so kommt die Vorschrift des § 139 BGB. in Betracht, welche lautet:

„Ist ein Teil eines Rechtsgeschäfts nichtig, so ist das ganze Rechtsgeschäft nichtig, wenn nicht anzunehmen ist, daß es auch ohne den nichtigen Teil vorgenommen sein würde.“

Die Nichtigkeit tritt mit der Wirksamkeit der die Anfechtung enthaltenden Erklärung unmittelbar ein, ohne daß es der Annahme oder sonstigen Mitwirkung des Gegners bedürfte. Ist die Nichtigkeit einmal eingetreten, so kann sie nicht durch einseitige Zurücknahme der Anfechtung wieder beseitigt werden; denn **die Anfechtung ist unwiderruflich** (vgl. § 14 II d. B.). Die einmal eingetretene Nichtigkeit läßt sich auch durch Parteivereinbarung nicht wieder beseitigen [3]); denn die Nichtigkeit ist grundsätzlich unheilbar, ein nichtiges Rechtsgeschäft kann niemals wirksam werden. Eine **Bestätigung** des nichtigen Rechtsgeschäfts hat daher nicht die Wirkung, daß das nichtige Rechtsgeschäft gültig wird, sondern kann nur die Bedeutung haben, daß das Rechtsgeschäft als nunmehr vorgenommen gilt. Dementsprechend bestimmt das BGB. in § 141 Abs. 1:

„Wird ein nichtiges Rechtsgeschäft von demjenigen, welcher es vorgenommen hat, bestätigt, so ist die Bestätigung als erneute Vornahme zu beurteilen.“

Hieraus folgt, daß die **Bestätigung nur wirksam ist, wenn sie allen Erfordernissen des bestätigten Rechtsgeschäfts entspricht.**

---

1) VII 29. 5. 08 Bd. 69 S. 17.
2) II 22. 4. 10 Bd. 74 S. 4.
3) V 22. 1. 12 Warn.Rspr. 12 Nr. 149.

Insbesondere muß sie, wenn jenes Rechtsgeschäft eine Erklärung gegenüber einem anderen erfordert, diesem anderen gegenüber erfolgen und, wenn es an eine Form gebunden ist, unter Beobachtung dieser Form vorgenommen werden. Ist das Rechtsgeschäft nicht an eine Form gebunden, so kann die Bestätigung auch stillschweigend erfolgen. So wird die Bestätigung eines nichtigen Vertrags regelmäßig darin zu finden sein, daß die Vertragsschließenden nach Kenntnis des Nichtigkeitsgrundes die Erfüllung des Vertrags bewirken und annehmen. Wer bei dem nichtigen Rechtsgeschäft beteiligt gewesen ist, muß auch bei der Bestätigung mitwirken [1]).

Alles dies gilt auch für die Ablehnung des Schiedsrichters. Ihre Wirkungen erstrecken sich, da die Ernennung des Schiedsrichters wesentlicher Bestandteil und Voraussetzung für die Gültigkeit beider Verträge ist, nicht nur auf den Schiedsvertrag und das Verhältnis der Parteien zueinander, sondern auch auf den Vertrag zwischen den Parteien und dem Schiedsrichter und das dadurch zwischen ihnen geschaffene Rechtsverhältnis.

Die Wirkungen auf den Schiedsvertrag sind nach Maßgabe der ZPO. verschieden, je nachdem der Abgelehnte in dem Schiedsvertrag, dem eine nachträgliche Vereinbarung gleichsteht, zum Schiedsrichter **ernannt ist oder nicht.** Im ersteren Falle tritt durch den Wegfall des Schiedsrichters infolge der Ablehnung gemäß § 1033 Z. 1 der Schiedsvertrag außer Kraft, sofern nicht für diesen Fall durch eine Vereinbarung der Parteien Vorsorge getroffen, z. B. ein anderer Schiedsrichter bestimmt ist. Im letzteren Falle hat die Ablehnung zur Folge, daß diejenige Partei, welche den abgelehnten Schiedsrichter ernannt hat, auf Aufforderung des Gegners gemäß § 1031 binnen einer Woche einen anderen Schiedsrichter zu bestellen hat, widrigenfalls auf Antrag der betreibenden Partei, d. h. des die Ergänzung des Schiedsgerichts betreibenden Gegners, der Schiedsrichter von dem zuständigen Gericht ernannt wird. Das Verfahren hierfür ist das gleiche, wie gemäß § 1029 (vgl. § 10 II a. d. B.) seine Anwendbarkeit hat, wie diejenige des § 1029 zur Voraussetzung, daß beiden Parteien die Ernennung von Schiedsrichtern zusteht [2]).

1) Planck Komm. z. BGB. Bd. I S. 192 Anm. 1 zu § 141. — I 14. 7. 02 Bd. 52 S. 164. — III 19. 5. 03 Bd. 55 S. 40. — V 20. 9. 05 Bd. 61 S. 266.

2) III 7. 6. 89 JW. 89 S. 326 Z. 6.

Ist dies nicht der Fall, ist z. B. nach dem Schiedsvertrag nur ein Schiedsrichter von einer Partei, oder sind mehrere Schiedsrichter zu ernennen, aber von einer Partei allein, so findet § 1031 nicht Anwendung, alsdann muß, mangels einer anderweiten Vereinbarung der Parteien, von der betreibenden Partei gegen die zur Ernennung eines anderen Schiedsrichters verpflichtete und säumige Partei Klage im ordentlichen Verfahren erhoben werden (§ 10 II b 1 d. B.). Als Grund für die verschiedenartige Ausgestaltung der Folgen der Ablehnung, je nachdem der Schiedsrichter in dem Vertrage ernannt ist oder nicht, ist in der Begründung zu dem Entwurf der ZPO. angegeben, daß in dem ersteren Falle als Wille der Kompromittenten angenommen werden müsse, der Schiedsspruch solle **nur** durch die ernannten Schiedsrichter abgegeben werden, so daß für diesen Fall ergänzende Vorschriften zu erlassen nicht für gerechtfertigt gehalten ist [1]). Die Anwendung der Vorschrift des § 139 BGB. führt zu demselben Ergebnis.

Auf das Verhältnis zwischen den Parteien und dem Schiedsrichter kann dessen Ablehnung eine Wirkung nur ausüben, wenn er das Amt bereits angenommen und somit Schiedsrichter geworden ist, also, wenn mit dem Abgelehnten bereits ein Vertrag über seine Tätigkeit geschlossen ist. **Die Wirkung der Ablehnung des Schiedsrichters auf den mit ihm geschlossenen Vertrag besteht darin,** daß, da die Ablehnung den Fortfall seiner Befugnis zur Ausübung der schiedsrichterlichen Tätigkeit zur Folge hat, **damit auch die Auflösung des** mit ihm darüber geschlossenen **Vertrags eintritt,** und zwar unabhängig davon, ob gleichzeitig auch der Schiedsvertrag sein Ende erreicht oder nicht (vgl. § 13 I A 4 b d. B.). Diese Wirkung der Ablehnung erklärt sich daraus, daß infolge der Ablehnung des Schiedsrichters der seine Ernennung darstellende Teil des Schiedsvertrags nichtig ist und damit auch, da diese Ernennung die Voraussetzung und Grundlage für den Schiedsrichtervertrag bildet (vgl. § 11 I d. B.), dieser Vertrag selbst hinfällig wird, und zwar ohne weiteres. Die Ernennung des Schiedsrichters besteht infolge seiner Ablehnung, auch wenn diese nur seitens einer Partei der anderen gegenüber erklärt ist, rechtlich überhaupt nicht mehr, die Nichtigkeit der Ernennung wirkt für und gegen alle, infolgedessen ist auch der Vertrag mit

1) Hahn I S. 492.

dem Schiedsrichter, dessen Wirksamkeit von dem rechtlichen Bestande seiner Ernennung abhängig ist, nichtig. Gleichviel aber, ob man den Schiedsrichtervertrag sozusagen automatisch durch die Ablehnung außer Kraft treten läßt oder, weil die Ablehnung gleichzeitig eine Anfechtung des Vertrags gemäß § 119 BGB. darstellt — wofür dann aber das Zugehen der die Ablehnung enthaltenden Erklärung an den Schiedsrichter erforderlich ist —, **in jedem Falle ist Voraussetzung für die Wirkung der Ablehnung,** wie der Anfechtung, **daß sie berechtigt ist.** Nicht erforderlich ist dafür die gerichtliche Geltendmachung der Ablehnung oder ihre Bestätigung durch das Gericht, wie weiterhin unten dargelegt werden soll.

Die Folgen der Ablehnung für das Schiedsverfahren **bestehen darin, daß das** unter Mitwirkung des abgelehnten Schiedsrichters eröffnete oder fortgesetzte **Verfahren unzulässig wird und der** auf Grund eines solchen Verfahrens erlassene **Schiedsspruch der Aufhebung** gemäß § 1041 Ziffer 1 **unterliegt** [1]), in dem Falle des § 1033 Ziff. 1 deswegen, weil der Schiedsvertrag erloschen war, in dem Falle des § 1031, weil ein Schiedsrichter mitgewirkt hat, der zu den schiedsrichterlichen Verrichtungen nicht befugt war. Zunächst, d. h. solange nicht die Berechtigung der Ablehnung feststeht oder der abgelehnte Schiedsrichter sein Amt niedergelegt hat, kann die Ablehnung ohne Einfluß auf den Verlauf des Verfahrens bleiben. Ein Fortfall oder eine Unterbrechung des Verfahrens tritt dadurch nicht ohne weiteres ein, wenn auch die Ablehnung rückwirkende Kraft hat (vgl. S. 289/90 d. B.). Das Gesetz, d. h. die ZPO., gibt den Schiedsrichtern keine Vorschriften darüber, wie sie sich im Falle der Ablehnung eines Schiedsrichters zu verhalten haben. Es heißt darüber in § 1037:

> „Die Schiedsrichter können das Verfahren fortsetzen und den Schiedsspruch erlassen, auch wenn die Unzulässigkeit des schiedsrichterlichen Verfahrens behauptet, insbesondere wenn geltend gemacht wird, . . . daß ein Schiedsrichter zu den schiedsrichterlichen Verrichtungen nicht befugt sei."

Es ist also, worauf noch zu III zurückzukommen ist, dem Ermessen der Schiedsrichter überlassen, zu tun, was sie für richtig

---

1) **I 7. 2. 85 Bd. 13 S. 349/50. — VII 4. 12. 08 JW. 09 S. 55 Z. 24.**

halten, es sei denn, daß bestimmte Vereinbarungen der Parteien hierüber vorliegen, in welchem Falle diese zu befolgen sind. Stehen solche Vereinbarungen nicht entgegen, so können die Schiedsrichter in eine Prüfung der Begründung der Ablehnung eintreten. Gelangen sie hierbei zu dem Ergebnis, daß die Ablehnung begründet sei, so können sie das Verfahren einstellen, wenn ein im Schiedsvertrag ernannter Schiedsrichter abgelehnt ist (§ 1033 Z. 1), oder, wenn es sich um einen anders ernannten Schiedsrichter handelt, das Verfahren aussetzen und den Parteien, wenn zwischen ihnen über die Ablehnung Streit besteht, anheimgeben, zunächst eine Entscheidung darüber herbeizuführen. Kommen die Schiedsrichter auf Grund eigener Prüfung des Falls zu der Überzeugung, daß die Ablehnung der Begründung entbehre, so können sie das Verfahren fortsetzen. Die Schiedsrichter können auch von jeder Prüfung der Ablehnung absehen und ohne Rücksicht darauf den Schiedsspruch erlassen; eine gesetzliche Pflicht der Schiedsrichter in eine Prüfung der Ablehnung einzutreten, das Verfahren zu unterbrechen und zunächst über die Ablehnung zu verhandeln oder die Entscheidung des Gerichts darüber abzuwarten, besteht nicht [1]). Nur oder erst, wenn die Parteien darüber einig sind oder das Gericht oder der dazu berufene Dritte entschieden hat, daß die Ablehnung begründet sei, sind die Schiedsrichter für verpflichtet zu erachten, das Verfahren im Falle des § 1033 Ziffer 1 einzustellen oder, sofern dieser Fall nicht vorliegt, auszusetzen, bis für den weggefallenen Schiedsrichter ein anderer ernannt ist.

Für die Auseinandersetzung zwischen den Schiedsparteien und zwischen diesen und dem Schiedsrichter als Folge der Ablehnung **gelten die Bestimmungen des § 122 BGB. und,** wenn ein Fall des § 123 l. c. vorliegt, **auch die Vorschriften der §§ 823 ff. BGB.**, sofern die Voraussetzungen für ihre Anwendung gegeben sind. **Außerdem** kommt für die Wirkung der Ablehnung **noch die Vorschrift des § 142 Abs. 2 BGB.** in Betracht, welcher lautet:

„Wer die Anfechtbarkeit kannte oder kennen mußte, wird, wenn die Anfechtung erfolgt, so behandelt, wie wenn

---

1) I 7. 2. 85 Bd. 13 S. 350/1. — VII 17. 12. 07 Warn.Rspr. 08 Nr. 269. — VII 4. 12. 08 JW. 09 S. 55 Z. 24. — VII 16. 10. 13 JW. 14 S. 103 Z. 33.

er die Nichtigkeit des Rechtsgeschäfts gekannt hätte oder hätte kennen müssen."

Wendet man diese Bestimmung auf den Schiedsrichter als Dritten gegenüber den Parteien des Schiedsvertrags an, so ergibt sich daraus, daß, wenn dem Schiedsrichter bei dem Abschluß des Vertrags mit ihm bekannt war oder sein mußte, d. h. wenn ihm infolge von Fahrlässigkeit nicht bekannt war (§ 122 Abs. 2 BGB.), daß in bezug auf ihn Tatsachen vorlägen, welche zu seiner Ablehnung berechtigten, er Ansprüche gegen die Parteien wegen Hinfälligkeit des Vertrags mit ihm infolge der Ablehnung nicht geltend machen kann. Denn er mußte infolge seiner Kenntnis von den Ablehnungsgründen von vornherein mit der Möglichkeit der Ablehnung rechnen, konnte also nicht mit Sicherheit annehmen, daß ein gültiger Vertrag mit ihm zustande gekommen sei. Hat der Schiedsrichter ihm bekannte Ablehnungstatsachen verschwiegen und dadurch seine Ernennung veranlaßt (§ 123 BGB.), so kann er von den Parteien sogar schadensersatzpflichtig gemacht werden. Es empfiehlt sich also für den Schiedsrichter, solche Tatsachen den Parteien unverzüglich anzuzeigen, wenn er wegen seiner Ernennung befragt oder ihm diese angeboten wird.

Die Wirkungen der Ablehnung und ihre Folgen treten gemäß § 143 Abs. 1 u. 2 und § 130 BGB. **mit dem Zeitpunkt ein, in dem ihre Erklärung der anderen Partei zugeht** (§ 5 II d. V.), **und zwar mit rückwirkender Kraft,** d. h. mit der Maßgabe, daß die Ernennung des mit Recht abgelehnten Schiedsrichters als von Anfang an nichtig zu betrachten ist. Für den Eintritt dieser Wirkung ist zwar, wie bereits vorher bemerkt, erforderlich, daß die Ablehnung berechtigt ist, nicht aber daß die Begründung der Ablehnung von der anderen Partei anerkannt oder vom Gericht rechtskräftig festgestellt ist. Dementsprechend ist hiervon auch nicht der Eintritt der Verpflichtung der Partei, die den abgelehnten Schiedsrichter ernannt hat, zur Ernennung eines anderen Schiedsrichters abhängig. Eine zu einem anderen Ergebnis gelangende Entscheidung des RG.[1]) beruht auf irrtümlichen Schlußfolgerungen in bezug auf die Vorschriften der ZPO., durch welche das die Ablehnung des ordentlichen Richters betreffende Verfahren geregelt wird. Diese Vorschriften sind, wie

---

1) VII 25. 9. 03 JW. 03 S. 382 Z. 2.

bereits durch andere Entscheidungen des RG. klargestellt [1]), und zu I ausgeführt ist, gar nicht, **auch nicht entsprechend,** auf den Fall der Ablehnung eines Schiedsrichters anwendbar, es sind deshalb auch Schlußfolgerungen hieraus in bezug auf den Eintritt der Wirkung der Ablehnung eines Schiedsrichters unzulässig. Die Ablehnung ist eine privatrechtliche Willenserklärung, keine den Vorschriften der ZPO. unterliegende Prozeßhandlung; darüber ergehende gerichtliche Entscheidungen haben nicht konstitutive, sondern nur deklarative Bedeutung. Infolgedessen hat die zur Ernennung eines Schiedsrichters gemäß § 1031 aufgeforderte Partei diese Ernennung fristgemäß zu bewirken, widrigenfalls die andere Partei deswegen das ordentliche Gericht gemäß § 1045 angehen kann. Verweigert die aufgeforderte Partei die Ernennung, weil sie die Ablehnung des bisherigen Schiedsrichters für unbegründet hält und eine rechtskräftige gerichtliche Entscheidung hierüber noch nicht vorliegt, so tut sie dies auf ihre Gefahr. Das ordentliche Gericht kann naturgemäß die Ernennung des Schiedsrichters nicht eher vornehmen, als bis es die Begründung der Ablehnung geprüft hat. Wird aber die Ablehnung durch das Gericht als begründet erklärt so ist damit gleichzeitig festgestellt, daß die aufgeforderte Partei das Recht zur Ernennung verwirkt hat, diese Ernennung ist jetzt von dem Gericht auszusprechen. Es empfiehlt sich deshalb dringend, daß die zur Ernennung eines anderen Schiedsrichters aufgeforderte Partei, welche die Begründung der Ablehnung des bisherigen Schiedsrichters bestreitet, hierüber sofort die Entscheidung durch das Gericht und, wenn der Gegner das Ernennungsverfahren gemäß § 1031 betreibt, die Aussetzung dieses Verfahrens bis zur Entscheidung über die Ablehnung gemäß § 148 beantragt.

Aus vorstehendem ergibt sich, daß, wenn auch die Wirkung der Ablehnung mit ihrer Erklärung seitens der einen Partei gegenüber der anderen eintritt, doch, da Voraussetzung dafür ist, daß die Ablehnung mit Recht erfolgt, **in den Fällen, in denen** zwischen den Parteien über die Begründung der Ablehnung **Streit** herrscht, **äußerlich ein Zustand der Ungewißheit, der Schwebe,** Platz greift, der so lange dauert, **bis die Gültigkeit der Ablehnung** durch Einverständnis der Parteien, durch rechts-

---

1) I 7. 2. 85 Bd. 13 S. 351 — VII 17. 12. 07 Warn.Rspr. 08 Nr. 269.

kräftige Entscheidung des ordentlichen Gerichts oder durch für die Parteien verbindliche Erklärung eines Dritten, **klargestellt** ist. Dieser äußerliche Schwebezustand hat nicht nur für die Parteien, sondern auch für die Schiedsrichter, sowohl für den abgelehnten, als auch für die anderen, seine bedenkliche Seite. Der abgelehnte Schiedsrichter wird daher, wenn er weiß, daß die für seine Ablehnung angeführten Tatsachen wahr sind, und er hieraus die Rechtfertigung seiner Ablehnung ohne Zweifel entnehmen kann, zweckmäßigerweise, um den Parteien, sich und den anderen Schiedsrichtern Weiterungen, unnütze Kosten und Bemühungen zu ersparen, sein Amt unverzüglich niederlegen. Hierzu ist er auch für den Fall berechtigt, daß späterhin die Ablehnung zurückgenommen oder durch Entscheidung des Gerichts oder eines Dritten für unbegründet erklärt wird; denn in der Ablehnung liegt eine Erklärung des Mißtrauens, die als solche ihm einen genügenden Grund zur Amtsniederlegung geben kann [1]. Wird der Schiedsrichter von den Parteien oder von den anderen Schiedsrichtern über die zur Begründung seiner Ablehnung behaupteten Tatsachen befragt, so hat er ohne Verzug wahrheitsgemäße Auskunft zu geben. Er kann sich, worauf bereits vorher hingewiesen ist, schadensersatzpflichtig machen, wenn er trotz Kenntnis und Gewißheit des Ablehnungsgrundes die Parteien und die anderen Schiedsrichter durch Schweigen oder Bestreiten zur Fortsetzung des Schiedsverfahrens oder zu anderen unnützen Maßnahmen oder Handlungen veranlaßt, die unterlassen oder vermieden wären, wenn er den Beteiligten rechtzeitig die erforderte Aufklärung gegeben hätte.

Legt der abgelehnte Schiedsrichter sein Amt nieder, sei es, weil er die Ablehnung für begründet hält, sei es, weil er in der Ablehnung einen wichtigen Grund zum Rücktritt von dem Schiedsrichtervertrage sieht, so ist damit, wenn seine Ernennung in dem Schiedsvertrag erfolgt und durch Vereinbarung der Parteien keine Vorsorge für diesen Fall getroffen ist, der Schiedsvertrag selbst und das Schiedsverfahren erledigt. Ist der abgelehnte Schiedsrichter nicht in dem Schiedsvertrag ernannt, so hat ohne weiteres nach Maßgabe des § 1031 oder der anderweitigen Vereinbarungen der Parteien die Ernennung eines anderen Schiedsrichters zu erfolgen.

---

1) III 12. 10. 09 JW. 09 S. 694 Z. 28.

Selbstverständlich kann das Verfahren durch Vereinbarung der Parteien auch anders geregelt werden, alsdann gelten diese Vereinbarungen, nicht die gesetzlichen Vorschriften.

III. Wer hat über die Ablehnung zu entscheiden? Das Schiedsgericht?

Kommt es zwischen den Parteien über die Begründung der Ablehnung zum Streit, so entscheidet darüber auf Antrag einer Partei gemäß § 1045 das ordentliche Gericht. Zu diesem Antrag sind beide Parteien berechtigt, sowohl diejenige, welche den Schiedsrichter abgelehnt hat, als auch die andere, aber nicht die Schiedsrichter, auch nicht der abgelehnte (vgl. § 8 III d. B.). Der Antrag, welcher, je nach der Stellung der Partei zur Ablehnung, dahin gehen kann, die Ablehnung für begründet oder für unbegründet zu erklären, ist, wie in § 8 III d. B. dargelegt, zu stellen und zu begründen. Das Recht, über die Ablehnung eine Entscheidung des ordentlichen Gerichts nach § 1045 herbeizuführen, steht den Parteien so lange zu, und die Zuständigkeit des Gerichts hierfür ist begründet, bis der Schiedsspruch erlassen ist. Solange noch eine der Voraussetzungen des § 1039 hierfür nicht erfüllt ist, ist das Schiedsverfahren nicht beendet, die Aufgabe der Schiedsrichter nicht erfüllt; so lange aber kann auch nicht die Rede davon sein, daß einem Verfahren nach § 1045 der Gegenstand entzogen ist [1]). Eine Pflicht der Parteien, eine solche Entscheidung herbeizuführen, besteht nicht [2]). Ist sie aber einmal ergangen, so ist sie auch für die ordentlichen Gerichte im Nachverfahren maßgebend (vgl. § 8 III a. E. d. B.).

Ist die Entscheidung über die Ablehnung durch Vereinbarung der Parteien einem Dritten übertragen, so daß dieser Dritte endgültig darüber zu befinden hat und eine Inanspruchnahme des ordentlichen Gerichts deswegen gemäß § 1045 ausgeschlossen ist, so hat der Dritte über die Ablehnung zu entscheiden, wenn er deswegen angerufen wird. Die Zulässigkeit der Übertragung dieser Entscheidung an einen Dritten ist bei der Erörterung des Verzichts auf das Ablehnungsrecht in § 14 II

1) VII 21. 1. 10. JW. 10 S. 192 Nr. 21.
2) VII 16. 10. 13 JW. 14 S. 103 Z. 33.

d. B. klargestellt worden. Sie ist nicht, wie es nach dem hierbei wiedergegebenen Wortlaut einer Entscheidung des RG. [1]) den Anschein haben könnte, auf die Fälle beschränkt, in denen dem Dritten auch das Recht zur Ernennung der Schiedsrichter übertragen ist. Aus der allgemein anerkannten Zulässigkeit eines Verzichts auf die Geltendmachung eines Ablehnungsgrundes ist — wie es in einer späteren Entscheidung des RG. heißt, nach der dem Dritten die Ernennung der Schiedsrichter nicht übertragen war — die weitere rechtliche Möglichkeit zu folgern, daß die Parteien im Schiedsvertrag die Entscheidung über eine etwa erfolgende Ablehnung eines Schiedsrichters im voraus einer dritten Person rechtswirksam übertragen können. Erklärt der Dritte die Ablehnung für begründet, so entfällt damit nach dem Vertragswillen beider Teile die Befugnis des abgelehnten Schiedsrichters zu weiterer schiedsrichterlicher Tätigkeit. Weist aber der Dritte die Ablehnung als unbegründet ab, so ist der Fall eingetreten, für den die Partei vertragsmäßig auf die Geltendmachung ihres Ablehnungsrechts verzichtet hat. Für eine gerichtliche Entscheidung über die so erledigte Ablehnung bleibt kein Raum mehr. Die ZPO. enthält keine Bestimmung, durch die die Parteien gehindert wären, vertragsmäßig sich in bezug auf die Ablehnung eines Schiedsrichters der Entscheidung einer Privatperson zu unterwerfen [2]).

Das Schiedsgericht als solches ist nicht zur Entscheidung über die Ablehnung berufen, § 44 findet keine Anwendung (vgl. zu I), durch den Schiedsvertrag ist ihm diese Entscheidung nicht übertragen. Seine Aufgabe besteht in der Entscheidung des Rechtsstreits der Parteien, aber nicht in der Entscheidung über die Streitfrage, ob der Rechtsstreit durch das Schiedsgericht in seiner vorliegenden Zusammensetzung entschieden werden dürfe. Um Verzögerungen zu verhüten, hat das Gesetz trotzdem in § 1037 die Bestimmung getroffen, daß die Schiedsrichter das Verfahren fortsetzen und den Schiedsspruch erlassen können, auch wenn die Unzulässigkeit des Schiedsverfahrens behauptet, insbesondere wenn geltend gemacht wird, daß ein Schiedsrichter zu den schiedsrichterlichen Verrichtungen nicht befugt sei. Sind die Schiedsrichter redlich und verständig, so werden sie sich zu einem solchen

1) VII 3. 2. 03 Bd. 53 S. 387/90.
2) VII 20. 5. 10 JW. 10 S. 714 Z. 23 = Warn.Rspr. 10 Nr. 304.

Verhalten nur dann entschließen, wenn sie die Überzeugung gewonnen haben, daß der gegen ihre Tätigkeit erhobene Widerspruch nicht begründet sei. Unbenommen ist es ihnen auch, wenn sie sich zu einem solchen Verhalten entschlossen haben, diesen Entschluß unter Motivierung desselben, sei es nun in den Gründen des gefällten Schiedsspruchs, sei es in Gestalt eines schon vorher den Parteien mitgeteilten Beschlusses auszusprechen. Eine solche Entschließung der Schiedsrichter bezw. der urkundliche Ausdruck der Entschließung, mag letzterer auch als Schiedsspruch bezeichnet sein, hat gar keine Entscheidungskraft. Ob der nach der Ablehnung gefällte Schiedsspruch über den Rechtsstreit der Parteien im Sinne Rechtens wirklich als Schiedsspruch zu gelten habe, hängt lediglich von der Entscheidung des zuständigen Gerichts ab, welches zur Entscheidung über das Bestehen der Voraussetzungen für die Zulässigkeit und Rechtswirksamkeit des Schiedsverfahrens, bezw. des Schiedsspruchs im Wege der Klage gemäß §§ 1041, 1042 angerufen wird [1]; es sei denn, daß bereits vorher eine Entscheidung über die Ablehnung seitens des nach § 1045 zuständigen Gerichts ergangen wäre, welche auch für das Nachverfahren bindend ist, wie bereits vorher bemerkt.

Auch durch ausdrückliche Bestimmung des Schiedsvertrags kann dem Schiedsgericht als solchem, d. h. in der Besetzung mit dem abgelehnten Schiedsrichter, die Entscheidung über die Ablehnung nicht übertragen werden, da niemand in eigener Sache entscheiden darf und es hierfür keinen Unterschied begründet, ob die Entscheidung von dem Abgelehnten allein oder in Gemeinschaft mit anderen Personen zu treffen ist [2]. Dadurch wird jedoch nicht ausgeschlossen, daß von den Parteien die Entscheidung über die Ablehnung dem Schiedsgericht unter Ausschluß des abgelehnten Schiedsrichters übertragen, d. h. daß vereinbart wird, daß über die Ablehnung die nicht abgelehnten Schiedsrichter entscheiden sollen. Eine solche Vereinbarung ist gültig, da die nicht abgelehnten Schiedsrichter die Entscheidung als „Dritte" treffen.

Kommt der Dritte dem in Gemäßheit der Vereinbarung der Parteien an ihn gestellten Verlangen, über die Ablehnung zu

1) I 7. 2. 85 Bd. 13 S. 349/51. — VII 4. 12. 08 JW. 09 S. 55 Z 24. — VII 16. 10. 13 JW. 14 S. 103 Z. 33.
2) IV 26. 11. 91 JW. 92 S. 48 Z. 28.

entscheiden, nicht nach, so steht es damit nicht anders, wie bei der Verweigerung der Ernennung des Schiedsrichters durch einen Dritten. Hat er sich zur Vornahme der Entscheidung verpflichtet, so kann er, wenn es sich um eine einzelne Person handelt, darauf verklagt und im Wege der Zwangsvollstreckung dazu angehalten werden. Andernfalls und in den Fällen, daß Klage und Zwangsvollstreckung erfolglos bleiben, ist die Durchführung der Vereinbarung über die Entscheidung durch den Dritten unmöglich, die Parteien haben sich alsdann darüber schlüssig zu machen, ob sie die Entscheidung einem anderen dazu bereiten Dritten übertragen oder sie dem ordentlichen Gericht überlassen wollen. Zweckmäßigerweise werden sie sich hierüber bereits vor Anstellung der Klage gegen den Dritten oder, was noch besser ist, bereits bei dem Abschluß der Vereinbarung wegen Übertragung der Entscheidung an den Dritten darüber schlüssig machen und bestimmen, was geschehen soll, wenn der Dritte die Ernennung nicht vornehmen sollte (vgl. § 10 II b 2 d. B.).

Für den Zeitpunkt, bis zu welchem die Parteien die Entscheidung des Dritten über die Ablehnung anrufen können und dieser sie fällen kann, gilt dasselbe, wie hinsichtlich der Entscheidung durch das ordentliche Gericht gemäß § 1045.

Auch in der Darstellung des Wesens, der Gründe und Wirkungen der Ablehnung konnten natürlich nicht alle damit zusammenhängenden Fragen geprüft, nicht alle dafür in Betracht kommenden Fälle erörtert werden. Es mußte genügen, die allgemeinen Grundsätze klarzustellen, aus denen die Entscheidung der einzelnen Fragen und Fälle entnommen werden kann.

Druck von Julius Abel in Greifswald.

FSC
www.fsc.org
MIX
Papier | Fördert gute Waldnutzung
FSC® C083411

Kolibri 360 GmbH
Ferdinand-Jühlke-Straße 7
99095 Erfurt, Deutschland
produktsicherheit@kolibri360.de